Cy commence le liure de marc paul : Et des merueilles

Cy apres commence le liure de marc pol des merueilles dasie la grant et dinde la maiour et mineur. Et des diuerses regions du monde.

Pour sauoir la pure verite de diuerses regions du monde. Si prenez ce liure cy et le faictes lire. Si y trouuerez les grandismes merueilles qui y sont escriptes. De la grant armenie. et de perse. et des tartars. et dinde et de maintes autres prouinces. si comme nr̃ liure comptera par ordre apertement. de quoy messire marc pol. sages et nobles citoians de venisse raconpte pour ce que il le

# 博物馆里看人类简史

孙立田 鲁鑫◎主编

甘肃少年儿童出版社
· 兰州 ·

**图书在版编目（CIP）数据**

博物馆里看人类简史 / 孙立田，鲁鑫主编 . — 兰州 :
甘肃少年儿童出版社，2025 . — ISBN 978-7-5422-7605
-6

Ⅰ. K02-49

中国国家版本馆 CIP 数据核字第 202460M4W7 号

# 博物馆里看人类简史
BOWUGUAN LI KAN RENLEI JIANSHI

**孙立田　鲁鑫　主编**

选题策划：冷寒风
责任编辑：李建玲
校　　对：杨亚璇　李泽坤
项目统筹：白海波
文图统筹：白海波
封面设计：罗雷
美术统筹：张大伟
出版发行：甘肃少年儿童出版社
（兰州市读者大道 568 号）
印　　刷：天津市光明印务有限公司
开　　本：720 毫米×787 毫米　1/12
印　　张：40
插　　页：4
字　　数：600 千
版　　次：2025 年 5 月第 1 版
印　　次：2025 年 5 月第 1 次印刷
印　　数：1 ～ 5000 册
书　　号：ISBN 978-7-5422-7605-6
定　　价：328.00 元

FOREWORD

# 前言

博物馆，矗立于时间长河之上的巍峨殿堂，不仅是历史岁月的守护者，更是未来道路的启示者。它以静默而庄严的姿态，构筑起一座无与伦比的桥梁，让过往与未来在此深情对话，交织出一幅幅波澜壮阔的文化长卷。

世界各地的博物馆就像一座座知识宝库，收藏着从远古时期到当代的各种珍贵文物，从精美的青铜器到绚丽的瓷器，从古老的壁画到现代的艺术品……在人类浩瀚的历史长河中，每一件文物都是时间的低语，是人类文明的见证者。它们穿越时空，向我们诉说着曾经的辉煌与衰落、战争与和平、智慧与创造的故事。每一件展品都蕴含着丰富的历史信息和文化价值。当我们置身其间，仿佛能够听到历史的回声，感受到不同文明的脉动，从而更加深刻地理解人类社会的多样性。

透过博物馆里的文物，我们可以窥见人类文明的博大精深。从对人类起源研究具有里程碑意义的320万年前的露西化石标本，到刻有世界上第一部较完备的成文法典《汉谟拉比法典》石碑；从见证古代中国分封制度的西周康侯簋，到揭示神秘的伊特鲁里亚文明的象牙镶嵌的青铜战车；从推动科学革命的牛顿望远镜，到让人类实现飞行梦想的莱特飞机……这些文物跨越千山万水，汇聚于博物馆之中，共同构成了一幅幅人类文明的壮丽图景。它们如同一部活生生的历史教科书，让我们得以近距离触摸人类文明的辉煌成就。每一次凝视，每一次思考，都是一次心灵的触动和智慧的启迪。

人类漫长的历史不是枯燥的数字和名字，而是一个个荡气回肠的故事。学习人类历史，不仅是为了缅怀过去，更是为了启迪未来。通过比较不同文明的兴衰更替，我们可以汲取历史智慧，照亮未来之路。这本书，旨在引领读者走进博物馆这一知识的殿堂，通过细致入微的文物解读，揭开历史的神秘面纱，让读者在享受视觉盛宴的同时，深化对人类历史的认识与思考。让我们跟随本书，在字里行间感受人类多元文化的魅力，领略世界璀璨文明的不朽篇章。

# 目录 contents

## 第一章 人类的诞生和早期文明

## 第二章 世界文明的诞生

## 第三章 人类文明的轴心时代



## 第四章 帝国兴起中的文明进程

## 第五章 后古典时代的世界文明

## 第七章 席卷世界的革命狂潮



## 第八章 全球化进程中的世界

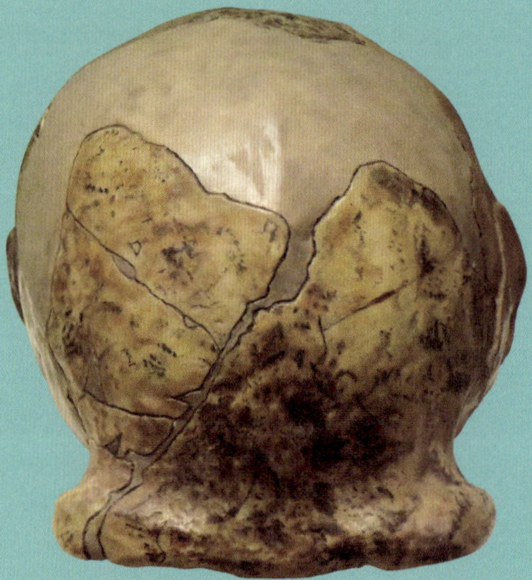

# 第一章 人类的诞生和早期文明

当非洲大峡谷的露西化石出土的时候，关于人类起源问题的答案才开始明晰起来。当世界各地的智人站立起来的时候，文明的曙光终于照耀大地。从旧石器时代到新石器时代的漫长岁月里，人类掌握了工具的制造方法，能够用语言进行交流，学会了种植庄稼，解决了生存问题。村庄、城镇、城市随着人类的活动逐步建立起来，劳动开始朝专业化发展，宗教伴随着人类对自然和自身的认识而产生……史前人类为后世子孙留下了丰厚的文明遗产。

**推荐博物馆：**

埃塞俄比亚国家博物馆、大英博物馆、中国国家博物馆、法国国家考古博物馆、美国大都会艺术博物馆

# 中外历史大事件时间表（一）

## 320万年前—500年

### 中国

**170 万年前**
云贵高原上出现元谋人。

**约 70 万 -23 万年前**
北京猿人在周口店附近活动。

**约公元前 1600 年**
商朝建立，定都于亳。

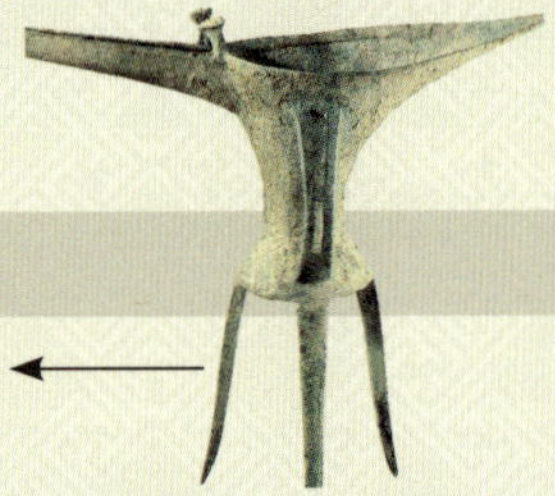

**公元前 473 年**
越国灭吴，吴王夫差自杀。

**公元前 356 年**
商鞅主持第一次变法。

**公元前 221 年**
秦始皇统一六国。

**公元前 209 年**
陈胜、吴广举行大泽乡起义。

### 世界

**320 万年前**
人类最早的祖先在非洲的埃塞俄比亚一带活动。

**100 多万年前**
人类学会使用石器工具。

**约公元前 2686－前 2181 年**
古埃及形成统一的奴隶制国家。

**约公元前2181－前2040年**
古埃及第一次人民大起义。

**约公元前 1894 年**
古巴比伦王国建立。

**公元前 525 年**
波斯占领古埃及。

**公元前 509 年**
罗马共和国建立。

远古时期 → 夏商西周 → 春秋战国 → 秦汉 → 三国两晋南北朝

**公元前 202 年**

刘邦称帝，是为汉高祖。

**公元前 139 年**

张骞第一次出使西域。

**280 年**

西晋灭吴，统一全国。

**383 年**

淝水之战。

**490 年**

北魏孝文帝改革。

## 320万年前—500年

**公元前 480 年**

温泉关战役。

**公元前 480 年**

萨拉米海战。

**公元前 431 年**

伯罗奔尼撒战争开始。

**公元前 73 年**

斯巴达克起义。

**公元前 44 年**

尤利乌斯·恺撒遇刺。

**公元前 27 年**

奥古斯都称帝。

**476 年**

西罗马帝国灭亡。

001

# 非洲的发现 露西化石标本

年　代：距今 320 万年左右
尺　寸：不详
收藏地：埃塞俄比亚国家博物馆

在埃塞俄比亚国家博物馆的一个特殊的保险柜里珍藏着一些化石，这些化石有着几百万年的历史。让我们把时间拨回到 1974 年 11 月 24 日，在埃塞俄比亚一处荒无人烟的沙漠地带，磁带录音机里一整晚都在播放甲壳虫乐队的歌曲《钻石星空下的露西》。对了，听着这首歌的是一支考古队，而“露西”也成了这一晚最动听的名字，她或许会成为人类的“夏娃”。

## 美丽的“妙龄少女”——露西

1972 年，法国地质学家莫里斯·塔伊布在埃塞俄比亚阿法尔三角洲发现了哈达尔地层。随后，他邀请了美国古人类学家唐纳德·约翰森、英国史前考古学家玛丽·利基、法国古生物学家伊夫·科庞等 11 人加入阿法尔科学考察队。

1973 年 11 月，科考队进行了第一轮实地考察，在考察快结束时，古人类学家唐纳德·约翰森发现了一具化石，将其编号为 AL 129-1。此化石由胫骨上端的化石和股骨下端的化石组成。据估计，AL 129-1 化石年龄超过 300 万年，远早于任何当时已知的标本。在随后的一年里，科考队陆续发现了一些原始人类腭骨。

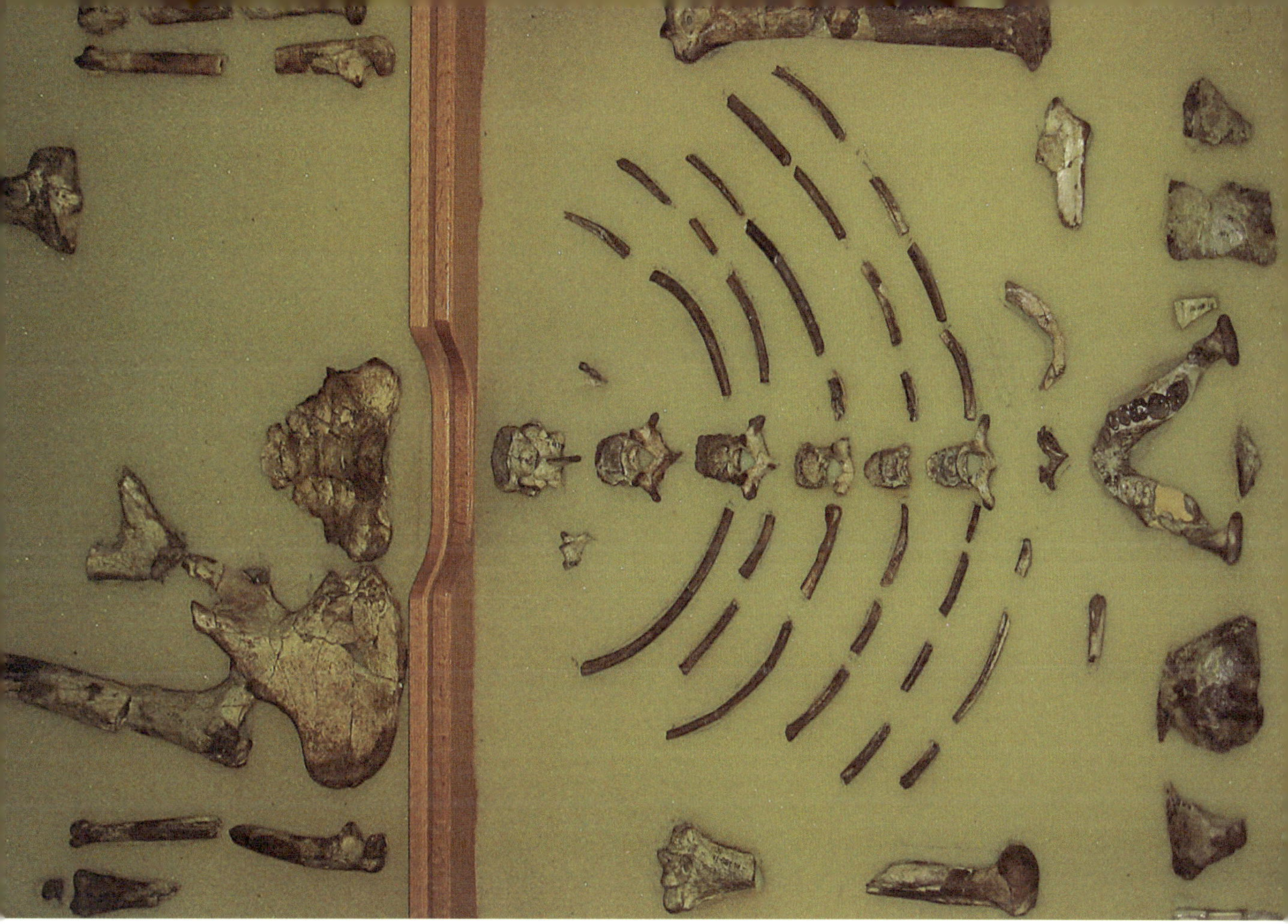

**露西化石**

露西化石现在珍藏在埃塞俄比亚国家博物馆古人类学实验室特制的保险柜里。人们在其他博物馆看到的露西化石标本，都是原件的倒模复制品。露西化石之所以秘不示人，主要是因为其稀有而易碎。我们看到的这幅图片，是2006年10月24日露西化石在埃塞俄比亚国家博物馆展出时拍摄的。

基于前期实地考察的经验，科考队于1974年11月24日在阿瓦什河边进行大规模考察。唐纳德·约翰森和探险人员汤姆·格雷在异常干旱的平原花了两小时调查地貌，随后两人前往之前被队员搜索过的沟壑谷地。皇天不负苦心人，约翰森和另一位古人类学家蒂姆·D.怀特在一个斜坡上发现了肱骨碎片，同时在肱骨碎片附近发现了一片颅骨碎片，在其一米外，还发现了股骨碎片。更令人惊喜的是，在斜坡上他们还发现了更多的骨骼化石，包括一些脊椎骨、一部分骨盆、一些肋骨和腭骨的碎片（标本编号AL 288-1）。他们标记出此处后返回了营地。此地点距离 AL 129-1 化石发现地仅 2.5 千米。这时他们预感到这将是一次具有重要意义的发现。当天下午，科考队全体队员抵达沟壑处，进行了为期三周的精细且专业的发掘。科考队员将标本 AL 288-1 命名为“露西”。此一命名实属偶然，因为该昵称来源于庆祝晚会上磁带录音机反复播放的甲壳虫乐队的歌曲《钻石星空下的露西》。

据测量，露西脑颅小而原始，脑容量约为 400 毫升，门牙较猿更似匙形。通过对出土地火山灰进行放射性年龄测算，人们间接得知露西大约生活在 320 万年以前。露西左髋骨和骶骨化石表明露西的髂嵴宽大并带有内唇，髋臼宽度正常，耻骨下肢长度正常，其耻骨弓张开超过 90 度，与现代人类女性相仿，但是其髋骨仍然小而原始。露西股骨头小，股骨颈短，上肢较短，下肢较长。露西的一个显著特征是外翻的膝盖，该特征显示露西通常是直立行走的。露西的肱骨与股骨的长度比为 84.6%，现代人类为 71.8%，黑猩猩为 97.8%，这显

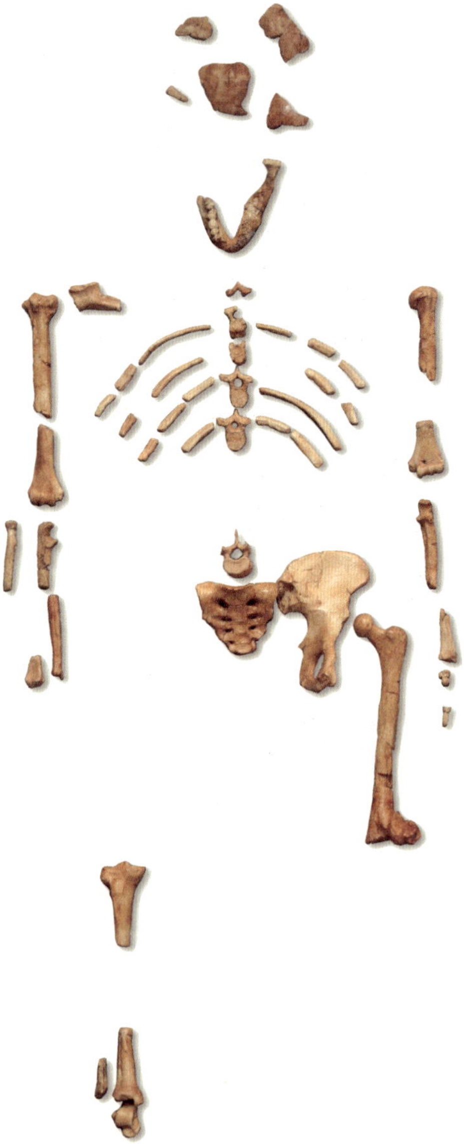

**露西化石倒模标本**

美国克利夫兰自然历史博物馆藏。通过对露西化石的分析，目前研究人员对露西的死亡原因并没有给出确定的答案。2016 年，美国得克萨斯大学奥斯汀分校的研究人员认为，露西是从一棵高大的树木上掉下来后死亡的，但是唐纳德·约翰森和蒂姆·D. 怀特反对这一观点。

示出比起南方古猿，露西或上肢开始缩短，或下肢开始变长，或两者同时进行。露西的腰曲也显示其习惯于直立行走。据测算，露西生前应是一名 20 多岁的女性。此外，根据骨盆情况推断，露西生过孩子（然而科学历史学家隆达·希宾格质疑科考队根据骨盆开口大小判断露西性别的主张）。

## 人类漫长的演进历程

毫无疑问，露西的发现对于研究人类起源、进化具有重要意义，同时为支持人、猿分界的标志——是否能两足直立行走——提供了坚实的物质支撑。

如何从体质上区分人、猿，学术界有两种主张：一是“界河说”，一是“直立说”。所谓“界河说”，是指以脑容量是否达到 750 毫升为标准来区分人、猿；所谓“直立说”，是指以能否直立行走作为“人猿相揖别”的标准。

以 750 毫升的脑容量标准来区别人、猿是相当危险的。一般来说，动物的脑容量是随着动物由低等向高等的发展而逐步增加的，故而高等动物的脑容量大，低等动物的脑容量小。但是，无论绝对脑容量还是相对脑容量（脑容量和体重的比例），个别差异还是有的。

人的特点是具有发达的大脑，故而人类学家、古生物学家长期以来把脑容量较大作为人的特征，认为发达的脑在人类进化过程中起着主要作用。然而化石证据表明，人类演变的直立行走和脑容量的发育不是同步的，直立行走是从猿到人的具有决定性意义的一步，能否直立行走应作为人、猿分界的根本性标志。

既然已经知道人、猿分界的标准，那么我们不禁要问，由猿进化为人经过了哪些阶段？科学上认为大约有五个阶段，即腊玛古猿、南方古猿、能人、直立人和智人。

腊玛古猿阶段：腊玛古猿是由猿进化为人的一个重要环节。腊玛古猿化石最早发现于 1932 年的印度，其生活年代距今 1400 万年到 700 万年。腊玛古猿主要生活在森林地带，以野果为主要食物。腊玛古猿在人类祖先演化的历史中占有很重要的地位，恩格斯称他们为“正在形成中的人”。

南方古猿阶段：南方古猿化石主要分布在非洲埃塞俄比亚高原。露西就属于这一阶段。发现世界上第一个南方古猿化石的人是出生于澳大利亚的南非人类学家达特。达特认为，南方古猿是连接类人猿与人类之间的“丢失了的环节”。

能人阶段：20世纪50年代，由达特命名的南方古猿终于被古人类学界所承认，人们同意南方古猿代表了最早的人属成员，但人们也开始发现一些脑容量更大、骨骼纤细，还能制造工具的人科成员——能人。能人是最早的人属成员。能人的意思是“手巧的人，有技能的劳动者”。迄今，南方古猿和能人的化石材料全部发现于非洲。在非洲以外，还没有发现比距今200万年更早的人类化石。

直立人阶段：在1964年能人种确立以前，我们所知道的人属最早的成员为直立人种。最早的直立人化石是荷兰军医杜布瓦于1891年在印度尼西亚的爪哇岛上发现的。从印尼爪哇岛到中国的周口店，从直立人化石的发现到直立人种的确立，是古人类学研究的一个重大突破。

智人阶段：智人又分为早期智人（俗称“古人”）和晚期智人（俗称“新人”）。两者均处于新生代第四纪晚更新世时期。早期智人的体质形态比直立人进步，但仍然保留了一些较原始的体质特征。早期智人脑容量达到1300毫升，但其脑结构比较原始。晚期智人的解剖结构已和现代人相似，因此又称“解剖结构上的现代人”。在晚期智人阶段，由于长时期的进化和不同地区的自然选择，人种已分化和形成。

## “人类最早的祖先”

古人类学家对于古人类化石能否充分说明人类是由猿进化而来的问题持有不同观点。也就是说，古人类学家对于灵长类动物是否拥有同一起源持两种看法：一种主张同一起源，另一种主张不同起源。露西化石的发现对于解决这一问题很有参考价值。

露西化石标本具有约 40% 的阿法尔南方古猿骨架。古人类学研究中，一般仅能发现化石碎片，很少发现完整的颅骨或肋骨，因此露西化石的发现尤为重要，为古人类学研究提供了大量科学证据。

在发现露西之前，古人类学家一直争论的一个议题，就是在人类演进历程中，人类演变为两足直立行走和大脑的发育是不是同时进行的？毋庸置疑，露西化石具有类似于猿的脑容量和类似于人类的两足直立行走方式，支持了人类直立行走发生在大脑发育之前的看法。

露西的发现者唐纳德·约翰森教授认为，露西化石的发现具有极其重大的意义，她是我们最早的祖先，连接了猿和人类，在人类起源研究中具有里程碑意义。

但是新近的发现并不支持约翰森的这种看法。蒂姆·D. 怀特所带领的研究团队于 1992 年至 1993 年在埃塞俄比亚中部阿瓦什河谷的阿法尔谷地发现了首个始祖地猿化石。当时研究团队只找到 17 块骨骼碎片，包括头颅骨、腭骨、牙齿及肢骨等，更多的碎片于 1994 年发现，合计 125 块，是完整骨骼的 45%。她是一个比露西化石更原始的标本。她被认为可能取代露西的地位，这一发现也可能使人类的进化理论改写，因为她的存在证明了人和黑猩猩在比预期更早的年代已分别演化。

2000 年，在肯尼亚，考古学家又发现了一批距今 600 万年的人类化石，其中头骨的枕骨大孔的形态显示其能直立行走。此外，米歇尔·布吕内及其研究小组于 2001 年在非洲乍得沙漠发现距今 700 万年的撒海尔人乍得种，这是目前发现的最古老的人科动物化石，这种早期动物能够行走，将人科动物能够直立行走的年代大大提前。不过，目前尚未有充足证据可以证实撒海尔人乍得种属于人类直系祖先的人种。

002

## 石器时代的“瑞士军刀”
# 奥杜威手斧

年　代：距今 120 万—140 万年
尺　寸：高 23.8 厘米，宽 10 厘米，厚 5 厘米
收藏地：大英博物馆

一百多万年前的人类用精心打制的石器砸碎动物骨骼，获取营养丰富的骨髓，也用其来切割动物躯体、果蔬、植物根茎以大快朵颐。工具的使用，使人类祖先越来越强大，充足的营养也使得大脑越来越发达。慢慢地，人类祖先拥有了走出非洲的能力，得以迁徙至世界各地。这小小的石器，是人类几十万年一小步的改进，却成了人类文明史上的一大步迈进。

## 峡谷里焕发的智慧之光

在人类演化的历史长河中，旧石器时代的时间跨度占人类历史的 90％以上。在很长一段时间里，没有历史记载，连语言文字都没有。如何去探索史前文化的神秘世界呢？石器就是寻找答案的钥匙。透过一块块不起眼的石头，可以揭示早期人类的生存行为，了解人类技术和智力的进化程度。石制品的出现是人类生存技能提高的重要标志。

旧石器时代早期，在非洲出现了世界上迄今为止最早的石器文化。这一时期石器文化以坦桑尼亚奥杜威峡谷的奥杜威文化为典型代表。

**奥杜威手斧**

手斧整体呈泪滴形，由含紫色水晶的白色石英石制成，边缘呈不规则锋利刃，正反两面凹凸不平。这件手斧是古人类学家路易斯·利基在对奥杜威峡谷进行首次考察时搜集到的。

奥杜威文化因发现于坦桑尼亚的奥杜威峡谷而得名，以砾石砍砸器为主要特征。石制品中既有石核石器，又有石片石器，以大型工具为主，其中最典型的为砍砸器，数量最多。

1931 年，年轻的考古学家路易斯・利基在大英博物馆的资助下，开始了自己在非洲的探索之旅。在一次考古行动中，利基在坦桑尼亚北部大草原上的东非大裂谷的一段——奥杜威峡谷的一片裸露岩层中发现了一种与周围岩石格格不入的石头，它有着绝非完全由自然力量风化而成的外观。利基怀疑其应该为人类祖先最早使用的工具。随着发掘的进一步深入，利基发现了大量同时期被肢解过的动物骸骨，为这一假设提供了辅助证明。而后续几十年的实验考古，更证实了这一判断。利基发现的就是奥杜威砍砸器——人类历史上最早的手工制品之一。

奥杜威砍砸器在历经几十万年后，发展出了精细打制的更为锋利“万能”的奥杜威手斧，手斧的长度一般超过 10 厘米，周身两面修理，边缘有精细打制而成的锋利边缘，拥有对称、优美的身躯。其所反映的“两面器技术”是史前人类的一项重要的石器技术传统。

从简单的锤击石核分离石片以得到锋利石刃的奥杜威砍砸器，到反复锤击多角度修整而成的奥杜威手斧，人类祖先花费了几十万年的时间。奥杜威手斧的出现凝聚着人类祖先数十万年的智慧光芒。

## 石器的主人们

那么奥杜威石器的主人到底是谁呢？他们与我们现代人又有哪些差别呢？

通常认为能人是最早的石器制造者。能人是最早的人属成员，演化自南方古猿的一种，体态特征较南方古猿更为发达，平均脑容量也更大。能人的手很接近现代人的手，非常灵活。能人已能直立行走，下肢骨与现代人很相似，能够制作和使用较为粗糙的石质工具。

不过在奥杜威峡谷，最开始被发现的古人类并非能人。在神秘巍峨的奥杜威峡谷中，矗立着一尊水泥质纪念方柱。柱顶镶嵌着一块方形铜板，上面镌刻着："南方古猿鲍氏种（东非人）头骨出土地。发现者：玛丽·利基。1959 年 7 月 17 日。"这就是"东非人"的考古遗址，一个揭露奥杜威文化密码、成就奥杜威峡谷旧石器时代考古圣地的地方。

1959 年，路易斯·利基的夫人玛丽在奥杜威峡谷的谷底发现了一块头骨碎片，又在不远的坡面上发现了两颗牙齿，随后又找到 400 余件骨骼碎片。这些碎片能近乎完整地拼接复原为一个男性头骨；同时，还发掘出大量石制品，并发现了当时的石制品加工遗迹。

经过研究，该男性遗骨被命名为"东非人鲍氏种"，被认为是奥杜威文化的创造者。其后，路易斯·利基的儿子理查德在附近又发现了体质人类学特征更为发达的能人，证实了这些能人才是奥杜威文化真正的主人，而"东非人"应该是能人的狩猎对象，所以该遗骨被更名为"南方古猿鲍氏种"。

能人存在后期，出现了更进一步进化的直立人。直立人的体质特征更为发达，一般认为其是奥杜威精细石制品的主人。

奥杜威峡谷出土的石核

003

## 北京周口店的古人类
# 北京人头盖骨化石（复制品）

年　代：距今约 28 万—23 万年
尺　寸：颅长 21.3 厘米
收藏地：中国国家博物馆

1929 年 12 月 2 日，当时还是青年才俊的中国著名古人类学家、史前考古学家和地质古生物学家裴文中，在北京周口店发掘出中国猿人第一个头盖骨。第二天，他发了一封在中国乃至整个世界考古史上都较为著名的电报：“顷得一头骨，极完整，颇似人。”这一定名为“北京猿人”的发现确立了猿人阶段的存在，为中国的旧石器时代考古学搭建起了一个相对完整的框架，翻开了中国人类学研究史上的全新一页。

## 北京人头盖骨化石的发现

大约在北宋时期，北京周口店一带就有出产“龙骨”的说法。人们把“龙骨”当作天赐的良药，据说把它研磨成粉末敷在伤口上，可以止痛且利于伤口愈合。因为盛产龙骨，人们把这里的一座山称为龙骨山。到了现代，古生物学家研究认为，所谓的“龙骨”不过是古生物的骨骼化石。这就吸引了不少古生物学家和考古学家来到周口店地区进行发掘和考察。

1927 年，周口店北京人遗址的大规模发掘工作开始了。主持发掘的单位是中国地质调查所和协和医学院。第二年，两位中国青年古生物学家杨钟健和裴文中加入

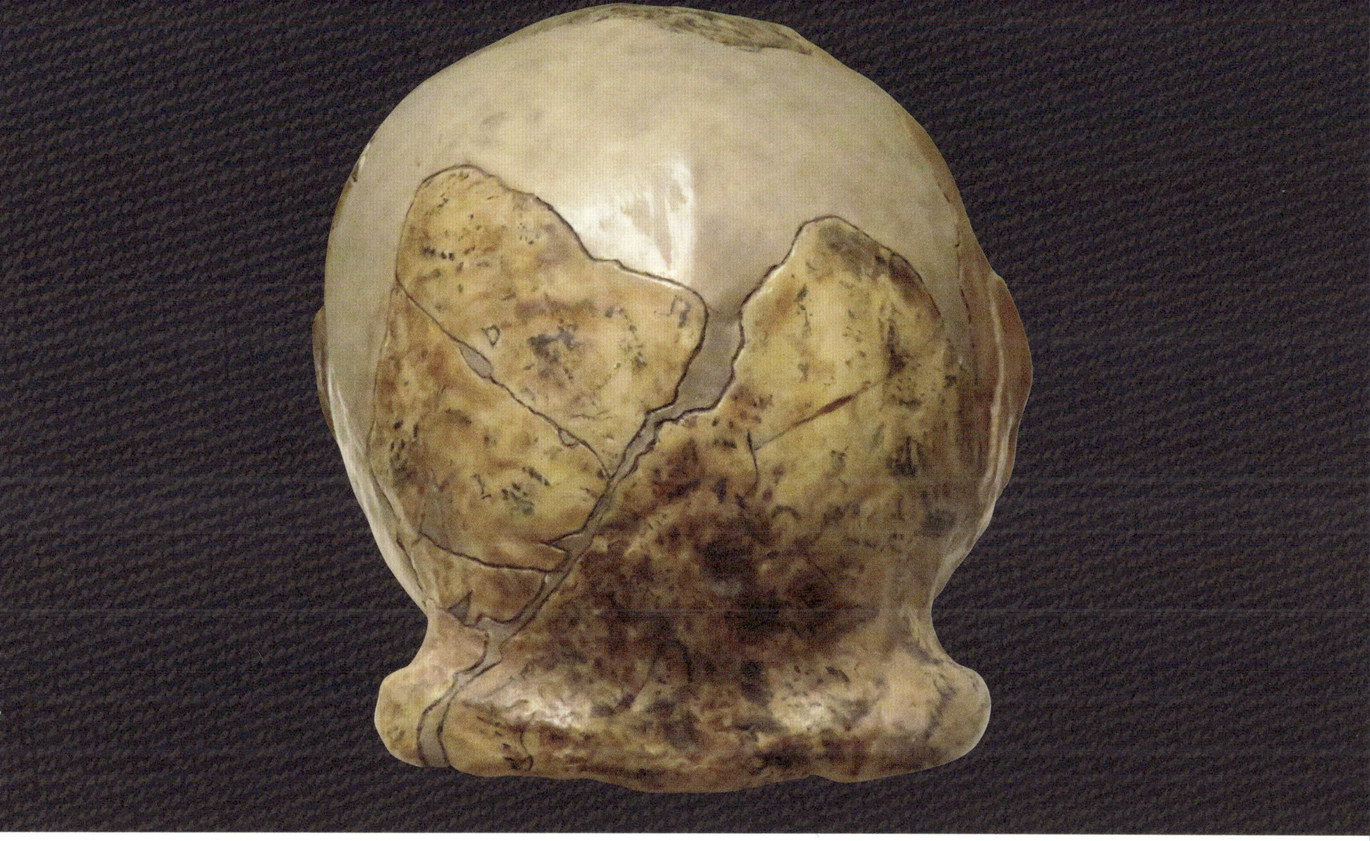

北京人头盖骨（复制品）

这件头盖骨的原物是1966年发掘北京猿人洞上部堆积时发现的一块枕骨，该枕骨恰好可与1934年和1936年在这个地点附近发现的两块颅骨碎片模型相拼合，复原出一个完好的头盖骨。这是现在仅存的北京直立人头盖骨。

周口店的发掘工作。他们精力充沛，给整个现场带来了生气。1929年的初冬，工作人员在发掘过程中，突然看到一个小洞，洞口的裂隙窄得只容一人出入。为了探明虚实，裴文中来到洞里，仔细一看，高兴极了，原来这里意外地埋藏了许多动物化石。他顾不得寒冷，决定把挖掘工作继续下去。1929年12月2日下午4时，随着裴文中的一声大喊："这是什么？是人头！"距今约70万年的一个完整的猿人头盖骨出现在世人面前。裴文中太过兴奋，以至于摄影师只拍到其怀抱中的头盖骨，而本人却未出现在镜头之中。这个在周口店遗址发掘出土的第一颗完整的"北京人"头盖骨化石，震惊了世界考古界，一下子把中国人类历史推到了距今70万年前。后又陆续发现一些古人类的牙齿、石器、用火的遗迹等。那时，位于北京郊区的周口店被世界考古界认定为人类起源之地。

1936年的冬天，中国学者贾兰坡连续找到了三颗猿人头盖骨化石，这也是世界上第一次发现如此多的古人类头骨化石。北京猿人化石共出土头盖骨5具、头骨碎片15件、下颌骨14件、牙齿147枚及若干断裂的股骨、胫骨等，分属40多个男女老幼个体。考古学者同时发现10万件石器材料，以及用火的灰烟遗址和烧石、烧骨等。北京猿人制造出了颇具特色的旧石器文化，并对中国华北地区旧石器文化的发展产生深远的影响。

根据对文化沉积物的研究，北京人生活在距今70万年至20万年之间。北京人的平均脑容量达1088毫升（现代人脑容量为1400毫升）。据推算，北京人平均身高为156厘米（男）、150厘米（女）。北京人处于石器时代，加工石器的方法主要为锤击法，其次为砸击法，偶见砧击法。北京人还是最早使用火的古人类，并能捕猎大型动物。北京人的寿命较短，据统计，其中68.2%死于14岁前，超过50岁的不足4.5%。

北京猿人的发现对中国古人类学是一种荣耀，当年的考古学者浪漫地设想着北京猿人的生活画卷：在70万年前，北京周口店是茂密的原始森林，山间鸟语花香，北京猿人就在这里创造了美好的生活。他们会打制各种工具，会灵活地使用火；凶猛的野兽在猿人们团结一致的行动中都会沦为被捕杀的对象。北京周口店孕育了人类文明的诞生。

## 北京人头盖骨化石的遗失

周口店先后发掘出来的北京人头盖骨，都保存在当时的北平协和医学院。1941年，日美关系日趋紧张，在北平的美国侨民纷纷回国，协和医学院笼罩着不祥的气氛。日军一旦进驻协和医学院，北京人化石的命运将不堪设想。

当时的中国地质调查所所长翁文灏与协和医学院行政委员会负责人胡恒德商量解决办法。当时提出三种方案：一是把化石运到重庆；二是留在北平，找一个妥善的地方秘密收藏起来；三是送到美国领事馆，然后运往纽约的美国自然历史博物馆，由美国暂为保管。考虑到此时已是抗日战争时期，第一种、第二种方案已无可能，无奈之下，只好选择第三种方案，即将头盖骨暂时送往美国保管。

然而，谁也没有想到，就是这个看似最为安全、稳妥的方案，却使得北京人头盖骨至今下落不明。

1941 年 11 月，在协和医学院从事北京人研究工作的胡承志经新生代研究室主任裴文中同意，把要转移的化石装入两只大白木箱子，分别标注“CAD1”“CAD2”的字样。胡承志将北京人化石从保险柜中一一取出，仔细包装然后装在小木箱里，最后一一装进大木箱中。木箱内除了北京人头盖骨化石外，还有山顶洞人头骨及骨骼化石，这些都是周口店遗址出土的最有价值的古人类化石。

据档案资料记载，头盖骨运送时，由美国海军陆战队护卫，乘北平到秦皇岛的专列到达秦皇岛港，准备搭乘“哈里森总统”号运往美国。8 日上午，列车抵达秦皇岛。此时，日本对珍珠港的空袭已经开始，驻扎在秦皇岛山海关一带的日军突然袭击美军，美海军陆战队的列车和军事人员成为日军的俘虏，包括北京人头盖骨化石在内的物资和行李成为日军的战利品，从此不见踪影。

抗日战争胜利后，裴文中立即开始追寻北京人头盖骨的下落。然则无论是中国驻日代表团日本赔偿及归还物资接收委员会的调查，还是盟军总部应中国政府之邀动用驻日盟军参与的广泛搜寻，结果均一无所获。这批珍贵的国宝化石在抗日战争期间竟然就这样神秘地失踪了。1966 年，裴文中在寻找了 20 多年仍杳无音信后，又组织了对周口店遗址的发掘，“希望能再次从自己手中找到中国猿人的化石”。天遂人愿，这次发掘发现了一块额骨和一块枕骨，这是目前仅存的北京猿人头盖骨化石标本。

由于头盖骨原件的丢失，在战火中幸存的复制模型就愈显珍贵。

# 004 《疯狂原始人》的古人类原型
# 尼安德特人恩吉斯 2 号化石

年　代：距今 3.5 万年
尺　寸：长 16.4 厘米
收藏地：比利时列日大学

咕噜一家六口是动画电影《疯狂原始人》的主角，他们躲在山洞里，每天提心吊胆地生活，不仅要靠抢夺鸵鸟蛋来充饥，还要躲避野兽的攻击。不同于老爸瓜哥的小心翼翼，大女儿小伊对山洞之外的世界充满了好奇，一心想追逐新奇世界的一切。世界末日的突然降临，打破了咕噜一家的平静生活，他们不得不展开一场冒险之旅。咕噜一家迈出山洞的一小步，其实是文明进程的一大步，这些“穴居人”正是古人类尼安德特人的原型。

## 尼安德特人的发现历程

1829 年，荷兰博物学家菲利普 - 查尔斯 · 施梅林在比利时恩吉村以北一个石窟的下端，发现了后来被称作“恩吉斯 2 号”的化石碎片。组成恩吉斯 2 号化石的是一个留存半截的颅骨、上颚和下颚的碎片、一个上颌骨。石窟中还有一些石制工具和动物化石。1833 年，施梅林公布了自己的发现。虽然恩吉斯 2 号化石直到 1936 年才被确认为“尼安德特人属”，但是施梅林的发现是对尼安德特人化石的首次科学描述。

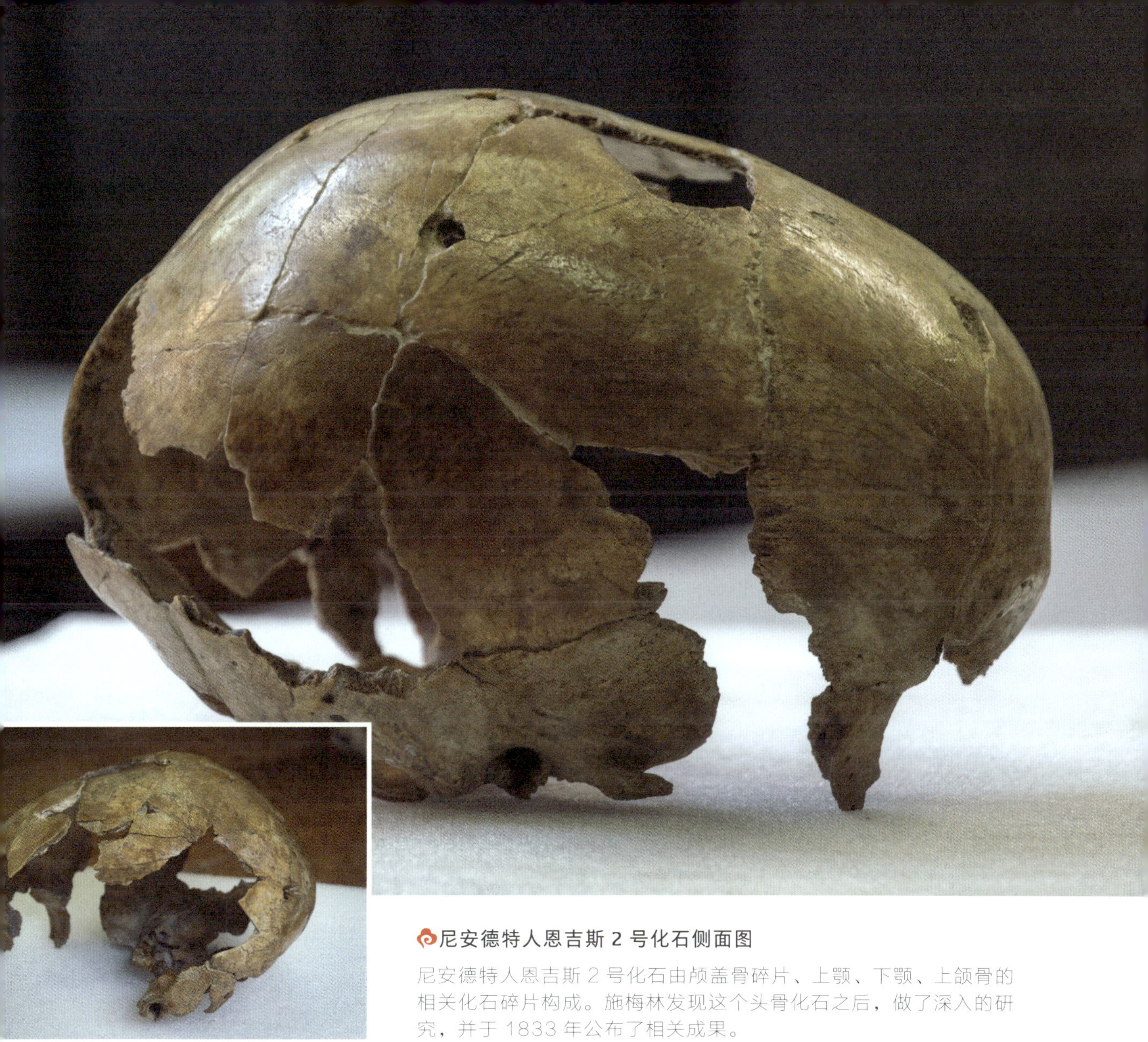

**尼安德特人恩吉斯 2 号化石侧面图**

尼安德特人恩吉斯 2 号化石由颅盖骨碎片、上颚、下颚、上颌骨的相关化石碎片构成。施梅林发现这个头骨化石之后，做了深入的研究，并于 1833 年公布了相关成果。

尼安德特人的命名，是多年之后的事情。1856 年，在德国尼安德峡谷的一个采石场，工人们发现了一堆骨头，包括一个头盖骨和几块遗留的四肢骨骼。工人们猜测这些骨骼很有可能来自一只洞熊，但是看起来又很不寻常。带着疑惑和好奇，他们将骨头交给当地一位名叫约翰·福罗特的教师，想请他鉴别一下。福罗特认定这是人而不是其他动物的骨骼，同时也很纳闷，这些骨骼的一些特征又与现代人类很不一样，比如凸出的眉骨。或许工人们挖掘出的是一个畸形的人？本着严谨和探索的精神，福罗特又找到一位解剖学教授，他们共同研究讨论后一致认为，这可能是一个从未被发现过的新物种。几年后，这具工人们偶然发现的古人类化石，因发现地而得名尼安德特人。

在 19 世纪的科学家看来，尼安德特人是人类进化过程中的重要一环，后来经过广泛的研究，才推翻了这个观点。尼安德特人其实是几万年前与现代人平行生存的一个人种，现代人并非直接由尼安德特人演化而来。德国科学家从尼安德特人的头盖骨化石中提取了部分样品，分析了其中的线粒体基因，结果发现它与现代人的基因有27处不同。可见，尼安德特人并不是现代人的祖先。

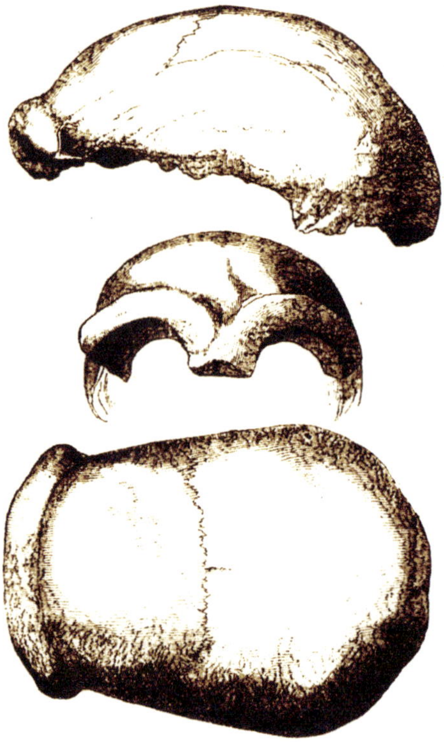

**尼安德特人 1 号头骨化石线描图**

尼安德特人 1 号化石收藏于德国波恩莱茵自然博物馆，这是当时的研究者绘制的线描图，此图后来被用在赫胥黎《人类在自然界中的位置》一书中，作为人类进化的重要证据而闻名于世。

## 笨手笨脚的“愚人”

尼安德特人的命名一开始是为了纪念发现地，但是因为厚重的眉骨使得他们显得有些愚笨，也有人提议将其命名为“愚人”。这则关于命名的逸事也表明，19 世纪中后期的人们对尼安德特人持有偏见，认为这显然是一群四肢发达、头脑简单的愚笨之人，没有现代人高级。

20 世纪初，研究人员首次发现了尼安德特人的骨架，展现在眼前的是一个佝偻、膝盖弯曲、脖子短粗、头骨低斜的形象，这副没精打采的外貌更让尼安德特人背负了“愚蠢的蛮人”这个坏名声。研究人员后来才发现，这具骨架的主人是一位深受严重风湿病折磨的老年尼安德特人，并不具有广泛的代表性。

尼安德特人生活在约 25 万年前至 4 万年前的欧洲和亚洲的部分地区，最古老的尼安德特人遗址位于克罗地亚的城市郊区和意大利。最后一次冰川期初期，尼安德特人迁居到广阔的亚洲各地，近东和中亚都留下了他们居住过的洞穴遗址。

尼安德特人是一群聪明勇敢的猎手，能运用各种巧妙的方法捕猎狡猾的动物。他们不吃动物的腐肉，以狩猎为生，野鹿、犀牛、野牛，甚至更为庞大的棕熊，都是他们捕猎的对象。

在西班牙的一处尼安德特人村落遗址中，曾发现掩埋篝火堆的土层。旧石器时代中期，尼安德特人居住在用猛犸象的骨头和獠牙搭建的简陋小屋里，用兽皮遮盖屋顶，人们在这些居所的中央也发现了火的痕迹。无独有偶，在法国一处岩洞的遗址内部，考古人员还发现了两个炉灶。

尼安德特人使用什么样的劳动工具？除了常用的手持石斧，燧石刮刀是尼安德特人所用的另一种相当有特色的工具。这种刮刀有多种形状，至少有一边被打磨锋利，因此适用于刮净兽皮以获取残留在皮上的肉块和动物皮毛，还能剥离树皮、劈柴、切肉和采集植物。尼安德特人还会用动物肋骨制成一种磨光兽皮的工具。

种种证据都表明，尼安德特人并不是一群愚笨的人，而是技术高超的狩猎者，会使用火和先进的工具。尼安德特人生活在地球上，直到约 4.1 万至 2.4 万年前才灭绝。而他们灭绝的原因，至今仍是一个未解的谜团。

005

原始社会的女神崇拜

# 布拉桑普伊洞穴的维纳斯牙雕

年　代：距今约 2.5 万—2.2 万年

尺　寸：高 3.6 厘米，宽 1.9 厘米

收藏地：法国国家考古博物馆

雕塑是一种独立而高雅的艺术形式。人类审视自身，认识到人体雕塑是人类精神的载体。女性始终是人体雕塑艺术偏爱的形象。史前时代，各种女神小雕像已应运而生。旧石器时代晚期的艺术作品，是艺术的起点。欧洲史前小型艺术品中，最为著名的是被称为“原始维纳斯”的小型雕像。布拉桑普伊洞穴的维纳斯女神牙雕便是其中之一。

## 精致娇小的掌心女神

综合考察世界范围内发现的女神小雕像，可以发现它们虽然分布范围广，但具备诸多共性。女神小雕像的高度一般为几厘米到十几厘米，雕像多为裸体，突出强调女性的生理特征，而对五官相貌和四肢刻画得极为简略，不少雕像为明显的裸体孕妇形象，雕像多为立像，少数为坐像。立式的女神小雕像腿部刻画极为简单，双腿分开或并拢，不刻画脚部，最下端刻画为尖楔状，无底座或其他支撑物。那么，布拉桑普伊洞穴的维纳斯女神牙雕也是如此吗？它拥有怎样独特的艺术风格？

布拉桑普伊洞穴的维纳斯女神像是旧石器时代晚期出现的人类艺术品之一。它

**布拉桑普伊洞穴的维纳斯牙雕**

英国考古学家保罗·巴恩看到这个小小的维纳斯雕像的时候是这样描述的："脸是三角形的，看上去很平静。前额、鼻子和眉毛浮雕刻制，但是没有嘴巴。脸部右侧有一道裂缝，那是因象牙的内部结构造成的。"

是一件用猛犸象牙雕刻的女性小雕像，1892年在法国西南部布拉桑普伊村附近的“教皇岩洞”中被发现。这件雕刻精致的女性头像是已知最早的真实人面像之一。

“这个雕刻精细的女性头部雕像，标志着我们第一个极为重要且令人激动的发现。先民们创作出了人类的面孔，就这样一个小小的作品，能放在你的掌心，非常精致，有向下的刻痕，也有横向的刻痕。刻、凿、磨、刮，各种非凡工艺的运用，使这面庞展现出我们所说的个性。”英国历史学家西蒙·沙玛如是说。

这件精美的维纳斯女神牙雕可能属于欧洲旧石器时代晚期的格拉维特文化。到目前为止。据推测，这件独具风格的女性小雕像应是当时人们随身携带的一种饰物，另有观点认为它是为举办某祭祀仪式而进行的艺术创作。

1892年以后，布拉桑普伊洞穴又陆续出土了十余件女性雕像及残片，它们大都体态丰腴，面部空白而缺少刻画，与我们提到的这尊维纳斯人面像风格迥异。的确，不同于它的诸多姊妹作品，这尊娇小的维纳斯女神牙雕显得十分保守，保守到仅留有头部。细观其面部，前额狭窄，眉棱突出，眼窝凹陷，眼睛恰依稀可见；唯鼻梁高挺，甚清晰可观；无唇，下颌尖；神情含蓄，平静祥和，似欲语还休。它的头发被分割成无数小方格，呈棋盘状，或为当时妇女的流行发式；耳部藏于长发之后，颈部修长。整尊雕像由一条斜线作结，可谓恰到好处，精细打磨过的雕像表面在变幻的光线照射下，显得优雅、活泼而富有动感。

此维纳斯女神像仅有3.6厘米高，可置于掌心，且雕刻工艺较同时期的其他雕塑更为精致细腻，可谓风格独特、独具匠心，堪称精致娇小的“掌心女神”。

## 体态丰腴的“维纳斯”们

维纳斯是西方神话中的女神，象征着爱与美好，因此，人们习惯将原始社会的诸多女神小雕像统称为“维纳斯小雕像”。与拥有精致面容的“掌心女神”全然不同，旧石器时代的维纳斯小雕像多为裸体孕妇形象，突出强调女性的生理特征，巨大的胸腹与娇小的头部显得不成比例，体态十分丰腴。这些体态丰腴的“维纳斯”多发现于欧洲、西亚地区，从欧洲东部到地中海，从叙利亚到西伯利亚，分布范围极其广泛，其材质有石、陶、泥、骨、牙等，以石质和猛犸象牙材质居多，雕刻手法单纯简练，可谓写实与抽象并重。这类艺术遗存亦为亚欧各地诸多博物馆的标配，若想展示史前艺术，它是典型的材料之一。

以维也纳自然历史博物馆所藏的“维伦多夫的维纳斯”为例，这一雕像为石灰岩材质，高度仅 11 厘米，却生动展现出一位腹部隆起的孕妇形象，突出强调其胸、腹、臀等，而对五官相貌和四肢的刻画却显得极为简略和粗糙。

维伦多夫的维纳斯

这类小雕像的功能意义何在？对很多直接表现孕妇形象的维纳斯小雕像进行具体分析发现，此类雕像或与对女性的生殖崇拜及哺乳、孕育等女性生理功能息息相关，这也一向是众多学者极为关注的话题，然而具体观点却众说纷纭33。阿尔茨霍夫斯基在《考古学通论》中提到女神小雕像是母系氏族社会的象征，代表了当时人们对女族长的崇拜。还有一些国外学者的意见与阿尔茨霍夫斯基类似，他们认为女神小雕像可能代表了种族的祖先或祖母神像，也有可能是家族或炉灶的守护神等。除了这些观点，还有学者认为这类艺术遗存也可能直接与女性的怀孕、分娩有关，史前人类正是借助这些体态丰腴的维纳斯小雕像来祈求女性怀孕和生产顺利的。

无论如何，这些或体态丰腴或面容精致的维纳斯女神小雕像，皆承载着丰厚的历史文化，鲜活地反映出世界各地原始先民的美好夙愿——对种族延续和人丁兴旺的殷切期许。

006

古埃及农业的发展和作物的收获

# 古埃及的燧石镰刀

年　代：公元前 6900—前 3100 年
尺　寸：长 6.4 厘米，宽 2.4 厘米，厚 0.8 厘米（右图）
收藏地：美国大都会艺术博物馆

非洲的尼罗河河谷在新石器时代就有少许部落逐水而居，进而发展出高度发达的农业文化。近代考古挖掘的物品表明，人类在当时已有高超的手工艺技术。为了生活，他们不但可以就地取材建造房子，用石头做成各式家具，用火烹煮食物，还可以烧窑做成各式陶器，而这把燧石镰刀则能充分展现出古埃及最早的农业器具的发展。

## 燧石镰刀的发现经过

20 世纪 20 年代，英国考古学家格特鲁德·卡顿·汤普森致力于埃及地区新石器时代至前王朝时期的考古挖掘，她的足迹遍布阿拜多斯和巴达里等城市。她在这些地区挖掘出来的物品，对于了解新石器时代和前王朝时期的历史具有一定的价值，这些物品目前大多保存在大英博物馆。1924—1928 年，她前后在法尤姆考古挖掘三次，挖出大约 1590 件物品，其中以燧石做的器具数量达 1400 多件，此燧石镰刀（右图）也是其中之一。她在卡姆编号 W 区发现了许多新石器时代的石造手工物品，特别是斧头、镰刀片、凹型样本的箭头等，这些物品分别存放在不同的博物馆。大

**埃及燧石镰刀**

这个造型如同矛头的物件就是古埃及人制作的燧石镰刀，镰刀用敲击成薄片的燧石制作而成，头部尖锐，一侧制成锯齿状，锯齿分布均匀；一侧厚重，有敲击痕迹。

都会艺术博物馆一共有 8 把镰刀，是由埃及的英国考古学院赠送的，它们都是新石器时代至古王国时期的物品，但多数都在新石器时代被使用。

从新石器时代开始，古埃及人已经知道如何用燧石来打造镰刀，特别是为了农作也制造了不同的器具。最早的镰刀是用燧石从两面敲打成薄片，周围则是粗糙且简略的 2.4 ~ 2.9 厘米宽的齿状边缘，通常一边是尖的，一边是方形的，但有时候一些镰刀两边都是方形的（也许是受到黎凡特和古代近东区域的影响）。总而言之，埃及镰刀的形状和两面敲打技术与同时代的东北非洲地区的手工器具技术有密切且重要的关系。手工器具的制造业组织至今未有确切的资料，这些大小合适的原始材质通常都不在邻近之处，也许是从更远的地方获得的。

## 燧石镰刀的相关研究

古埃及的镰刀有很多形状、大小、锯齿边缘不同的种类。形状有厚有薄，取决于插入木质柄把的沟槽大小。粗形锯齿是通过一个每厘米有两个大于1毫米的深双面压片制成的，而细形锯齿是通过一个小于1毫米的浅双面压痕制成的。在法尤姆出土的粗形锯齿镰刀出现并投入使用的时间比细形锯齿镰刀早，专家猜测，可能是因为粗形锯齿镰刀比细形锯齿镰刀能更有效率地收割谷物，也能更快速地完成农作。另一个实验证实，粗形锯齿镰刀更适合割除干掉的谷物茎秆，但不适于充满水分的半成熟谷物茎秆；细形锯齿镰刀则是较适合用于锯断有水分的半成熟谷物。正因为如此，细形锯齿镰刀长期受到湿气影响，毁损的情况较为严重。

公元前4000多年的镰刀与之前相比种类更多，不管是长度、木柄沟槽位置、装柄的方法都不相同。丰富的种类反映了不同的制造技术，这些手工石器的制造也越来越专业化。从前王朝时期开始，镰刀的制造趋于标准化；在古王国时期，镰刀变得更窄，沟槽也变得更小，刀片尾部能够轻易取出，以便做调整。菱形镰刀主要出现在燧石矿区，在尼罗河谷较为少见，可能是在矿区制作完成后才被带至尼罗河谷附近。

镰刀可以不断地重复使用，证明了镰刀的价值非常高，就算刀片变钝了，也不会被丢弃。在古王国时期吉萨出土的镰刀，其中有3%呈现了多次重复使用的迹象，在木柄沟槽接缝之处也有不断被磨锐的痕迹，

**燧石镰刀**

美国大都会艺术博物馆藏，长9.3厘米，宽2.9厘米，厚0.9厘米。由考古学家赫尔曼·容克在埃及西部三角洲的梅林达·贝尼·萨拉马发掘。

或是有更换过刀片的迹象。由此可见，当时的农夫逐渐拥有自行磨刀和更换刀片的能力，他们可能是向专门制刀的人买刀再自行组装。制刀业从古王国时期到第一中间期，甚至到新王国时期和晚期时代都有考古证明。

## 古埃及的农业

尼罗河在古埃及农业中扮演着举足轻重的角色，从很久以前，古埃及人就知道如何利用尼罗河定期泛滥的河水带来的肥沃淤泥进行农耕，继而算出农作的季节，并开始开凿运河，组织起有效的灌溉系统，因此人们逐渐从沙漠边缘地点迁移至尼罗河河谷区定居，发展出小型的部落群居团体。

古埃及种植的农作物主要是谷物——大麦和小麦，它们是古埃及人日常生活里主要的食物——面包和啤酒的来源。除此之外，古埃及人在农地边上或水池边，种植不同的蔬菜、花草和水果，这些菜园和果园也是靠河水有规律的泛滥而得到灌溉的；若是缺水，则有挑水仆役去河边挑水回来浇灌。

埃及人除了爱喝啤酒，也会酿造葡萄酒，在墓室壁画上可以见到农民从葡萄树上摘取葡萄放在榨汁器具里踩压、把汁装进不同的陶瓷罐中发酵熟化的画面。对于其他植物，例如亚麻、棉花和莎草，古埃及人则利用它们制造出不同物品。亚麻制造出来的亚麻布，可以作为衣物原料或是木乃伊的绷带。晚期时代从努比亚引进了棉花，着实促进了棉纺织业的发展。而在沼泽处生长的莎草，可制作成书写用的纸、绳子、篮子、席子和凉鞋等。

通过大量考古挖掘出土的物品和陪葬品，可以得知，古埃及的农业工具有木锄、耙子、镰刀、铲子、筛板等，在古埃及无数的墓室壁画中也多有描绘农业的内容，涉及播种、犁田、耕作、收割、簸选、晒谷、筛谷等，这些都可以让我们还原古埃及农业的大致情形。

# 007 长江流域的稻作文明
# 河姆渡文化骨耜

年　代：约公元前 5000—前 3300 年
尺　寸：纵 18.2 厘米，刃宽 9.8 厘米，上宽 5 厘米
收藏地：浙江省博物馆

1996 年 5 月 12 日，我国发布了志号为 1996-10 的特种邮票，命名为《河姆渡遗址》，以展示中华民族悠久的文化遗产。全套共 4 枚邮票，分别为《稻作农业》《干栏建筑》《划桨行舟》《崇鸟敬日》。其中，《稻作农业》以金黄色描绘的部分出土稻谷堆层为背景，突出刻画了一件公元前 5000—前 3000 年的稻作农具“骨耜”形象。“骨耜”的出现，意味着河姆渡先民的农业生产已经进入了发达的耜耕阶段。

## 横空出世的稻谷及耜

在浙江省余姚市河姆渡镇的北边有一条名叫姚江的大河。1973 年夏天，村民们开始筹划在雨季到来之前，在一个低洼处建排涝站，以绝水患。当他们挖到 1 米多深时，似乎碰到了一些阻碍。埋藏于地下的许多杂乱的东西和石头影响了施工的进度。随后，这里的工程负责人发现泥土中混杂的碎石块似乎并不是天然的，而是有人加工过的，于是他挑选了一些有明显加工痕迹的样本，连夜送到了当地文物考古部门进行鉴定。几天以后，考古人员便来到了此处，开始对这片土地进行挖掘。考古人员发现了一些木头，这些木头虽然已经糟朽，但还是能清晰地看出人为加工的痕迹。

**河姆渡文化带藤条残木柄骨耜**

据《河姆渡：新石器时代遗址考古发掘报告》记载，在河姆渡遗址共出土了79件耜，大部分耜采用偶蹄类哺乳动物的肩胛骨制成，形体厚重。此骨耜基本上保留了肩胛骨的自然形态，并进行多处加工，加工部位均留有明显的凿琢痕迹。骨耜因长期使用磨蚀，通体光滑。刃部磨蚀较深，遗留有细的摩擦条痕。

河姆渡遗址出土的稻谷和稻叶

河姆渡遗址考古发掘中发现的稻谷堆积层主要在探坑的第四文化层中。其出土数量之多、分布面积之广，为其他史前遗址所罕见。

经过对其整体的清理，考古人员发现，这是一口水井，井深 1.4 米。由于这口水井的存在，考古人员大胆地推测，这里可能是古人类居住的村落，而不仅仅是几个墓葬那样简单。随后，他们在距离地面 2 米深的地方，挖掘出 11 座墓葬和 3 个灰坑，还伴随着大量的陶片、石器。这更证实他们之前的推测可能是真的。他们继续向下挖掘，在这个文化层仍然有一些陶器出土，只是在这一土层没有发现红陶，大部分是灰黑色夹砂和夹炭的陶器，这些陶器的质地比较粗糙，且几乎都无纹饰。考古人员通过观察表面留下的痕迹，判断它们应该是在距今 6000 年左右的时代加工出来的，这是新石器时代人类在这里生活过的重要证据。当考古人员继续挖掘到距地面 3 米深的地方时，发现了一些奇怪的东西。在黑褐色的土层中，闪现了一些金黄色的小颗粒，但是很快就变成了泥土的颜色。

考古人员捡起混在泥土中的褐色颗粒，他们几乎无法相信自己的眼睛：这些东西居然是碳化了的稻谷。在这个土层下，不断有混在泥土中的稻谷被发掘出来。考古人员在大多数探坑中都发现了 20 ～ 50 厘米厚的稻谷、谷壳、稻叶和木屑、苇编交互混杂的堆积层。堆积数量之多，保存程度之完好，是同时代遗址中极为罕见的。稻谷出土时，有的已经烧焦，有的还保存完好，有的根须和稻叶的脉络很清楚，为数不少的谷壳基本上还是金黄色的，不失原来的形态，甚至连稻壳上的脉络和纤细的稃毛仍清晰可辨。在离稻谷堆不远的地方，考古人员又有了新的发现：泥土中出现了许多骨制的东西。在这些出土的骨制品中，他们发现其中的一件上面还缠着葛藤，这正是河姆渡人的生产工具——骨耜。骨耜多是用哺乳类动物的肩胛骨制成的。其上端厚而窄，是柄部；下端薄而宽，是刃部。柄部凿一横孔，刃部凿两个竖孔。横孔插入一根横木，用藤条捆绑固定。两个竖孔中间安上木柄（即耒），再用藤条捆绑固定。

骨耜的使用，可以大大减轻人类耕作的负担，充分地显示了河姆渡人的聪明智慧。骨耜的出土是河姆渡人种植稻谷的重要证据，河姆渡出土的骨耜，是中国目前发现的最为古老的骨制农具。大量骨耜的出土，向今天的人们呈现出这样一个事实：6000多年前的河姆渡人，已经脱离了刀耕火种的耕作方法，进入了耜耕农业阶段。从稻谷的出土到骨耜的使用，证明河姆渡已经具有了发达的稻作文化。

## 中国早期先进的农业生产

河姆渡原始稻作农业的发现纠正了中国栽培水稻的粳稻从印度传入、籼稻从日本传入的传统说法，在学术界树立了中国栽培水稻是从本土起源，而且起源地不会只有一个的观点，从而极大地拓宽了农业起源的研究领域。

河姆渡文化人工栽培稻的发现，将中国人工栽培稻的历史从距今4000年到5000年提前到距今7000年，这是河姆渡先民对人类的重大贡献。

骨耜是河姆渡文化中最具特征的一种农具。二次考古发掘共出土170余件骨耜，它们都是以水牛、大象和梅花鹿等大、中型哺乳动物的肩胛骨加工而成的。骨耜的刃部形式多样，有的刃部大致平齐或略呈弧形，有的刃部呈双齿状，有的刃部呈斜状等。刃部呈双齿状的骨耜，器身最长，数量也较多，占了出土骨耜数的2/3，这种骨耜利于刺土深耕，是河姆渡人耕作水田的主要农具。刃部呈斜状或平齐状的骨耜，是双齿刃骨和在使用过程中两侧刺状刃折断、磨损后再加工、再利用的产物，因此器身较短，通体较光滑。

水稻的栽培，使大量的余粮囤积成为可能，推动社会形态向前发展。

008

## 行业分工的开始
# 蛋壳黑陶高柄杯

年　代：距今 4600—4000 年
尺　寸：口径约 9 厘米，底径约 4.7 厘米，通高约 26 厘米
收藏地：山东博物馆

最新研究表明，中国最早的陶器出现在距今两万年前，自此以后，陶器深刻地影响着人们的生活。经过漫长的发展，陶器制作工艺水平不断提高，出现了许多新的器形。发展到龙山文化阶段，出现了一种制作十分精致的陶器—蛋壳黑陶高柄杯。这种陶器代表了中国新石器时代制作陶器的最高水准。

### 蛋壳陶和龙山文化

“蛋壳陶”是一种制作精致、造型小巧、外表漆黑黝亮、陶胎薄如蛋壳的陶器，其形制“黑如漆、亮如镜、薄如壳、硬如瓷，掂之飘忽若无，敲击铮铮有声”，被誉为“四千年前地球文明最精致之制作”。中国著名考古学家梁思永先生也曾这样评价这类陶器：“可与中国制陶技术所造出的最美好的产品相颉颃，而形式的轻巧、精雅、清纯之处也只有宋代最优良的瓷器可以与其媲美。”

20 世纪 30 年代在山东省章丘市龙山镇城子崖遗址，考古人员最早发现了这种漆黑如镜的陶器—蛋壳陶器，但是对于这种器物的具体造型不甚明了。1960 年 3 月到 7 月，山东省文物管理处曾对城子崖进行了发掘，发掘面积约 1700 平方米，出

**蛋壳黑陶高柄杯**

具有典型龙山文化特征的器物，黑如漆，明如镜，薄如纸，硬如瓷。此杯代表了中国远古时期制陶工艺的最高水平，堪称“四千年前地球文明最精致之制作”。

土文物十分丰富，以龙山文化遗存为主。龙山文化的生活用具主要是陶器，骨角器较少。陶器以泥质和砂质黑陶为主，细泥黑陶、泥质和砂质的灰陶次之，橙红色陶和黄白色陶很少。一般陶器的火候较高，陶质坚硬，表面大多是素面磨光，制作精致，带有光泽感。这次发现的主要器形有鬶、盉、蛋壳陶器、鼎、罐、瓮、杯、碗、盆、盘等，其中最为重要的发现是可以拼对完整的蛋壳陶器，可复原三件：一件上部为平沿宽大的圆底杯，形状好似仰置的斗笠，下连一敞口圈足的杯形器座，座的上部刻画和透雕了很细的花纹，共分为五圈，图案复杂；一件上部为平沿宽大的直筒圆底杯，下连豆形器座，座上部透雕三角纹和菱形组成的宽带图案，制作精致；另外一件形如高圈足杯，上部多为弧沿宽大的圆底杯，下连细长的圈座，底部呈束腰状，外饰竹节状。直到潍坊姚官庄遗址复原出了完整的蛋壳陶器，这才为研究者认识这种特殊的器物提供了更为具体翔实的资料。

对于这种数量很少、较为特殊的器物，不管是研究人员还是一般公众，都会被它深深地折服。对这种神秘的器物充满好奇，我们称之为蛋壳陶。那么这种陶器真有蛋壳那么薄吗？蛋壳陶一般最薄处在口沿部位，经测量，厚度仅为0.2 ~ 0.3毫米，柄部稍厚些也不超过1毫米——还是要比鸡蛋壳厚一些。我们称之为蛋壳陶，也只是一种较为夸张的说法。不管怎么样，在当时生产力水平还比较低下的情况下，蛋壳陶在当时绝对是“高科技”产品。

## 蛋壳陶生产中的社会分工

蛋壳陶的完整器主要发现在规模较大的墓葬中，而且器形仅有蛋壳黑陶高柄杯一种。绝大多数墓葬只在一座墓中随葬一件，唯有临朐西朱封三座龙山大墓中随葬了不止一件。由此可见，能够使用这种器物随葬的人，所拥有的财富较多或社会地位比较高。像西朱封大墓那样地位高的人更少，他们是处在金字塔顶端的统治者或王一级的人物。一般在其他遗址基本见不到这类器物的完整器，多为碎片，所以我们也有理由推测这种器物可能不是一般的实用器，而是专门为墓主随葬准备的特殊用品。有研究者对蛋壳陶器进行了实验考古，发现往蛋壳陶杯内加入水之后，其重心是不稳的，所以我们可以进一步说明，这种器物不是作为实用器来使用的。另外，这种陶器虽然质地比较坚硬，但是很薄，如果是古人拿来实用的话，稍不留意，很容易破碎。所以从实用性的角度来看，蛋壳陶也不是日常生活所用的器物。

研究发现，蛋壳陶出现的地域范围较为固定，至于在其他一些地区有零星的发现，很有可能是通过交流的方式传播过去的。在四千多年前能够制作这么精致的陶器的人，也绝非一般的普通人，应该是一群专门从事蛋壳陶器制作的手艺精湛的陶工。

如此精美绝伦的蛋壳陶，我们很难想象是怎么做出来的。根据相关研究，考古工作者大致梳理出了蛋壳陶的制作流程：首先，工人对陶土进行多次淘洗，去粗取细，然后对细腻的陶土进行翻捣、踩踏、反复加工；其次，制陶工人再利用加工好的陶泥制作器物，器物成形后待其阴干到一定程度，再放置于陶轮上刮削成薄壁，然后进行平、实、薄的细致加工；再次，对加工好的器物施以镂孔、刻画、弦纹等装饰，并将分开制作的器物各部分组合黏结在一起；最后入窑烧制，烧制成形后再对陶器进行渗碳、抛光处理。通过这个流程，可以看出蛋壳陶的制作需要多工种协作进行，在单一行业内有了明显的分工。

当然，我们对于蛋壳陶的了解，还仅仅只是冰山一角。诸多背后的历史文化信息、技术信息，还有待我们通过多种手段、多学科合作去解读。

# 第二章 世界文明的诞生

人类从蒙昧状态进入文明时期，经历了漫长的岁月。遍布世界各地的文明遗址，无一例外地依傍着大江大河而生，从而使这些江河有了“文明摇篮”这一鲜活的名称。在底格里斯河与幼发拉底河的两河之滨，诞生了美索不达米亚文明；在尼罗河畔，诞生了古埃及文明；在印度河、恒河流域，诞生了古印度文明；在黄河和长江流域，则孕育出了光辉璀璨的中华文明。爱琴海边的米诺斯文明和美洲雨林中的奥尔梅克文明，也是得到了水的滋养，在世界文明史上留下了精彩的篇章。

**推荐博物馆：**

**大英博物馆、法国卢浮宫博物馆、美国克利夫兰艺术博物馆、洛阳博物馆、三星堆博物馆**

009

## 苏美尔城邦的“战争与和平”
# 乌尔军旗

年　代：约公元前2500年
尺　寸：高21.7厘米，长50.4厘米，下宽11.6厘米，上宽5.6厘米
收藏地：大英博物馆

在美索不达米亚，即古代两河流域的早王朝时期（约公元前2900—前2350），苏美尔文明发展水平已经很高，定居人口中的多数已逐渐转入城市生活，以城市为中心并覆盖周边村庄和其他聚落的城邦组织模式已较为普遍。彼时，数十城邦林立，著名的有乌尔、乌鲁克、乌玛、拉格什、吉尔苏等。这一地区考古发掘出土的部分建筑遗存、石像、滚印、陶器、铭文、泥版文书等，反映了当时苏美尔城邦政治、经济、宗教以及其他社会生活的繁荣景象。出土于乌尔王陵、现藏于大英博物馆的“乌尔军旗”，便是这一时期关于苏美尔文明的具有突出代表性的重要文物。

## 乌尔及其王陵

乌尔地处美索不达米亚南部，位于今伊拉克济加尔省境内，是一座建于公元前3000年代初的古城，其鼎盛时代是在以其为首都的乌尔第三王朝时期（约公元前2100—前2000）。在古代，由于地理位置优越（紧邻幼发拉底河且距波斯湾不远），乌尔长期以来一直是连通美索不达米亚与波斯湾沿岸及其以外地方的重要贸易枢

**乌尔王朝时期乌尔军旗侧视图**

从侧面看，乌尔军旗的横截面呈梯形，上小下大，前后两个面呈矩形，分别镶嵌着“战争场景图”和“宴会场景图”，两侧的梯形面分别装饰着动物图案。乌尔军旗发现于编号为 PG779 的陵墓中，在清理陵墓的一个墓室的时候，一名工人在角落里发现了它。

纽。乌尔最早由大英博物馆于 19 世纪中期开始发掘，然而，对乌尔考古做出最大贡献的是英国著名考古学家查尔斯·伦纳德·伍利爵士。1922—1934 年，在大英博物馆和宾夕法尼亚大学的联合资助下，伍利率队对乌尔连续展开了共计 12 期的考古发掘，除出土大量建筑遗存、生产工具、生活器具外，尤其具有重大意义的是对乌尔王陵的发掘。

乌尔王陵是乌尔的一处墓葬遗址，其年代约为早王朝中后期以后（公元前 2600—前 2100）。实际上，该遗址共发掘了近 2000 座墓葬，绝大多数为平民墓葬，其中只有 16 座墓葬因在其中发现了“人殉”遗迹而被伍利称为“王陵”，“乌尔王陵”

的称谓便由此而来。考古人员在乌尔王陵发掘出了大量的石制珠宝、容器、武器、乐器、家具等，并在其中一座最大的墓葬中发掘出了著名的乌尔军旗。

## 乌尔军旗并非军旗

首先应摒除一种误解：乌尔军旗并非人们通常所理解的行军作战时在队列间高高飘扬的旗帜。其实，它是一个上窄下宽的六面体木盒，除上下两面，其余四面均以沥青为胶合介质镶嵌着由贝壳、石灰石和天青石拼成的马赛克图案。由于它被发现于一间墓室角落里一名男性入葬者的右肩上方，伍利据此设想，它起初可能像一面旗帜一样悬挂在肩扛的旗杆上，这便是“军旗”这一名称的由来。

## 战争与和平的马赛克图案

整体上来看，乌尔军旗的图案主要由前后两面两幅不同的图案组成，并且两面图案均含有故事情节，正面图案描绘的是战争场景，背面图案描绘的则是

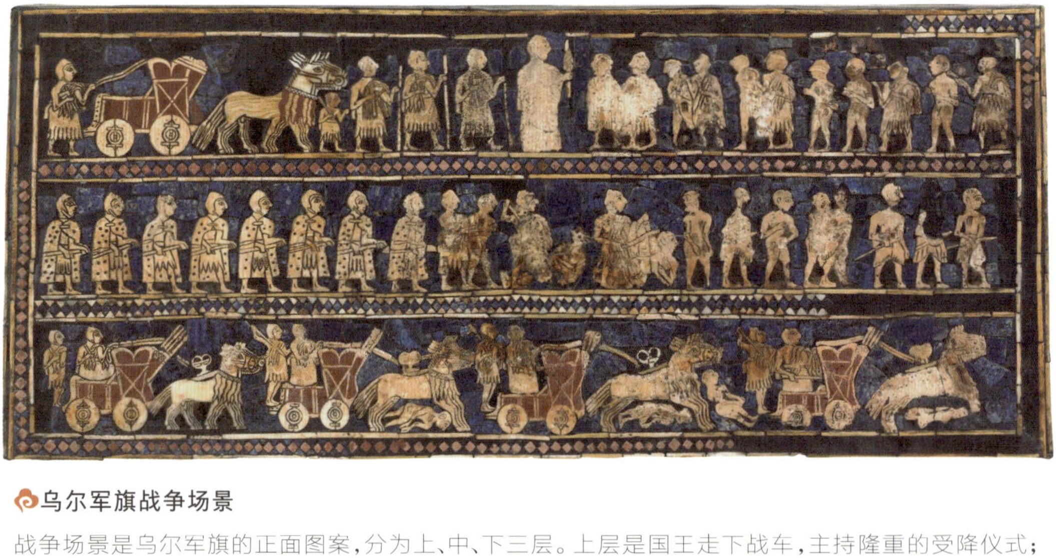

**乌尔军旗战争场景**

战争场景是乌尔军旗的正面图案，分为上、中、下三层。上层是国王走下战车，主持隆重的受降仪式；中层是编队进攻敌人的苏美尔军队和溃败的敌军；下层是国王率领战车追击溃逃的敌人，车轮蹂躏着敌人的尸体。

和平场景。每面图案均被横向分成上、中、下三行，而场景表现的故事情节则由下往上依次展开。

正面的战争场景展现了一幅经过一场激烈战斗而大败敌军的雄壮画面，最下面一行是四轮战车在碾压敌军，每辆战车都由四头驴牵引，且均载有两名车兵；中间一行是一众头戴头盔、身穿斗篷、手执长矛的步兵在列队行进，有些敌人被杀死，其余被俘的敌人则赤身裸体；最上面一行则是一些裸体战俘被押解到一个体形明显比其他人物形象更为高大的人面前，此人应是王（军事统帅），他身着长袍，手执一件形似权杖的器物，身后有三名卫兵执矛而立，卫兵身后停驻着专供王乘坐的驴拉战车（与最下面一行作战中的战车形制相同），一个体形较小的人立于驴前，另有一个士兵模样的人在车后徒步牵车。

背面的和平场景与正面激烈的战争场景形成了鲜明对比，和平场景描绘了一幅宫廷宴会的图画。最下面一行是臣服的阿卡德人背负着成袋成捆的各种物资前行，有的人则赶着驴，中间一行是苏美尔人赶着牛羊畜群（公牛、绵羊、山羊）或手里提着鱼，前往宫廷以举办宴会；最上面一行则描绘了宴饮的过程，左侧向右端坐在椅子上的体形更为高大的人应是王，他穿着羊毛流苏裙，右手端着酒杯，左手置于膝上。中间面向王端坐在椅子上的是一众出席宴会的人，他们应是宫廷官吏或王室人员，他们都穿着普通的流苏裙，一手举起酒杯，似乎在向王祝酒，右侧与入宴者一同面向王站立着的是伶人和祭司，伶人手持牛头竖琴在前弹奏，祭司在后赞礼，他们都穿着流苏裙，并蓄有黑色的长发。

## 苏美尔城邦的图景

乌尔军旗上的图案展现了当时苏美尔城邦的政治和社会生活图景。首先，战争场景与和平场景的二元组合反映了苏美尔城邦政治的某些显著特点。

在苏美尔城邦时代，城邦统治者，即王的职能主要体现在相辅相成的两个方面。一方面，王是强大的战士和伟大的军事统帅，他需要保障城邦的安全；另一方面，王又是政治上的主宰和最高统治者，他需要维持城邦的繁荣。

乌尔军旗图案的细节反映了苏美尔的文明成果。战争场景所描绘的现象表明，四轮战车的使用在当时应已较为普遍和成熟。而从战车的兵员配置来看，每辆战车搭载两名士兵，可能一人负责驾车，另一人负责车上作战。此外，步兵独立于战车之外，则说明不同兵种的协同配合可能已是当时常见的作战模式。

**乌尔军旗宴会场景**

宴会场景的构图分上、中、下三层，最上面一层是乌尔王和贵族们一起宴饮庆祝胜利的场景，中层是庆祝胜利的游行人群，下层是牵着马、背负着贡品的朝贡者队伍。

在和平场景中，一个有趣的现象是，中、下两行所刻画的物产盛况实际上对应不同生产门类的产出，袋装或捆束的物资可能代表农业收成，这些意在表明各行各业社会生产的欣欣向荣以及物质资源的丰富多样。

总之，乌尔军旗既是一件不可多得的苏美尔艺术品，也是人们了解苏美尔文明的一项重要史料，不论从其制作工艺来看，还是从其图案本身所传递的信息来看，乌尔军旗都是公元前 2500 年古代美索不达米亚地区苏美尔文明的一面镜子，这面镜子以战争场景与和平场景这样两个视角的并立，并通过一些鲜活而又灵动的细节刻画，向人们立体地再现了当时苏美尔城邦的政治和社会生活景象，让人们得以从中一窥几千年前伟大的苏美尔文明的辉煌灿烂。

# 010 世界上第一部较完备的成文法典 《汉谟拉比法典》石碑

年　代：公元前 1792—前 1750 年
尺　寸：高 225 厘米，长 79 厘米
收藏地：法国卢浮宫博物馆

1901—1902 年冬，一支法国考古队在考古学家雅克·德·摩根带领下，在古埃兰首都苏萨遗址——今伊朗胡泽斯坦省境内发现了一座 2 米多高的黑色玄武岩石碑，其上以楔形文字阿卡德语（古巴比伦方言）刻写了 200 多条法律条文，这便是现藏于法国巴黎卢浮宫的举世闻名的《汉谟拉比法典》石碑，它是古巴比伦王国第六代君主汉谟拉比颁布的法典，也是目前已知的最早、最完备的成文法典之一。

## 汉谟拉比及其古巴比伦王国

古巴比伦王国（约公元前 1894—前 1595）是阿摩利人（古闪米特人中的一支）建立的国家，也是古代两河流域历史上以巴比伦城为首都建立的第一个王朝，故而又称巴比伦第一王朝。公元前 2000 年左右，乌尔第三王朝覆亡，两河流域南部再度陷入分裂，阿摩利人趁机纷纷拥入并控制了很多城市（巴比伦是其中之一）。汉谟拉比即位后，巴比伦迅速扩张，打败并吞并了拉尔萨、埃什努那、马里等诸多城市及其所属地区，逐渐控制了整个两河流域南部，建立起几乎可与乌尔第三王朝并驾齐驱的又一个统一政权，此即汉谟拉比的古巴比伦王国。在考古发掘出土的古巴

比伦时期的众多文献及文物当中，最负盛名的当数《汉谟拉比法典》石碑。

## 来自神授的法律条文

现藏于卢浮宫的这座《汉谟拉比法典》石碑最初可能立于西帕尔，公元前 12 世纪时被埃兰国王舒特路克·纳洪特一世掳回苏萨，石碑正面底部已被埃兰人抹去一部分，埃兰人原本可能想在其上重新刻写铭文，但终未付诸实施。

石碑正面的顶端（占石碑正面的三分之一）刻着浮雕，法典铭文刻在浮雕下面及背面剩余的石碑柱体上。浮雕展现的是太阳神沙马什（也有人认为是马尔杜克）向汉谟拉比传授法典，沙马什在右侧端坐于王座之上，头戴王冠，两肩发出火焰（抑或太阳的光芒），右手握着一根短棒和一支圆环，并伸向汉谟拉比，而汉谟拉比则立于左侧，面向沙马什，左臂呈直角弯曲并置于右臂之下，右臂则抬起置于唇前，做祈祷状，神态庄严肃穆。在古代两河流域的神话中，沙马什是

**《汉谟拉比法典》石碑全貌**

雅克·德·摩根将这个高大的玄武岩碑发掘出来之后，很快就把它送回了法国，并在卢浮宫保存至今。碑文用楔形文字写成，内容是由法国考古学家吉·文森特·施尔解读的。他花了六个月时间先解读出了碑文，1904 年法典的完整译本出版，为后人了解法典的内容提供了第一手资料。

**《汉谟拉比法典》石碑顶部浮雕**

石碑顶部的浮雕图案描述的是汉谟拉比从太阳神沙马什手中领受法典的情景，沙马什坐在宝座之上，而汉谟拉比则虔诚地站在沙马什的面前，寓意着法律的神圣。有关汉谟拉比的形象除了法典石碑之外，在一块献祭石碑上也有描绘。

太阳神，掌管司法，代表公平和正义，他手中的短棒和圆环便象征着最高统治权。他执此二物欲授予汉谟拉比，喻示将法典及司法裁判权授予汉谟拉比，从而表明汉谟拉比颁布的这部法典系出自沙马什的神谕，因而具有不容置疑的正统性与权威性。古代两河流域的这一“法统”，本质上是“君权神授”的具体体现。

浮雕下面的法典铭文分为 49 栏，共计 2500 多行，全文由序言、正文和结语三部分组成，行文间无任何段落划分或序号标记。

开头的序言部分回顾并申明了法典颁行的历史背景和崇高主旨，讲述了众神之王安努与天地之主恩利尔擢升巴比伦城的保护神马尔杜克为统治万邦万民的诸神之首，赋予巴比伦城以大地之上最显赫的地位，并命虔诚敬神的巴比伦王汉谟拉比传播正义。在马尔杜克的敦促下，为引领人们向善，维护世间的正义与真理并增进世人的福祉，汉谟拉比颁布了这部法典。最后的结语部分重申了汉谟拉比带给世人和平与繁荣的伟大功绩，表达了正义普照大地、人人遵纪守法的美好愿望，并对未来可能蓄意破坏法典的人以众神之名发出了一系列严厉的诅咒。

中间的正文部分构成了法典铭文的主体，共有 282 个法条，内容包括司法审判的基本原则，如对诬告和伪证罪的处置；主要刑事犯罪及其处罚规定，如偷盗、绑架、奴隶逃亡、抢劫，以及社会生产和生活方面的法律规定；关于兵役劳役、租种土地、房屋买卖、资本借贷、酒类消费、债权债务、婚姻家庭、遗产继承、女祭司、子嗣收养、人身伤害及医生、理发师、建筑工、船工等各种职业活动的规范。除一些法条残缺不全，法典大部分文本保存完整。

## 法条中的古巴比伦社会

《汉谟拉比法典》法条的覆盖范围极其广泛，向我们展示了古巴比伦时期社会生活情况的方方面面。其中尤为重要的一点是关于当时社会阶层的划分。

根据法典规定的适用主体来看，古巴比伦社会分为三个基本的社会阶层，即阿维鲁、穆什钦努和奴隶。阿维鲁即自由民，男女老幼不限，职业门类也呈多样化，他们的社会地位最高，也是法典适用的主要人群。穆什钦努的社会属性难以明确界定，大致可以理解为普通人或无地平民，其社会地位低于阿维鲁而高于奴隶。男女奴隶处于社会底层，有些是战俘或购自国外，也有些原本是阿维鲁，后因债务问题或犯罪而被贬为奴隶。奴隶人数众多，可以归阿维鲁或穆什钦努所有，也可以依附于宫廷或神庙，甚至奴隶本身也可以蓄奴。为了维护对奴隶的占有权，《汉谟拉比法典》规定，协助或窝藏逃奴者应被处死。除这三个基本的社会阶层外，法典还提到了其他社会群体，如园丁、佃户、各类女祭司、鬻酒妇、宫廷侍者、商人等。

阶层的不同，反映的不仅是社会地位的不同，也会带来权利和义务的不同。《汉谟拉比法典》便对不同阶层的人规定了不同的法律适用标准。例如，在人身伤害案中，如果一个阿维鲁弄瞎了一个穆什钦努的眼睛或打断了一个穆什钦努的骨头，需赔付一明那银子；而如果弄瞎了一个奴隶的眼睛或打断了一个奴隶的骨头，则只需赔付半明那银子；但是，如果弄瞎了一个阿维鲁的眼睛或打断了一个阿维鲁的骨头，则他的眼睛也应被弄瞎或骨头也应被打断。

在《汉谟拉比法典》的全部法条中，关于婚姻家庭的法条占有最大的比重（第127 ~ 164条）。这些法条几乎都涉及妇女，在当时的古巴比伦社会，妇女被视作父权及夫权控制之下的所有物，但某些法条也在一定程度上顾及了妇女的利益。例如，在婚姻关系变更案中，如果一个阿维鲁被俘，而家里有足够的食物，则他的妻子不得改嫁，否则她将被淹死；然而，如果家里没有吃的，那她就可以改嫁。

## 两河流域文明的不朽丰碑

作为试图调节、约束社会行为的一整套法律准则，《汉谟拉比法典》不可能是无

> 倘若自由民毁伤任何自由民之子的眼睛，则应毁伤他的眼睛；倘若折断自由民之子的骨头，则应折断他的骨头。
>
> ——《汉谟拉比法典》第 196 条

源之水。在入主两河流域南部之前，阿摩利诸部族曾长期过着游牧生活，而在占据两河流域南部诸城市之后，各部族的旧有生活传统也会不同程度地保留下来。

由于汉谟拉比的古巴比伦王国是在征服诸城市的基础上建立的统一政权，以前各地及各部族的习俗也需要随之被纳入一个统一的规范体系中，可能这正是《汉谟拉比法典》得以形成的原因。

然而，需要指出的是，《汉谟拉比法典》虽然被现代研究者称为“法典”，但是并没有直接证据表明法典本身得到了真正的贯彻和执行，因为在考古发掘出土的当时的司法判决文书中从未发现援引这部法典的任何记录。这一现象也可见于古代两河流域的其他法典，如《乌尔纳姆法典》《里皮特－伊什塔尔法典》《埃什努那法典》《中亚述法典》，甚至古代安纳托利亚高原的《赫梯法典》也同样如此。因此，我们很难以现代意义上的“法”的概念看待这些法典文献。

从形制及文本内容上判断，《汉谟拉比法典》石碑极有可能是为宣扬汉谟拉比的统治，或人们进行司法审判提供参考依据而竖立起来供人们公开瞻仰的纪念物。今天人们看到的这座石碑，应该是当时立在巴比伦尼亚诸城市的众多相同的法典石碑中的一座。

无论如何，《汉谟拉比法典》都是古代两河流域文明史上的一座不朽丰碑，为人们了解古巴比伦历史与文化打开了一扇重要的窗口。通过这个窗口，人们可以一览古巴比伦社会生活的纷繁景象，更为重要的是，其宣扬的一些伟大而崇高的理念，如“为使强不凌弱，为使孤寡有所依”等，不仅闪耀着古巴比伦思想文化的光辉，影响了古代两河流域政治文明的走向，也是整个人类文明发展的重要遗产和宝贵财富。

011

## 古埃及人的数学知识

# 莱茵德数学纸草书

年　代：公元前1650年
尺　寸：长295.5厘米，宽32厘米（编号EA10057）
收藏地：大英博物馆

古埃及人精通数学和几何学，借着这些知识进行的精准测量，使他们能够设计不同的建筑初稿，计算石材的运送距离，以便能够将巨大的石块放置在正确的位置上，因此能建造出那些令人叹为观止的金字塔、神庙、陵墓、方尖碑和雕像等。

**编号为EA10057的莱茵德数学纸草书**

研究者发现这卷数学纸草书可能是一本数学教科书，供古埃及的抄写员通过数学例题来解决特定的数学问题，内容涉及除法、乘法、分数和几何图形的运算。以几何图形为例，纸草书中的三角形的绘制相当标准，说明在古埃及不但有发达的数学知识，还有标准的绘图工具。

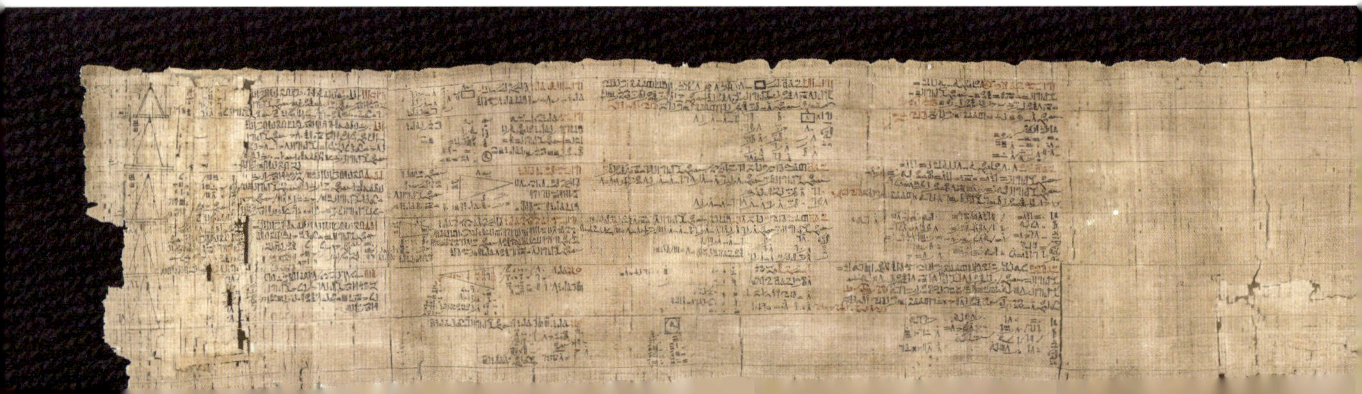

## 莱茵德数学纸草书的流转历程

莱茵德数学纸草书最初是在底比斯（今卢克索）西岸拉美西斯二世的百万年神庙附近的废墟中发现的，之后被古董商带回底比斯，1855—1857 年间，苏格兰律师亚历山大·莱茵德由于健康原因选择到埃及休养，顺道在底比斯买了多件古物，此纸草书是其中之一，故而才有了“莱茵德数学纸草书”之名。

莱茵德去世之后，大英博物馆从他的遗嘱执行人手中买下了这些纸草书。莱茵德数学纸草书约长 300 厘米，目前在大英博物馆收藏的两卷纸草书（编号 EA10057、EA10058）之间大约少了 18 厘米，估计是近代不法商人将其切断，以便再次卖给其他收藏者而获利所致。遗失的断片被持续寻找，终于在 1922 年，由纽约历史协会证实，爱德温·史密斯在 1862—1863 年所获得的纸草书与此纸草书是同一批手稿，都是新王国早期时的作品，目前存放在布鲁克林博物馆里。

莱茵德数学纸草书引起众多埃及学学者和数学家的高度关注。首先是德国埃及学学者奥古斯特·艾森劳尔在 1877 年对僧侣体文本进行翻译和注解，也对数学问题进行了解析，在 1898 年正式出版了他的成果。英国埃及学学者暨利物浦大学教授托马斯·皮特在 1923 年重新对其进行转译、翻译和注解，之后也引起了其他学者对莱茵德数学纸草书的不断深入研究。

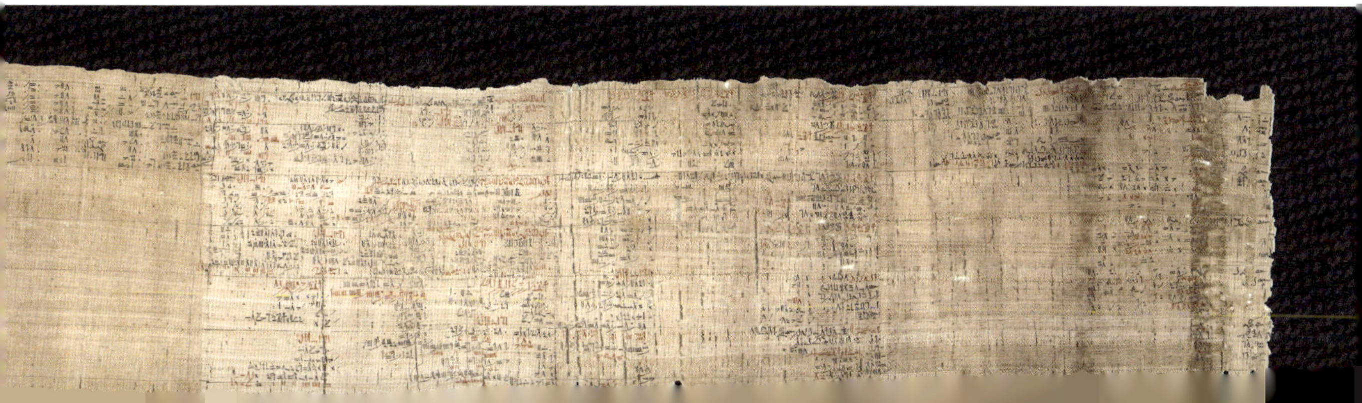

最原始的莱茵德数学纸草书拥有 14 片卷轴，每一片约 40 厘米宽、32 厘米高，总长加起来约 513 厘米。纸草书提供给知识分子学习不同数学解题方式的数学知识，包括除法、乘法、分数、几何学，还包含了体积和面积、圆周率，以及各式各样的问题。

编号 EA10057 的纸草书正面有近 60 个不同的数学问题，这些问题大多是几何学的图形。反面前段有一大块空白，但由断片中得知，这里也有一小块是三行数学问题拆解的补充部分，另外一小块记录着一个不知名国王的统治年份。这两卷纸草书每段起头都是以红色墨水书写的，作为习题之间的区别，有些特别的数字也会以红墨水注记，代表着主要算法，例如分数的乘法和附加的数字等。书名可以翻译成：“正确的计算方法：为了掌握事物的意义、知道所有晦涩难解……以及所有的秘密。”

编号 EA10058 的纸草书正面开头有书名、日期和抄写者的名字，接着是一连串的双奇数单位分数的指示说明，最小的分数 1/101 则刚好出现在断片上。

**编号为 EA10058 的莱茵德数学纸草书**

在莱茵德数学纸草书上，除了数学问题之外，还留下了抄写员的名字——阿莫斯，纸草书用黑红两色墨水写成，历经数千年墨色如新。阿莫斯也有幸成了历史上最早的数学记录者之一。

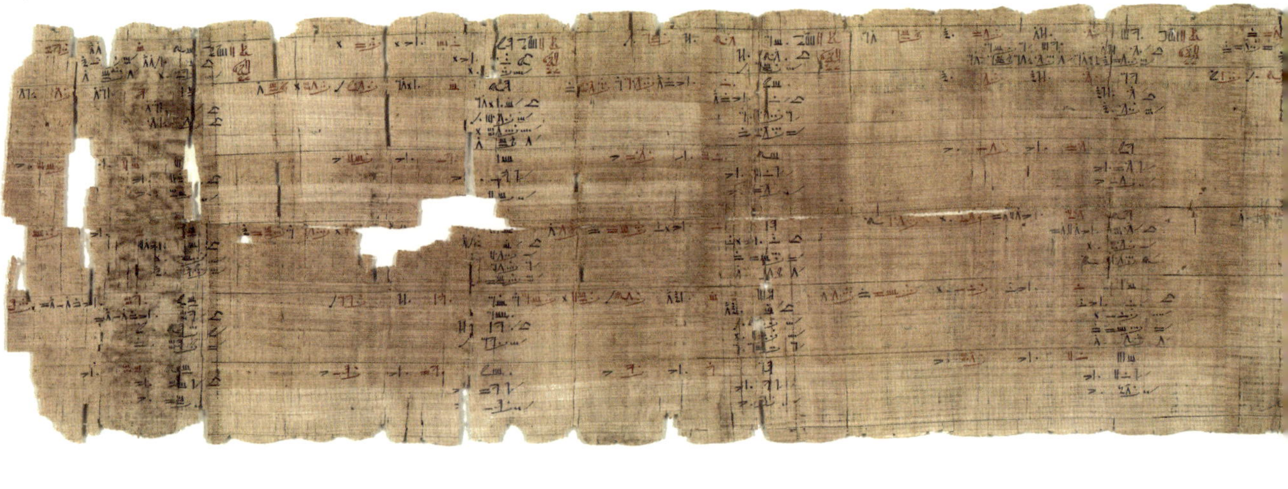

抄写者名为阿莫斯，抄写日期是在第二中间期第十五王朝的西克索国王阿波菲斯第三十三个统治年第四个泛滥季。阿莫斯文中也记录了抄写的范本，是来自中王国第十二王朝的阿蒙奈姆海特三世的作品。反面则有图表和奇数单位分数 1/3 的乘法规则，接着就是一连串的数学公式和演算法。

古埃及的知识分子除了学习书写之外，还必须熟稔这些不同的计算方法。从莱茵德数学纸草书中，我们可以得知他们学习数学计算的方法及习题。这些都与未来仕途、职责息息相关，他们必须知道如何测量土地，同时要知道物品（例如石头）的体积和面积，这样他们才能设计建筑草稿，计算出石头运输距离，以精准地完成金字塔、神庙、陵墓、方尖碑和雕像等的建造工作。

## 古埃及的数学与测量

古埃及人很早就知道如何计算和测量，目的主要是为了实际的应用，较少用于理论研究。

一般来说，他们是使用十进位进行计算的，因此数字是 1、10、100 起的，与

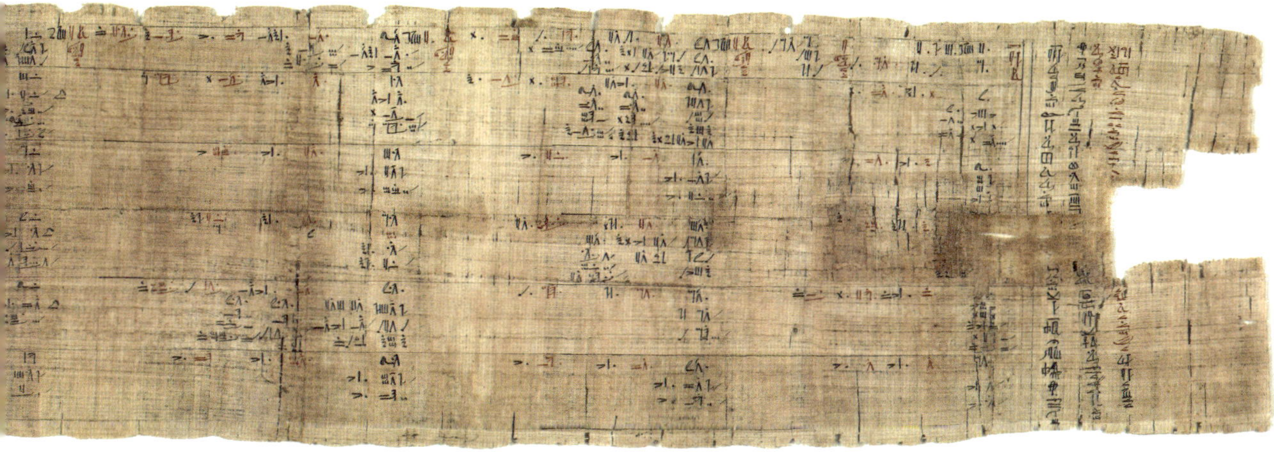

**莱茵德数学纸草书残片**

这些数学纸草书残片现收藏于美国纽约布鲁克林博物馆，是大英博物馆收藏的莱茵德数学纸草书的缺失部分。布鲁克林数学纸草书残片共计 15 块，其中大的残片 3 块，小的残片 12 块，最大的一块残片长 16 厘米，宽 8.5 厘米，较好地保留了一些数学问题。

我们今日用 0 到 9 作为数字基础有所不同。古埃及人对 |（个）、∩（十）、𓍢（百）、𓆼（千）、𓂭（万）、𓆐（十万）和𓁨（百万）这些数字都设有相对应的符号（不论圣书体还是僧侣体都是如此），因此只要看到符号，立即可以算出数量。例如数字 1924，会先有一个“千”符号，然后是九个“百”符号，两个“十”符号，最后是四个“个”的符号。这些数字记录最早出现在阿拜多斯墓群出土的象牙小板上；此后，在希拉孔波利斯出土的纳尔迈调色板展示了国王打击敌人的数目，六枝荷花代表着 6000 个敌人。这些数字符号后来在古埃及历史文献上到处可见，后用来记录官方经济情况，如农产品收获数量、土地面积、税收状况等。

有了数字之后，古埃及人开始懂得演算，他们时常使用单位分数。分数主要以符号 𓂋（嘴巴）来表示，其原意是“部分”。古埃及人只使用单位分数，例如 1/2、

1/3、1/4 等，唯有 2/3、4/5、5/6 是例外，此外，大多数情况下 3/4 是以 1/2 加 1/4 来标记的。古埃及人对分数的概念主要来自荷鲁斯（古埃及的神）之眼，其每个部分都代表了不同的分数：眉毛 1/8，眼珠 1/4，右眼白 1/2，左眼白 1/16，弯曲线 1/32，泪痕 1/64。

古埃及人的度量衡在莱茵德数学纸草书中都有详细的记载，他们没有刻度尺，测量长度或高度用的单位是手肘长（约 52.5 厘米）、手掌长（约 7.5 厘米）和手指长（约 1.875 厘米）。从古王国时期开始，这种长度、高度测量方式就非常普遍，最好的例子就是在《帕勒莫万碑》上记载的每年尼罗河水位高度，都是用手肘长、手掌长和手指长为单位来做记录的。在测量土地面积时，古埃及人运用了更多计算单位，手肘长是最基本的，但还多了肩长等测量方式。在官方文件里时常以这些单位来记录土地的面积，由此可以知道国王、官员或地主等拥有多少土地。

这样，古埃及人掌握了数学知识的基本体系，以实用为目的延伸出不同的测量方法，进而发展出完善的历法、天文学和宇宙学，同时也给后人留下无数叹为观止的遗址。

历史讲坛

## 莫斯科数学纸草书

莫斯科数学纸草书又称格列尼谢夫数学纸草书，是该纸草书的持有者弗拉基米尔·格列尼谢夫的名字命名的，现保存在俄罗斯莫斯科普希金造型艺术博物馆中。根据纸草书的字体和古文字学研究成果，可知该纸草书写成于埃及第十三王朝时期，比莱茵德数学纸草书的历史还要悠久。莫斯科数学纸草书所记录的涉及四棱台的体积、半球的表面积以及船只的材料使用量的计算等问题是莱茵德数学纸草书所没有的。

012

## 破解古埃及文字的密钥
# 罗塞塔石碑

年　代：公元前 196 年
尺　寸：长 112.3 厘米，宽 75.7 厘米，厚 28.4 厘米
收藏地：大英博物馆

古埃及是一个拥有神秘文化的国度，不管是金字塔、木乃伊还是狮身人面像，都令许多人神往。尤其那些刻画在神庙、雕像或坟墓中的象形符号，更是充满了神秘色彩。几世纪以来，学者们花尽心思想解开象形文字之谜，而罗塞塔石碑的出现，正是解开此谜题之钥匙，经过不懈的努力，学者们终于成功解读了象形文字。正因如此，我们才能够阅读大量古埃及的文献，奠定了现今埃及学的基础，与古埃及的距离近了一大步。

## 罗塞塔石碑的发现历程

1798 年，因法国大革命蹿起的新星拿破仑想继续占领地中海地区，他计划先占领埃及，之后再往东进军印度，虽然最后失败了，但他带去埃及的学者却留在了埃及继续工作。他们是一个 167 人的研究团队，并成立了“埃及研究所”。这些学者在拿破仑离开之后，在埃及各地工作了三年，将埃及当时的风土人情、动植物，以及重要的古代遗址，如神庙、金字塔、雕塑、坟墓等，都用绘图的方法记载下来。1809—1822 年，他们的研究成果出版，这就是著名的《埃及图叙》。它一共有 32 册，

**罗塞塔石碑**

罗塞塔石碑自 1801 年由英国人运往伦敦，之后为了让碑上的文字更为清晰、容易辨认，石碑上的文字用白粉填色。为了防止游客的手指损伤石碑，石碑上又涂覆了一层树蜡，因此石碑颜色深沉，导致很长时间内人们以为它的材质是黑色玄武岩。直到 1999 年专家对石碑进行清理的时候，才露出了石碑材质的本来面目——花岗闪长岩。

3000 多幅图画。这部著作可以说奠定了当时埃及学的基础。

拿破仑埃及之行的另一个重要的收获就是在 1799 年的时候发现了罗塞塔石碑。当时，年轻的法国工程师兼军官布夏贺在罗塞塔负责监督防御工程。一群法国人在收集石头加固堡垒之时，一个当地的工人无意间发现了一块黑色石碑。此石碑一面打磨抛光，上面分为三个区域，每个区域都呈现不同的文体，分别是圣书体、世俗体和希腊文体。布夏贺马上就看出了这块石碑的重要性，因为他认为这三种文体的内容应该是一样的，也许这石碑正是能解开象形文字的一把钥匙。

1801 年，拿破仑在埃及的军事冒险被英国人终结，随着战败条约的签署，罗塞塔石碑和其他出土物品一同被送到英国。1802 年底，石碑到达伦敦的大英博物馆，从此它开始被世人所知。

这三种字体中，希腊字体的部分很快就被人解读出来，弄清了碑文的内容。那是公元前 196 年，埃及祭司为年幼的托勒密五世（约公元前 205—前 180 年）刻写的颂词

**罗塞塔石碑（复制）**

我们现在看到的罗塞塔石碑仅仅是石碑的一块较大的碎片，石碑的其他部分已经找不到了。所保留下来的文字中，圣书体损坏最大，仅留下最后的 14 行；中部的世俗体保留较为完整，计有 32 行；下部的希腊文本有 54 行，其中前 27 行被完整保留下来。后人根据残石内容推断，此碑的原始高度应该为 2.19 米，宽为 82 厘米，我们现在看到的图片就是大英博物馆根据推算复制的完整的罗塞塔石碑。

公告。托勒密五世即位后对埃及祭司广施恩典，修葺神庙等，祭司们为报答托勒密五世，决定建立皇家祭祀。而罗塞塔石碑记录的正是这一决定。祭司们要在埃及各地的神庙用圣书体、世俗体和希腊文字在坚硬的石碑上刻写这一公告，让埃及各族人都能读懂，以昭示天下。

虽然人们通过希腊文的版本了解了内容，但对于其他文体的解读依旧存在问题，所以通过希腊字体去破解其他两种字体（尤其是象形文字），则成了一种最好的方法。自此开始，学者们想办法将石碑上的铭文复制下来，于是有了拓印、素描和铸模等多样的复件，从此人们便掉入了解读象形文字的“旋涡”中。

## 象形文字的解读过程

第一位开始解读象形文字的是瑞典的古代近东学者约翰·欧克博德，他在巴黎从事关于科普特文学的研究。科普特语是古埃及历史中最后使用的语言，它是用希腊字母拼写的，至今在科普特教堂里仍被作为教堂语言所使用。他把世俗体和科普特体中相同的字并排，能够辨别其中的单一文字，但他的研究无法有更多进展，因为他错误地认为世俗体文字仅使用字母。

以发现光的波动性而闻名世界的英国医生、物理学家托马斯·杨从 1814 年开始对解读象形文字产生兴趣，他自己本身在语言方面就很有天分，对于印欧语系的语言他一点儿都不陌生。他也首先尝试从世俗体文字下手，再转换到圣书体部分，共进行了四年的研究，得出了一些重要的结果。他认为象形文字使用一种音符和意符的混合系统，提出了 204 字的词汇，并解读了其中的四分之一。他认为在卡图许（cartouche，一个拉长的椭圆状的环，俗称“王名圈”）出现的古埃及文字是国王的名字，只有国王的名字才用王名圈围起来，他以此解读出一篇卡纳克神庙铭文的抄印本里的王后贝勒尼基一世和她的丈夫托勒密一世的名字。杨于 1819 年在《大英百科全书》的补充卷中发表了他的研究成果，朝着解开象形文字的目标又前进了一大步，但是他对于古埃及语语法的构造还不甚了解。

一直到天才型的法国学者让 - 弗朗索瓦・商博良的出现，象形文字的解读才有了突破性的进展。商博良出生于法国南部的菲雅克，他拥有惊人的语言天分，年轻的时候就已熟稔九种语言，包括希腊文、拉丁文、希伯来文、阿拉伯文和其他闪米特语系的语言。1821 年，他成为格勒诺博大学历史学的教授。1831 年，他成为法兰西学院第一个研究埃及历史和考古的教授。他一开始也以为象形文字纯粹是一种象征符号的语言，不是音符，但后来受到杨提出来的理论的影响，他开始建立象形文字的字母，发现象形文字确实是一种音符和意符混合的系统，利用这种方法破译了众多的王名。他从国王名字中找出了托勒密和克里奥帕特拉的名字，转译出 l、e、o、p、t、a 等字母。尔后，在阿布辛贝神庙抄写铭文时，他再次运用杨和自己的理论辨识出拉美西斯二世的名字。这些让他更加坚信，象形文字在许多时候是一种表音的系统，且这些国王的名字也是这样书写的。1822 年，商博良把自己解读象形文字的结论，在他著名的《关于象形语音学的字母给 M. 达西尔的信》中发表，这使他的研究在法兰西学院和学术界声名大噪。也是在这一年，诞生了影响深远的“埃及学”。

这个解读象形文字的里程碑在当时虽未被所有学者接受，但商博良仍不懈地在后来的著作里巨细靡遗地阐述他的研究结论。然而天妒英才，他在法兰西学院任职仅不到一年的时间，于 1832 年 3 月 4 日因内出血中风去世，年仅 41 岁。一直到 1937 年，大多数学者才逐渐承认了他建构的象形文字体系。

## 古埃及的文字书写

象形文字，也就是圣书体，希腊人将其称为 Hieroglyph，意为“神圣的文字”。象形文字由商博良成功解读之后，现代的埃及学学者知道象形文字基本上是由表音和表意两种字符构成的，有些符号代表声音，即音符；有些代表意思，即意符。象形文字的书写方向多变，可由右往左，也可由左往右，有时候也会由上往下。

象形文字大约是在公元前 4000 年产生的，与美索不达米亚的楔形文字产生的时间相近，并且一直使用到公元 500 年。圣书体主要有三种音符类型：单辅音、双辅音和三辅音（四辅音极少）。埃及学学者以字母排列的概念将单辅音划分成 24 个，这些都是最基本的符号。意符主要表达一个词语的意思，往往会放在词汇后面。

圣书体还有一种变体——斜体圣书体，也是所谓的《亡灵书》的象形文字。除圣书体外，在古埃及还有僧侣体、世俗体（也就是罗塞塔石碑的三种文字之一）和科普特体。僧侣体是快速书写圣书体之时产生的字体，希腊人把它称为 Hieratic，意为“祭司的文字”，是古埃及人最初学习写字的文体。早期的僧侣体和晚期的僧侣体文献之间有明显的差异，可以从符号和组合来判断。僧侣体书写方向大多是由右往左或是由上往下，晚期多为横向书写。文字载体多为纸草、陶瓷片、石片、木板、皮革等。

世俗体是僧侣体的简化，拥有自己的一套语法，为晚期时代（从 700 年开始）一般人所用的书写文字，常用于贸易、法律和文学作品中，希腊人称之为 Demotic，意为“普遍的文字”。在埃及希腊化时代，受到基督教的影响，逐渐发展出科普特文，它是由希腊文的字母再加上世俗体的几个字母所组成的。它一直在基督教的圈子里被使用，后来《旧约》和《新约》被人们转写成科普特体，对基督教发展尤其重要。

在阿拉伯人的统治下，虽然阿拉伯语是官方语言，但强大的基督教仍然存在，在教堂中使用科普特语和科普特体的宗教文献也保留了好几个世纪。在圣书体、僧侣体和世俗体最终都消失殆尽之时，幸而还有与古埃及语系有渊源的科普特语流传了下来，成为现代解译古埃及语最重要的钥匙。

013

迷雾重重的印度河流域文明

# 独角兽印章

年　代：公元前 2000 年

尺　寸：高 3.5 厘米，宽 3.6 厘米

收藏地：美国克利夫兰艺术博物馆

世界四大古文明，无一例外都诞生在大河之滨。底格里斯河和幼发拉底河滋养着美索不达米亚文明，尼罗河滋养着古埃及文明，长江与黄河滋养着中华文明，而印度河则滋养着古印度文明。公元前 3300 年至公元前 1300 年的 2000 年时间里，是印度河流域文明的繁盛时期。在这一时期的印度河流域，有着严谨的城市规划、高超的金属冶炼技术和早期的语言文字，而哈拉帕文明则是整个印度河流域文明中最耀眼的一颗明珠。

## 一枚小小的印章隐藏的秘密

美国克利夫兰艺术博物馆收藏着几枚由滑石制成的印章。印章整体呈方形，颜色为灰白色，印章上刻着一只独角兽，独角兽的面前刻着类似献祭的祭坛，在独角兽的上方刻着类似文字的符号，印章的背面正中有系纽。虽然印章不起眼，但是它上面的符号被认为是印度河流域文明中最古老的文字。哈拉帕印章的文字还没有被解读出来，目前还没有可以参考的不同语言的对照本，因此对于其读写系统尚无从分析。

**独角兽印章正反面**

独角兽印章背面的系纽表明它可以用绳子穿起来挂在腰间。最奇特的是独角兽的造型，它似乎是多种动物的结合体。整个独角兽图案线条流畅，尤其是那只角的曲线似乎是一刀刻成。而独角兽头下的祭坛，堆放着精美的祭品，等待着独角兽享用。

在哈拉帕文明早期阶段（公元前3300—前2600），考古学家就已发现了文字的痕迹，这些痕迹保留在遗址出土的一些陶器上。到了哈拉帕文明发展的繁荣时期（公元前2600—前1900），更多的文字资料被发掘出来，在60个发掘现场中，考古人员发现了成千上万的带有文字符号的文物，这些文物上的文字都很短，平均不超过5个字符，已发现的最长的字符也只有26个。这些文字出现在陶器、青铜工具、陶手镯、骨头、贝壳、象牙等不同质地的文物上，但是由滑石制成的方形印章才是这种文字的主要载体。除了字符，大部分印章上都有图案，如公牛、大象、犀牛和独角兽。考古学者在贝特德瓦卡的一处遗址发现了一个哈拉帕文明晚期的陶罐，上面有7个字符，这些字符和繁荣时期的哈拉帕文字有显著的不同，更接近印度文

**公牛印章**

美国克利夫兰艺术博物馆藏。印章为边长 3.2 厘米的正方形，用滑石制成。印章的正面印刻公牛图案和字符，背面为系纽。值得注意的是，公牛形象以印度瘤牛为参照物，脖子上方突兀的牛峰和下方布满皱褶的肉垂是瘤牛的典型特征。哈拉帕的艺术家准确地抓住了瘤牛的特征，并把它刻制在了印章上。

字的特性。印度考古学家 R.S. 饶认为，这 7 个字符中的 4 个与梵语字母相似，但是这依然没有解决哈拉帕文字的解读问题。

由于哈拉帕文字至今未能被解读，因此这些刻有字符的印章的用途也无从知晓。考古学家基于目前已有的考古证据，认为其中一些印章被当作护身符使用，并且具有实用的识别标记功能。还有一部分印章则具有商业用途，因为同样的印章图案在商品捆绑封装的封泥上出现，这些封泥在远离印度河谷的美索不达米亚也有发现，说明在当时，印度河流域和两河流域已经出现了长途贸易。当然也有学者根据印章上的图案，认为这类印章还有宗教、礼仪上的用途。

哈拉帕印章之所以成为如此难解的谜题，一个重要的原因是在公元前 1800 年，印度河流域文明就开始衰落，逐渐被掩埋在历史的废墟中，一同被掩埋的还有这些印章文字。当人们重新发现这些文字的时候，已经是 19 世纪了。

## 哈拉帕文明的辉煌成就

根据现有的考古成果可知，属于哈拉帕文明范畴的文化遗址遍布整个印度河河谷。早期哈拉帕文明遗址主要位于拉维河周边，主要以巴基斯坦信德省的遗址为代表。这些遗址的发掘证实了哈拉帕文明的早期特征——具有大型围墙包围的定居点、成熟的贸易网络和别具特色的陶器。当时的哈拉帕居民已经开始种植豌豆、芝麻、枣、棉花等农作物和饲养水牛。

从公元前2600年开始，哈拉帕文明进入了繁荣时期，出现了哈拉帕、甘韦力瓦尔、摩亨佐·达罗、鲁帕尔和罗索尔等中心城市，其他各类城镇和居民点达到了1000多个，遍布印度河和加格拉河及其支流区域。根据发掘的成果可知，繁荣时期的哈拉帕文明将城镇规划和城市的卫生系统放在了首位，摩亨佐·达罗是世界上最早拥有城市卫生系统的远古城市，它所建立的排污系统在当时的世界居于领先地位。

在科学技术方面，有证据表明哈拉帕文明已经出现了有统一标准的度量衡制度，在古吉拉特邦的洛萨发现的象牙尺，其最小刻度相当于现在的1.704毫米，是青铜时代最小的刻度单位。哈拉帕的城市建设和器物的制作表明，当时已经开始用十进制进行计算，并且能够测量六面体的体积。在计量方面，哈拉帕文明遗址中出土的砝码最为典型。砝码是用燧石制成的，大小砝码具有严格的比例。在金属冶炼方面，哈拉帕人已经掌握了青铜冶炼技术。

在艺术方面，哈拉帕文明各遗址出土了大量的雕塑、印章、青铜器、陶器和用滑石制作的小雕像，并且还有各种玩具和立方体的骰子。在遗址中也发现了许多用贝壳、玛瑙和滑石珠制作的饰品，如项链、手链和手镯等，这种类型的饰品至今还能在印度或者巴基斯坦找到。哈拉帕文明的雕塑中，最著名的是在摩亨佐·达罗发现的用失蜡法制作的青铜跳舞女孩和玉雕男子躯干雕像。

然而，到了大约公元前1700年的时候，仿佛一夜之间，哈拉帕大部分的城市都被废弃了，高度发达的印度河流域文明被历史的尘埃深深掩埋。印度河流域留下的文明谜团不仅是未能解读的文字，还有文明突然消亡的原因和过程。虽然考古学家对于印度河流域文明的消亡原因提出了雅利安人入侵、气候变化和干旱、大地震等猜测，但是至今还没有完全解开这个谜团。

# 014 华夏第一爵
# 二里头文化青铜爵

年　代：公元前 1900—前 1500 年
尺　寸：高 22.5 厘米
收藏地：洛阳博物馆

二里头文化青铜爵，又称乳钉纹铜爵，于 1975 年在河南偃师二里头遗址被村民发现，是中国迄今为止发现的最早的青铜容器之一，也是最早的青铜酒器，被称为“华夏第一爵”。这件青铜爵的内外范浇筑新工艺，代表着中国青铜铸造技术的飞跃性发展，促使二里头跃升为时代的“黑马”。

## “华夏第一爵”的发掘

1959 年的一天，著名考古学家徐旭生先生对河南省偃师二里头村进行了一次考察。他认为二里头村可能是一处中国古代文明遗址。从那以后，中国社会科学院考古研究所的几代工作者，先后对二里头进行了 60 余次考古发掘，取得了一系列重要成果。他们在二里头发现了迄今为止中国最早的城市主干道网，中国最早的具有中轴线布局的宫殿建筑群，中国最早的青铜器冶铸作坊、绿松石器作坊，以及与制陶制骨有关的遗迹、与宗教祭祀有关的建筑遗迹若干处，出土了大量陶器、石器、玉器、青铜器等文物。专家们研究后认为，二里头就是中国历史上第一个王朝——夏朝晚期的都城遗址。

**乳钉纹铜爵**

爵是二里头文化发现的最早的铜容器，也是发现最多的青铜礼器，共有 16 件，其中二里头遗址出土 13 件，新郑望京楼采集 1 件，上海博物馆收藏 1 件，天津博物馆收藏 1 件。

这件乳钉纹铜爵在 1975 年出土于二里头文化遗址，距今至少有 3500 年的历史了。该爵高 22.5 厘米，流尾长 31.5 厘米，壁厚 0.1 厘米。钉形短柱，束腰平底，腹部一面有两道凸线，青铜爵右侧有耳形的鋬（pàn），左侧排列 5 颗乳钉纹装饰。乳钉纹铜爵也因此而得名。这件夏代的青铜爵器壁较薄，外表留有磨损的痕迹，跟精致雅艳的商周青铜爵相比，显得颇为朴素。可就是这样一件质朴古拙的青铜爵，却是中国迄今为止发现的最早的青铜爵，它又被称为“华夏第一爵”。

这件青铜爵是中国青铜铸造史上一件有划时代意义的文物。因为有了内范与外范相结合的铸造工艺，所以才能铸造出一定的厚度和容腔体。在二里头遗址目前所发掘的铜爵里面，它是最漂亮、最精美的一件，其价值非常高，是国宝级的文物。

## 二里头文化的内涵

令人惊奇的是，像青铜爵这样年代久远并且铸造工艺精湛的青铜器，只在河南省偃师市（今洛阳市偃师区）二里头村才有出土，这到底是为什么呢？

考古专家说，这跟二里头村在当时的政治、文化地位有很大的关系。二里头发掘出一座宫殿遗址，面积约 1 万平方米，从夯土台基可以推测，它是一座面阔八间、进深三间的殿堂，堂前是平

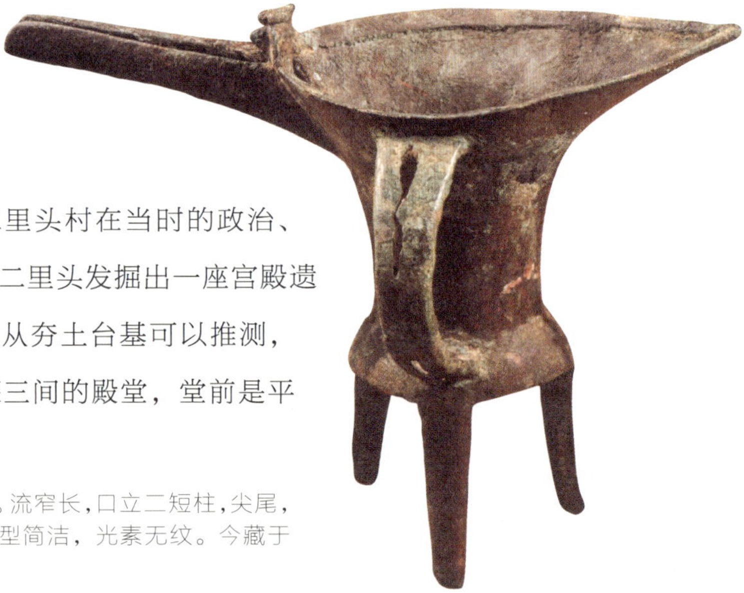

**二里头文化素爵**

1974 年河南新郑望京楼出土。流窄长，口立二短柱，尖尾，束腰，平底，三棱锥形足，造型简洁，光素无纹。今藏于河南博物院。

坦的庭院，四周有彼此相连的廊庑，殿堂对面是宫殿的大门，如果把这座宫殿复原的话，它一定是一座规模宏大、气势庄严的宫殿建筑。这座宫殿的发掘，表明二里头就是当时夏王朝的王城所在地。我们也可以据此想象当时夏王朝的威严。

近年来，考古发掘出的二里头文化早期的 3 号基址，其面积也不小于 4500 平方米。如此规模的大型建筑基址在东亚地区是第一次见到，在二里头时代也仅见于二里头遗址。二里头建筑基址的坐北朝南、中轴对称、结构封闭等特征及其土木建筑技术工艺，后世中国古代宫室营建规制都与之一脉相承。

在二里头遗址的宫殿区以南，还有一个官营手工业区。考古发掘表明，这一带有一处围垣设施，很可能将南部的铸铜作坊和绿松石器作坊全部围起来。二里头遗址的铸铜作坊规模庞大、结构复杂，使用的时间较久。综合现有的考古资料可知，在二里头时代能够铸造青铜礼器的作坊仅此一处，它所铸造的礼器的使用范围也主要限于二里头都邑的贵族。在已经进行了考古发掘的 500 余座二里头文化墓葬中，出土文物有青铜器或者玉器的中型墓葬仅 20 余座。这些作为礼仪用器的容器（以酒器爵、斝为主）、兵器和乐器成组出现，构成了独具中国特色的礼乐文化制度。有证据表明，在二里头的都邑衰微之后，这处在当时唯一能铸造青铜礼器的铸铜作坊被迁移到了郑州商城，在之后的二里岗时代，当时的统治者仍然保持着对青铜礼器的独占。这些充分说明，这种对涉及国家命脉的礼仪建筑与铜、玉礼器的绝对占有，体现了早期国家权力中心的唯一性。

此外，二里头遗址墓葬所表现出的高度的社会阶层分化，远程输入品所表现出的对外交流的广度与深度等，也都对探明二里头国家的特质有所助益。上述现象表明，二里头遗址所代表的社会拥有高度集权的组织管理体系，存在一个内部专业分工的行政机构，而这正是早期国家应有的特征。

# 015 欧洲文明链条中的第一环
# 克诺索斯宫公牛头杯具

年　代：公元前 1600—前 1450 年
尺　寸：高 26 厘米
收藏地：希腊克里特岛伊拉克利翁考古博物馆

相传，很久很久以前，在爱琴海南部的克里特岛上曾有一位米诺斯王，他的王后与公牛私通，生下了一头人身牛首的怪兽，被称作米诺陶洛斯。由于这头怪兽以人肉为食，为了保护臣民的安全，米诺斯王下令修建了一座巨大的迷宫，将怪兽困于其中。1900 年，伊文斯来到克里特岛进行考古发掘，经过几年的艰苦探索，发现了数座古城遗址和大批文物，最终证明米诺斯王国确实存在过。

## 米诺斯王宫的发现

阿图尔·伊文斯在克里特岛的考古发掘并非一时兴起。早在 19 世纪 70 年代，在克里特岛的克诺索斯就曾发掘出带有迈锡尼文化特征的陶器。一些考古学者对遗址进行了初步考察，他们在碎砖残瓦之下发现了石膏等高级建筑材料。因此，很多学者都认为这是一座古代宫殿的遗址。W.J. 斯蒂尔曼甚至提出，这个废墟正是传说中困住米诺陶洛斯的那座迷宫的残迹，可他的观点当时没有引起人们的过多关注。也有考古学家曾考虑在此处进行发掘，但因未能取得土地所有者和土耳其政府的支持（克里特岛当时并不属于希腊，而是土耳其的领土），只得作罢。

**克诺索斯宫公牛头杯具**

研究者发现，米诺斯文明中的这种公牛头杯具是十分珍贵的，它的造型也出现在了同时期的古埃及壁画上，说明公牛头杯具曾经被米诺斯人当作礼物送给古埃及法老。这也说明当时米诺斯和古埃及之间的交往比较频繁。

1883年，居住在克里特岛东部的农民又在底克泰里安山洞发现了古代祭祀器物，考古学者再次被吸引到这座岛上来。遗憾的是，在这座山洞前的考古发掘很不理想，并未取得任何突破。不过，当地农民倒是搜寻到不少文物，这使得考古学家们更加确信克里特岛曾有过灿烂的古文明。

1894 年，时任英国牛津大学阿什莫林博物馆馆长的阿图尔·伊文斯首次来到克里特岛进行考察。他在参观了伊拉克利翁商人米诺斯·卡洛凯里诺斯家中的藏品后，便迅速制订了对克诺索斯遗址的发掘计划。于 1900 年开始了正式发掘。在一众得力助手的协作下，当年 6 月伊文斯就结束了第一期的工作，克诺索斯宫得以重见天日。

伊文斯所主持的发掘揭开了一个高度发达的古代文明的面纱，这一文明远早于古希腊与古罗马，是整个欧洲文明的源头，被称作克里特文明或米诺斯文明。美国历史学家威尔·杜兰特毫不吝啬地将米诺斯文明称为“欧洲文明链条中的第一环”。

## 怪物还是牛神

克诺索斯宫是历史上米诺斯国王的住所，这里自然不会有那牛首人身的怪物米诺陶洛斯，但是另一种“米诺陶洛斯”（该词的字面含义是“米诺斯公牛”）却随处可见：壁画上有公牛，雕塑上有公牛，陶器纹样上有公牛，就连带有印章的金戒指上也有公牛……总之，到处布满了公牛的主题。在克里特岛伊拉克利翁博物馆的展厅中，有一件出土于克诺索斯宫的公牛头形杯具。因其造型生动写实，常常吸引很多游客驻足观赏。牛头用黑色滑石雕刻而成，在牛头顶部运用浮雕的手法雕刻出弯曲的毛发，面部和颈部则阴刻出体毛和纹饰，米诺斯的工匠还细心地在刻线处施加了白粉，用以让牛的毛发看起来有蓬松的质地和斑驳的颜色。牛的眼部镶嵌了水晶，故而显得明眸亮目，牛眼的边缘又嵌入了红碧玉，用以表现虹膜，极具巧思。牛的口鼻部以白色贝壳为装饰，以极高的精度还原牛的自然特征。由于牛的双角为木质，沉埋千载后早已朽烂无踪，经过伊文斯的修复，两只鎏金的牛角长而弯曲，颇显华贵。专家研究指出，牛的口鼻处俱有开口，且与牛颈部的孔洞相连通，应该是在某种仪式上用于灌注清水或美酒的特殊杯具。

公牛作为一种崇拜的标志在克诺索斯宫中出现得非常频繁，远超其他图案，这表明公牛在当时地位非凡，具有某种神性。米诺陶洛斯的传说与这种公牛崇拜迥然不同，可能是摧毁克里特文明的入侵者散布的流言。

## 海洋文明与宫殿文明

克里特文明最主要的特征有二：一是远达东地中海及以外地区的商业活动，二是宏伟的宫殿与城市。

克里特文明孕育于海岛之上，这使得它无法充分发展灌溉农业，其繁荣主要依靠航海贸易。克里特岛扼守着爱琴海通往地中海的航道，距离西亚和北非都不算远。得益于这样优越的地理位置，克里特岛的商人们可以满载着来自叙利亚的马匹和木材，来自塞浦路斯的铜，来自埃及的粮食、象牙和玻璃，来自爱琴海诸岛的白银、陶器和大理石，往返于地中海各地。

克里特人不仅建造了大量商船，还打造了一支强大的海军，用以保卫海岛的安全。“西方史学之父”希罗多德在《历史》一书中提到，克诺索斯人米诺斯在希腊人之前就曾掌握过制海权。在海军的卫护下，克里特的城市与宫殿都不设置高墙厚垒，这与其他重视城防的古代文明形成了鲜明的对比。

在克里特岛上，几乎所有的城市国家都是围绕王宫而形成的，宫廷是各个国家政治、经济与文化的中心。较为知名的克诺索斯、法埃斯特、马里亚、菲拉卡斯特罗、古尔尼亚和扎克洛斯皆是如此。在公元前 1450 年前后，来自希腊的入侵者占领了克诺索斯宫，标志着克里特文明进入了衰落时期。自此，爱琴海地区的文明中心转移到了希腊本土的迈锡尼，克里特文明逐渐淡出了历史舞台。

# 016 连接天地，沟通神人
# 商青铜神树

年　代：公元前 1600—前 1046 年
尺　寸：通高 396 厘米，最大径 140 厘米
收藏地：三星堆博物馆

中华文明源远流长，在起源和发展过程中形成了多元一体的格局，不同地区间文化、人群的交流与互动，共同促进了中国古代文明的繁荣。古蜀文明是中华文明的一个重要组成部分，从空间上看，古蜀文明主要分布于以成都平原为中心的四川盆地西部；从时间上讲，古蜀文明大致可以分为五个阶段。其中，三星堆文化是古蜀文明发展中的第一个高峰。

## 揭开三星堆的神秘面纱

1986 年 7 月至 9 月，考古工作者在四川省广汉市三星堆连续发掘了两个祭祀坑，使三星堆遗址立即成为世界瞩目的焦点，可谓一举成名。广汉市地处四川盆地的腹心地带，而所谓的“三星堆”，实际上就是三个起伏相连的黄土堆，顶部为椭圆形，南北长，东西窄，最高处高出地表约 10 米。三星堆作为一处古代遗址，早在 1929 年春天已被发现。从 20 世纪 30 年代初至 80 年代初的 50 年间，相关文物考古机构曾对其进行过多次调查和发掘，出土了一定数量的陶器、玉石器、房址和窖穴等遗物遗迹，并提出了“三星堆文化”的命名。只不过由于考古材料比较零碎，没能

树：分为三层，每层有三根树枝，一共九根树枝。

树枝：从中段分为一上一下的两根果枝，枝端有花朵。

鸟：断枝的花朵上都立着一只神鸟。

龙：沿着树蜿蜒而下，身体好像一根绳子，造型怪异诡谲，不可名状。

树干上铸有镂空炯纹圆盘。

底座：好像一座山，饰有云气纹和“⊙”纹。

引起广泛的社会关注，知名度和影响力十分有限。三星堆命运的巨大转机就发生在1986年那短短的两个多月，两个祭祀坑相继被发现，出土了金、铜、玉、石、骨、陶和象牙等质料的文物。其中，一号坑内出土器物300余件，二号坑内800余件，数量众多、精美绝伦且独具特色。至今，一提到三星堆，人们的脑海中自然而然地就会浮现出长着“千里眼、顺风耳”的青铜面具，身穿“燕尾服”的青铜立人像，还有金光熠熠的权杖等。当然，还必须要有这件枝繁叶茂、挺拔壮丽、造型奇美、堪称“青铜树王”的神树。

## 青铜铸造的“东方神木”

在二号祭祀坑里，共出土青铜神树6株。这6株神树可分为大小两种，其中最高大的一株，也是保存状况最好的一株，残存的高度为3.96米，估计其完整高度应该在5米左右。如此体量的青铜树，在商周时期是绝无仅有的。这件青铜神树由底座和树的干枝两大部分组成。底座为圆形喇叭状，由三个拱组成。树干笔直挺拔，下端接铸于底座的正中，树根外露。树干上有三层树枝，每层又可以分为三个枝丫，共有九条树枝。树枝均柔和、自然下垂，枝条的中部伸出短枝，短枝上有镂空花纹的小圆圈和花蕾，花蕾上各有一只昂首翘尾的小鸟。在二、三层树枝与树干相连接处都套有一个炯纹圆环。树干的顶部已经残缺，上面原来应该也有一只小鸟。加上其他树枝上的9只小鸟，共计有10只小鸟。在树干的一侧有四个横向的短梁，将一条身体倒垂的飞龙固定在树干上。

这件青铜树设计巧妙，造型奇美，层次清晰，浑然一体。仅仅从艺术和审美的角度来讲，这件器物都绝对称得上是一株令人拍案叫绝的青铜神树。艺术源于生活和现实，如果我们据此进一步追问，这件青铜神树又源自古人什么样的生活状况或者思想状态呢？首先，神树底座铸有三个拱形，象征着连绵起伏的三座神山，上面饰云纹，似有祥云缭绕。树枝上有10只立鸟，鸟在中国古代常常代表太阳，因此树上共有10个太阳，这可以很轻易地让我们联想到“后羿射日”的神话故事。《山海经·海外东经》中记载：“下有汤谷。汤谷上有扶桑，十日所浴，在黑齿北。居水中，有大木，九日居下枝，一日居上枝。”《山海经·大荒东经》：“汤谷上有扶木，一日方至，一日方出，皆载于乌。”其中所记的扶桑、扶木是同一种树，是东方神木。与此相对应，这株参天挺拔的青铜神树就是扶桑的象征，是一株太阳神树。神树上有一条龙沿树干蜿蜒而下，寓意这条龙借助神树，可上下于天地之间，起着沟通天地的作用。这么说来，这株神树还具有“天梯”的功能和性质了。

**商戴金面罩青铜人头像**

这件器物也是在三星堆二号祭祀坑出土。这件铜头像为平顶，头发向后梳理，发辫垂于脑后，发辫上端用宽带套束，具有浓郁的地方民族发式风格。一般认为，这种金面造像代表社会最高层地位的人，他们手握生杀大权，并具有与神交流的特殊技能。

# 探秘匠人技艺

三星堆博物馆，除了展出惊叹于世的器物之外，器物本身的制作技艺也很引人注目。古蜀先民在金器加工、玉器制作、青铜冶铸等方面都达到了很高的水平。原材料的选择、独特的器形风格、复杂华美的纹饰、精雕细琢的图案等，无不反映出古蜀匠人的高超技艺，也展现出古蜀王国手工业的高度繁荣。

## 金器加工

三星堆遗址出土的黄金制品多为金银合制品，以五号祭祀坑出土的金面具为例，它的含金量约为 85%，含银量约 13% ~ 14%。可以看出，古蜀先民应当已经具有非常高超的金属冶炼技术。

三星堆金器制作的工艺，大致包含锤揲、剪裁、镂刻、錾刻和轧亮等多种技术。

### 金器制作流程

1 淘洗沙金

采用原始的方法淘洗沙金。

## 镂玉雕琼

三星堆遗址中出土了大量的玉器，玉器制作工艺有切割、打磨、钻孔、刻纹、镂空、抛光等。

### 玉器制作流程

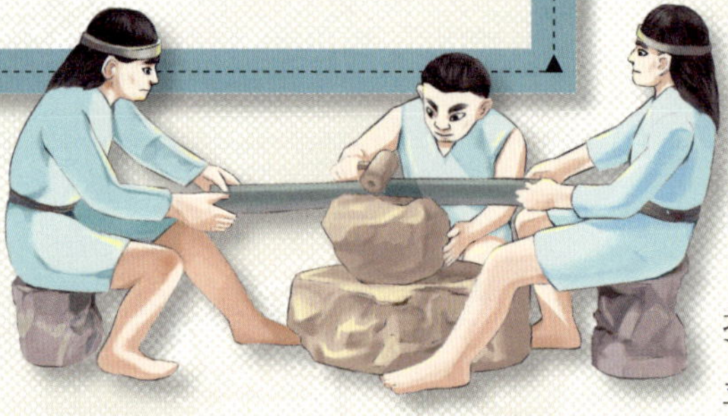

1 切割是玉器制作的第一道工序，主要有砣切、片切、线切三种。砣切是用旋转的刀具切割玉料；片切是用更高硬度的石片来切割；线切则是在绳子上粘矿砂和水，来回拉动完成切割。三星堆遗址所用的玉石原料通常硬度较大，因此，砣切、片切技术应用较多。

2 切割后通常会在玉石上留下刻痕，为了器形的美观，需要通过打磨来使玉器光滑平整，“玉不琢不成器”，就是指玉器必须经过打磨。工匠们常常使用石头作为打磨工具。

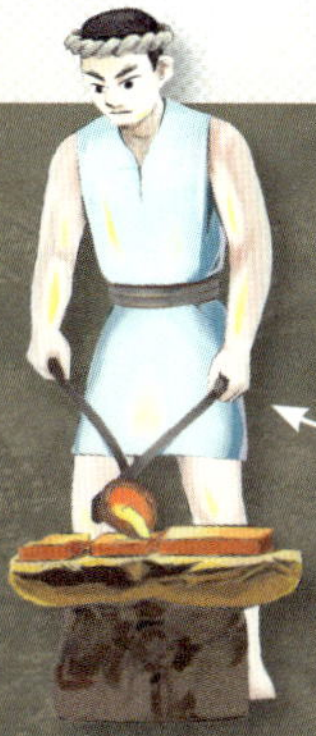

## 2 熔金

使用熔融法，将淘洗得到的金加银，冶炼成合金。

经人工锤打和碾轧，将合金制成金带、金箔等薄片状。

## 3 锤揲

将黄金薄片剪切成形，加以整饰，制成黄金器物成品，整饰的工艺包括镂空、錾刻、按压、粘贴、打磨抛光等。

## 4 轧亮

**6** 最后一道程序是抛光，通常利用兽皮、磨石等材料反复碾磨，使玉器整体更加莹润通透，光泽动人。

**5** 镂空技艺与钻孔相似，需要先凿出小孔，再加工打磨成镂空图案。古蜀先民在完成镂空图案后也会对其打磨修整，使玉器上的图案看起来更加精致美观。

**4** 刻纹工艺，包括阴线刻画和阳线刻画两种，可能是玉器制作中最为精细的步骤之一。阴线刻画是用尖锐的物体在玉器表面刻出凹陷的纹饰；阳线刻画则是磨出凸起的纹饰。古蜀先民制玉水平很高，出土的许多玉器上都有独特的纹饰图案。

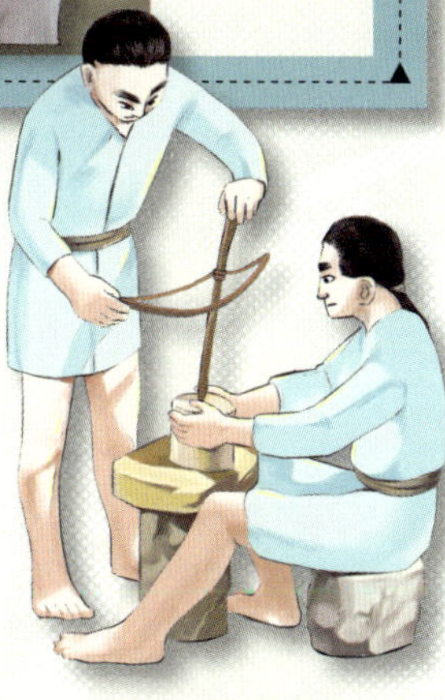

**3** 钻孔包括实心钻和空心钻，即采用实心器具钻孔或管状器具钻孔。管状器具常使用竹、骨、木等材料，加矿砂和水反复碾磨形成钻孔。三星堆遗址出土的大多数玉器，在钻孔后额外进行了打磨，使成品更加精细圆润。

## 青铜冶铸

在夏、商、西周三代，青铜器非常盛行，同时期的三星堆遗址中也出土了大量青铜器，它们的造型独特神秘，极具震撼性。外形的表现依托纯熟的青铜冶铸技术，主要体现在制作工艺上。

## 青铜制作工艺

三星堆青铜器的制作工艺有浑铸法和分铸法两种。浑铸法即将完整器形一次性浇铸而成。与此相对，分铸法就是先将器物的各个附件浇铸出来，再铸接到一起，通常用于比较复杂或者体形较大的器物。

在具体的制作流程上，浑铸法和分铸法基本相同。

### 青铜器制作流程（以青铜人头像为例）

1

工匠制作的第一步是用陶土做成人头模型，并烧制成陶模，这就是“塑形”。

2

随后，工匠需要用细泥料按贴在陶模表面，使得陶模的形状和图案反印在泥片上，这就是“制范”。

在泥模上分块翻制外范，修整外范内面，上方预留浇注孔和排气孔。

将泥模削去一定厚度形成空隙，制成内范。削去的厚度即待铸人头像的厚度。

将外范置于内范周围合拢，保留浇注孔和排气孔。

3

烧制模具，使其转化为陶范。

## 青铜合金配方

青铜本身是指铜锡铅合金，铜本身塑性极好，易于加工，在其中加入不同的金属可以产生不同的效果，如加锡可以提高硬度，加铅可以使合金在灌铸时流畅性更好。铜锡合金称为锡青铜，铜铅合金称为铅青铜，含锡、铅都比较多的，则称为锡铅青铜，也称“三元青铜”。

与同时期其他地区的青铜器相比，三星堆遗址出土的青铜器中还含有少量的磷。磷元素可以进一步提高青铜器的弹性、硬度和强度。可见，古蜀先民对于青铜合金的性能了解得十分透彻。

4

制好的陶范就可以用于浇铸，将高温熔化成液体的金属注入陶范。

5

凝固后再将陶范打碎，取出青铜人头像。

6

最后经过脱模和整修，一件青铜人头像就做好了。

017

西方字母文字的起源

# 亚希兰王石棺

年　代：公元前 850 年

尺　寸：长约 300 厘米

收藏地：黎巴嫩贝鲁特国家博物馆

在人类文明史上，发明创造多如恒河沙数。在如此之多的发明中，最为重要的就是文字。文字是记录语言的符号，它克服了语言的转瞬即逝性，能够把信息长久地保存下来，使人类知识、经验的积累、储存不再单纯地依赖人类有限的记忆力。在当今世界上，使用范围最广、人数最多的文字是拉丁字母。拉丁字母又称罗马字母，是欧洲大部分语言所使用的标准字母。它的产生年代约在公元前 7 世纪，其渊源可以通过伊特拉斯坎字母、希腊字母、腓尼基字母，一直上溯到公元前 12 世纪在地中海东岸通用的北闪米特字母。

## 灿烂的腓尼基文明

黎巴嫩共和国位于亚洲西南、地中海东岸，领土仅有 10452 平方千米。在沙特阿拉伯、埃及、伊朗、土耳其等区域性强国的映衬下，即便只看中东地区，今日的黎巴嫩也是一个默默无闻的小国，但在历史上，这片土地曾孕育了辉煌灿烂的腓尼基文明。

**亚希兰王石棺**

从石棺上的铭文可知，石棺是由亚希兰的儿子伊托巴尔制作的。铭文内容的主要部分是一个诅咒，旨在保护石棺及其陪葬物免受盗墓者的侵扰。然而，这样的诅咒并没有阻止盗墓贼的洗劫。值得庆幸的是，石棺上的铭文却成了破解腓尼基字母文字的重要信息。

“腓尼基”并不是一个国家的名字，而是一个地区、一个民族的名称。它的原意为紫红色，源于当地所出产的紫红色染料。这种染料提取自地中海的一种骨螺，价格比黄金还要高。采集骨螺、制造染料是腓尼基地区的一项重要产业。

地理意义上的“腓尼基”北起苏克苏，南达阿科，东抵黎巴嫩山，西至地中海，大致与黎巴嫩相当。古代的腓尼基地区并未形成一个统一的国家，只有若干彼此独立的小城邦，例如推罗、西顿、乌加里特和俾布罗斯。

考古资料显示，远在公元前 5000 年，在腓尼基的俾布罗斯就已经有了新石器时代的居民点。到了公元前 3000 年末，腓尼基地区相继出现了乌加里特、阿杜拉斯、特里波利、西顿、阿什克伦等城邦。进入文明时代后，腓尼基常处在外族的统治之下。

在公元前 2000 年末，埃及就控制了这一地区。公元前 1000 年以降，亚述帝国、波斯帝国、亚历山大帝国、托勒密王朝和罗马帝国相继统治了这里。

从现有文献记载来看，腓尼基城邦大多是王国，但国王的权力很有限，没有形成君主专制，可能存在长老会议或贵族会议一类的机构。这些国王往往把持着神权，同城邦内最重要的神联系在一起，有的国王甚至直接被称作某个神的祭司。腓尼基地区也有个别城邦是贵族寡头制的共和国。公元前 4 世纪，推罗和西顿还存在过城邦议事会或公民会议，拥有审议的权力。

历史上的腓尼基虽然地域不广，人口也不多，还常被外族人统治，但它对世界的影响和贡献却不小。腓尼基人留给后人最大的礼物还要数他们创造和传播的文字——腓尼基字母。

## 石棺上的诅咒

腓尼基字母的产生与腓尼基特殊的地理区位密切相关。它的东北是美索不达米亚平原，西南是西奈半岛和埃及，西面的地中海里有塞浦路斯岛、克里特岛和希腊诸岛，其北则是小亚细亚半岛。腓尼基是东地中海商业区的中心、文明区的桥梁。

两河流域的楔形字文化和古埃及的圣书体文化对腓尼基人都有很大影响，腓尼基早期官方文书和外交条约使用的就是楔形文字。这两种文字同是贵族文字、神权文字，它们最初掌握在神庙祭司之手，虽然后来扩大作为一般应用，但也只限于贵族子弟和富裕阶层。也许是因为没有时间，腓尼基的商人们模仿外来文字中的音符，或是加以简化，用来书写他们的语言，记录商品的名称、数量和价格，最初的字母就这样在不受人们注意的情况下诞生了。

目前发现最早的字母是在公元前 17 世纪的古碑上，不过其语言还没有完全释读出来，无法了解铭文的具体内容。现今能够解释清楚的最早字母铭刻是亚希兰王石棺。

亚希兰王石棺是在 1923 年底俾布罗斯周围悬崖发生山体滑坡后发现的，法国考古学家皮埃尔·蒙特一看到石棺，就立刻意识到它将是揭示青铜时代早期腓尼基历史的重要线索。石棺的年代起初被定为公元前 13 世纪或更早，后来又改定在公元前 9 世纪。

亚希兰王石棺的下部雕刻有四只伏卧的狮子，棺盖的两端也是狮子，除纯粹的装饰作用外，这些狮子也可能有护卫亚希兰王亡灵的寓意。石棺侧面的浮雕描绘的是亚希兰国王坐于宝座之上，手里拿着一朵下垂的莲花，象征着死亡。他儿子伊托巴尔手持盛开的莲花，象征着生命，率领着一众朝臣正在供奉亚希兰王。石棺首尾各雕刻了四位妇女，她们的衣服从腰间垂下来，流露出悲伤的神情。

古老的字母文字横刻于棺盖之侧，自右向左书写，包括全部 22 个腓尼基字母中的 19 个。铭文大体完整，只是结尾部分稍有缺失，其大意为：“这口石棺是俾布罗斯王亚希兰之子伊托巴尔将亚希兰安置在永恒之殿时为其所造。若有哪位君王、官员、将领前来攻打俾布罗斯，掀开石棺的棺盖，那么他的权杖将要失落，他的国家会被颠覆，与俾布罗斯不复再有和平。若来犯者毁了这段铭文，那么……”尽管这段铭文言辞激烈，但令人遗憾的是它没能阻止古代盗墓者，待到考古学者发现石棺时，其内部早已空无一物。

腓尼基人商业网络发达，他们创制的字母很快就传播到地中海各地。“西方史学之父”希罗多德在《历史》一书中记载，腓尼基人把许多知识带给了希腊人。

希腊人对腓尼基字母并非照单全收，他们经过选择、改造和补充，使之成为适应书写希腊语的文字。希腊人创造性地加入了元音字母，令辅音字母演进成为音素字母。在希腊人之后，伊特拉斯坎人和罗马人又相继完善、优化了这套字母，最终形成的拉丁字母是今天全世界大多数国家所使用的文字。

018

中美洲文明的先驱

# 奥尔梅克墨玉面具

年　代：公元前 900—前 400 年

尺　寸：高 13 厘米，宽 11.3 厘米，厚 5.7 厘米

收藏地：大英博物馆

提起古代文明，人们往往会想到中华文明、古埃及文明、两河文明、印度河文明、古希腊文明、古罗马文明，这些都是诞生在旧大陆上的文明系统。其实，在属于新大陆的美洲，印第安先民也创造了辉煌灿烂的古代文化。早在新石器时代，墨西哥南部、中美洲北部就是重要的农业中心。在公元前 1200 年的时候，中美洲也有一支文明异军突起，并迅速达到了顶峰，这就是奥尔梅克文化。它的出现给后来的印加、玛雅、阿兹特克等印第安诸文化都打上了难以磨灭的印记。

## 上古印第安人的凝视

在大英博物馆一层的墨西哥展厅，陈列着一个并不怎么引人注意的玉石面具。这个玉石面具既没有图坦卡蒙黄金面具那样耀眼夺目，也没有三星堆青铜面具那般怪异奇特，它的高度只有 13 厘米，通体乌黑，游客若是稍有分心，便很容易错过这件文物，但只要我们仔细

奥尔梅克墨玉面具

在这个世界上，大多数人都知道中国是一个具有玉石文化的国家，悠久的玉石文化已经融入中国人的血脉之中。但除了中国，还有一个文明曾经发展出高度的玉石文化，那就是奥尔梅克，这件墨玉面具就是最好的证物。

**奥尔梅克碧玉面具**

美国大都会艺术博物馆藏。高 14.6 厘米，长 14 厘米，厚 7.6 厘米。面具由整块碧玉雕刻而成，玉质温润细腻。人物杏仁眼，高鼻，嘴唇肥厚敦实，下巴突出，双耳硕大。

观察，就能发现蕴含在其中的那份匠心。

这副玉石面具有强烈的写实性，十分生动形象。它脸庞浑圆，下巴丰满，丹凤眼，双耳贴面，鼻子扁平，嘴唇厚大，口部微张，露出四颗门齿。在面具的耳朵上有数个小孔，暗示面具的原型应该佩有耳饰。面具左右嘴角各有一个小坑，可能是代表穿孔。在面具两颊都有阴刻的图案，大概是在表现文身。也有专家提出，这一图案中的四条直线或许是代表罗盘的基本方位。总的来看，这副面具神态威严、凝视远方，可能是某位奥尔梅克国王的肖像。

由于玉石面具的尺寸很小，没有任何成年人能够真正把它戴在脸上，其功能应是礼仪性的。从面具边缘和顶部的小孔推测，上古印第安人应是采用绳系的办法，将之作为头饰或项坠，在某种仪式上佩戴。

大英博物馆中这副精巧的面具采集自墨西哥东南部，距今已有 2900—2400 年的历史，因它属于奥尔梅克文化，故多被称作奥尔梅克墨玉面具。

## 中美洲“文明之母”

“奥尔梅克”一词来自阿兹特克人的传说，意为“种植橡胶树的人”，学者借用它来称呼中美洲文明的母源文化。奥尔梅克文化诞生于公元前 1200 年左右，在公元前 400 年左右突然消失，从此沉埋地下 2000 余年，到 19 世纪才被重新发现。

1850 年，墨西哥韦拉克鲁斯州圣马丁的一些农民在打井时意外发现了一个巨大的物体，最初误认为是铁牛，待到出土后才发现是一件高达 1.8 米的石雕头像。虽然这个石像很快就被转运到圣安德鲁斯公开展览，但在之后半个多世纪中，学者们几乎都没有注意到它。直至 1905 年，德国考古学家塞勒检视并报道了这件文物，才引起了国际学术界的重视。

1907 年，供职于美国史密斯博物馆的霍尔姆斯披露了一件纹饰精美的玉制人像，

玉米神纹玉凿

也是出土于韦拉克鲁斯州，这大大激发了人们对美洲文明进行探索的欲望。此后，更多的玉雕、石斧和陶器在墨西哥及其以南地区被陆续发现，这些器物都展现出一种前所未有的艺术特色。

1925 年，丹麦探险家布洛姆和美国人类学家拉法基一同来到墨西哥塔巴斯科州的拉文塔，他们在这里发现了类似于韦拉克鲁斯州出土的石雕人像和其他种类的大型石雕。布洛姆和拉法基将拉文塔渲染为印第安人的神秘圣地，推动了日后正规考古研究工作的开展。

20 世纪 30 年代，美国国家博物馆的斯德林组织了对拉文塔的大规模发掘。斯德林所获颇丰，不仅找到了大量文物，还发现有庙宇等大型建筑的遗迹。不久后，耶鲁大学的教授寇又在圣洛伦佐发现了更多的石雕头像和一个大型的中心聚落遗址。

在奥尔梅克文化发现之初，学者对其具体年代不甚了然，这严重影响了对它在美洲文明谱系中的定位。墨西哥考古学家库瓦鲁比斯和卡索等人认为奥尔梅克文化是中美洲诸文明的源头，但是学界围绕这一观点争议不断。1950 年，美国科学家利比发明了放射性碳素年代测定法，考古学者利用此方法对若干奥尔梅克文物进行了检测，证明奥尔梅克文化要比玛雅文化早 500 余年，有关中美洲文明之母的争论才最终尘埃落定。

## 奥尔梅克文化的影响

奥尔梅克文化的消亡，并没有中断中美洲的文明进程。在奥尔梅克文化还未衰落之时，受其影响，在今墨西哥瓦哈卡州的东部和南部就产生了萨波特克文化。奥尔梅克文化突然消失后，在中美洲，又陆续出现了特奥蒂瓦坎文化、玛雅文化、塔欣文化和阿兹特克文化等，这些印第安古文化都继承了奥尔梅克文化的特色，尤其以金字塔的修建最为典型。

美洲修建金字塔的传统始于奥尔梅克文化时期，考古工作者在拉文塔就曾发现有宏伟的阶梯式金字塔，塔顶的平台上建有庙宇。这些金字塔位于城市的中心，站在塔顶俯瞰全城，可以一览无余。在特奥蒂瓦坎文化和玛雅文化的城市中，基本都沿袭了拉文塔的建筑模式和城市布局：高踞金字塔顶的神庙俯视着一片开阔的广场，周围散布着宫殿和规模较小的庙宇。坐落在墨西哥中部特奥蒂瓦坎的太阳金字塔和月亮金字塔，是特奥蒂瓦坎文化最为重要的古迹之一。

除了高大的金字塔，中美洲诸文明的陶器和石刻等艺术品也都广泛吸取了奥尔梅克文化的因素。奥尔梅克文化作为中美洲的母体文化，滋养着一代又一代印第安人，影响直至今日。

# 第三章 人类文明的轴心时代

德国思想家卡尔·雅斯贝尔斯在其著作《历史的起源与目标》一书中，第一次把公元前 500 年前后同时出现在中国、西方和印度等地的人类文化突破现象称为“轴心时代”。这一时代大致起于公元前 800 年，止于公元前 200 年。在这 600 年的时间里，各大文明都出现了人类文明的巅峰人物——中国的老子、孔子，古希腊的苏格拉底、柏拉图、亚里士多德，印度的释迦牟尼和以色列的犹太先知……他们提出的思想原则塑造了不同的文化传统，也一直影响着后世的人类社会。

**推荐博物馆：**

湖北省博物馆、希腊古代阿格拉博物馆、土耳其伊斯坦布尔考古学博物馆、印度鹿野苑博物馆、以色列博物馆

019

## 青铜文明鼎盛时期的中国

# 西周康侯簋（guǐ）

年　代：公元前 1040—前 771 年

尺　寸：高 24 厘米，口径 41 厘米

收藏地：大英博物馆

康侯簋“出生”于公元前 1040—前 771 年，1931 年在河南“重见天日”，最后却“定居”在大英博物馆。它的大名叫“沫司徒疑簋”，是因为康侯的儿子沫司徒疑是这件青铜器的制造者。这件文物记载了西周灭商后不久的一次很重要的历史事件——三监之乱，更见证了西周的分封制度。

### 康侯簋的发现

在河南省浚（xùn）县的西境距离县城 35 千米的地方，有一个名叫辛村的村庄。这里靠近淇水北岸，隔岸与浮山相望。淇水绕村而过，两岸断崖百尺，岸下波涛翻滚，是一块难得的风水宝地。辛村这个原本名不见经传的小村庄，却因为 20 世纪 30 年代的考古发掘而闻名天下。

1931 年的秋天，秋雨时下时晴，连绵不绝。辛村村民刘玉在自家庭院发现了一个奇怪现象，有一块地方下雨的时候并不显得湿润，而晴天的时候却异常湿润。他觉得这下面一定有宝物，便拿起镐锹挖掘，一不小心就挖出了几十件青铜器。刘玉将这些青铜器卖了几百大洋，一时间成了一方富绅。刘玉的暴富引得附近村民纷纷

**西周康侯簋**

康侯簋里面的铭文，记载了西周王朝封建卫国来治理殷郊的历史，这段铭文的内容和近年发现的清华简《系年》的内容可以相互印证。铭文中的“沬”，有关专家认为指的就是殷都朝歌南郊牧野一带的沬邑。

效仿，甚至引来了土匪的觊觎。

辛村发现宝物的震动，引起了当时在距离辛村不远的大赉店进行考察的中央研究院历史语言研究所的工作人员的注意。于是考古学家郭宝钧受命前往调查，发现辛村很有进行考古挖掘的必要，随后，辛村的考古工作在中央研究院和河南古迹研究会的主持下正式拉开序幕。

从 1932 年 4 月到 1933 年 12 月，考古工作者在辛村共进行了 4 次发掘，除发现新石器时代的 3 处遗址之外，还清理出西周时期残墓 80 余座。然而此时的辛村墓葬大多已被盗掘，青铜礼器所存无几。考古工作者根据墓葬的规模和出土青铜器的铭文判断，辛村西周墓葬是历任卫侯的墓地。墓葬中珍贵的青铜礼器早已被文物贩子卖到了文物市场上，还有一些被辗转卖到了国外，康侯簋就这样流失到海外，开始了70余年的“背井离乡”之旅。2017年3月，“大英博物馆100件文物中的世界史”展览在中国国家博物馆开展，这是康侯簋自流失海外后的首次“回家”。

## 康侯簋的价值

康侯簋之名来自器物上的23个字铭文：“王来伐商邑，延（诞）令康侯啚（鄙）于卫，渣（沬）司土眔（疑）啚（鄙），乍厥考尊彝。䀠。”其大意是：王来讨伐商的城池，把卫封赏给了康侯，沬司徒疑为纪念亡父，铸造了这尊青铜器。专家根据这段铭文推断，康侯的儿子沬司徒疑是这件青铜器的制造者，所以康侯簋又名“沬司徒疑簋”。

从史学角度来看，康侯簋上的铭文，为今人研究“康叔受封于卫”及“三监之乱”等历史提供了实物佐证资料，有着重要的研究意义和青铜礼器断代价值，备受史学家推崇。

**康侯簋铭文**

康侯簋的铭文很短，仅有4列23字。但是自从康侯簋问世以来，其铭文经过了陈梦家、杨树达、李学勤等学者的研究解读，厘清了诸多历史问题，为后人了解西周初期历史尤其是卫国的历史提供了可靠的证据。

器物内部铭文虽然只有23个字，但其所反映的内容十分重要，它印证了西周开国的一段历史。商朝末年，纣王昏庸残暴，残酷剥削奴隶和平民，修建了许多宫殿、园林，终日饮酒和打猎。

在他的统治下，百姓苦不堪言。此时，渭水流域的周族在周文王的治理下，国力日渐强盛。周文王死后，儿子姬发即位，继续讨伐纣王，希望还百姓一个太平盛世。公元前 1046 年，周武王进攻商的都城朝歌（今河南省淇县）。经过牧野一战，周武王大败商军，灭了商朝，建立了周朝。

灭商之后，武王分封了纣王的儿子武庚为诸侯，让他继续统治原来的地方。武王又在武庚的周围，分封了自己的三个弟弟：霍叔、管叔和蔡叔，以达到监视武庚的目的。可是，武王死后，武庚就联合霍叔、管叔和蔡叔，在东方一些国家的支持下发动了叛乱。武王的儿子成王在周公的辅佐下平定了叛乱，把一些亲戚和功臣分到了一些重要地区做国君，作为自己王朝的屏障。对于重要战略意义的封地——商朝的旧都朝歌，成王把它分封给了自己的叔叔康侯姬封。此后，姬封以朝歌为中心，建立了卫国。

不难看出，这件青铜簋铭文虽短，但既印证了三监之乱这一历史事件，同时也是卫国分封的见证。

**西周康侯刀**

美国弗利尔美术馆藏。据传在河南浚县辛村墓出土。刀长 29.7 厘米，宽 12.3 厘米。刀为多銎（qióng）卷首式，宽刃，前锋呈圆形向后卷曲，刀背有三个銎筒可以装柄，脊两侧饰爬行卷尾龙纹。刀锋旁边一銎上铸铭文“康侯”二字。

# 020 嬗变中的儒家学派 郭店楚简《性自命出》篇

年　代：公元前 4 世纪末—前 3 世纪初

尺　寸：长 15 ~ 32.5 厘米，宽 0.45 ~ 0.65 厘米

收藏地：湖北省博物馆

春秋战国时代是中国思想文化发展的第一个高峰，道家、儒家、兵家、法家等诸子学说异常活跃，先贤们在这一时期探索出了大量全新的思想命题。然而我们现在看到的诸子思想，基本上都是后人加工整理之后的产物。诸子思想的早期文本究竟是什么样子的？这个问题最终要由考古成果来回答。湖北省荆门市出土的郭店楚简中的《性自命出》篇，就是当时儒家思想的最好例证，通过它，我们能够看到战国时期儒家思想的变迁。

## 盗墓贼发现的“郭店一号墓”

郭店楚简是指湖北省荆门市郭店村一座战国楚墓中出土的竹简。考古工作者将这座墓葬命名为“郭店一号墓”。郭店一号墓位于村子附近的一处高冈，除该墓外，高冈上还有十余座中小型墓葬，它们共同组成了一个规模庞大的墓葬群。

1993 年 8 月，盗墓贼发现了郭店一号墓，他们首先挖出了一条通往墓葬棺椁的盗洞。为了不引起人们的注意，他们并没有急于挖出墓中的器物，而是悄悄地填回了挖出的泥土。等到同年 10 月，他们发现没有什么风吹草动，于是便大胆地将盗

**郭店楚简《性自命出》篇**

从哲学方面看，《性自命出》既引子游语，所论情性又与《乐记》接近，应与孔门中子游、公孙尼子有关，或许公孙尼子就是子游的弟子。从政治思想上看，此篇又与《中庸》一致。很可能子游、公孙尼子、子思就是一系，所以《中庸》才会有子思所作和公孙尼子所作两种说法。

洞中的泥土再次挖出。这次他们不仅在棺椁盖板的东南角开出了一个长方形的盗洞，还将墓主人的边箱撬开，盗走了墓中大量随葬物品。

郭店楚墓被盗之后，考古部门紧急进行了抢救性发掘。郭店一号墓就是这次发掘的主要对象之一。郭店一号墓是一座竖穴土坑墓，墓坑平面呈长方形，剖面呈漏斗状，墓壁从墓口到棺椁盖板处逐渐向内斜收，从棺椁盖板向下垂直。墓坑的东侧有一条长达 9 米的长方形斜坡墓道。郭店一号墓的葬具由一件木棺和一座木椁构成。椁内被隔梁分成棺室、头箱、边箱等空间。头箱和边箱里面放置着大量的随葬品，包括陶鼎、陶盉（hé）、铜匜（yí）、铜盘等礼器，铜剑、铜戈等武器，马衔等车马器，以及铜镜、漆奁（lián）、木梳、琴、瑟等墓主人的生活用品。还有一批抄写着古代典籍的竹简，也和上述物品一起，静静地躺在墓主人身旁，等待着两千多年以后与人们重逢。

在郭店一号墓头箱中发现的竹简总共有 804 枚，这些竹简长短不一，最长的有 32.5 厘米，最短的有 15 厘米。

郭店楚简的发现，改变了人们对战国学术史的认识，尤其是对儒、道两家思想发展脉络的认识。这里介绍的郭店楚简《性自命出》篇，其中蕴含的某些儒家思想就是我们以前从未知晓的。

## 关于人性的思考

关于人性问题的思考，儒家学派在战国时期分成旗帜鲜明、截然相反的两派：一派是提倡“性善论”的孟子，还有一派就是提倡“性恶论”的荀子。

孟子对人类本性的态度比较乐观，其核心观点是人性本善。孟子说：“今人乍见孺子将入于井，皆有怵惕恻隐之心。”孟子认为，这种下意识的反应恰恰说明同情弱者的“恻隐之心”是每个人都具有的本性。孟子认为，如何将已经忘却的本性重新找回来，是人类道德修养的终极目标。回归本我——成为圣人就是这么简单。

荀子对人类本性的态度比较悲观。

他认为，人类都喜欢欣赏美丽的容颜，聆听悦耳的声音，品尝甘美的佳肴，躺卧舒适的床榻，这些赤裸裸的欲望才是人类的本性。因此，荀子认为“人性恶，善者，伪也”。

性善与性恶，非此即彼，那么有没有一条中间道路呢？郭店楚简《性自命出》篇的发现，使我们看到了儒家学派有关人类本性的第三种观点——性无善恶。

《性自命出》篇认为，喜怒哀悲人皆有之，人的本性就是具有表达喜怒哀悲等情绪的潜力。受到外界环境的刺激后，喜怒哀悲被表达出来，发而为“情”。人的本性相近，表达“情”的原因与方式却不一样。潜伏于人性中的喜怒哀悲如何发而为情？发为何种情？这离不开外物的刺激，也离不开环境与教育的影响。《性自命出》篇说“苟以其情，虽过不恶；不以其情，虽难不贵”，只要发自真情，哪怕做了错事也是情有可原的；如果没有真情，再难得、高尚的事也是矫情。所以，控制情感不是禁绝不发，而是要发而中节、发而有度。在适当的场合，真诚地表达出适度的情感，这大概是中国传统文化对于情商的最高要求吧。

历史讲坛

## 包山楚简

1987 年初，湖北省荆沙铁路考古队在荆门市发掘了一座楚国大墓（包山 M2），墓主人是楚怀王时期的左尹邵佗。包山楚墓中出土了 448 枚篾黄如新、墨书依旧的竹简牍，其中有字简 278 枚，竹牍 1 枚，共计字数 12626 字。这批简牍分为文书、卜筮祭祷、遣策三大类，内容涉及楚国历法、政区地理、司法制度、职官制度、经济制度和宗教习俗等多方面内容，是研究楚国历史最丰富的资料之一。

## 021 阿姆河畔的黄金宝藏

# 黄金战车

年　代：公元前 5—前 4 世纪
尺　寸：长 19.5 厘米，高 7.5 厘米，轮高 4.5 厘米
收藏地：大英博物馆

古老印度欧罗巴语系的雅利安人受到气候变化的影响，从公元前 2000 年开始，不断地从高加索向周边地区迁移。他们中的一部分人沿着里海东西两岸进入伊朗高原，这就是波斯人的由来。公元前 6 世纪开始，波斯人相继在伊朗高原南部建立了阿契美尼德王朝（公元前 559—前 330），在伊朗高原东北部建立了帕提亚王朝（公元前 247—224）、萨珊王朝（226—651）。这里介绍的这辆黄金战车，虽然来自阿姆河畔，却是货真价实的阿契美尼德王朝的宝藏，承载着阿契美尼德王朝的辉煌历史。

## 阿姆河畔的黄金宝藏

阿姆河的源头位于阿富汗，沿途流经塔吉克斯坦、乌兹别克斯坦、土库曼斯坦等国，自东向西注入咸海。这条古老的河流，在拉丁语的文献中称为“奥克瑟斯”，而在中国古代的文献中称作“乌浒水”。因此，西方人又将阿姆河畔的黄金宝藏称作“奥克瑟斯的黄金宝藏”。

阿姆河畔的黄金宝藏是在 19 世纪末发现的，发现它们的是当时游荡在塔吉克斯坦南部的寻宝者。1877 年，他们在瓦赫什河与喷赤河交汇的地方发现了阿姆河畔

阿契美尼德王朝的黄金战车

战车的历史可以追溯到发明轮子的苏美尔人，随着战车逐步登上了历史舞台，军队更加机动灵活。阿契美尼德王朝的这辆黄金战车模型再现了阿契美尼德军队战车的神韵。

的黄金宝藏。在发现黄金宝藏后不久，寻宝者就将它们中的大部分转手卖给了乌兹别克斯坦的商人，而这些商人又想把这批宝藏转卖到巴基斯坦。于是，这批黄金宝藏踏上了历尽磨难的旅程——从塔吉克斯坦到巴基斯坦需要穿越阿富汗，携带宝藏的商人在边境受到了盘剥，他们不得不将宝藏中的大部分钱币用作“买路财”交给哨兵。而在从喀布尔到白沙瓦的途中，商人们又遭到了村民的绑架，所有的财宝被劫掠一空。所幸，到了傍晚，有个商人趁着夜色，躲开了村民的视线，逃到了附近的警局，并将这一事件报告给了一位英国的警官。于是，这位警官带着两名警员在午夜赶到了劫匪的藏身地。由于分赃不均，他们正忙于械斗，于是这名警官加上两名警员很快便将他们制伏，追缴回了大部分的财宝。除了被警察截留的部分宝藏外，其余部分终于被商人带到了白沙瓦。宝藏运抵白沙瓦后又被转卖到印度，当时在印度主持考古勘探工作的英国人卡宁厄姆将这批宝藏搜集起来，尔后又有一个名叫弗兰克的人得到了卡宁厄姆爵士的收藏，将它们悉数捐赠给了英国的大英博物馆。

入藏大英博物馆的阿姆河畔的黄金宝藏共计 180 余件器物与 200 余枚金银铸币，其中包括一件两河流域亚述帝国的剑鞘，两件黑海北岸装饰格里芬怪兽的斯基泰人的手镯，以及 40 余件雕刻祆教祭司的黄金薄板等。下面将要介绍的这件阿契美尼德王朝的黄金战车，便是阿姆河畔的黄金宝藏中十分重要的代表。

## 黄金战车的“速度与激情”

阿契美尼德王朝的这件黄金战车是一辆双辕轻型车模型。黄金战车由四匹马牵引，值得注意的是，马嘴似呈鹰喙的形状，与居住在草原地带的斯基泰人喜欢的格里芬怪兽的形象十分相似。

车辕后方的车舆整体呈长方形，前方和两侧围有挡板。它的前挡板呈倒梯形，上宽下窄，沿对角有两条交叉的绶带，交叉的点上悬挂着古埃及的神祇贝斯，他是埃及神话中舞蹈的守护神。两侧的挡板呈马鞍形，上缘向下凹陷。车舆内立有两人，一人持辔（pèi）驾车，一人侧立在旁。驾车之人，头戴尖帽，身穿长袍，颈上佩戴项圈；另一侧站立之人，颈上也戴有项圈，身上却穿着米底王国的长袍。之所以称这辆黄金战车为轻型车辆，是因为在车舆的两侧安装着带有辐条的车轮。这种带有辐条的车轮相较没有辐条的车轮，不仅自身的重量减轻了许多，而且可以使整个车辆的行驶速度提高不少。

## 阿契美尼德王朝“独霸天下”的秘诀

阿契美尼德王朝最初的疆域仅仅位于伊朗高原西南部，建立阿契美尼德王朝的第一代国王名叫居鲁士二世。公元前 6 世纪初，居鲁士二世首先征服了西方的米底、吕底亚、新巴比伦，又向东将阿契美尼德王朝的疆域延伸到阿姆河畔。在居鲁士二世去世之后，他的继承人不断地将疆域扩大。到了大流士一世的时候，阿契美尼德王朝终于迎来了全盛时期。公元前 520 年，大流士一世首先攻取了位于亚洲中部的斯基泰部落的土地，两年后他的部队又挺进到现今的印度河畔。前 513 年，大流士一世再将目标转向西方，将欧洲的色雷斯、马其顿等地纳入版图。在战胜了斯基泰人之后，阿契美尼德王朝成了世界上第一个疆域横跨亚、欧、非三个大洲的世界性帝国。

疆域庞大而且国力强盛的阿契美尼德王朝“独霸天下”长达 150 年之久，这与大流士一世建立的一整套治理国家的策略密不可分。首先，大流士一世将庞大的疆域划分为不同的州，每个州都由总督管辖。其次，他统一货币，发行了最早的波斯金币“大里克”和最早的波斯银币“西格劳斯”。最后，大流士一世修建了通往全国主要城市的道路和驿站，完善了庞大帝国的驿传制度。这是阿契美尼德王朝得以繁荣的根本保证。

以黄金战车为例，它的车舆前挡板悬挂着埃及的神祇，车内的战士来自米底，马匹的风格又体现了斯基泰人的趣味。种种形象都在表明，波斯人在统合疆域内不同民族文化的同时，也在不断地吸收来自域外民族的优秀成果。古希腊的历史学家希罗多德在其《历史》中写道：“波斯人喜爱外国的风俗甚于其他民族。”于是，阿契美尼德王朝成为世界史上第一个统御广大疆域，而且融合不同民族、语言、文化的强大帝国。

022

## 神秘的伊特鲁里亚文明
# 象牙镶嵌的青铜战车

年　代：公元前 6 世纪后半叶
尺　寸：高 130.9 厘米，长 209 厘米
收藏地：美国大都会艺术博物馆

公元前 20 世纪，在古老的地中海地区，由于受到西亚的影响，逐渐发展出继两河流域的苏美尔文明和尼罗河流域的古埃及文明之后的另一个古老文明——爱琴文明，而这个古老的文明又相继发展出了两个新的文明：一个叫作古希腊文明，另一个叫作古罗马文明。这两个新的文明几乎奠定了西方古典历史的基础。然而，在如此重要的两个文明之间，还存在着一个一直充满神秘气息的文明，这就是与这辆象牙装饰的青铜战车密切相关的伊特鲁里亚文明。

## 被刻意遗忘的伊特鲁里亚文明

伊特鲁里亚文明位于亚平宁半岛的中北部，它上承爱琴海的古希腊文明，下启亚平宁半岛的古罗马文明，在文明的传承中起到了至关重要的作用。

然而，如此重要的文明却在诞生的那一天起就蒙上了神秘的面纱。在与伊特鲁里亚人同时代的希腊人眼中，他们是在贸易中不讲诚信的海盗，是在生活中奉行享乐和迷醉的懦夫。作为伊特鲁里亚文明的继承者，罗马人出于政治的目的，不愿承认他们与伊特鲁里亚文明的关系，于是他们又毁掉了所有关于伊特鲁里亚人的记载。

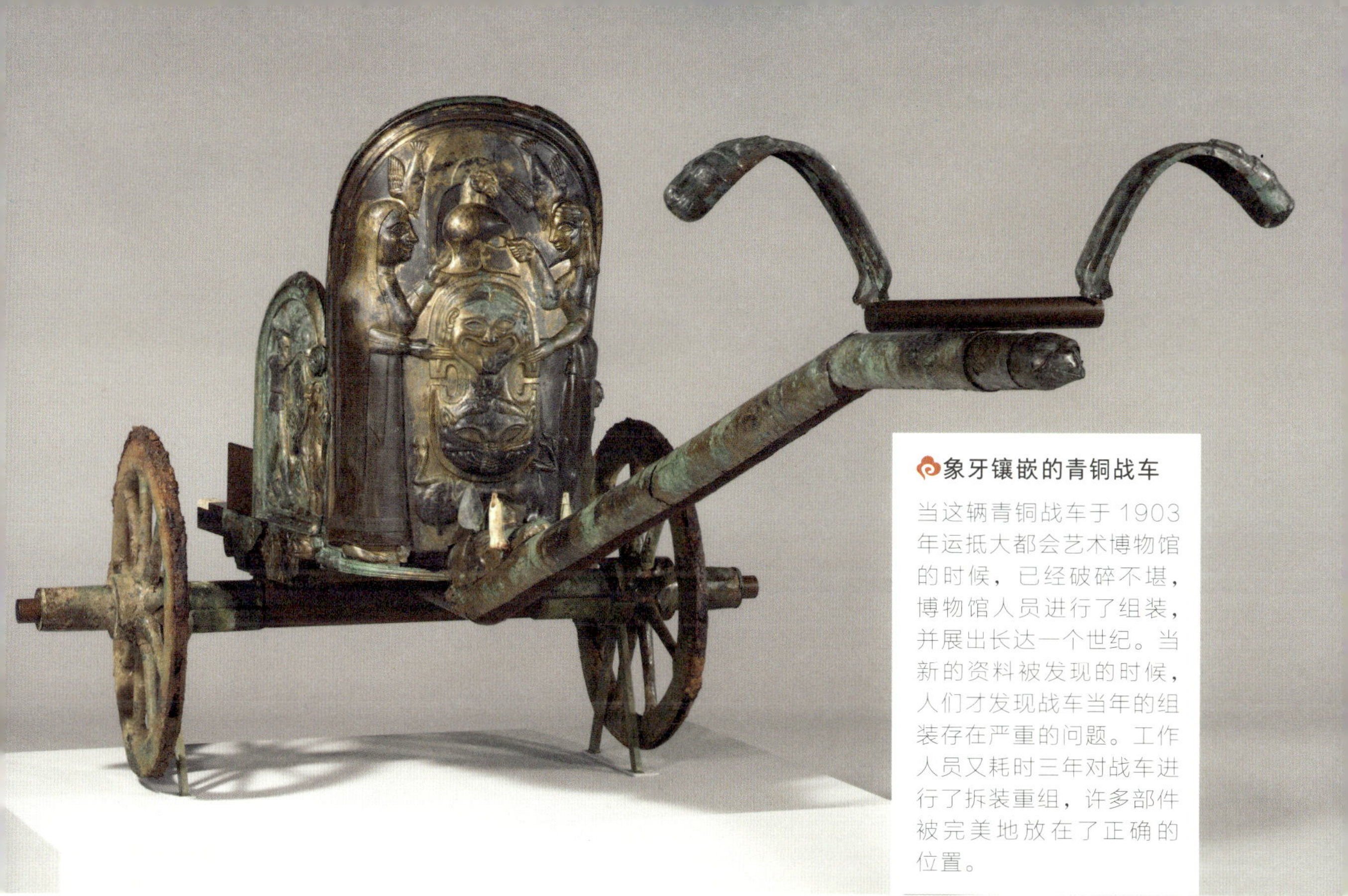

**象牙镶嵌的青铜战车**

当这辆青铜战车于 1903 年运抵大都会艺术博物馆的时候，已经破碎不堪，博物馆人员进行了组装，并展出长达一个世纪。当新的资料被发现的时候，人们才发现战车当年的组装存在严重的问题。工作人员又耗时三年对战车进行了拆装重组，许多部件被完美地放在了正确的位置。

到了文艺复兴时期，有些人为了反对罗马教皇，又标榜自己是早于罗马文明的伊特鲁里亚人的后代，伪造了大量伊特鲁里亚人的碑文，伊特鲁里亚文明变得更加扑朔迷离。然而，历史上伊特鲁里亚人真实的形象究竟是什么样子的？伊特鲁里亚文明又是怎样的文明？那就要从这辆伊特鲁里亚文明的青铜战车说起。

## 一辆青铜战车承载的历史

1902 年，一个偶然的机会，一位意大利庄园主在自己家的土地下发现了一座墓葬，从这座墓葬中挖掘出了这辆伊特鲁里亚文明的青铜车。几经转手，这辆青铜车被卖到了巴黎的艺术品市场。1903 年，纽约大都会艺术博物馆的第一任馆长——切斯诺拉将军将它购入，于是它被永久地收藏在了美国大都会艺术博物馆。

这辆青铜战车是一辆独辀（zhōu）车辆，所谓的“辀”，是指连接马匹和车厢的直木。这辆青铜车只有一条辀，辀的一端连接着衡，在衡的两端安装着马轭。辀的另一端与车轴连接，轴两端安装着青铜辐轮。车轴的上方承接车体。车舆平面大致呈拱门形，由前、左、右三块挡板围拢而成，挡板上雕刻着精美的浮雕图案，描绘了荷马史诗中阿喀琉斯的传奇故事。

拱门形的车厢前挡板上描绘了阿喀琉斯即将出征的场景。画面两侧站立着两个人，左侧是阿喀琉斯的母亲——海洋女神忒提斯，右侧是英雄阿喀琉斯，阿喀琉斯正在接过母亲手中的头盔和盾牌。车厢右侧的挡板描绘了阿喀琉斯参加战斗的场景。阿喀琉斯站在画面的右侧，画面的左侧是特洛伊人门农，手持盾牌的阿喀琉斯正用长矛刺向门农的胸膛。整个车厢右侧挡板的画面也永远地定格在了这个关键的时刻。车厢左侧的挡板描绘了阿喀琉斯获得战争的胜利后乘坐青铜战车凯旋的场景。阿喀琉斯乘坐的这辆青铜战车是由天马拉动的，天马魔幻的翅膀占据了挡板画面中的主要位置。有趣的是，在挡板前面镶嵌着两根象牙，由于象牙已经折损，具体用途不得而知。

这辆单辀战车有一个问题，那就是由于辀过长而导致其在转弯的时候不够灵活。很多学者认为这辆车既不适合在机动灵活的战争中使用，也不适用于亚

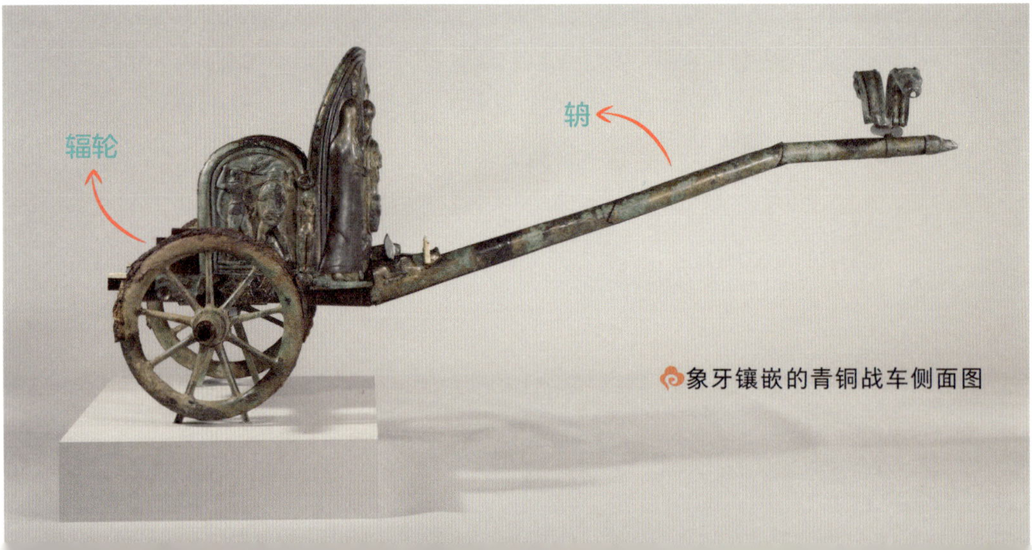

象牙镶嵌的青铜战车侧面图

平宁半岛多山地丘陵的地形。因此，有人推测这辆青铜战车很有可能是用来举行入城仪式的车辆。在入城仪式中，将军乘坐着这样的车辆，街道两旁是民众无尽的欢呼，久经沙场的战士迎来了他一生中最为荣耀的时刻。

## 幽冥中的宴享

公元前9世纪，伊特鲁里亚人开始出现在希腊人的记载中。伊特鲁里亚人居住和生活的亚平宁半岛拥有着大量的矿产资源。对于生活在爱琴海地区的希腊人来说，铁矿和锡矿是他们非常想要得到的资源。于是，希腊人开始和伊特鲁里亚人做生意。希腊人从伊特鲁里亚人那里购买了大量的矿产，甚至为了获得稳定的供给，他们不惜在靠近伊特鲁里亚的小岛上修建了运输矿产的中转站。同时，伊特鲁里亚人也通过交易，从希腊人那里学到了葡萄的种植技术和橄榄的储存技术。于是，伊特鲁里亚人开始大力兴修水利，完善灌溉系统，发展畜牧业和手工业。

公元前7世纪，伊特鲁里亚地区出现了由12个城市组成的都市型国家，出现了的伊特鲁里亚文明。到了公元前6世纪，伊特鲁里亚人又将他们的势力范围不断向南扩展，达到了文明的鼎盛时期。伊特鲁里亚社会积累了大量的财富，这些财富又都集中在少数人手中，形成了拥有特权并且能够进一步控制贸易的贵族阶层。

这些贵族的墓葬主要位于伊特鲁里亚地区的南部，数量达到了200多座。在这里，考古学家发现了精美而又复杂的地下宫殿。地下宫殿的墙壁上雕刻着浮雕，绘制着尺寸不一的壁画。另外，墓室中还出土了大量的随葬品，包括精美的黄金制品、青铜制品以及来自希腊的陶器。这些希腊的陶器与壁画中描绘的陶器一模一样，是人们在送别墓主人的宴饮中实际使用的。

幽冥中的壁画连同这些陶器一起，不仅向后人展示了2000多年以前的伊特鲁里亚人的生死观，更展示了古罗马文明之前那一段鲜为人知的往事。

023

## 希腊文明的民主政治
# 放逐陶片

年　代：公元前 6 世纪末—前 5 世纪后半叶
尺　寸：大小不一
收藏地：希腊古代阿格拉博物馆

20 世纪 30 年代，一个偶然的机会，人们在雅典卫城的一口枯井里发现了几口大瓮。在这几口大瓮中，层层叠叠地摞着将近 200 块陶片。后来人们又在雅典找到了 12000 余块这样的陶片。这些陶片尽是些破碎的瓶底或者瓦片，它们在被放进大瓮以前就已经被打破。然而，这些陶片又不像是被随意丢弃的垃圾，每个陶片上都刻着一个人的名字，或者一些评论的文字。这些陶片究竟是干什么用的？它们的上面为什么写着某个人的名字？它们又为什么被整整齐齐地放在陶瓮里？

## 别样的爱琴海文明

公元前 3000—前 2000 年左右，受到两河流域美索不达米亚文明和尼罗河流域古埃及文明的影响，地中海地区的东部出现了能够制作青铜器的青铜文明，我们将它称作“爱琴海文明”。

爱琴海文明包括两个前后相继的文化：一个是位于克里特岛的米诺斯文化，另一个是位于希腊本土的迈锡尼文化。希腊本土的迈锡尼文化晚于米诺斯文化登上历史舞台。与爱好和平的米诺斯文化完全不同，迈锡尼文化具有很强的攻击性，他们

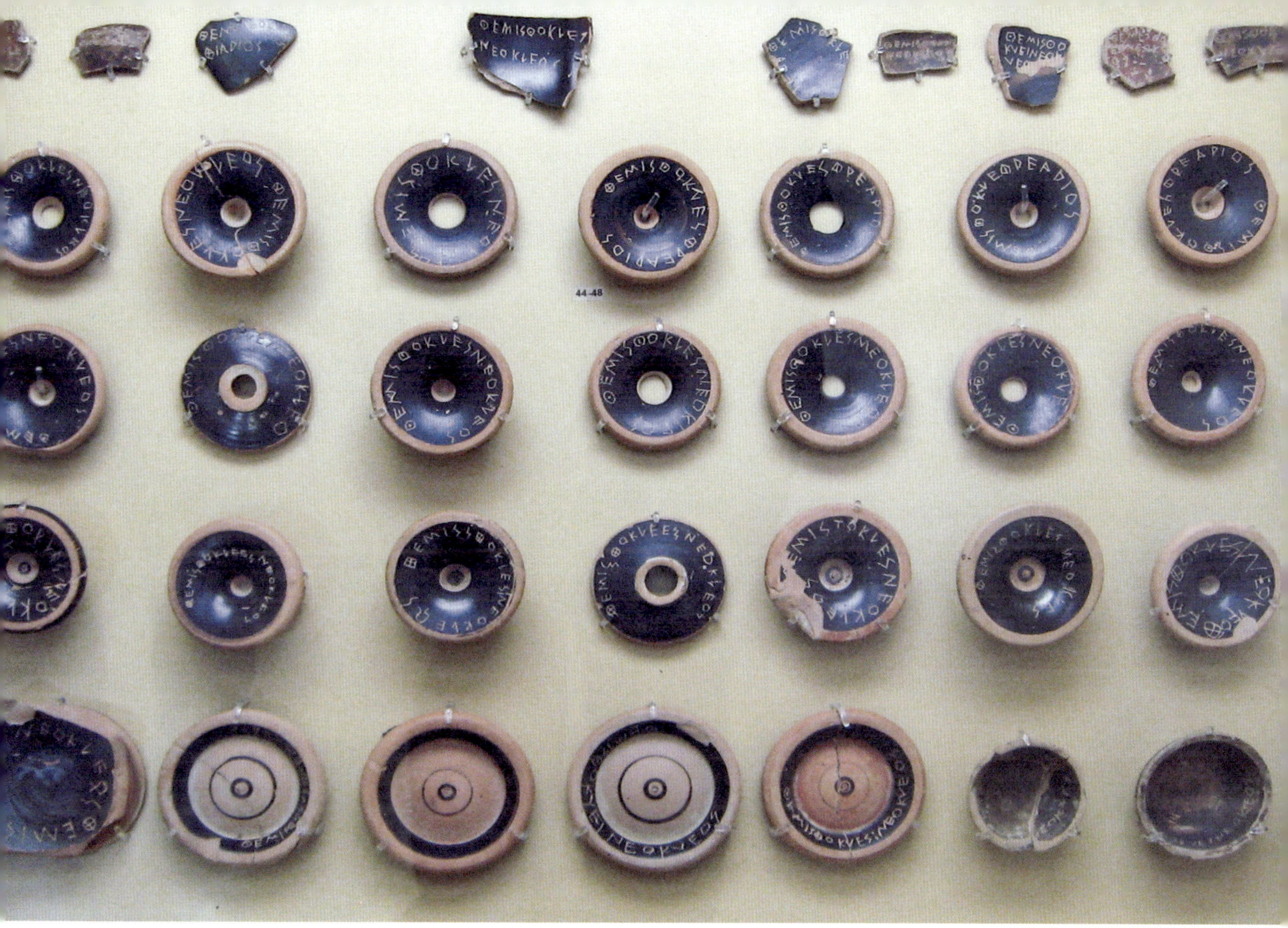


**放逐陶片**

在经典的动作游戏《刺客信条·奥德赛》中有一个道具，就是这里讲的放逐陶片。在游戏中有一个场景，主角卡珊德拉利需要用陶片操纵一次选举，游戏中的陶片就是以我们现在看到的这些陶片为历史原型创作的。

在军事要地建立要塞，围绕着要塞建立各自的小王国，并且进攻米诺斯文化的克里特岛和小亚细亚地区的特洛伊城。然而，到了公元前1200年左右，这种文化也突然消失了。消失的原因可能是气候变化带来的饥荒，也有可能是来自多瑙河流域的多利安人的进攻，至今还没有定论。

迈锡尼文化的消失，标志着古希腊文明早期青铜时代的结束。自此，爱琴海地区进入了充斥着混乱的“黑暗时期”，这一时期一直持续了400年左右。其间，人口大量减少，人们不断地迁移，象征着文明的文字也被人遗忘。历史在呼唤一个新的时代。

**放逐阿里斯提德斯的陶片**

阿里斯提德斯是雅典政治家，绰号“正义”。古代历史学家希罗多德称他是“雅典最好和最光荣的人”。即便如此，阿里斯蒂提斯也曾经遭遇放逐。他被放逐是因为和他的政治对手塞米斯托克利斯发生了冲突，而这件事被历史学家普卢塔赫记载了下来。有趣的是，在雅典发现的放逐陶片中，就保存着刻有他的名字和绰号的陶片。

黑暗的时代持续了几百年，希腊人为了生计逃往了不同地区，在那里，他们的生活逐渐得以稳定，人口也不断地增加。到了公元前 8 世纪，他们以各自的城市为中心建立起了城邦。每个城邦各自为政，同时又依靠相同的文字和信仰维系着彼此间的联系，因而形成了城邦型国家。希腊人终于走出了黑暗，进入了公元前 750 年至公元前 480 年左右的古风时期。

## 希腊城邦中的陶片放逐法

公元前 6 世纪，希腊人在地中海沿岸的小亚细亚、埃及等地建立起了数量庞大的殖民地。由此，普通希腊平民的财富和军功不断增加，和贵族之间的矛盾逐渐激化。于是，希腊的各个城邦实行了改革，以调和传统贵族与富裕平民之间的矛盾。

公元前 6 世纪初期，梭伦对于雅典法律的改革，去除了以往贵族与平民之间的严格界限——市民参与政治不再受血统限制，而由他的财产决定。公元前 6 世纪中期，新贵平民开始在众多城邦中突破法律的限制，凭借个人的声望和影响来夺取权力。他们时常僭越旧贵族的权力，故而被称为“僭主政治”。

不过，僭主政治也存在很大的问题，它很容易造成政治的混乱。公元前 6 世纪末，决心改革的克里斯提尼获得了民众的支持，掌管了雅典的最高权力机构，进而对雅典政治进行改革。首先，克里斯提尼在立法机构中重组了议会，将以往依靠血缘关系建立起来的传统部族改为依靠地域组建的群体。其次，他为了预防僭主的再次出现，创建了“陶片放逐法”。

什么是陶片放逐法呢？陶片放逐法是一种投票方式，在这种投票方式中，民众有权决定是否放逐一位身份显赫且对政权构成威胁的人物。这种投票一般在城市的广场上进行，民众投票时使用一些破碎的陶片，将他们想要放逐的人的名字刻在陶片上。被选中的人，没有辩驳的机会，当然，民众也不需要指控。一旦票数超过六千，被选中的人就必须在十日内离开，而离开的期限是十年。然而，这样的投票方式常常容易被人利用，例如各个党派将提前写好名字的陶片分发给民众，通过民众投票的方式来合法地排除异己。在雅典枯井中找到的陶片就是用来进行这种投票的。它们的上面全都写着“塞米斯托克利斯”这样一个名字，经过辨认，字体也大多统一，仅仅来自十几个人。这些“选票”明显是由某个党派提前准备好的，打算分发给民众，准备将这个“塞米斯托克利斯”放逐掉。

“陶片放逐法”产生于公元前 508 年左右，直至公元前 487 年开始实施，到公元前 416 年废止，一共实施了短短几十年的时间。尽管在一定程度上排斥了政治野心家对于最高权力的觊觎，又赋予了普通民众权力，然而在实施的过程中也存在着各种各样的问题。

## 024 古代奥运会的兴起
# 米隆《掷铁饼者》雕像（复制品）

年　代：2 世纪左右
尺　寸：高 169 厘米，宽 105 厘米
收藏地：大英博物馆

公元前 8 世纪左右，爱琴海地区的古希腊人结束了历史上的“黑暗时期”，分散在各地的古希腊人分别建立起自己的城邦。城邦与城邦之间虽然各自为政，但几乎所有的古希腊人都保有相同的语言与神话，并且通过在奥林匹亚山举行的祭祀典礼，来传承和延续彼此的共同记忆。到了公元前 5 世纪，市民们经常聚集的广场上，出现了一种表现普通题材的人物雕像，其中就有运动员为了夸耀自己身材而制作的大型雕像。米隆的《掷铁饼者》雕像便是这一时期的作品。

## 米隆《掷铁饼者》雕像的力与美

收藏在大英博物馆的这尊《掷铁饼者》雕像，它的原作者是生活在公元前 5 世纪上半叶的米隆。米隆是古希腊雕塑家，他的作品善于表现完美的人体结构，同时也能够紧紧抓住人体在运动瞬间所能爆发出的力量之美。2 世纪左右，罗马帝国流行效仿古希腊艺术的风潮，米隆的《掷铁饼者》就被争相模仿（原作已经遗失）。时至今日，意大利、英国、梵蒂冈等地还保留着多件罗马帝国时期仿制的《掷铁饼者》。

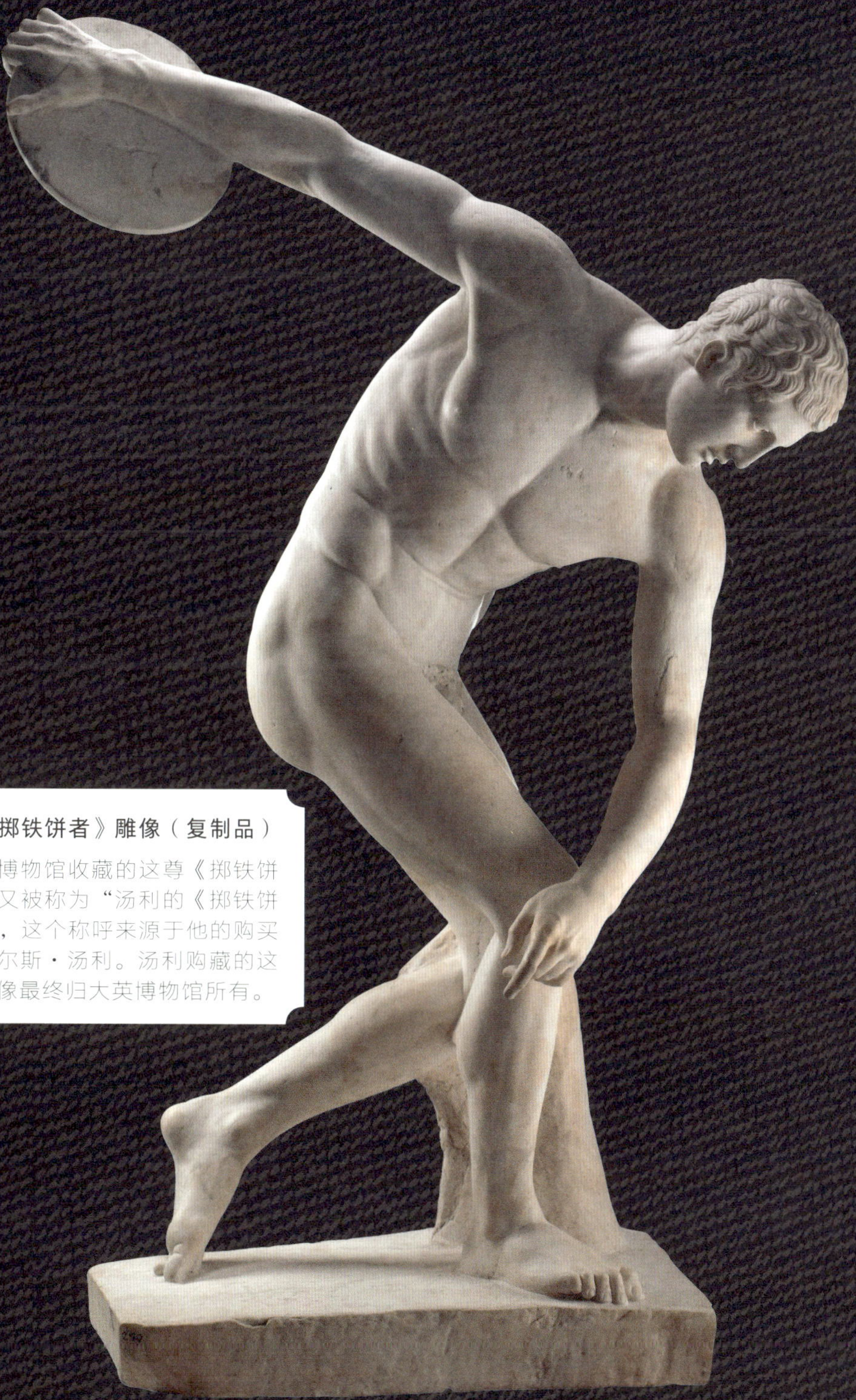

**《掷铁饼者》雕像（复制品）**

大英博物馆收藏的这尊《掷铁饼者》又被称为“汤利的《掷铁饼者》”，这个称呼来源于他的购买者查尔斯·汤利。汤利购藏的这尊雕像最终归大英博物馆所有。

大英博物馆收藏的这尊雕像，发现于 1791 年，发现的地点位于罗马附近的哈德良别墅。1792 年，一个叫托马斯·詹金斯的商人购买了这尊《掷铁饼者》雕像，并将它带到了英国，又以高价转卖给一个叫查尔斯·汤利的人。转卖之前，詹金斯曾请人对这尊雕像进行了修补。按照他的说法，这件雕像原先的头部和躯干是分离的，头部就在雕像躯干的旁边，是他请人将头部与躯干修补在了一起。不过，汤利买完雕像以后，曾经多次给詹金斯去信，信中表达了他对于这件作品真伪的疑惑，特别是当汤利看到马西莫家族收藏的《掷铁饼者》雕像以后，他发现这两件作品的头部完全不一样。马西莫家族收藏的《掷铁饼者》雕像的头部向后扭，视线直视铁饼，而汤利手中的这尊《掷铁饼者》雕像的头部向下，视线投向地面。随后，詹金斯给出了回复，他说是在修复雕像的时候，咨询了一位叫维斯康蒂的古物学家。这名古物学家告诉詹金斯，目光向后的雕像代表了某种“被迫”和“扭曲”，只有头部向下的姿态才是自然的。

大英博物馆《掷铁饼者》雕像完美地将一名男性运动员的动作定格在了将要抛出铁饼的那一刹那。身体的重心完全落在了微微弯曲的右腿上，而随着右腿同样弯曲的左腿，很好地起到了支撑的作用。同时，整个身体的所有力量都集中在了腰腹部，这一部分的肌肉表现得紧张、紧绷，充满着将要爆发的力量。整个身体在腰腹部的带动下发生着扭转，腿部向前，上半身转向侧面。左臂向下，超过膝盖，而右臂向后，手持铁饼，他将使用身体的惯性，向着更高、更快、更强的目标，远远地抛出铁饼。整个作品充满了力量，这种力量通过完美的身体结构、修长的身材、紧张的肌肉、流畅的动作完整地呈现了出来，这正是古代希腊艺术所要传递给我们的美学。也正因为如此，人们将大英博物馆收藏的这件作品作为 1948 年伦敦奥运会的宣传海报，米隆的这件《掷铁饼者》雕像从此变得家喻户晓。

## 追溯奥林匹克运动会

《掷铁饼者》雕像背后所隐藏的，是兴起于古希腊的奥林匹克运动会。早在公元前 8 世纪，希腊地区就已经存在运动员参加的体育赛会，这种赛会通常在城邦之间举行，而且与宗教祭祀的活动联系紧密，其目的是团结各自为政的古希腊城邦。在当时，有四个比较重要的全国性赛事，它们分别是“奥林匹克”“皮西亚”“地峡”和“尼米亚”。其中，奥林匹克为我们所熟知，它是现代奥林匹克运动会的源头。

奥林匹克是在奥林匹斯山举行的赛会，是为了纪念居住在奥林匹斯山的神祇宙斯而举行的。相传，最早的一届古代奥林匹克运动会在公元前 776 年举行，当时只允许贵族阶层的男性运动员参加。此后，每四年举办一届，而举办的那一年被称为“奥林匹克年”。奥林匹克运动会最初的赛期仅有一天，比赛项目比较单一。后来，比赛的项目逐渐增多，包括了战车赛、拳击、摔跤、赛跑、角力、射箭、掷铁饼等，最多的时候达到了 23 项。赛期的天数也随之增加，延长到了五天左右。

一般而言，在赛期的第一天，参加比赛的人需要提前沐浴，以便参加向众神之神宙斯供奉祭品的仪式。同时，所有的裁判员和运动员还要在神灵面前宣誓，他们要维护比赛的公平与公正。第二天，人们需先进行赛马、战车和男子全能等项目，而在随后的第四天、第五天可以参加成人组的赛跑、摔跤、拳击和重装赛跑等。少年组的比赛被安排在第三天举行。而最后一天，人们仍要举行献祭的仪式，包括将动物、酒、谷物、香料等祭品献给宙斯。

截至 393 年，古代奥林匹克运动会一共举办了 293 届。393 年，罗马皇帝狄奥多西一世宣布基督教为国教，认为奥运会是异教徒活动。翌年，宣布废止奥运会。直到 1894 年，根据法国人顾拜旦的提议，在巴黎召开的国际体育大会上，来自 12 个国家的 79 名与会代表，决定恢复古代的奥林匹克运动会，并成立国际奥委会，由此开启了现代奥运会这一新的篇章，顾拜旦也成了“现代奥运会之父”。

# 025 征服中的文化传播与融合
# 亚历山大大帝石棺

年　代：公元前 4 世纪后半叶
尺　寸：长 320 厘米，宽 170 厘米，高 200 厘米
收藏地：土耳其伊斯坦布尔考古学博物馆

在伯罗奔尼撒战争结束之后，雅典的民主政治体制遭受重创，城邦之间的纷争连绵不断。在这样的背景下，北方的马其顿乘势崛起，尤其是在腓力二世的带领下，马其顿一举击败雅典，控制了除斯巴达以外的所有古希腊城邦。腓力二世去世之后，他的儿子亚历山大继承了其未竟的事业，在亚历山大的手中，一个横跨东西的世界性帝国就此出现。而亚历山大大帝的故事，则要围绕一具石棺展开……

## 西顿王国的亚历山大大帝石棺

1887 年，一位叫奥斯曼·哈姆迪·贝的考古学家，在今天黎巴嫩赛达的郊外找到了西顿国王的家族墓地。墓地俨然一座地下的宫殿，宫殿中有 7 间墓室，从这 7 间墓室中，一共发现了 17 具石棺，其中的一具便是赫赫有名的亚历山大大帝石棺。或许人们会问，为什么亚历山大大帝的石棺会放在西顿国王的墓地中？亚历山大于公元前 323 年在巴比伦去世，此后发生一系列权力的争夺，两年后他的遗体才被安葬在埃及的亚历山大城，而安葬的具体地点却无人知晓。所以，当人们发现这座豪华而精美的地下宫殿时，自然将它与传说中的亚历山大大帝联系在一起，而且石棺

**亚历山大大帝石棺**

亚历山大大帝石棺的发现地西顿，如今是黎巴嫩的第三大城市。在古希腊时期，在被亚历山大大帝征服之后，西顿开始了希腊化的进程。即便是亚历山大大帝去世，西顿依然享有相对的自治权，并且有当地的运动员参加古希腊的运动会。

的浮雕上又多次出现他的形象，所以人们误将它命名为亚历山大大帝石棺。然而，据考查这具亚历山大大帝石棺真正的主人却是某位西顿王国的王族。

亚历山大大帝石棺是用希腊爱琴海地区出产的纯白色大理石打造的，俨然一座小型的神殿。石棺平面呈长方形，上部刻有一个三角形的屋顶，屋顶上排列着女神和怪兽，表现出爱奥尼亚地区的建筑风格。石棺的四面各有一幅人物故事浮雕，这是石棺的主体，表现了战争和狩猎的场景。画面中人物的五官和他们身上的衣物都残留着颜料，说明最初的画面上涂有各种各样的颜色。

在表现战争的浮雕中，多组身着短裙的古希腊人骑着高头骏马，手中似乎握有武器，只不过这些武器早已朽损。骏马下方的波斯人身着长裤，手中持有圆盾，做出抵抗的动作。整幅画面表现的是在伊苏斯战役中希腊骑兵的勇猛。在这场战役中，希腊联盟的骑兵发挥了极其重要的作用，他们身穿铠甲，腰挂短剑，一手握有长矛。激战的时候，骑兵通常排列成方形或等边三角形的阵势。亚历山大的队伍中还有步兵阵营，他们包括重装步兵和近卫步兵两种。重装步兵手持长 5 米多、重 7 千克的长矛，在战斗的时候，方阵前四排的兵士将长矛水平向前，四排以后的兵士将长矛垂直向上，共同组成了配备重装武器的密集部队。而近卫步兵是军中的常备军，时常担任着守卫君王的任务，同时也起到协助骑兵、奇袭等机动作用。

在表现狩猎的浮雕中，画面的中央，一头雄狮正在撕咬着骑手的骏马，周围的

**亚历山大大帝石棺战争场景浮雕**

战争场景高浮雕描绘的是亚历山大大帝在伊苏斯战役中和波斯人交战的情景。考古学家沃克马尔·冯·格里夫将这个图案和那不勒斯的《亚历山大马赛克》进行了比较，得出的结论是两者的原始设计稿出自同一幅作品。

人正在对它进行围捕，而猎犬跟随在骑手的身后。像这种表现猛兽撕咬动物的画面通常是波斯艺术表现的题材。亚历山大在征服了波斯以后，采取了怀柔政策，不仅吸收了波斯的宫廷礼仪，还娶了波斯人为妻。石棺上狩猎的画面也从一个侧面表现了这种文化的融合。

## 亚历山大的“遗产”

公元前334年至公元前323年，亚历山大花了十年的时间，将希腊-马其顿人的领土扩张了数倍，疆域从欧亚北非的地中海地区一直延伸到中亚、南亚的印度河流域。伴随战争、征服与领域的扩张，希腊-马其顿人在远离故土的地中海东部、两河流域及其以东的中亚地区、印度等地建立了数量众多的希腊样式的城市。这些城市中有希腊的神殿、运动场、广场、剧院等。与此同时，伴随着人员的流动，希腊的文化不仅在地中海、西亚地区传播，更在中亚与印度地区传播，史学界将其称为“希腊化时代”。

在征服的过程中，亚历山大大帝大约建立了20个以他的名字命名的城市，这些城市大部分位于底格里斯河以东。其中最大的城市就是埃及的亚历山大港，在他统治时期，亚历山大港已经成了地中海的主要城市之一。

希腊化这个概念是由德国历史学家约翰·古斯塔夫·德罗伊森提出来的，意在表达亚历山大大帝征服之后，希腊语言、文化和人口向前波斯帝国的疆域内传播。毫无疑问的是，这种传播确确实实发生了，亚历山大城、安提阿和塞琉西亚这些地方希腊化的程度很明显。

希腊化最典型的代表是希腊-巴克特里亚王朝，在这个处于丝绸之路上的王朝，古希腊文化的痕迹十分明显。与此同时，古希腊文化和丝绸之路上的佛教文化交织在一起，典型的犍陀罗佛教文化就有深刻的古希腊文化的痕迹。当孔雀王朝的阿育王完成大业之后，其统治下的古希腊人也皈依了佛教，并创造出了一种古希腊佛教艺术文化。这也算是希腊化过程中的特殊产物。

## 026 阿育王的孔雀王朝和佛教

# 阿育王狮子柱头

年　代：公元前 250 年

尺　寸：长 210 厘米，高 283 厘米

收藏地：印度鹿野苑博物馆

7 世纪，大唐高僧玄奘来到了位于今天印度瓦拉纳的鹿野苑，他的《大唐西域记》中记载了鹿野苑当时的样子。他说鹿野苑精舍的西南有一坍圮的石塔，塔前有一高 70 余尺的石柱，像玉一样温润，映照清澈，能够映照出虔诚祈祷的众生模样，也能够映照出人们的善恶相貌。而这根能够映照出世间众生善恶模样的“石柱”，则极有可能是这件出土于鹿野苑遗址的阿育王狮子柱头的原型。

### 从吠陀时期到佛陀时期的印度

公元前 1500 年，生活在草原地区的雅利安人迁徙到了印度的西北部，到了公元前 1000 年左右，他们又从印度的西北部向恒河流域迁徙。随之而来的是铸铁技术的传播和铁质工具的使用，印度文明从青铜时代进入了铁器时代。公元前 1000 年至公元前 600 年，雅利安人在与当地人不断融合的同时，发展出了根据职业划分上下等级关系的种姓制度。这一时期产生了婆罗门教的经典《吠陀》，因此又被称为“吠陀时期”。

公元前 6 世纪左右，印度社会从吠陀时期向“列国时期”或者称为“佛陀时期”的历史阶段转变。在这一时期，恒河流域出现大大小小的城市，它们各自形成了独

阿育王狮子柱头

如果我们仔细观察的话，会发现现代印度的国徽和国旗与阿育王狮子柱头有很大的关系。印度的国徽实际上是阿育王狮子柱头去掉了覆莲纹底座，而印度国旗中央的阿育王法轮则来自阿育王狮子柱头的圆形底座上的法轮图案，虽然两者间有一定差别。

立的王国，其中先后以憍（jiāo）萨罗国和摩揭陀国最为强盛。在这样的背景下，印度社会出现了沙门思潮，产生了一系列诸如佛教、耆（qí）那教、印度教、密教等哲学思想。公元前 4 世纪左右，亚历山大大帝远征，古希腊的军事力量一直延伸到了印度的西北部。许多古希腊人的殖民城市在印度河流域纷纷建立起来，这给印度社会造成了极大的混乱。

公元前 4 世纪末，旃（zhān）陀罗·笈多一世（月护王）首先推翻了恒河流域的摩揭陀国的政权，一扫古希腊人在印度西北部印度河流域建立的政权，征服了印度半岛的南部，建立了印度社会第一个统一的王朝——孔雀王朝。作为孔雀王朝的第三代君主，阿育王继续征服了印度半岛的东部，孔雀王朝迎来了全盛时代。阿育王在完成统一以后，开始笃信佛教，希望使用佛教的思想教化天下，进而建立相对稳定的社会秩序。

## 映照众生模样的阿育王石柱

公元前 3 世纪下半叶，当阿育王完成了对印度东部的征讨，他深深地感觉到杀戮的罪孽，因而选择皈依佛门。他命人集结和编纂了多部佛经，广布佛法，希望以教化代替武力。于是，他在全国重要的位置树立起了高高的石柱。这些石柱通高在十几米，由柱头和柱身两部分组成。石柱的顶部为圆雕的柱头，常常是一只或者几只踞坐状的石狮子，而柱头的下方是明澈照人的柱身，柱身上刻着劝诫教团僧侣需要团结的诏令铭文。

阿育王狮子柱头当初在鹿野苑中被发现，所以又被称为“鹿野苑石柱”，人们在发现它的时候，它已经断为几段。它的柱身部分保留在原址陈列，而柱头部分被人们存放在鹿野苑博物馆中。鹿野苑石柱的柱身部分，刻着诸如“无论男僧女尼，只要破坏了僧侣的团结，就给他们穿上白袍，让他们住到不适合僧侣居住的地方去”这样的训示。而阿育王狮子柱头由三个部分组成，最上面的部分为踞坐的四只石狮子，中间的部分为雕刻着法轮和四只神兽的柱盘，最下面的部分为一朵倒覆的莲花。

首先，最上面的四只石狮子背对着背，它们的前足向前伸，后足呈蹲踞状，目视前方，头朝东、南、西、北四个方向。四只石狮子象征佛陀在鹿野苑初传佛法时讲授的“四圣谛”。狮子的形象也代表了释迦牟尼本人，因为“释迦”二字的本义即“狮子”。

其次，狮子的下方为托举它们的柱盘，侧面雕刻着四只神兽和四个法轮。神兽为牛、马、大象、狮子，分别代表了东、南、西、北四个方向。四个法轮象征着佛法。当法轮转动的时候，有佛陀说法之意，提醒着人世间有着无穷无尽的轮回。神兽和法轮两两相间，神兽一直在奔跑，追寻着转动的法轮，告诫人们只有修行佛法，才能摆脱轮回。

最后，柱头的最下方为一朵“出淤泥而不染”的莲花。莲花生长的环境代表着尘世间的浑浊，莲花代表着觉悟，只有觉悟才能从内心生长出圣洁的莲花。因此，整个柱头的上、中、下三部分代表着人们修行觉悟的三个阶段：最下面的莲花代表了觉悟的初期，摆脱了尘世的浑浊；中间的柱盘代表了追求佛法，摆脱了无穷无尽的轮回；最上面的狮子代表“佛陀”，意为觉悟者，表示已经达到了大彻大悟的境界。

就石柱本身而言，它是传说中阿耨达池的神柱。“阿耨（nòu）达”意为“清凉”，据说此池位于大雪山北，它的池水清澈，有龙王居住，在它的岸边镶嵌着金、银、琉璃等各式各样的宝物。据说，阿耨达池的神柱有着通天的功能。有的学者认为，这种思想可能最早起源于公元前 1000 年至公元前 700 年的吠陀时期晚期，因为在婆罗门教的思想中，很早就存在着祭祀柱、宇宙柱的信仰。那个时候的人们认为柱子象征天上的神灵，而人们在祭祀的仪式中将牺牲捆绑在这样的柱子上，表达了将牺牲献给神灵的意思。到了公元前 6 世纪以后，佛教兴起，虽然佛教反对各种各样的祭祀仪式，然而婆罗门教中神柱的信仰可能早已渗透到了文化的基因当中，因而被吸收到了佛教的思想中来。

027

## 现存年代最早的《圣经》
# 死海古卷《以赛亚书》卷轴

年　代：公元前 120 年左右
尺　寸：长 734 厘米，宽 22 ~ 25 厘米
收藏地：以色列博物馆

某动画片中曾虚构了一个设定：死海古卷缺少了一部分，缺失的部分上面记载着关键的有关出现生命之树的信息。这里提到的死海古卷确有其物，而且是震惊世界的重大考古发现。它是以色列博物馆的镇馆之宝，是研究《圣经》历史的重要资料。

## 死海古卷的历史渊源

公元前 1500 年，地中海的东岸生活着一群说着闪语族语言的人，这一群人中又包含着三个不同的民族，他们是阿拉米人、腓尼基人和希伯来人。阿拉米人在叙利亚

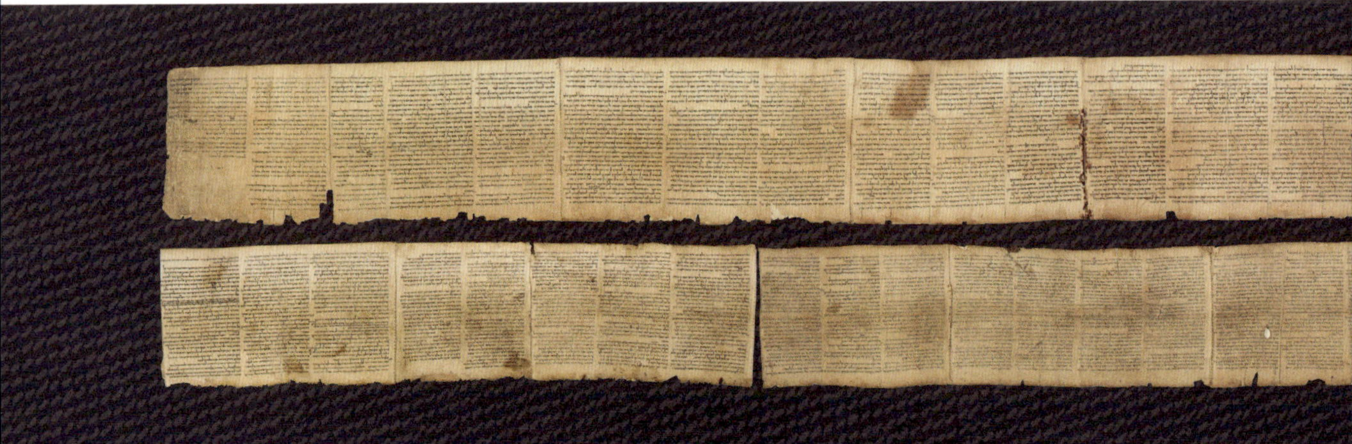

建造了大马士革，腓尼基人在黎巴嫩等地建造了西顿，而希伯来人一直生活在巴勒斯坦地区和埃及。根据《旧约》记载，公元前 13 世纪，生活在埃及的希伯来人受到了新王国的奴役，在摩西的带领下，纷纷逃到了巴勒斯坦地区。

到了公元前 1000 年，希伯来人在巴勒斯坦建立了自己的国家，然而好景不长，国家只传了大卫王和所罗门王两世，便分裂成了北方的以色列王国和南方的犹太王国。以色列王国后来被亚述王国所灭，犹太王国被新巴比伦王国所灭。更加悲惨的是，犹太人被迫迁往巴比伦，为新巴比伦的国王建造巴别塔，成为别人的奴隶。

公元前 539 年，奴役犹太人的新巴比伦王国被阿契美尼德王朝所灭，犹太人结束了长达 50 年的囚徒生活，回到了巴勒斯坦地区。他们在巴勒斯坦城中建造圣殿，以《旧约》为圣经，正式创立了犹太教。公元前 4 世纪初，马其顿王国的亚历山大大帝开始东征，从那以后，约旦和以色列地区又先后沦为托勒密王朝和塞琉古王朝的领地。到了公元前 64 年，罗马帝国格奈乌斯・庞培远征，此后约旦和以色列一带出现了一些地方性的政权。公元 6 年至 395 年，虽然爆发了两次犹太人争取国家独立的战争，史称“犹太战争”，但这一地区一直隶属于罗马帝国。死海古卷的故事就是在这样的历史背景下徐徐展开。

**死海古卷《以赛亚书》大长卷**

《以赛亚书》大长卷是死海古卷中唯一幸存的完整经书，在内容上它和现今通行的《圣经・以赛亚书》几乎没有什么不同，表明《圣经》里的文字在最初几个世纪的传播中一直保持着对原始文本的忠实记录。

## 牧羊人的发现

1947年的春天，一名阿拉伯小牧童正在死海西北一个叫作库姆兰的山谷中寻找走失的山羊。在悬崖上，他不经意间发现了一个山洞。他向洞中望了望，洞中漆黑一片，他试探性地扔了一块石头，却听到了击碎陶罐的声响。于是，他叫来其他三名牧童，一起壮着胆子走了进去。他们发现山洞中整齐地摆放着几个陶罐。打开这些陶罐，里面堆放着几卷早已泛黄的羊皮纸。牧童们非常高兴，于是将这些羊皮纸拿到市场上出售。

后来，耶路撒冷城中一位名叫阿塔那修・塞缪尔的主教辗转得到了其中几卷羊皮纸。他发现这些羊皮纸的上面竟然用古老的希伯来文写着《圣经》的内容。于是他将这个重要发现公布了出来，很快引起了宗教团体、历史学家和考古学家的关注。他们来到当初小牧童找到的山洞，将其命名为“库姆兰1号洞”，并在1号洞的周围开展了大规模的搜查。在1947年到1956年的9年间，他们先后在这附近找到了11个这样的“藏经洞”，这些山洞中发现了大量完整的经卷和一些残片。它们的年代被认为在公元前250年至公元68年左右，距今已有2000年历史，得益于地中海东岸的干燥环境而被保留了下来。根据经卷的内容，现今大部分的学者都认为这些经卷可能与一个隐居在这里的宗教苦修团体有关。这个宗教苦修团体的名字叫“库姆兰宗团”，是他们抄写了这些经卷，并在第一次犹太战争期间将这些经卷封藏在了山洞中。

这些古卷被称为“库姆兰文书”，其中包括了库姆兰宗团自己的法规，使用古老的希伯来文写成的《旧约》，或者假托古人的名字写成的伪经。另外，人们还发现了两件特殊的文书：一件是刻在铜板上的《圣殿藏宝记》；另一件则是《圣殿古卷》，详细记录了重建耶路撒冷圣殿时的情景。

库姆兰文书被誉为20世纪最重要的考古发现之一，它们之所以重要，是因为这些古卷比最早的希腊语抄本还早了几百年。古卷中的大部分内容使用了希伯来文，另外还有一部分内容使用了阿拉米文的口语，完整地保留了《旧约》最初的样子。

此外，除了在库姆兰山谷找到的库姆兰文书外，考古学家还在死海的沿岸地区，比如库姆兰以南 17.7 千米的瓦迪·穆拉拜阿特、大希律修建的马萨达碉堡和古城杰里科以北 13.7 千米的达利耶洞等，找到了一些其他的古代文书。从内容上看，它们似乎与库姆兰文书没有什么直接的联系。后人将这些文书和库姆兰文书一起统称为“死海古卷”。

> 凡事都有定期，天下万务都有定时。生有时，死有时；栽种有时，拔出所栽种的也有时；杀戮有时，医治有时；拆毁有时，建造有时；哭有时，笑有时；哀恸有时，跳舞有时；抛掷石头有时，堆聚石头有时；怀抱有时，不怀抱有时；寻找有时，失落有时；保守有时，舍弃有时……
>
> ——《圣经·传道书》

## 《以赛亚书》卷轴

《以赛亚书》卷轴是死海古卷中保存最完整的一件，它是 1947 年在库姆兰 1 号洞中最早发现的一批经卷。《以赛亚书》是《旧约》中的一部分，是先知以赛亚在公元前 723 年完成的，它与《耶利米书》《以西结书》并称“三大先知书”。《以赛亚书》全篇共计 66 章，前半部分的章节预言了公正的君主将要降临人间，人们终将面对最终的审判；而后半部分的章节预言了唯一的救世主将要拯救人类，他的仆人“基督”将会为了人类的罪恶而受死。

学者们认为《以赛亚书》卷轴的年代应该在公元前 120 年左右，它比现存最早的《旧约》抄本还要早。《旧约》最初并没有文字的记载，人们通过口耳相传将它保留了下来。此后，才出现了希伯来文的抄本；再后来出现了希腊文的抄本。因此，研究者根据这件《以赛亚书》卷轴，可订正现有《圣经》中的一些问题。

# 第四章

# 帝国兴起中的文明进程

当人类文明的进程步入公元前 1 世纪的时候，世界格局已然发生了翻天覆地的变化。在中国，战国的烈火硝烟结束，迎来的是秦汉大一统的全新时代。在欧洲，罗马帝国正在勃然兴起，改变着欧洲的一切。这个时代，是世界上帝国兴起的时代，是一个前所未有的文明新时代，政治、经济、文化都发生了翻天覆地的变化。丝绸之路上回响着悠扬的驼铃声，东西方的交流在不知不觉间互相影响，文明在这里并没有剧烈的冲突，而是慢慢交融、互相影响。

**推荐博物馆：**

秦始皇帝陵博物院、甘肃省博物馆、美国盖蒂艺术中心、美国大都会艺术博物馆、意大利卡比托利欧博物馆

028

中国大一统时代的来临

# 兵马俑之御手俑和车士俑

年　代：公元前 221—前 207 年

尺　寸：通高 180 厘米（御手俑）

收藏地：秦始皇帝陵博物院

1974 年 3 月，陕西省临潼县（今临潼区）骊山镇西杨村农民在距秦始皇帝陵东 1.5 千米处打井时，发现几个破碎的真人大小的陶俑，经陕西省考古队勘探和试掘，沉睡多年的兵马俑得以重见天日。秦兵马俑被誉为“世界第八大奇迹”“人类古代精神文明的瑰宝”，是中国古代塑造艺术臻于成熟的标志，也为研究秦代历史提供了实物资料。

## 秦始皇帝陵兵马俑的发现

其实，在西汉时期就已有人发现过兵马俑。考古工作者在一号坑 T12 发现西汉前期墓葬一座，这座墓穴挖到了俑坑的隔墙上。而东汉初年的一座夫妇合葬墓，正好建在了兵马俑二号坑一组陶俑、陶马的身上。挖墓人将陶俑、陶马打碎搬动，堆放在墓穴一角。到了明清时期，这里已完全变成当地村民的葬地。考古队对当地老人多次寻访，当地老人都说自己的祖辈挖墓时就看到过这些“瓦爷爷”“瓦神爷”。沧海桑田，历史变迁，荒凉偏僻的环境里，历代纯朴农民的无意识保护，才使得秦兵马俑这一奇迹安睡地下 2000 多年。千年等一回，也许秦兵马俑也渴盼着重见天日的时刻。

**兵马俑之御手俑和车士俑**

根据考古发掘情况可知，二号坑出土的陶质战车都配有车士俑两到三件。车士并没有站在车上，而是在车后排列。其分配情况可分为三组：第一组是一个御手俑与两个车士俑的组合，并排站立；第二组也是三人，但是站立的位置是三角形；第三组则是两人，一名驭手，一名车士。

秦兵马俑的面世是在 1974 年 3 月，当时西杨村农民在村南打井，井口刚好开在一号坑的东南角。自此，一个埋藏了 2000 多年的地下军阵被挖掘出来。1974 年 7 月，考古工作者开始对兵马俑坑进行发掘。秦兵马俑这一重大考古发现在当时引起了国家的高度重视，国家决定在俑坑遗址上修建展览大厅。1976 年 4 月和 5 月，考古人员又相继钻探出两座兵马俑坑，根据发现的顺序，二座兵马俑坑分别编为一号坑、二号坑、三号坑。1979 年 10 月 1 日，兵马俑一号坑遗址保护大厅建成，由叶剑英元帅题写馆名的“秦始皇兵马俑博物馆”正式对外开放。1989 年 9 月 27 日、1999 年 10 月 1 日兵马俑三号坑和兵马俑二号坑也分别开放。2009 年 6 月 13 日，秦始皇帝陵兵马俑一号坑开始第三次大规模发掘。

## 二号坑中的大秦军团

1976 年 4 月，在秦始皇帝陵兵马俑一号坑的东端北侧，考古人员又发现了兵马俑二号坑。从 1976 年 5 月下旬到 1977 年 8 月底，考古人员经过钻探和试掘，发现兵马俑二号坑总面积约 6000 平方米。在试掘过程中，考古人员在试掘方内清理出木质战车 11 乘，高大的陶质车士俑 28 件，将军俑 1 件，拉车的陶马 62 匹，步兵俑 163 件，其他各类文物包括金属兵器等共 1929 件。1994 年 3 月 1 日，秦始皇帝陵考古队开始正式发掘兵马俑二号坑，此次考古发掘共出土木质战车 20 乘，拉车的陶马 82 匹，骑兵的鞍马 40 匹，各类武士俑 224 件。

二号坑平面略呈曲尺形，东西两边各有三个斜坡门道，北边有一个斜坡门道。俑坑东西最宽处为 96 米，加上两边门道长约 124 米；南北最宽处为 84 米，加上北门道宽约 98 米；深约 5 米。二号坑的建筑结构比较复杂，根据兵马俑的排列情况，大体可分为四个单元：第一单元位于俑坑东边突出的大斗子部分，出土的陶俑均为步兵武士俑；第二单元在俑坑的南半部，出土的均为驷马战车；第三单元位于俑坑的中部，俑坑陶俑以战车、步兵和骑兵为主；第四单元位于俑坑的北半部，这个单元内的陶俑主要是骑兵俑、陶质鞍马和驷马战车。

御手俑和车士俑就是二号坑出土的文物。御手俑双足立于踏板上，两臂向前平举，双手半握拳，拳心相向，做握辔状；食指和中指之间留有空隙，以便辔索穿过，拇指内侧有一个半圆形的陶环，似乎是勒辔时拇指的护套；身穿战袍，外披铠甲，护膊长及腕部，手上罩有护手甲，颈部围着方形盆领，足胫着有护腿，足穿方口齐头履。御手俑的头顶右侧梳发髻，发髻外罩白色圆形软帽，帽上又戴单卷尾长冠，嘴上有八字微髭，双目前视，炯炯有神，显得格外威武雄壮。两侧的车士俑神态姿势各异。右边车士身穿战袍，外披铠甲，胫着护腿，束发，头戴白色圆帽，左脚向前方斜出，如同“稍息”一般，右臂前屈，手做握长柄兵器状，左臂下垂，衣袖挽于肘部，手掌伸开，与腕部曲成 90 度，做按物状，头部向左转，昂首凝视左前方。左侧车士装束与右侧完全相同，其姿势则相反，右脚向右前方斜出，左臂前屈，呈握兵器状，头微向右转，昂首凝视右前方。

## 秦兵马俑的艺术成就

秦兵马俑一经面世，就以它撼人心魄的艺术魅力令现代人倾倒。其艺术成就是多方面的，专家们归结为“大、多、精、美”。

当人们一跨进兵马俑坑遗址大厅，占地面积的“大”和秦俑的“大”所产生的壮阔气势就使人倾倒。由于数量的“多”所形成的秦俑群雕，在世界雕塑史和考古发掘史上都是空前的发现。谈到秦俑的“精”，大到陶俑、陶马本身的制作，小到铠甲、胡须、发髻等的刻画，处处体现着精雕细刻。说到秦俑的“美”，千人千面的陶俑形象之美，使人回味无穷。

秦俑整体呈现出的是秦国统一六国的铁血军团那种勇敢善战、气宇轩昂、威武不屈的形象。这或许就是秦人“闻战，顿足徒裼，犯白刃，蹈炉炭，断死于前”的“虎挚之士”的鲜明写照。秦始皇兵马俑群像中的每一个成员既有独特的个性，又有服从中心、相互照应的共性，不同的兵种相互配合，配备上精良的武器，人们俨然能看到秦军“战未尝不克，攻未尝不取，所当未尝不破，开地数千里”的英雄气概。这或许就是中国大一统时代到来的最有力的军事保障。

029

## 造纸术出现在中国
# 放马滩纸地图

年　代：公元前 202—公元 9 年
尺　寸：最大残块长 5.6 厘米，宽 2.6 厘米
收藏地：甘肃省博物馆

纸张可以说是现代最常见的文化用品了，但中国历史上最早的纸，并没有这么漂亮，而是看起来很粗糙。那么中国是从什么时候开始出现纸的呢？以往，在人们的印象中，纸是在 105 年由东汉时期的蔡伦发明的。在范晔所著《后汉书·蔡伦传》中最早记载了蔡伦造纸的事情，而这一记录也成了人们认为造纸术起源于东汉的主要依据。但事实真是如此吗？就让我们和放马滩纸地图一起追寻中国造纸术的历史渊源吧。

## 放马滩汉墓中的一片纸

唐代著名的书法评论家张怀瓘在其所著的《书断》中指出，纸在西汉就已经存在了。北宋司马光的《资治通鉴》、南宋陈櫄的《负暄野录》中也都曾提及造纸术并非始于蔡伦。但是很多人并不赞同这些观点，仍认为是“蔡伦发明了造纸术”。直到中国考古工作者在田野考古发掘中发现了早于东汉蔡伦时期的古纸，才将造纸术起源这一问题又重新提了出来。而这些被发现的众多古纸中，尤其重要的就是闻名中外的西汉放马滩纸地图。

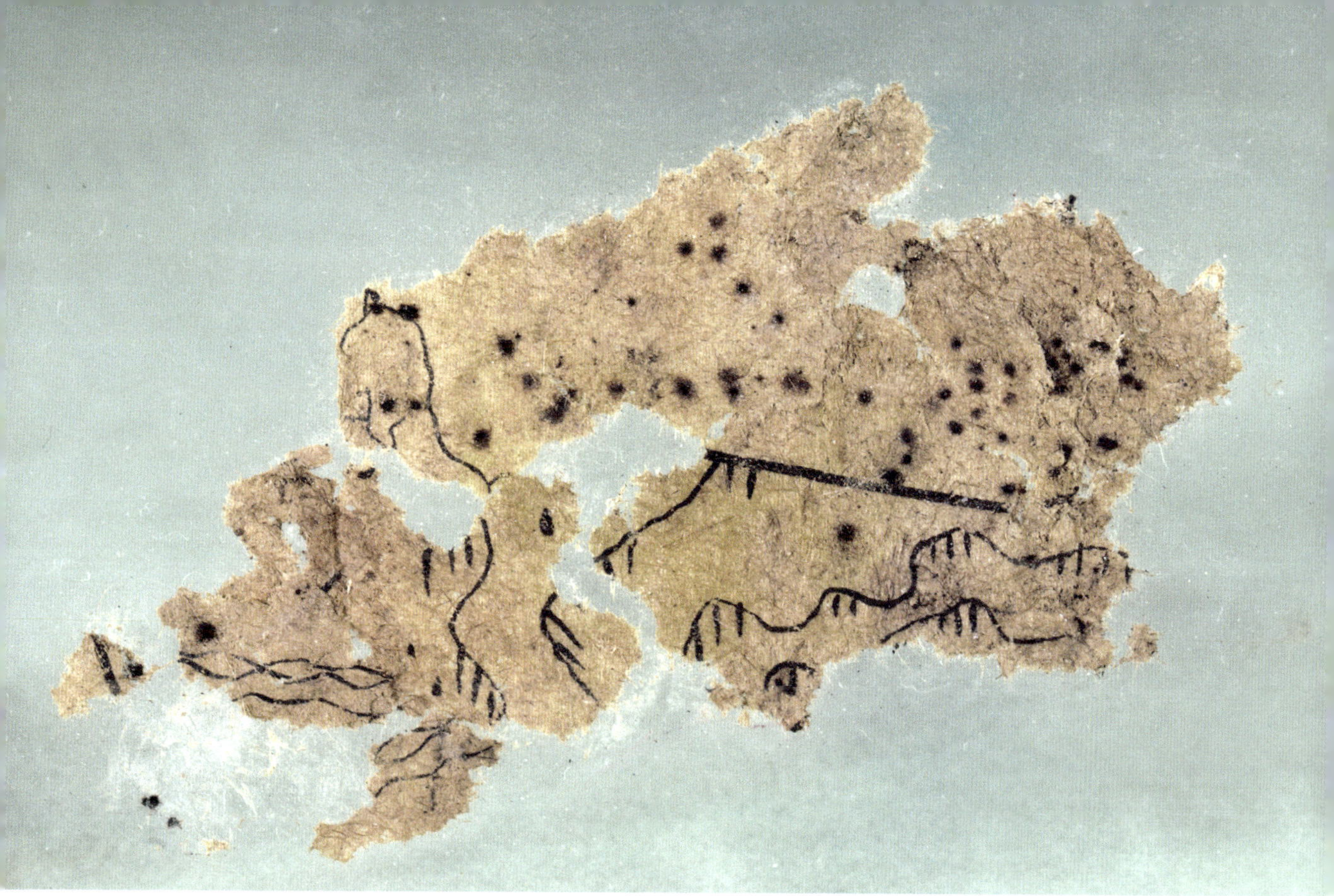

**放马滩纸地图**

除了放马滩出土的纸张，中国的考古工作者在 20 世纪 90 年代于甘肃敦煌悬泉置遗址又发现了悬泉置纸。这一系列发现让学术界最终得出结论：早在公元前 2 世纪的西汉初期，中国已经有了造纸技术，而且应用于包装、书写和绘图等领域，比东汉蔡伦早了两三百年。

放马滩位于甘肃省天水市东南 70 千米的秦岭深山之中。1986 年 7—9 月，考古学家在此地发掘出秦汉墓葬 14 座，其中的 5 号墓为汉墓。考古报告中记录该墓位于整体考古发掘区的东部边缘地带，木质棺椁已经腐朽，棺盖仅残存一小块，尸骨无存。墓葬中的随葬器物仅发现了 6 件，其中有 2 件陶器、1 件漆耳杯，这 3 件放置在死者的头箱内；还有 1 把木梳、1 把木篦（bì），放置在棺内死者头部一侧；1 张残纸地图，放于死者胸部位置。这张残纸地图就是闻名世界的放马滩纸地图。

这张古纸颜色呈黄色，纸上还绘有地图，用细黑线绘出山、川、道路等一些图形，绘制手法比较接近长沙马王堆西汉墓出土的帛图中的画法。当时的发掘报告中是这样记录的："墓葬结构与秦墓基本相同，但随葬器物特点接近于陕西、湖北云梦等地早期汉墓的同类物。所以此墓的时代在西汉文景时期。"考古报告又说："5号汉墓出土的纸质地图残片，是目前所知最早的纸张实物。它有力地证实了我国在西汉初期就已发明了可以用于绘写的纸，对重新认识纸的起源、制造技术、用料及用途有特别重大的价值。"放马滩古纸的发现，证明中国纸的起源最晚是在西汉初年。

## 世界上最早的纸和纸地图

放马滩纸地图被发现后，研究者随之进行了一系列检测和研究。1989年，经过中国科学院自然科学史研究所的检验，证明放马滩纸的材质是质量较好的麻类纤维，比当时已知的灞桥纸还要早。

纸上绘制的地图则表明，在西汉初期所造的纸已经开始作为书写材料使用了。之前中国先民主要使用的书写材料是简帛，帛贵而简不便，由此可知西汉先民造纸的主要动机就是想要找出一种新型的书写材料，从而代替简帛。

1990年6月，放马滩纸地图在北京故宫正式与中外观众见面。当时的《中国文物报》是这样评价它的："作为四大发明之一的纸的实物竟会出现在西汉初期的墓葬中，不禁令人联想起学术界多年来有关西汉是否有纸的争论可以到此休矣。"可见放马滩纸地图出土意义之重大。

在此之后，甘肃考古学家在敦煌甜水井西汉悬泉置遗址主持的发掘中，又接连发现了24片古纸，其中有4片纸上还残留着字迹，这些纸的年代都属于西汉时期。这些白纸黑字的物证，以确凿的证据证实了西汉纸的的确确是可用于书写的。在敦煌出土的这批古纸，经检验仍然是麻纸。

在欧洲最黑暗的年代传来了中国古代的四大发明，他们为整个欧洲带来了光明。

——【英】李约瑟

在马王堆帛地图之后，放马滩纸地图的出土，又将中国存世的古地图历史向前推进了近 150 年。这样，中国古地图的历史就可以上溯至 2300 年前。更重要的是，这一发现填补了西汉时期实物地图的空白。2 世纪托勒密《地理学》一书中的地图是迄今为止发现的除中国外世界上最早的古地图，它比放马滩纸地图晚了近 500 年。

作为实物地图的证据，放马滩纸地图充分说明了中国先秦一些典籍中关于当时地图种类繁多和内容丰富的记载都是十分可信的。再者，从放马滩纸地图中所绘制的地域与行政区来看，当时的地图绘制也已有较好的精确度。

## 造纸从中国起步

造纸术作为中国古代四大发明之一，与指南针、印刷术、火药一起，给中国古代文化的繁荣发展提供了坚实的物质技术基础。西汉放马滩纸地图作为至今发现的世界上最早的用于书写的纸张实物，对研究造纸术的起源、造纸的用料、造纸的技术等都具有十分重要的价值。

放马滩纸地图在出土时放置在死者的胸部，因在地下受潮，纸地图呈碎块状，很难复原。刚出土时纸张因受潮呈深黄色，逐渐变干燥以后，褪变成为浅灰间黄色；古纸表面有明显的污点，纸面较光滑平整，纸质薄而软，又有韧性，结构较紧密，表面有细纤维渣；经仪器检测观察，其内部植物纤维排列较杂乱，比现代纸要厚，碎片边缘有明显的起毛，也不规整。经过研究，可知放马滩纸的制造过程应该是有切割、捣舂、制浆、沉淀过滤、挤压整平等工序。经过科学检测，得知制纸原料是麻，该纸地图属于早期麻纸。

中国文物考古的诸多发现，进一步证实纸张在西汉初期就已经出现。东汉蔡伦是造纸技术的改良者，而不是发明者。纸的发明，是古代劳动人民在实践中一步一步摸索出来的，是人类智慧共同的结晶。

# 030 横扫欧洲的罗马军团
# 罗马帝国军事铜牌

年　代：88 年
尺　寸：纵 19.2 厘米，横 15.1 厘米，厚 2.5 厘米
收藏地：美国盖蒂艺术中心

在美国洛杉矶西部的马里布，坐落着闻名遐迩的盖蒂艺术中心。在这座星光璀璨的博物馆中，静静地躺着一块带有铭文的罗马帝国军事铜牌。在古罗马时代，这是一块普通得不能再普通的军事铜牌。铭刻于两面的铭文，也只是讲述了一个普通古罗马士兵接受执政官授牌的事。然而，再多的“星光”也无法掩藏它惊人的身世。谁能想到，这块小小的铜牌，竟然是曾经纵横欧亚非三大洲、令人闻风丧胆的罗马军团最直接的见证。

## 一个叫德西奥斯的士兵

保罗·盖蒂是 20 世纪极富传奇色彩的石油大亨，曾居美国首富之位长达 20 年之久。虽然这位美国首富留下了无数为人诟病的吝啬故事，但他对艺术品和文物的投资十分慷慨，为后人留下了位于洛杉矶的盖蒂艺术中心和位于马里布的盖蒂别墅，二者共同构成了盖蒂博物馆。

1973 年，盖蒂收藏了一块 1 世纪的军事铜牌。这块铜牌并不大，表面略有锈蚀，内外侧均有铭文，十分紧凑，几乎占满了牌面。铭文文字均为拉丁文，保存完好，易于识读。其中，外侧铭文为纵向排列，内容细致完整；内侧铭文为横向排列，是

**罗马帝国军事铜牌**

这块铜牌是由罗马皇帝图密善颁发给一个名叫德西奥斯的罗马军团士兵的，铜牌上详细记载了德西奥斯从军 25 年所获得的荣誉、他军旅生涯的变迁，同时也规定了在他退伍之后的罗马公民身份以及婚姻的相关内容。

对外侧铭文的缩写。铜牌中心有两孔，两角亦各有一孔，当为绑缚之用。

据铭文所记，公元 88 年，一个名叫德西奥斯的士兵正在叙利亚的罗马军团中服役。或许是为了奖赏、激励军团，10 月 7 日这一天，罗马皇帝图密善正式下令将这块铜牌授予德西奥斯。铭文还特别申明，将罗马公民权授予一些部队的士兵或服役 25 年之后退役的士兵，包括他们的子孙后代。其中甚至还包括一些与婚姻相关的规定，比如每人只能娶一个妻子。铭文又特意说明，此事除了铜牌之外，在首都罗马的相关机构还留有档案，可对照勘合。

图密善是早期罗马帝国弗拉维王朝的第三位皇帝，他在位的时间是公元 81—96 年，而授予铜牌的时间是公元 88 年，正在其间。这位皇帝缺乏军事作战经验，更像一位文弱书生，但他是一位独裁的暴君。正像铜牌中所描述的，他将自己任命为“终身监察官”，强调自己有权调换元老院的成员。为此，他不得不极力争取驻扎在帝国范围内各地罗马军团的支持，将自己的禁卫军派到前线作战，又不断提高各军团的军饷待遇。

然而，由铜牌印证的一点是，图密善在位时期，曾在罗马本土之外的各地行省中广泛地授予罗马公民权。罗马公民权是一种特殊的身份，在建城之后只有城内公民和少数有利于统治的人才能拥有。在后来的共和国和帝国时期，统治者们不断将罗马公民权释放出去，使得罗马公民的范围越来越大。罗马公民权之所以特殊，是因为只有具备了罗马公民身份，才能享受政治、经济、军事等各方面的特权。

在婚姻上，非罗马公民与罗马公民之间的结合还要受到限制。没有罗马公民身份，哪怕已经有了事实婚姻关系，仍不受到罗马帝国官方的认可。因此，在铜牌的铭文中，罗马公民权被授予的同时，皇帝图密善还特意指明同时承认事实婚姻的合法性。

随着越来越多的人获得罗马公民权，古罗马的统治基础无疑会越来越广泛、稳固，兵源也会大幅增加，这是强大的罗马军团形成的一个重要因素。

## 罗马军团的组建

古罗马的历史大体上分王政时期、共和国时期和帝国时期三个阶段，从公元前 8 世纪到 5 世纪西罗马帝国灭亡，共约 1300 年，其后的东罗马帝国一直延续到 1453 年，但罗马军团的建立必须从伊特鲁里亚人塞尔维乌斯·图利乌斯说起。

塞尔维乌斯·图利乌斯是王政时代的一位罗马统治者，公元前 6 世纪在位。塞尔维乌斯·图利乌斯试图将罗马建设成意大利半岛的核心城市，便以百人团作为基本单位对罗马军队进行改革，将财产确立为从军标准，即罗马公民只要能够自备武器装备，就能成为士兵，摒弃了原有的贵族从军特权，一共组建了 193 个百人队。塞尔维乌斯·图利乌斯改革确立了罗马军团的雏形，以财产多少来划分相近阶层并组建军团，使得装备种类和质量也相似，形成了最初的步兵方阵。

公元前 107 年，在帝国建立前夕，执政官马略进行了军事改革，宣布取消财产限制，任何公民都可以参军，由国家发放军饷，并提供全部的武器装备，即以募兵制代替征兵制。同时，设立联队制，在军团之下和中队之上增加大队，一个军团包括 10 个大队，每个大队辖 3 个中队，每个中队辖 2 个百人队。这样一来，一个军团的标准人数就是 6000 人。

在罗马军团中，除了正规部队之外，还有辅助部队，该部队的士兵基本由各行省招募而来，但没有罗马公民权。辅助部队名为辅助，实际上也可以独立作战。辅兵的待遇不高，只有正规部队的三分之一，而且地位也低，不允许结婚。服役 25 年后，罗马军方会授予他们罗马公民权，并承认他们的婚姻合法。不过，罗马军方每两年才会公布一次退役名单，所以有的辅兵甚至要服役超过 25 年才能获得罗马公民身份。

罗马军团中不论正规部队还是辅助部队，都具有极其高昂的战斗精神和荣誉感，他们英勇、守纪、卫国、团结。正是凭着特殊的建制、极高的荣誉感和严格的军纪，在罗马最兴盛的几个世纪，罗马军团创造了纵横欧亚非三大洲千余年的神话。

# 031 罗马帝国的密特拉崇拜 《密特拉宰杀公牛献祭》雕塑

年　代：2—3 世纪

尺　寸：高 129 厘米，长 144 厘米

收藏地：大英博物馆

2017 年 6—10 月，上海博物馆举办了名为“大英博物馆 100 件文物中的世界史”的展览，以系列文物的视角讲述了约 200 万年的世界历史，受到了热烈追捧。在这 100 件藏品文物中，一件《密特拉宰杀公牛献祭》雕塑引起了参观者的好奇。这个密特拉是什么样的神灵？他为什么要屠杀一头公牛？为什么他屠牛的时候还会有狗、蛇和蝎子的参与？这个雕塑到底讲述了怎样的一段历史呢？

## 寓意丰富的密特拉崇拜

如果仔细观看，这个雕塑中还有更多的细节。密特拉神左腿跪压在牛背上，右脚伸直踩着牛的一只后蹄，右手持着宰牛的匕首，左手则紧紧扣住牛的鼻子，迫使牛颈昂起。这种腿压手扣的方式，使得密特拉神紧紧地将牛束缚在身下动弹不得，再加上他身后飘动的披风、牛遭受伤痛之时的嘶嚎表情以及几个小动物的蹿动，形成了以匕首宰杀为中心点的一幅似动未动、似静不静的画面，异常生动，艺术性极高。

除了这个雕塑之外，在罗马帝国曾经统治的区域内还发现了许多以密特拉宰杀公牛为主题的雕塑和壁画。有的会增加一些其他元素，比如太阳、月亮、乌鸦、狮子、

《密特拉宰杀公牛献祭》雕塑

对密特拉神的崇拜最早可追溯至雅利安人，并随着雅利安人迁徙到波斯和印度地区发展出变体。在和希腊—罗马文化的交流之中，古波斯的这种古老崇拜逐渐被罗马人接纳，最终发展成为罗马密特拉教。

瓶子、大碗等，有的牛尾巴做成稻穗状，有的公牛伤口处流出的不是鲜血，而是一串葡萄，甚至密特拉的披风上还会布满星辰。

这些古怪的元素似乎难以理解，学者们也有很多解释。有人说，乌鸦、狮子、蝎子和大碗分别象征气、火、土和水四种元素，万物在此基础上诞生。有人说，除了太阳和月亮之外，牛代表金牛座、蛇代表长蛇座、狗代表小犬座、蝎子代表天蝎座、乌鸦代表乌鸦座、瓶子代表水瓶座、狮子代表狮子座等，是宇宙星空的具象化。还有人说，公牛是古人生活中不可忽视的角色，对农业生产至关重要。从牛的尾巴处诞生出稻穗，代表着农业的丰收；牛的血液化生出葡萄，代表着副业的增产。而古代的农业确实过于依赖以日月星辰为主的自然条件和牛这种绝佳的劳动力，所以，密特拉宰杀公牛其实象征着丰收。

正因如此，密特拉神的遗迹除了雕塑、绘画和相关记载之外，还有着特殊的神庙——太阳洞。太阳洞往往建在封闭的环境中：如果在城外，一般都选择山洞；如果在城内，那就在地下挖掘一个地窟。无论山洞还是地窟，都会布置各种星象符号，可能就是为了模拟这样一个宇宙形态：在日月星辰的环绕之下，人类使用着包括牛在内的各种生产力和生产工具，为自身的生存创造了足够多的生活物资。太阳洞主要用于教徒的聚会和祷告，一般都不太大。

## 来自东方的神秘宗教

据研究，密特拉教很有可能在公元前 14 世纪以前就已经在伊朗高原上产生了。到了雅利安人的时代，密特拉信仰随着雅利安人的分化而逐渐传播开去。一部分雅利安人南下到了南亚次大陆，融入古代印度人的信仰体系中，所以在印度的一些早期经典比如《吠陀》中就能找到密特拉的痕迹。

公元前 6 世纪，一个名为琐罗亚斯德教的宗教产生了。这个宗教后来传入中国，被称为祆教。在祆教的典籍《阿维斯塔》中能够找到关于密特拉的记载，说明密特拉与祆教关系密切。

随着罗马军团的征程，密特拉教从伊朗高原传播到了罗马统治的范围之内，作为一个从东方传播过来的宗教渐渐融入了古罗马人的生活之中。

大多数情况下，罗马统治者对各种宗教采取比较宽容的态度，密特拉崇拜又带有狂暴而丰产的特质，传入之后很快就得到了古罗马社会的欢迎。在 1 世纪到2世纪罗马帝国最繁荣的时期，密特拉教也发展到了顶峰。今天的考古发现也证实了这一点：仅仅罗马城内就有40多处密特拉教遗迹。

## 被基督教取而代之的没落

2世纪末到3世纪末，罗马帝国爆发了严重的社会危机，政治混乱、战争频仍、甚至有四处蔓延的可怕瘟疫，这就是古罗马历史上著名的“三世纪危机”。在这场危机中，密特拉教也遭到了严重的打击。

原来，当密特拉教传入罗马帝国之时，最先接受这种信仰的就是驻扎在罗马帝国边缘行省的军团和士兵，这些军人后来就成为密特拉教主要的信徒，此外也有部分自由民和奴隶。密特拉教最鼎盛的时期，甚至元老院的元老们和罗马皇帝都是信徒。罗马皇帝经常被密特拉教徒称作是“不可战胜的太阳神”，几乎与密特拉本身合二为一了。

然而，到“三世纪危机”爆发之后，作为信仰主体的军团士兵们却陷入空前的动乱之中。被裹挟着不断改朝换代固然是家常便饭，就连那些驻扎在罗马帝国边缘的军团，割据自立、彼此攻伐也屡见不鲜。他们发现，密特拉神再也无法像以前那样为自己带来平安和丰收，连基本的军饷都不能保证，人人朝不保夕，哪里还能维持信仰？

恰恰是在这个时期，基督教被确立为罗马帝国的国教，许多原始宗教都遭到了打压，密特拉教更是重点打击目标。因此，密特拉教这个以伊朗高原为中心，在东到中国、西至罗马帝国、南到印度的广阔亚欧大陆上传播了上千年的原始宗教才渐渐消亡，留给人们的或许就只剩下各地博物馆中那些密特拉宰杀公牛的雕塑了。

> 考古表明，密特拉教在罗马占据着核心地位……密特拉教发展成一种完善的宗教，似乎开始于罗马，并且被罗马军团的士兵和罗马商人带到了叙利亚。
>
> ——刘易斯·霍普夫

032

东西方交通要道上的贵霜王朝

# 贵霜王朝壁画《神面前的崇拜者》

年　代：约 3 世纪

尺　寸：高 56.8 厘米，宽 52.3 厘米，厚 5.4 厘米

收藏地：美国大都会艺术博物馆

大约在中国历史上的东汉时期，从东亚的政治中心洛阳到地中海的政治中心罗马，自东向西并列着汉朝、贵霜、安息和罗马四个大帝国，它们就像丝绸之路这条璀璨项链上的四颗明珠，闪耀着迷人的光辉。其中，位于中亚东部的贵霜王朝扼守着东西要道，它与东部的汉朝、南部的印度、西部波斯地区的安息帝国以及更靠西的罗马帝国之间有着频繁的政治、经济和文化交流。这幅壁画或许能让我们窥见些许交流的线索。

## 壁画上奇怪的神灵

壁画《神面前的崇拜者》珍藏在大都会艺术博物馆赛克勒厅，可能是四幅同类壁画之一。壁画的角上有洞，说明它们应该悬挂在某个庙宇（或家族庙宇）内的墙壁上，作为信众崇拜的见证。

壁画上绘有两位人物。左边的人物可能是一位信众，身着典型的伊朗式上衣和绑腿，似乎正紧扣双手，向右边的人物施行某种仪式。右边的人物可能是神灵，特征十分明显，庄严的面貌下有着浓密的胡须，胡须和垂至肩后的头发带有明显的卷曲，似乎在回应左边的信众。从人物的服饰上看，这幅壁画带有明显的希腊—罗马

壁画《神面前的崇拜者》

壁画上面的人物，左侧是崇拜者，右侧是神的形象。据推测这可能是贵霜王朝的国王在向神致敬。

风格。两人身穿的布袍，与古罗马人最常见的托加长袍相似。托加长袍是古罗马人日常生活中不可或缺的一部分，从王政时代开始，一直到帝国时代，古罗马人（主要是罗马公民）几乎将这种羊毛织就、简单绕身的布袍应用到了生活的方方面面。

也正因为如此，壁画上右侧的人物被认为是古希腊的主神宙斯，他或许正在向信徒施行某种特殊的仪式。但从构图角度来说，人们也有另外一种理解，即伊朗高原上安息国王和神并肩的模式。与贵霜王朝并存的安息帝国统治着以伊朗高原为中心，东邻贵霜、西括两河流域的广大地区，同样处于丝绸之路的交通要道上。他们的宗教信仰受到西方的古代希腊罗马、东方的贵霜和印度等诸多地区的影响，但本土的琐罗亚斯德教信仰仍占有重要地位。安息君主往往自称为琐罗亚斯德教的创世之神阿胡拉·玛兹达的化身，因而与阿胡拉·玛兹达有着同等地位，常与神一同绘在图画上，形成双人物构图，壁画中右边的神灵可能就是琐罗亚斯德教的创世之神阿胡拉·玛兹达。

由于安息帝国与贵霜王朝相邻，罗马又与安息帝国相邻，这一宗教文化随着丝绸之路从罗马传到安息、从安息传到贵霜，最终在贵霜王朝的遗迹上形成了这幅颇有争议、可以看作各种文化交融证据的壁画。

## 贵霜王朝的由来

贵霜王朝接受了许多来自西方的文化元素，同时与东方也有着紧密的联系，甚至这个王朝的形成还与汉朝有关。

公元前 2 世纪中期，西汉王朝迎来了雄才大略的君主汉武帝，同时也具备了强大的国力。汉武帝为了赶走不断袭扰边疆的匈奴人，派遣张骞出使西域，主要的目的是联络一度比较强大却被匈奴人击败的月氏人。张骞这一出使就是 13 年。他经历了被匈奴扣押 10 年的痛苦，逃脱之后最终到达大宛，大宛国王派人将张骞送到康居国，康居国王又派人将他送到月氏人的生活地区。不料，这个时候，月氏人已经在阿姆河流域生活了很长时间，适应了这里的生活，而且阿姆河流域也确实地饶物丰，远离匈奴人的威胁，他们已经无意再向匈奴人复仇了。

月氏人到底和贵霜王朝有什么关系呢？其实，贵霜王朝正是月氏人建立的。月氏人西迁到阿姆河流域之后，击败了当地的大夏政权。当张骞第一次到达月氏人生活地区的时候，他们已经将原大夏政权的统治区域划分为五个部族，其中以贵霜部的实力最强。大约在 1 世纪中叶，贵霜部翕侯（即首领）丘就却统一了月氏五部，建立了贵霜王朝，将都城定在高附（今阿富汗喀布尔），为贵霜王朝的强盛打下了基础。

## 贵霜王朝的兴盛

到了 2 世纪，贵霜君主阎膏珍和他

壁画《湿婆》

美国大都会艺术博物馆藏。壁画高 57.2 厘米，宽 41.6 厘米。这幅壁画已经残缺，右边的崇拜者丢失了，但是左侧的湿婆神像保存了下来。这就说明地处丝绸之路要冲的贵霜王朝吸收了周边国家和地区的文化，其文化具有多元性。

的儿子迦腻色迦在位时期，贵霜王朝达到了鼎盛，其势力向南征服了印度次大陆的西北部，向北达到咸海，西与安息帝国、东与汉朝的西域接壤，成为中亚地区的庞大帝国，都城也迁到了白沙瓦。

贵霜王朝地处中亚丝绸之路的交通要道，是中国丝绸及漆器、东南亚香料、罗马玻璃制品与麻织品等的贸易中转站。从其铸造的金币可以知道，其与罗马帝国之间存在商业关系。另外，这些金币上所呈现的各种宗教元素，如希腊众神之王宙斯和胜利女神奈基、袄教祭坛、耆那教公牛、印度教和佛教神祇，可以证明对当地宗教和艺术的宽容与融合。凭借在中亚丝绸之路上的活跃，贵霜也为发源自古代伊朗的摩尼教和基督教聂斯脱里派教会东传中国开辟了道路。语言文字方面，贵霜早期使用希腊文字和语言，后来创制了自己的文字与语言——婆罗米文与吐火罗语。

贵霜王朝时期，佛教开始发生重大变化。由于皇家鼓励书面写作和文学，之前一直以口诵传承的大量经典开始书面化。此时大乘佛教兴起，超过小乘佛教成为佛教主流。迦腻色伽王对佛教采取大小乘兼容的政策。佛教从贵霜王朝传入中国时，也是部派佛教和大乘佛教一同传入。可惜，贵霜王朝发展到 3 世纪，国势日趋衰微，领土范围不断缩小。随着安息帝国的继承者萨珊波斯王朝和印度笈多王朝的兴起，贵霜王朝最终走向灭亡。

# 033 印度历史上的黄金时代——笈多王朝 《奎师那杀死马妖》雕塑

年　代：5世纪

尺　寸：高53.3厘米，宽40.6厘米，厚10.8厘米

收藏地：美国大都会艺术博物馆

古印度的历史几乎是在外族不断入侵的情况下延续的。这些外族有的来自中亚，有的来自两河流域，甚至有的来自更远的希腊—罗马地区。从另一个角度来说，军事上入侵的同时带来了文化上的交融，印度本土文化逐渐吸收了一些外来文化的因素，促使人们从新的视角来认识相关的现象。大都会艺术博物馆所藏的这尊雕塑固然是印度神话的具现，也是希腊神话的另类阐释，它见证了印度历史上被称为黄金时代的笈多王朝。

## 奎师那——主神毗湿奴的化身

这尊雕塑基本保存完好，浮雕构图清晰明了。左边的人物是奎师那，右边则是马妖。奎师那仿佛刚刚从远方奔袭过来，一脚在后方，一脚却已踏在马妖腹部；为了阻挡马妖的噬咬，奎师那抬肘顶住了马妖的喉咙。雕塑右手虽然残缺，但从臂形来看，似乎正挥舞着拳头或某种武器，下一刻就要击打在已经被脚蹬肘顶固定住的马妖身上。两者下方，还躺着一只肚皮朝上、已经被杀死的马妖。死马妖与奎师那之间又有几个粪球，似乎正散发着死亡的气息。

整尊雕塑动感十足，描述了奎师那与马妖战斗的一刹那的景象。两者的身形圆润

《奎师那杀死马妖》雕塑

在印度神话传说中，毗湿奴有无数个化身，但是没有哪个化身能像奎师那一样广受欢迎。奎师那的形象在这尊雕塑中威武而不失调皮，脚蹬肘顶配合默契。在风格上，这尊雕塑吸收了希腊神话中赫拉克勒斯杀死狄俄米德之马的特色，反映了当时印度文化的多元性。

饱满，动作逼真：奎师那的手脚动作、向后飘动的发辫，马妖可怖的牙齿、圆瞪的双目以及受到奎师那限制无法逃脱的挣扎……这一切都通过浮雕展现出来，艺术性极高。

雕塑讲述了印度神话中的一个故事。传说，印度三大主神之一的毗湿奴化身万千，其中有十大重要化身，排名第八的就是奎师那，意为黑色，因而也称“黑天”。虽然奎师那是毗湿奴的化身，他却有着极富传奇色彩的多重经历。

传说摩图罗国的国王庚斯残暴不仁，人民饱受压榨。为此，毗湿奴将自己的化身托生为庚斯的外甥，这就是奎师那。庚斯为了除掉后患，下令处死全国的婴儿，但奎师那受到了牧人难陀夫妻的保护，逃离了摩图罗国，成为一个牧童。庚斯知道后，不断派遣妖魔杀手追杀，奎师那多次躲过劫难，杀死妖魔。

在传说中，奎师那是一个卓越的军事统帅。庚斯想尽办法谋害奎师那，甚至要杀死他的养父难陀。奎师那大怒，在神弓祭上亲自动手，将庚斯拖下王座，摔死在地上。摩揭陀国王妖连率领大军征讨摩图罗国，奎师那一连挫败了妖连的十八次进攻。

雕塑上的马妖很有可能就是庚斯派去刺杀奎师那的妖魔，可惜他低估了奎师那的勇猛和神力，马妖也不过是奎师那成长道路上的一块垫脚石。据考证，奎师那杀死马妖的故事原型很可能来自希腊神话中赫拉克勒斯杀死食人马的故事。

## 笈多王朝——印度历史上的黄金时代

专家认为，这尊雕塑属于印度历史上的笈多王朝时期。

公元前 6 世纪，强大的波斯帝国攻入印度河平原，波斯文明进入古印度。公元前 4 世纪，亚历山大大帝率军扫平波斯帝国，一度攻入印度河流域，希腊文明进入印度。亚历山大帝国覆灭之后，印度进入孔雀王朝统治时期，孔雀王朝覆灭后，古印度再度进入分裂时期。2 世纪，来自中亚东部的贵霜王朝侵入印度北部，丝绸之路上传播的文明也随之进入印度。

历史讲坛

## 印度史诗

《罗摩衍那》是印度两大史诗之一，作者是诗人蚁垤。全书共分为七卷，约24000颂（一颂两行）。内容主要讲述拘萨罗国王子罗摩和他妻子悉多的故事。该书大约编成于笈多王朝时期，原作很可能在公元前3世纪就已经流传。原作将罗摩描绘成一位理想中的英雄，但后来补充的部分将罗摩说成是毗湿奴的化身，两部分的文笔也不一致。印度传统上认为罗摩是毗湿奴的化身，他杀死魔王罗波那，确立了人间的道德标准。传说神曾经答应蚁垤，只要山海还存在，人们就仍然需要阅读《罗摩衍那》。

直到4世纪，随着贵霜王朝的衰落，东印度的摩揭陀国崛起，国王旃陀罗·笈多一世以华氏城（今印度比哈尔邦巴特那附近）为都城，建立了笈多王朝。经过三代人的扩张，到了旃陀罗·笈多一世的孙子旃陀罗·笈多二世（号称“超日王”）的时期，笈多王朝达到鼎盛，不但征服了贵霜人的后裔，而且几乎统一了整个南亚次大陆。

超日王统治时期是4世纪末到5世纪初。他在位长达33年，致力于将祖父和父亲的笈多王朝发扬光大，不断开疆拓土。同时，在文化上，他也执行了开明的政策，大力发展文学和科学事业。在宗教上，他本人虽然信仰耆那教，但并不打压佛教和印度教的传播。

中国东晋时期的高僧法显正是在这个时期游历印度，对当时印度社会的繁荣安定赞誉颇多。正因为如此，超日王统治时期被称为印度历史上的黄金时代。

正是在这样的黄金时代，印度文化不仅继承了传统的特色，也汲取了域外的因素，将奎师那与赫拉克勒斯这两种似同非同的神话形象糅合在一起，形成了这尊独具风格的雕塑作品。

034

## 古波斯文化发展的巅峰
# 萨珊国王巴赫拉姆·古尔狩猎银盘

年　代：5 世纪
尺　寸：直径 20.1 厘米
收藏地：美国大都会艺术博物馆

古波斯经历了阿契美尼德王朝、安息王朝、萨珊王朝和萨菲王朝四个历史阶段，其间还夹杂着一些外族入侵和分裂时期。其中，萨珊王朝继承了阿契美尼德王朝和安息王朝的遗产，又在与周边民族的接触过程中吸收了外来的因素，创造了辉煌的波斯文明。收藏在大都会艺术博物馆的这件银盘尽管尺寸不大，却体现了萨珊王朝巅峰时期卓越的手工艺技术，是古代伊朗历史传说的实物化成果。

## 古怪的狩猎画面

这是一件结合了锤揲和镀金工艺的银盘。在这件银盘上，凸出的人物、骆驼和羚羊表面全部进行了镀金，而其他地方则维持了白银原本的色泽，宛如绘画中的留白，使得人物与动物更加生动。

银盘的尺寸与我们日常生活中的瓷盘相差无几。银盘的正中是一位衣着华贵、跨骑骆驼、手持弓箭射击的勇士。勇士射击的目标是羚羊，他的前方和右侧一共有四只羚羊，但其中一只被弓箭射掉了双角，而且是一箭双角。在那一瞬间，箭带着双角飞在空中，还未落地，另一只没有双角的羚羊却被射中了两支箭，正好并排插

萨珊国王巴赫拉姆·古尔狩猎银盘

这个银盘描画的场景来源于波斯史诗《列王纪》。书中，国王巴赫拉姆·古尔接受阿扎迪的考验，进行狩猎。最神奇的是，国王将所射的羚羊由雌性变成了雄性，而把雄性变成了雌性，甚至将羚羊的后腿和耳朵固定在了一起。画面中，国王骑在一匹骆驼上，正在拉弓射羚羊，在骆驼的前面有四只羚羊，其中一只的头上有两支箭好似羊角，而另一只的双角已经被一支箭射下。

在头顶上方，宛如两只新的角。勇士的身后还坐着一位神态似惊讶、似崇敬的人，身量几乎不及勇士的一半，他手中握着一支箭，仿佛正在向勇士提供箭矢。勇士面部胡须密布，两人脑后的头巾随风飘扬，坐骑是骆驼而不是马，这些都流露出明显的西亚风格。

为什么要用弓箭射掉羚羊的双角？为什么要用双箭模拟羚羊的双角？银盘上的图画透露出的古怪信息，似乎在讲述一个有趣的故事。

## 能转变性别的无双箭术

这个故事的主人公正是萨珊王朝鼎盛时期的一位国王——巴赫拉姆·古尔（421—438 年在位）。

故事发生的时候，巴赫拉姆还只是一个王子，被上一代国王耶兹德卡尔德一世托付给也门国王蒙扎尔，在宫廷中受教育长大。蒙扎尔国王对巴赫拉姆的教育是全面的，读书识字、骑马战斗、治国安邦、驱鹰弄犬，无所不教，巴赫拉姆也因此成为一个多才多艺的传奇王子。

巴赫拉姆成年的时候，遇到了一位来自罗马、名叫阿扎迪的美人。阿扎迪擅长演奏竖琴，很得巴赫拉姆欢心，每次打猎都会将她带在身边。

有一次，巴赫拉姆又带着阿扎迪去打猎。巴赫拉姆向阿扎迪炫耀自己射箭的技艺，他说："美人啊，当我按好弓弦，我拉开强弓射出一箭，你想要我射中哪只羚羊？射中公羚羊还是射中母羚羊？"美人阿扎迪却说："英雄啊，你勇如雄狮，但与羚羊作对你算是什么壮士？我要你用箭把母羚羊变成公羚羊，再用箭把公羚羊射成母羚羊。如果羚羊被箭射中后逃窜，你要急催骆驼在后追赶，在追赶时你要准备上一颗铁丸，拉满弹弓，用弹弓射出一粒铁弹。这铁弹要把羚羊的耳朵射伤，受伤的耳朵必须垂到它的肩上。趁羚羊抬蹄抚摸伤耳之际，你射一箭把羚羊的蹄耳肩钉在一起。"

阿扎迪的要求几乎不可能实现。但巴赫拉姆毫不退缩、没有丝毫偏差地做到了。他催赶骆驼追逐羚羊，首先射出两支利箭，牢牢钉在一只母羚羊的头部长犄角的地方，尽管鲜血淋漓，却完成了将母羚羊变成公羚羊的第一个要求；接着又一箭将一只公羚羊的两个犄角截断，完成了将公羚羊变成母羚羊的第二个要求；最后将铁弹装在弹弓上，准确击中了一只羚羊的耳朵，趁这只受伤的羚羊抬起爪子抚摸伤耳之时，巴赫拉姆射出一箭，刚好将羚羊的肩耳蹄穿在一起，完成了第三个要求。

阿扎迪惊得哑口无言，因为巴赫拉姆展现了无与伦比的箭术。

## 萨珊王朝的传奇君主

巴赫拉姆·古尔的正式名称是巴赫拉姆五世，古尔并不是他的名字，而是他的称号，意为“野驴”。之所以得了这个称号，是因为他特别喜欢去狩猎野驴。

在上一代国王耶兹德卡尔德一世去世之后，萨珊王朝君位空悬。国内的权贵们杀死了王位继承人沙普尔，欲拥立霍斯鲁继位。在这个关键时期，巴赫拉姆赶了回来，用一种离奇的方法夺回了王位。

巴赫拉姆首先发动了对匈奴人的战争，从阿塞拜疆和亚美尼亚绕道，突袭东方，以少量精锐攻克匈奴人大营，解决了东部的后顾之忧。

匈奴人的威胁解决后，萨珊王朝和东罗马帝国的战争打响了。不过，双方均没有在战争中取得决定性胜利，反而彼此消耗严重，两败俱伤，为此不得不签订了和约，而且萨珊还获得了东罗马的巨额赔偿。

相对于流传千古的功业，巴赫拉姆更加为人津津乐道的却是随心所欲的打猎、宴飨和充满神话式奇迹的荒诞行为。这样一个充满传奇色彩的君主，即便是死亡，也非同一般。有传闻说，他是骑着马追逐一头野驴的时候不慎落井而亡。一代君主的功业已随风而逝，令后人痴迷追寻的或许就只有这银盘上的传奇故事了吧。

035

## 基督教在罗马的地位确立
# 君士坦丁大帝巨像

年　代：313—324 年
尺　寸：头部高 297 厘米，右手高 161 厘米
收藏地：意大利卡比托利欧博物馆

这座大理石雕琢的巨大头像是罗马帝国历史上的伟大君主之一——君士坦丁大帝。他的人生充满了传奇，但被称为“大帝”是因为他力主建造了君士坦丁堡这座千年不坠的皇都，也是因为他公开进行基督教的洗礼，将基督教确立为罗马帝国的国教，从而为基督教向全世界传播并成为世界三大宗教之一奠定了基础。

## 一个逆袭的范例

收藏在意大利卡普托林博物馆的这一座雕像仅仅是全像的头部，由大理石雕琢而成。人物的发型与脸部符合罗马帝国初期的雕刻风格，面部因饱满圆润而略显柔和，却又流露出明显的庄重威严。尤其是人物的双目炯炯有神，视角似乎朝上凝望着天空。虽然它仅仅是一座头像，却高达 2.97 米，远超正常人的身高，由此不难推测，全像是何等高大。这座雕像描绘的是罗马帝国历史上的一位伟大君主——君士坦丁大帝。

293 年，罗马皇帝戴克里先对帝国的统治方式进行了前所未有的改革，施行“四帝共治”，即将整个罗马帝国分为东西两部分，各设置一个皇帝进行统治，称为奥古斯都；两个奥古斯都各有一个副手，称为恺撒，相当于副皇帝。戴克里先是东部的奥

古斯都，以加莱里乌斯为恺撒；马克西米安是西部的奥古斯都，以君士坦提乌斯为恺撒。两个奥古斯都和两个恺撒将罗马帝国一分为四，各自管辖一块区域。

君士坦丁（约 280—337）的父亲就是西部恺撒君士坦提乌斯。当戴克里先施行“四帝共治”之时，君士坦丁正好 18 岁，刚刚成年。不过，君士坦提乌斯体弱多病，总是面色苍白。305 年，戴克里先宣布退位，与马克西米安一起卸任奥古斯都，君士坦提乌斯和加莱里乌斯则晋升为奥古斯都。不料，君士坦提乌斯刚刚晋升 15 个月，就因病去世。这个时候，长期在戴克里先麾下领兵作战的君士坦丁及时赶回，继承了父亲的位置。

君士坦丁之所以能够继位，不仅仅因为他是君士坦提乌斯唯一成年的儿子，更因为他作战勇猛，宽厚仁慈，深孚众望，在罗马元老院、民众和士兵心目中是一个有道明君。

在戴克里先麾下作战之时，君士坦丁就立下了不少军功。继承了父亲的位置以后，他很快就面临着加莱里乌斯、

**君士坦丁大帝巨像头部**

君士坦丁大帝巨像头部高达 2.97 米，从下巴到上颚的高度就有 1.74 米。整个头像的特征非常明显，头上有蓬松的鬈发，面部白净，表情深沉，一双眼睛向上看，每只眼睛的长度有 30 厘米。

马克西米安和马克森提乌斯父子、李锡尼等连续多任帝国统治者的挑战，最后全部取得了胜利。

312 年，君士坦丁发动了对意大利地区的战争，虽然连打两次败仗，但在第三次战役中，君士坦丁展现出了非凡的作战能力，他领兵冲锋在前，最终击败了占据罗马的马克森提乌斯。占据罗马以后，君士坦丁宣布只处死暴君马克森提乌斯的两个儿子和一些为首分子，拒绝制造更多杀戮，使得意大利地区很快恢复了较为安定的环境，这让他受到了罗马元老院和民众的广泛支持。

此时，整个罗马帝国被一分为二，由君士坦丁和李锡尼分治西东。李锡尼是一个暴君，为了清除戴克里先、加莱里乌斯和马克西米安这三个前任皇帝的势力而大肆株连，制造了大量惨案。双方的矛盾逐渐升级，战争不可避免。

君士坦丁通过三次会战击败了李锡尼。在第一次会战中，君士坦丁的兵力处于劣势，但他敢于率兵冲锋，以弱胜强，击溃了李锡尼的军队。第二次会战，君士坦丁亲率 5000 人突袭了李锡尼的后方，再次取得胜利。324 年，双方进行了第三次决定性的会战。在战争中，君士坦丁具有陆地上的优势，而李锡尼则拥有强大的海军。传说，英勇盖世的君士坦丁在战争的关键时期，率领 12 名骑士，骑着马冲入赫布鲁斯河中，凭着所向无敌的本领，像砍瓜切菜一般，将 15 万敌军杀得大败而逃。君士坦丁取得了胜利，李锡尼被迫投降，但最后也遭到处决。

至此，君士坦丁成为庞大的罗马帝国唯一的皇帝。不过，君士坦丁之所以被后人称为“大帝”，是因为他在任期间，修建了君士坦丁堡这座千年不坠的皇都，又将基督教确立为罗马帝国的国教。

## 君士坦丁确立基督教为国教

君士坦丁在位期间，执行了宗教宽容政策，他崇拜希腊和罗马神话中的神明，

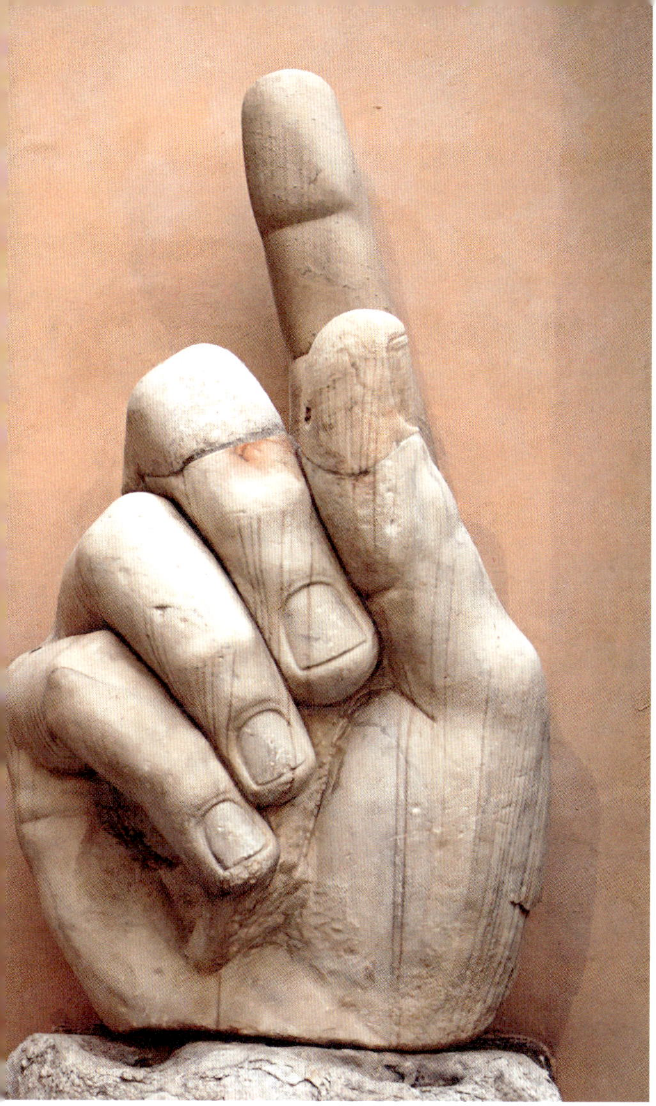

君士坦丁大帝巨像右手

这只右手的高度达到了 1.61 米，右手的拇指和食指向上指，其余三指握于掌心，在手的上部有一个小销孔，表明手中握有东西。

但也对基督教的神明保持敬意，发布诏书保证基督徒的信仰自由。

313 年，君士坦丁与李锡尼这两位皇帝颁布了著名的《米兰敕令》，宣布信仰自由，发还之前没收的基督教的财产，承认基督教的合法地位。325 年，君士坦丁召开第一次尼西亚会议，形成了基督教历史上著名的《尼西亚信经》，确定了圣父、圣子、圣灵三位一体、地位平等等内容。

君士坦丁亲自参与了主教的讨论、信徒的祈祷以及各种神秘的仪式。最终在复活节和圣灵降临节之间的五十天，君士坦丁在教区大教堂接受了由主教亲自主持的洗礼。君士坦丁扫除了基督教传播的一切障碍，以亲身示范的方式在庞大的罗马帝国中进行推广，终于为这个出自两河流域的小宗教奠定了成为世界第一大宗教的基础。

337 年，君士坦丁在尼科米底亚的阿库里昂宫因病去世，结束了自己令人难忘的一生。他的遗体被运回君士坦丁堡，在这座以他的名字命名、对他表示永久纪念的皇都金碧辉煌的殿堂中，他头戴王冠，身穿紫袍，静静地躺在一张金床上。

此时，以他为原型的巨大雕像雄踞殿外，凝望天空，似乎在守卫着他建造起来的千年皇都。

# 036 热带雨林中的玛雅文明
# 玛雅统治者雕像香炉

年　代：4 世纪

尺　寸：高 80 厘米，宽 31.1 厘米

收藏地：美国大都会艺术博物馆

在世界古代文明中，位于中美洲热带雨林的玛雅文明独树一帜。在与欧洲、亚洲、非洲等其他大洲文明“老死不相往来”的情况下，玛雅文明在热带雨林中孤独地生根、发芽、开花、结果，创造了别具风姿的灿烂与辉煌。眼前这尊雕像香炉正是玛雅文明的一个实物代表。或许，我们可以据此窥探玛雅人神秘的精神世界，甚至对玛雅人留下的诸多谜团略做蠡测。

## 香雾缭绕的玛雅世界

这座近半人高的陶质雕像在色彩上并不丰富，主要是红白两色，躯干及局部是红色，间或以白色或灰白色掺杂其中。不过，雕像从上到下的装饰却显得繁杂而奢华。

最显眼的是雕像头上的帽子和发饰。帽子极大，远超雕像的头颅。束发带左右张开，宛如羽翼。帽子正前方有一块圆牌，上面刻写着象形文字，可能是雕像的名字，如今已经消失了。雕像的帽檐、鼻孔、颈部、双肩、脚踝，甚至足下的圆形容器均以玉珠装饰，浑身上下显得珠光宝气、华贵无比。两耳的装饰更是夸张，放大了的耳垂上各有一根垂直的圆柱，奇怪而突兀。雕像手握着一件下垂的祭祀工具，

**玛雅统治者雕像香炉**

以树脂制成的香在古代玛雅仪式和现代玛雅仪式中都有重要作用，巫师和王室成员通过焚香和神灵、祖先进行交流。这类以玛雅统治者形象制作的香炉，可能是用于统治者向祖先献祭的仪式上。

可能是一面镜子。在雕像交足安坐的圆顶容器外围，上端环绕着圆齿状的纹饰，据说象征着美洲豹的皮毛；外腹还有一圈打着绳结的绳子，带有尖利的鲨鱼牙或犬牙。

玉珠的华贵、头饰和耳饰的神秘、凶猛野兽的象征……凡此种种，无不在诉说着雕像的与众不同，他到底是什么身份呢？

其实，类似的雕像目前一共出土了四尊，它们都是香炉的盖子，所以雕像下端是半圆形容器，像是半圆形的锅盖。研究表明，这些雕像的头饰各不相同，表明他们是玛雅世界中不同的统治者，也有可能是同一个统治者在展现不同神灵的威严。

玛雅人早期的宗教是家庙形式，每个家庭都有自己的神祇。大约在公元前3世纪以后，随着高明的历法、象形文字和编年记事的发明，祭司们将宗教社会化、专门化，建立了复杂、严格、受公众共同信仰的宗教体系。

据研究，玛雅人的神灵多如牛毛，其中有些地位显赫、神力无边，受到长期的供奉。为了实现心中所思所想，玛雅人似乎形成了比较严格的祈祷程序，要经过斋戒、占卜、驱邪、焚香、求告和献祭等一系列步骤。有趣的是，献祭的物品多种多样，举凡生活中的一切，如食物（肉食和素食）、烟草、水果、蜂蜜、羽毛、兽皮、贝雕、玉器、挂饰等，几乎无所不献。若所求不多，所献就少；若所求极大，甚至以人为牺牲也不鲜见。

在这个程序中，焚香显得十分重要。玛雅人所用的香并不同于中国古人所用的香，大多是一种今天名叫柯巴脂的树脂。这种树脂大多呈黄色，一般出现在热带雨林之中，比如玛雅文明所在的中美洲地区，可以从树上或树下的泥土中寻获。柯巴脂是一种芳香类的树脂，焚烧起来既有浓郁的香味，也有缥缈的烟雾。

可以想见，约1600年前的一天，玛雅人为了祈求神灵，先摆放好香炉，将这尊代表统治者或神灵的雕像盖在香炉上，然后点燃树脂。在那一瞬间，树脂的香气和散发的烟雾弥漫开来，将整座殿堂笼罩在内。祈求者在馥郁芬芳之中与神灵沟通，生活中的一切困难仿佛就能迎刃而解。

## 失落的文明和未解的谜团

在16世纪西班牙人侵入之前，古代印第安人就这么和外界“老死不相往来”地在中美洲的热带雨林中默默地发展出玛雅文明。玛雅文明的发展历程被学者们分为三个阶段：从公元前1000年到3世纪的前古典时期，从3世纪到9世纪末的古典时期，以及从10世纪到16世纪的后古典时期。然而，玛雅文明进入近代之后却消失了，只留下这些珍贵的文物和无数的金字塔。

在科潘遗址，一座带有“象形文字梯道”的金字塔闻名世界。在这座金字塔的台阶上，玛雅人刻上了超过2500个象形文字，布满了8米宽、共90级的石头台阶。今天，我们已知的玛雅象形文字有850多个，被玛雅人使用类似毛笔的工具描绘在陶器、榕树内皮和鞣制的鹿皮上。可惜的是，这些文字真正被识读出来的也就三分之一，仍有三分之二无法理解。

除此以外，这些高出丛林的金字塔平台还能帮助玛雅人祭司仰望星空、观测天象，由此，玛雅人创造了令人惊叹的玛雅历法。玛雅历法有三种。第一种为祭司们专用，将一年分为260天的循环周期，不分月，但创造了20个专用日的名称，每年循环13次，正好260天。第二种历法是民用历法，将一年365天分为18个月，每月20天，剩下的5天是祭日。玛雅人给每个月份都安排了守护神，这或许与宗教思维相关。第三种历法十分奇怪，称为累积计日历法。在这种历法中，日历每隔52年才循环一次，与一般每年循环一次的其他历法截然不同。

三种历法在古代玛雅人那里并行不悖，记录着时光的流逝，但为什么玛雅人要制定如此复杂的计时历法呢？这又是一个难解之谜。

这尊雕像香炉，虽然还不能帮助我们完全解读玛雅文明的诸多谜团，但是由此可以想见香烟缭绕中玛雅人的精神生活。

037

## 佛教在中国的传播
# 《孝文帝礼佛图》浮雕

年　代：522—523 年
尺　寸：高 208.3 厘米，宽 393.7 厘米
收藏地：美国大都会艺术博物馆

在美国大都会艺术博物馆二楼 208 中国艺术展厅中，陈列着著名的北魏《孝文帝礼佛图》。该浮雕原本位于河南省龙门石窟的西山北段宾阳中洞窟门北侧，同它相对应石窟洞门的南面则是同样声名在外的北魏《文昭皇后礼佛图》。这两幅浮雕是北魏孝文帝和其皇后文昭皇后礼佛时的情景再现，世人通常将两幅浮雕合称“帝后礼佛图”。20 世纪 30 年代，受到美国文物盗窃者的暗中指使，两幅浮雕被中国不法分子盗凿并损坏后，先后贩卖给了美国大都会艺术博物馆和堪萨斯城纳尔逊－阿特金斯艺术博物馆。

## 跌宕起伏的前世今生

收藏在大都会艺术博物馆的《孝文帝礼佛图》，以令世人惊叹的艺术造诣和文物背后的历史享誉海内外。该浮雕是北魏宣武帝为了给他的父亲孝文帝祈福而开凿的。这幅皇帝礼佛图主要描绘的是北魏孝文皇帝礼佛的一些场面。这幅佛教浮雕艺术造诣极高，人物生动形象，栩栩如生；构图动静结合，和谐肃穆。

原本在河南洛阳龙门石窟的《孝文帝礼佛图》有一段曲折的历史。龙门石窟作为

龙门石窟《孝文帝礼佛图》浮雕

据记载,《孝文帝礼佛图》是北魏宣武帝为了纪念父亲孝文帝和母亲文昭皇后而下令开凿的,因此这幅作品才得名《孝文帝礼佛图》。画面中孝文帝头戴冕旒,身穿衮服,在诸王、中官及手持伞盖、羽葆、长剑、香盒的近侍宫女和禁军的前导、簇拥下缓缓行进。

文化宝藏,从北魏时期,经历隋、唐、宋等朝代,大规模营造了400余年,造像数量庞大,文字材料较多,从不同角度体现出中国古代在政治、经济、文化等众多领域的发展变迁。龙门石窟自建造以来,一直遭受人为的盗凿破坏,破坏程度较大的要数唐武宗时期的灭佛运动,但经过之后历朝历代的修建营造,仍留下了大量瑰宝。《孝文帝礼佛图》就在这样一种不断更迭和变化的环境中艰难地“生存”下来了。

但好景不长,《孝文帝礼佛图》终究是难逃被盗凿的命运。中国石窟造像被盗最严重的要数清末和民国时期了。1893年,日本美术家冈仓天心来到龙门石窟考察,被这座东方艺术宝库蕴含的文化所震撼,回国后他开办了关于龙门石窟的讲座,使得龙门石窟风靡海外,引来越来越多外国文物贩子的觊觎。当时中国正值战争频繁的时期,社会动荡,管理空虚。在20世纪30年代,龙门石窟造像被严重盗凿,遭到了巨大的破坏。而且，当时国民政府为从南京迁都到河南洛阳，在修建道路时炸毁了龙门西山附近数量较多的山麓佛龛，对龙门石窟造成了难以修复的破坏。《孝文帝礼佛图》在这样的社会环境中，同石窟内其他的佛造像一起被盗凿、贩卖至世界各地，开启了颠沛流离的“异国之行”。而《孝文帝礼佛图》和《文昭皇后礼佛图》流落海外，与美国人普艾伦脱不了干系。

20 世纪 30 年代初期，普艾伦任大都会艺术博物馆远东部主任。不久后，他来到龙门石窟，当时这两幅壁画幸因洞窟阻挡了自然的侵蚀，历经 1400 余年时光的流逝，壁画上生动的雕刻形象仍完好如初。普艾伦被“帝后礼佛图”浮雕深深吸引，并产生了邪恶的想法。他将拍摄的“帝后礼佛图”照片交给北京专做外国商人生意的古董商岳彬，希望他尽快根据照片盗凿浮雕。《孝文帝礼佛图》悲惨的离家之旅开始了。

岳彬找到当时洛阳偃师县杨沟村的伪保长王梦林等，又勾结了洛阳东关古玩商马龙图，借助土匪的力量胁迫石匠深夜到龙门石窟的洞窟内盗凿浮雕，并将凿下的碎块运到北京。这些碎片在岳彬的店铺中经过修复和粘接后又被转卖至美国。

1953 年，著名雕塑家刘开渠等人到龙门石窟进行调查，发现浮雕被盗非常愤怒，对岳彬等人将数量庞大的中国珍贵文物倒卖到国外的行径感到气愤，便联合三百余人联名上书，要求严惩奸商岳彬。后来政府查封了岳彬的古董店，将岳彬逮捕入狱，后岳彬病死狱中。根据记录，在岳彬的古董店找到一些残破的石雕碎片，后归还龙门石窟，但经过盗凿的浮雕已经破碎得不成样子，无法再现当年的模样，而远在大洋彼岸的《孝文帝礼佛图》青石浮雕也已经严重损毁，在盗凿时整个浮雕变成了碎片，修补得粗糙不堪。

## 佛教在中国传播的缩影

佛教从两汉之际传入中国，到南北朝时期的大发展，经历了磨合、扎根、融合、发展、传播交织的过程，既传承印度佛教，又融合中原文化，并下启隋唐佛教八宗。魏晋南北朝是汉传佛教体系形成的至关重要的时期，为佛教在中国开枝散叶、发展成为中国传统文化的一部分打下了重要基础。

两汉之际佛教传入中国，因文化全然不同，被视为与黄老神仙方术同类，仅在少数王公贵族间流行。直到汉末三国时期，佛教逐渐由统治阶层遍及民间，由少数人扩展到多数人，由洛阳、长安往南方传播。魏晋南北朝时期，佛教开始了“中国化”进程，以特有的“中国面貌”而流行于社会。

据《魏书》记载，《孝文帝礼佛图》的洞窟于景明元年至正光四年（500—523）开凿，用时24年，后因宫廷内乱，只完成了中间宾阳中洞。洞内正壁中间主像是释迦牟尼结跏趺坐像，前壁左右两侧第三层各有一幅大型浮雕，也就是《孝文帝礼佛图》（北段）和《文昭皇后礼佛图》（南段）。浮雕中人物众多，和真人尺寸相差不大，展现出孝文帝率领文武百官礼佛的场景。《孝文帝礼佛图》中，孝文帝位于中间靠左的位置，有帝王衮冕礼服体现身份，前簇后拥，完美再现了行进中的礼佛队列。整个浮雕以孝文帝为中心，他戴冕旒，持熏炉，泰然自若，有一个双髻童子负责添香，两个侍者相扶，左右又有两个侍者持羽葆，中间有一个侍者擎宝盖，缀以流苏，身后有10余个侍臣紧紧跟随。整个礼佛场面壮观恢宏，是礼佛过程的瞬间再现，同时显示了北魏礼敬佛陀，祈愿佛陀降福、国运昌隆的真实状况。

礼佛图中各类人物的衣冠仪仗，展现出北魏迁都到洛阳之后推行汉化政策的典型特征，侧面再现了北魏皇室对佛教的推崇和佛教在北魏时期的繁盛。在中国雕塑史上，圆雕一直占据主流，浮雕常作为装饰，或在小件器物上应用。《孝文帝礼佛图》用和真人相差无几的尺寸，以20多人的庞大阵容，展现了皇帝礼佛的场景，并运用浮雕技艺展现不同的人物顺序和空间关系，通过艺术创作真实地反映人物活动的瞬间变化，可谓是中国浮雕艺术中的杰出代表。

# 第五章 后古典时代的世界文明

从 500 年到 1000 年的这 500 年，有些学者将其称为“后古典时代”。以往强大的帝国已经走向衰落，经过动荡和阵痛，东西方社会发生了前所未有的变化。伊斯兰教的兴起，改变了横跨北非至北印度的宗教版图；佛教的传播逐渐深入日本、朝鲜；基督教的影响遍及欧洲。在这样的文化背景下，古老的中国迎来了盛世辉煌，众多发明对人类文明产生了深远影响。西方的政治版图经历了前所未有的变化，而东西方文明的交流也进入了前所未有的新时代，后古典时代的影响，至今依然存在。

**推荐博物馆：**

大英博物馆、陕西历史博物馆、英国维多利亚与阿尔伯特博物馆、英国国家图书馆、日本东京国立博物馆、法国国家图书馆

# 中外历史大事件时间表（二）

## 中国

**581 年**

杨坚称帝建隋。

**626 年**

玄武门之变，李世民登基，是为唐太宗。

**641 年**

文成公主入吐蕃和亲。

**753 年**

鉴真东渡，抵达日本。

**755 年**

安史之乱开始。

**960 年**

陈桥兵变，赵匡胤称帝，国号宋。

**501 年—1800 年**

## 世界

**646 年**

日本大化改新。

**800 年**

查理称帝。

**987 年**

于格·卡佩开创法国卡佩王朝。

**14 世纪**

欧洲文艺复兴运动开始。

**1337 年**

英法百年战争开始。

**1453 年**

拜占庭帝国灭亡。

隋唐五代 → 宋 → 辽西夏金 → 元 → 明 → 清

**1115 年**

完颜阿骨打称帝，是为金太祖。

**1126—1127 年**

靖康之变。

**1206 年**

蒙古汗国建立，铁木真称成吉思汗。

**1368 年**

朱元璋称帝，是为明太祖。

**1405 年**

郑和第一次下西洋。

**1661 年**

顺治帝卒，玄烨即位，即康熙帝。

## 501 年—1800 年

**1492 年**

哥伦布初次到达美洲。

**1558 年**

伊丽莎白一世继承英格兰王位。

**1588 年**

西班牙无敌舰队被英国击败。

**1649 年**

英国国王查理一世被送上断头台。

**1672 年**

第三次英荷战争开始。

**1682 年**

俄国彼得一世即位。

038

盎格鲁－撒克逊时代的不列颠

# 萨顿胡头盔

年　代：7 世纪早期

尺　寸：高 31.8 厘米，宽 21.5 厘米，长 25.5 厘米

收藏地：大英博物馆

1939 年，英国萨福克郡萨顿胡的一个土墩下出土了一处船葬墓，在一艘保存完好的战舰中部上方有一间墓室，墓室里随葬大量珍宝。该船葬墓被认为是东盎格利亚国王的墓葬。通过船的残迹轮廓，人们推测此船长超过 27 米，宽超过 4.5 米；根据船的设计和工艺，分析出它的年代在公元 625—637 年间。就是这艘"船"，让人们清晰地看到了盎格鲁－撒克逊时代不列颠的历史影像。

## 一艘船上的宝物

萨顿胡船葬墓出土了大量精美绝伦的文物，主要为金银、青铜等金属制成的装饰品和武器，包括头盔、剑、盾牌、悬碗、兽角杯、肩扣、钱包盖、别针、铸币等。这些文物大多都保存完好，工艺水平非常高，展示了 7 世纪早中期盎格鲁－撒克逊人改信基督教之前的生活习俗与艺术成就，见证了多种文明和艺术风格的融合与碰撞。

萨顿胡船葬墓出土的头盔是最具代表性、最重要的发现之一。此头盔在 1972 年被修复，由单片式帽体、护耳和面罩组成，帽盔是由整块铁片锻打制成的，左右两边的护耳和护颈则另外用皮革勾环附挂。头盔前的面罩逼真写实，堪称精美，鼻

**萨顿胡头盔**

萨顿胡头盔被英国学者称为“有史以来最壮观的考古发现之一”“最具标志性的文物”，是关于盎格鲁－撒克逊人最重要的文物。头盔被发掘出来的时候，已经变成了数百个生锈的碎片。大英博物馆经过两次修复，拼合成了我们现在看到的样子。

孔处凿出两个洞，以便佩戴者呼吸。头盔表面有装饰性的嵌板，其中两块布满了纵横交织的蛇兽动物形象，另两块表现人物战斗的情景。两块人物题材嵌板中，一块描绘两名武士头戴有角的头盔，手持长矛、短剑或匕首搏击，另一块描绘一名骑马的武士正纵马践踏一个穿着盔甲、倒地的武士，后者在战马越过时奋力向上刺去。

头盔表面的装饰，特别是人物题材的图像，可追溯至古罗马时代，与瑞典乌普兰高等级墓葬区出土的头盔、盾牌在设计上的相似，表明这件头盔很可能是从瑞典舶来，或者制作它的工匠来自瑞典。萨顿胡头盔是在英格兰地区发现的四顶盎格鲁 - 撒克逊早期头盔之一。这四顶头盔彼此之间有很大差异，说明当时并没有统一的设计规范，而是工匠根据雇主的要求制作而成的。从萨顿胡船葬墓的出土文物，可见盎格鲁 - 撒克逊人在金属制作方面的卓越技巧，以及日耳曼艺术与凯尔特人艺术融合的特征。

## 盎格鲁 – 撒克逊时代的不列颠

萨顿胡船葬出土的 263 件文物包括了武器、餐具、带扣、硬币和头盔等。更为特殊的是，这种头盔在英国从没有发现过。当初，考古学者曾认为这里是一处维京人的墓葬，而这些文物已经证明这里是盎格鲁 - 撒克逊人的墓地。随着研究的深入，研究者发现有些文物是来自拜占庭和中东的，这些文物为研究盎格鲁 - 撒克逊人与欧洲大陆的贸易提供了证据。可以说，萨顿胡船葬墓发现的一切，终于让人们真正认识了不列颠的盎格鲁 - 撒克逊时代。

5 世纪初，罗马帝国陷入严重危机，罗马的统治者弃守不列颠，撤走了大部分不列颠驻军，罗马在不列颠的统治就此终结。大约从 5 世纪中叶起，来自今天德国西北部与丹麦一带的盎格鲁人、撒克逊人和朱特人等北日耳曼部落开始向不列颠移居。他们从今天德国最北部的石勒苏益格 - 荷尔斯泰因出发，沿海路移动，横渡北海或英吉利海峡，登陆不列颠岛。由于盎格鲁人和撒克逊人在这些移民中占大多数，因此人们将移居到不列颠的人统称为盎格鲁 - 撒克逊人。

盎格鲁 - 撒克逊人在不列颠建立起若干小王国，不列颠的原住民被挤到岛屿的北部和西部，不列颠人大部分与盎格鲁 - 撒克逊人混合，一部分沦为奴隶和半自由人，这一过程促进了近代不列颠社会的形成，英格兰一词也来源于“盎格鲁”，其含义

**萨顿胡金嵌宝石肩扣一对**

这一对金嵌宝石肩扣，是萨顿胡船葬出土的最精美的文物之一。在工艺上，这对肩扣采用了金银累丝工艺、珐琅工艺和宝石镶嵌工艺等多种技法，整个肩扣图案和纹饰的使用异常完美，反映了盎格鲁－撒克逊人高超的手工技艺。

是“盎格鲁人的土地”。

7 世纪到 8 世纪，盎格鲁 - 撒克逊人各部落经过分化组合，逐渐形成了几个较大的王国，它们共处和相互斗争的时期习惯上称为“七国时代”，这些王国包括东部沿海地区的东盎格利亚王国、肯特王国和埃塞克斯王国（东撒克逊），南部的萨塞克斯王国（南撒克逊）和威塞克斯王国（西撒克逊），北部的诺森伯里亚王国，中部的麦西亚王国。威塞克斯国王埃格伯特于 825 年在埃伦杜恩打败了麦西亚王国，萨塞克斯、肯特、埃塞克斯和东盎格利亚等王国向埃格伯特称臣，尊称他为“不列颠之王”。829 年，埃格伯特将盎格鲁 - 撒克逊诸国统一，建立英吉利王国，结束了七国时代。

## 039 大唐王朝兴衰的见证
# 鎏金舞马衔杯纹银壶

年　代：公元618—907年
尺　寸：通高14.8厘米，口径2.3厘米，重549克
收藏地：陕西历史博物馆

一千多年前的大唐王朝似乎离我们非常遥远，我们无法想象大唐帝王君临天下时的豪情，也无法想象“更有衔杯终宴曲，垂头掉尾醉如泥”的宫廷娱乐是何等奢华。当一千多年后，一件叫鎏金舞马衔杯纹银壶的珍宝以一种闪耀的方式出现在世人面前时，唐代宫廷生活的奢华仿佛近在眼前。

## 银壶重现

1970年10月5日，在今陕西省西安市南郊何家村的一个基建工地上，施工的工人发现了一个大型陶瓮，打开瓮盖，金光闪闪，里面装满了各种珍贵文物。随着考古工作者的清理和勘探，另一个陶瓮也被发现。这两个陶瓮里装满了金银器、玉器、钱币和药材等器物，多达千余件，琳琅满目。唐代鎏金舞马衔杯纹银壶就是这次窖藏出土中发现的珍贵文物，现藏于陕西历史博物馆。

银壶扁圆形状，形似游牧民族日常使用的皮囊壶和马镫壶，用银片锤打、焊接而成。壶口略呈圆柱状，位于壶身顶端的一侧；壶盖为覆莲样式，以一条银链与提梁连接；壶腹扁圆，略鼓，两侧面锤揲凸出鎏金舞马纹样，骏马体态康健，口衔银杯，

鎏金舞马衔杯纹银壶

奋首鼓尾，跃然起舞；壶下端焊有微向外撇的圈足。鎏金的舞马、壶盖、提梁与壶身的白银交相辉映，色调格外富丽。整件作品高度不到15厘米，却造型饱满，富有张力，线条圆润自然，比例恰当，具有极好的形式感和空间感。

根据壶身留下的加工痕迹来看，工匠应是先用银片锤打出壶的大致形状，再以模压的方法在壶腹两面模出两匹对应的舞马形象，然后再将两端焊接，反复打磨致平。如果不仔细观察或借助仪器，几乎看不出焊接的痕迹。工匠们精湛的锤揲技法，在银壶骏马的细节上发挥到了极致，口鼻眼的轮廓、躯干的肌肉线条、飞扬的马尾及鬃毛、飘扬的彩带都历历可见，定格了舞马表演的瞬间，使舞马献寿时“屈膝衔杯赴节，倾心献寿无疆”的场面跃然眼前。

## 丝路马鸣

古代西域自古以出产名马著称于世，西域人民很早就开始将马匹与西域乐舞相结合，驯化出舞马供人取乐，形成了古老而著名的舞马艺术。

唐代舞马的盛行与唐代社会对马的喜好分不开。除了军用，很多马匹还用来娱乐，打马球就是一项极受欢迎的活动。唐人尤其喜欢“胡马”，根据产地分为“突厥马”“康国马”“大宛马”等，品种达80多种，不同的马匹习性、特征、用途各不相同。当时在西域各国非常流行的舞马活动也随之传入中原，格外受到上层统治者的青睐。西域的舞马分为两种，即马匹独舞和人骑在马上让马舞蹈，这些训练过的马匹能够根据节拍表演有节奏的舞蹈动作。唐玄宗对舞马甚是喜爱，曾下令教习四百匹舞马，这些马被分为左右两部，每匹还取有“某家骄”“某家宠”的名字，并“衣以文绣，络以金银，饰其鬃鬣，间杂珠玉”。玄宗还经常亲临训练场观看、指导。开元、天宝时期，每逢“中元节”“千秋节”等重要节日，皇室都要在兴庆宫的勤政楼前举行盛大宴会，接受文武百官及外国使臣、少数民族首领的朝贺，并进行大型的舞马表演。

## 狂欢后的落幕

唐代在太宗至玄宗前期，经济繁荣，国富民强，威名远扬，万国来朝。胡马品种的引入，使皇家有条件大规模驯养舞马。

玄宗生日时，舞马表演是必不可少的节目。《倾杯乐》的音乐响起时，身披锦带、颈系黄铃的舞马随着节拍出场，群马翩翩起舞，或奔腾，或旋转，或双蹄腾空，随着音乐节奏的高涨，马群数十回奋首鼓尾，纵横应节。有时候表演的马会跃上三层高的板床，如飞似的旋转，跳起胡旋舞；有时候数位壮士共举一榻，马即舞于榻上，周围还有着黄衫、文玉带、长相俊美的乐工数人。曲终前，舞马“屈膝衔杯赴节，倾心献寿无疆”，把祝寿活动推向高潮。

表面看大唐一片祥和，内部却潜伏着深刻的社会危机。还沉浸在大唐盛世美梦中的玄宗皇帝，在天宝十四载（755）惊闻平卢、范阳、河东三镇节度使安禄山举兵反唐，一时间惶恐无措。待安史叛军一路势如破竹，轻而易举地攻陷长安，玄宗李隆基只好带着自己的宠妃杨玉环仓皇而逃，大唐江山陷入战祸之中，盛极一时的舞马表演成为历史长河中的一朵浪花。安禄山兵败后，这些舞马归其大将田承嗣所有，但在他眼中，这些马就是一般的战马。一天，军中宴乐，鼓乐声起，舞马应声而舞，军士鞭之，长鞭之下舞马更是奋首鼓尾，田承嗣以为是马怪，下令鞭挞至死。从此，舞马祝寿这一独特的宫廷娱乐形式便在中国历史舞台上销声匿迹了，大唐的盛世犹如舞马的消逝般一去不复返。

**唐鎏金仕女狩猎纹八瓣银杯**

现藏于陕西历史博物馆。此银杯同样出土于陕西省西安市何家村，银杯通体鎏金，重 209 克，外形具有典型的粟特银器特征。

查理曼和他的帝国

# 040 《洛尔施福音书》封面象牙镶板

年　代：810年

尺　寸：高37厘米，宽26.3厘米

收藏地：英国维多利亚与阿尔伯特博物馆

法兰西、德意志和意大利这三个在欧洲舞台上叱咤风云的大国，如果追溯历史，你会发现它们的立国之本都绕不开一个人，那就是被誉为“西欧之父”的查理曼。查理曼作为法兰克王国加洛林王朝的第二代君主，毕生不断征战，在位46年发动了53次对外战争，在他统治时期，法兰克王国变成了欧洲的查理曼帝国。而这一切，就让我们从一块精美的福音书象牙镶板说起。

## 《洛尔施福音书》的传奇经历

在英国维多利亚与阿尔伯特博物馆里，收藏着一件象牙浮雕基督教故事和人物的文物，这件文物由五部分组成，最中间的一块象牙板上雕刻着圣母子像，圣母子像左侧的象牙板上雕刻着施洗者圣约翰像，右边的板子上雕刻着撒加利亚像，顶部的板子上雕刻着两个天使拱卫耶稣的半身像，下面的板子上雕刻着耶稣诞生和牧羊人图案。这五块板子拼合起来就是一本书的外壳，而这本书就是大名鼎鼎的《洛尔施福音书》。

要说《洛尔施福音书》，就不得不提位于德国海德堡不远处的洛尔施修道院。洛尔施修道院创建于764年，就是加洛林王朝的开创者矮子丕平统治时期。修道院

《洛尔施福音书》封面象牙镶板

加洛林王朝在查理曼时期，作为基督教国家，十分重视学习和文化传播，尤其是对《圣经》和《福音书》，重视程度远高于对其他作品。因此，查理曼时期的手抄本福音书，经常采用泥金彩绘装饰并配有华丽的封面。这块封面象牙镶板可以说是查理曼统治时期文化繁荣的见证。

《洛尔施福音书》封面象牙镶板局部

的创始人是法兰克伯爵康科和他的寡母威利斯温达，修道院起初是用于供奉圣彼得和圣保罗的，后来又得到了圣纳撒留的遗骸，使得这座修道院声名大噪。772年，修道院院长冈德兰和康科的儿子产生矛盾，冈德兰就将修道院的全部财产捐给了查理曼，因此洛尔施修道院变成了皇家修道院。从此以后，修道院由于圣纳撒留的圣迹和丰富的图书馆藏书，成为人们朝圣的重地和德国的文化中心之一，而《洛尔施福音书》就是修道院的重要文化遗产。

《洛尔施福音书》成书于778—820年，是一部泥金装饰手抄本福音书，全书由拉丁语写成。福音书中的插图和浮雕象牙镶板在当时是十分罕见的，是查理曼时期重要的艺术遗存。《洛尔施福音书》成书之后一直保存在修道院的图书馆里。16世纪的时候，《洛尔施福音书》被带到了海德堡，保存在海德堡著名的巴拉提纳图书馆。三十年战争期间，《洛尔施福音书》被劫掠，为了便于销售，劫掠者将福音书一分为二，并将其象牙镶板拆掉。该书插图丰富的上半部分最终保存在了罗马尼亚阿尔巴·尤利亚市的巴蒂亚努姆图书馆；下半部分最终保存在了梵蒂冈图书馆，内容包括《路加福音》《约翰福音》和封底的象牙镶板。而封面象牙镶板就藏在了英国维多利亚与阿尔伯特博物馆。《洛尔施福音书》一分为三，冥冥中和查理曼的帝国一分为三暗合，这或许就是历史的巧合吧。

## 查理曼和他的帝国

查理曼，或称查理大帝、查理一世，出生于742年。其父丕平原为法兰克王国墨洛温王朝的宫相，于751年发动政变，篡夺王位，建立了加洛林王朝。查理经常随父亲四处征战，积累了丰富的军事经验。768 年，丕平患水肿病死于巴黎，法兰克民众大会推举丕平的两个儿子查理和卡洛曼为国王，二人平分国土。但卡洛曼在三年后去世，771 年，查理被拥戴为法兰克唯一的国王。

查理统治法兰克王国时期，开始了大规模的扩张领土行动。他一生中的大部分时间是在戎马倥偬中度过的，在位 46 年，共发动了 53 次战争，并亲自参加了 30 次远征。774 年，查理出兵意大利北部，征服了伦巴德人。从 772 年起，查理以传播基督教为借口，先后向萨克森人发动进攻，历时 33 年，最终征服了萨克森人，并迫使萨克森人改信基督教，这也是他发动的时间最长的战争。

此外，他还在多地发动了战争。通过几十年的征战，法兰克王国的疆域囊括现今的法国、德国、瑞士、荷兰、比利时、奥地利以及意大利的大部分地区，成为当时欧洲空前强大的国家。800 年，查理出兵罗马，援救被罗马贵族驱逐的教皇利奥三世，并于圣诞日在罗马圣彼得教堂被教皇加冕为“罗马人的皇帝”。从此，法兰克王国被称为“查理曼帝国”，查理则成为查理大帝，或称查理曼。

814 年，查理大帝因病逝世，其子路易继位。817 年，路易国王将帝国疆土分给自己的三个儿子——罗退尔、秃头查理、日耳曼人路易。后来为争夺疆土，父子、兄弟之间争斗不断，使法兰克王国陷入内乱之中。国王路易死后，形成了罗退尔、日耳曼人路易、秃头查理三兄弟争夺疆土的局面。

843 年，三方正式签订《凡尔登条约》，将帝国一分为三，今日的德国西部分给日耳曼人路易，称东法兰克王国；今日的德国属秃头查理，称西法兰克王国；东、西法兰克王国之间加上意大利中、北部留给了罗退尔，称中法兰克王国。罗退尔死后，他的三个儿子又瓜分了他的领土，长子统治意大利，次子统治洛林，小儿子统治普罗旺斯。870 年，小儿子去世，日耳曼人路易和秃头查理在墨尔森签订条约，将其侄的领土瓜分。查理曼帝国的划分奠定了日后法兰西、德意志和意大利三国的基础。

041

## 印刷术在中国起步
# 咸通九年（868）雕版《金刚经》

年　代：868 年
尺　寸：纵 27.6 厘米，横 499.5 厘米
收藏地：英国国家图书馆

印刷术起源于四大文明古国之一的中国，这一说法已经得到了全世界的公认。但是印刷术到底出现在何时？这个问题已经争论了很久，学者众说纷纭，莫衷一是。然而，敦煌藏经洞藏唐咸通九年雕版印刷《金刚般若波罗蜜经》的出现，为解答这一问题提供了重要佐证。

## 敦煌藏经洞中的国宝

在英国国家图书馆收藏着一卷《金刚经》，这一经卷之所以被后人重视，是因为它刊印于唐咸通九年，是现存最早、最完整的雕版印刷品之一。

此经首尾完整，卷轴装，由七张纸粘连而成，卷首第一纸为扉画，后面六纸印有经文。卷尾刊有“咸通九年四月十五日王玠为二亲敬造普施”。扉画表现释迦牟尼在祇树给孤独园对长老须菩提等僧众说法的故事，左上角题“祇树给孤独园”，右下角题“长老须菩提”。释迦牟尼妙相庄严，结跏趺坐于莲台上，微向右侧身，面对长老讲经说法。长老须菩提偏袒右臂，右膝着地，胡跪于毯上，合掌恭敬。莲台前的香案上有供器，左右立着两个力士，两旁卧双狮，周围有四弟子、二菩萨以

**咸通九年雕版《金刚经》之卷首图**

咸通九年雕版《金刚经》的卷首图为《佛说法图》，画面中人物形象饱满，衣带飘扬，表情各异，尤其是衣带的绘制，颇有唐代吴道子“吴带当风”的感觉。

及国王、大臣、侍女等听法诸众。整个插图内容复杂，布局得当，人物形象生动传神。

经文字体端庄凝重，刀法圆熟，刻工精湛，经卷印刷清晰，墨色精纯，精美悦目，充分说明 9 世纪中叶中国的雕版印刷技术已经十分成熟。此经于清光绪二十六年（1900）被发现，后被英国人斯坦因从敦煌莫高窟藏经洞带走。

敦煌莫高窟藏经洞即第 17 窟，位于第 16 窟甬道北壁，原为晚唐河西僧团领袖

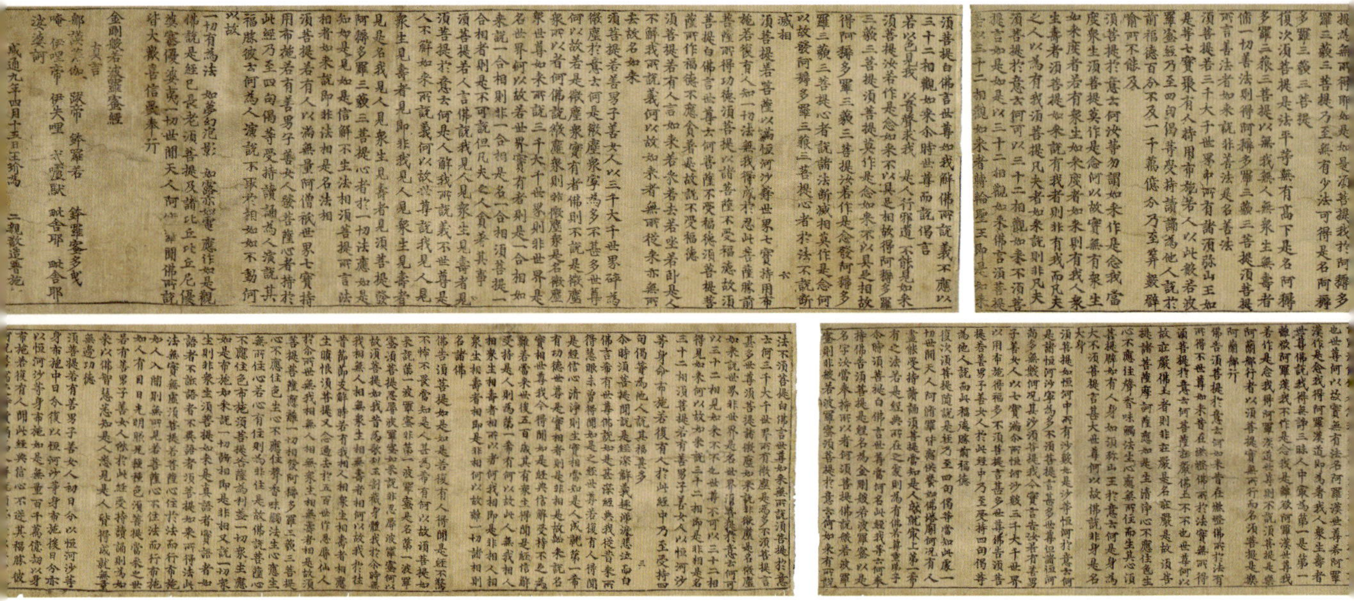

咸通九年雕版《金刚经》全卷

洪辩坐禅修行的禅窟。洪辩圆寂后，弟子将其改为影堂与纪念堂。窟高 3 米，平面近方形，覆斗形窟顶，北壁贴壁建长方形低坛，坛上塑洪辩像，周壁绘制供养壁画。光绪二十六年，道士王圆箓清除第 16 窟甬道积沙时，偶然发现藏经洞。

1907 年，英国探险家斯坦因首次来到敦煌，从藏经洞廉价骗购敦煌写本 24 箱、绢画和丝织品等 5 箱，随后又从王道士手中得到了 3000 多卷写本，并将这些遗物一并运往英国，入藏大英博物馆。1908 年，法国的汉学家伯希和来到了莫高窟，从王道士手中买走 6000 多卷藏经洞写本中的精华。1910 年，在以罗振玉为首的中国学者的奔走呼吁下，清廷下令把藏经洞剩余的敦煌卷子运往北京保存，但因王道士私藏，再加上沿途中官吏的玩忽职守和雁过拔毛，最后运回北京入藏京师图书馆的经卷只剩 8000 多件了，且有不少是被人切割充数的残卷。1915 年，斯坦因再次来到莫高窟，获得王道士私藏和当地收购的写本文书 5 大箱 600 余卷。此外，日本大谷探险队成员吉川、橘瑞超，以及俄国探险家鄂登堡、美国人华尔纳先后从莫高窟

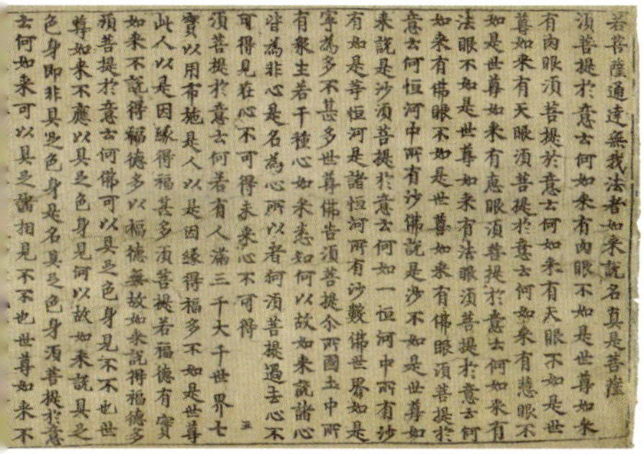
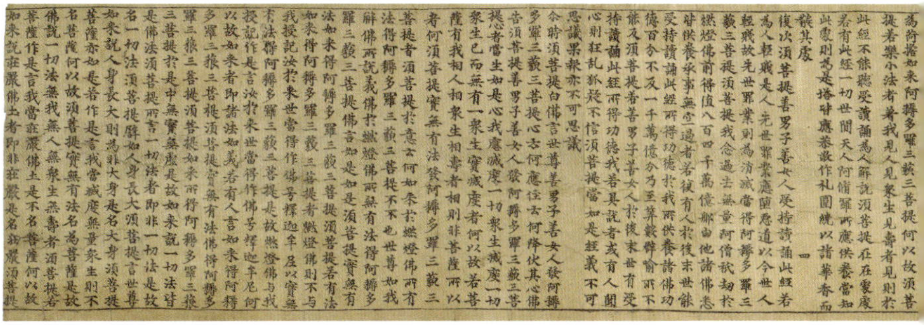
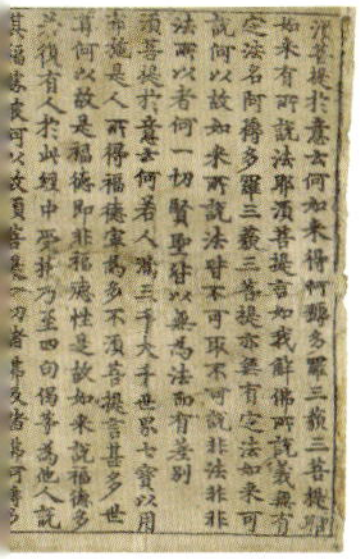
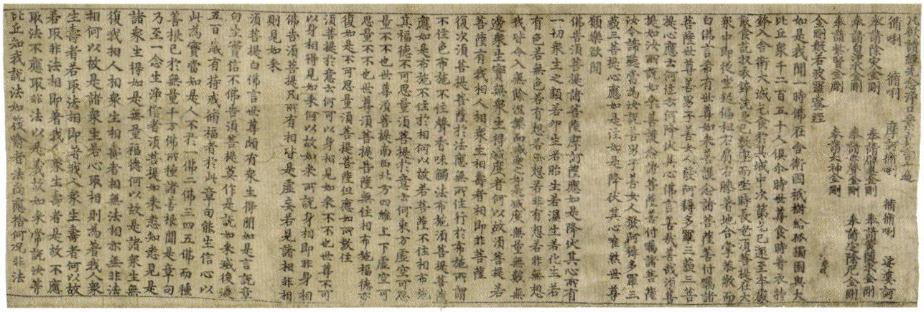

买走了不同数量的敦煌写本。经过西方探险者对敦煌藏经洞的洗劫，藏经洞的大部分文物早已流散于世界各地，现藏于英国、法国、俄罗斯、印度、日本等十余个国家的 30 多个博物馆、图书馆，以及中国的 30 多个博物馆、图书馆。

藏经洞出土的中国古代各种经卷、文书、绢画、刺绣、铜像、法器等文物，总数在 5 万件以上，时间跨度从 5 世纪至 11 世纪初，历时 7 个世纪，使用的文字除汉文外，还有藏文、于阗文、梵文、回鹘文、粟特文、突厥文、龟兹文、希伯来文等，内容涉及中国古代的政治、经济、军事、历史、地理、哲学、宗教、民族、语言、文学、艺术、科学技术等诸多方面，其中佛教文书占敦煌汉文文献的绝大部分。这批敦煌文献多数是由古人手工抄写而成的写本，也有少部分是采用当时新兴的雕版技术印刷而成的刻本。

藏经洞出土的雕版印刷品年代主要集中在 9—10 世纪，即晚唐、五代和宋初，从内容上可以分为版画、佛经、历日和韵书等多个类型。佛经包括《金刚经》《梵网经》《佛说高王观世音经》《佛说生天经》《大般若波罗蜜多经》《妙法莲华经》等。雕版历日、韵书包括《唐乾符四年丁酉岁具注历书》《剑南西川成都樊赏家具注历日》《上都东市大刁家大印》《大唐刊谬补阙切韵》《故圆鉴大师二十四孝押座文》等。藏经洞发现的这批雕版印刷品是中国印刷史上早期珍贵的实物资料。

> (1908 年)3 月 3 日……我得以进入了“至圣所”……我置身于一个在各个方向都只有约 2.5 米、三侧均布满了一人多高、两层和有时是三层厚的卷子的龛中……
>
> ——【法】保罗·伯希和

## 印刷术在中国的发展

印刷术是以反体文字或图画制成版面，然后着墨或其他色料，在纸或者其他介质表面压印出正文的一种方法。中国古代的印刷术可分为雕版印刷术和活字印刷术两种。雕版印刷术是将文字反刻于一整块木板或者其他质料的板上，制成印版，并在印版上施墨印刷的方法。活字印刷术是先用胶泥、木头或铜、锡等金属制成一个个阳文反写的单字，再用单个“活字”检排成一块印版，然后在印版上施墨印刷的方法。

大约在唐代，中国就开始采用雕版印刷的办法制作书籍，此后雕版印刷技术经过五代的缓慢发展，至两宋时期达极盛，标志着书籍的生产制作方法发生了划时代的变革，人类文明也进入了新的历史时期。

唐代文献中，关于雕印历书、佛经、道书、阴阳杂记等书的记载屡见不鲜。如唐末冯贽《云仙散录》卷五引《僧园逸录》云：“玄奘以回峰纸印普贤像，施于四方，每岁五驮无余。”记述了玄奘法师取经归来雕印普贤像的事件。由于玄奘回国是在贞观十九年（645），圆寂于麟德元年（664），因此雕印普贤像一事应发生在645—664 年之间。雕版印刷流传于世的实物也较丰富，以被斯坦因携走、现藏英国国家图书馆的

《金刚经》为年代最早、最具代表性。进入五代以后，雕版印制书籍的方法已被政府正式采纳，并且用来印制儒家经典，开始了有组织、大规模的刻印书籍活动。总体而言，唐五代时期的雕版印刷多是普通民众使用的历书、佛经和通俗读物，雕镌手法也比较简单、朴素。

两宋时期是中国雕版印刷事业发展的黄金时期，刻书之广、规模之大、流通之宽、版印之精都堪称后世楷模，形成了广大的书籍出版网络，包括官刻、家刻和坊刻三大系统，使书籍生产出现了前所未有的高潮。

宋版书多根据古代写本刻印，并经过认真校勘，保留了古书的原貌，具有很高的文献价值。宋代刻本所用的纸、墨考究，雕刻精细，全书多由一人抄写，再由刻工雕刻，字体统一。因其精湛的工艺水准、典雅的艺术风格以及年代久远、更近原貌的重要价值，深受学术界重视。

与用手抄写相比，雕版印制书籍有无可比拟的优越性，但也有不可避免的局限性，即雕印的书籍只能在本数上增加，不能在种数上更新，若要更新，必须再雕一套版。在两宋雕版印书充分发展的同时，这一弱点也充分暴露了出来。为满足社会上对书籍的需求，北宋庆历年间，平民毕昇在实践的基础上发明了活字印刷术，开始利用活字进行书籍的排版印刷。毕昇所用为泥活字，后来还产生了木活字、铅活字和铜活字等。

印刷术的发明，在人类历史上第一次成功地解决了大规模复制信息的难题，通过大量、经济地复制图书及其他文献，使信息得以长久、广泛保存，在信息保真、传播迅捷、降低价格、扩大受众等方面具有突出的优势。自 8 世纪以来，中国的雕版印刷术陆续传播到日本、朝鲜、越南、菲律宾、柬埔寨、泰国、埃及和欧洲各国。印刷术的传播是世界范围内最重要的文化交流之一，促进了世界文化的发展，同时保存了丰富的文化遗产，对世界历史进程产生了巨大的推动作用。

# 042 维京入沟通的世界
# 约克谷银杯

年　代：927—928 年
尺　寸：高 9.2 厘米，直径 12 厘米
收藏地：大英博物馆

在《盎格鲁－撒克逊编年史》中有这样一段记载：“793（年），这年诺森伯里亚出现了可怕的凶兆，把人们吓坏了。它们包括狂猛的旋风和闪电，又看见火龙在空中飞舞。一场严重的灾荒立即继这些征兆而来。同年 6 月 8 日，异教徒对林迪斯法恩的修道院加以破坏，又抢又杀。”这段记载中的“异教徒”实际上就是维京人。维京人不仅是海盗，还是著名的航海家，9—11 世纪，他们在设得兰群岛、法罗群岛、冰岛、格陵兰岛都设立了殖民地，同时进行贸易，甚至定居在欧洲沿海和河流两岸。他们开创的时代被称为“维京时代”。

## 寻宝人发现的宝藏

2007 年冬天，寻宝人戴维·惠兰和他的儿子安德鲁·惠兰带着金属探测器，来到约克谷的哈罗盖特荒野中寻宝。一般的寻宝人不会来到哈罗盖特进行寻宝活动，是因为这里还没有发现过比维多利亚时代钱币更早的宝物，而且这里的土地刚刚犁过，犁得比较深，很不利于金属探测器工作。但是惠兰父子别无选择，因为他们有权探寻的地方大部分正在耕作。

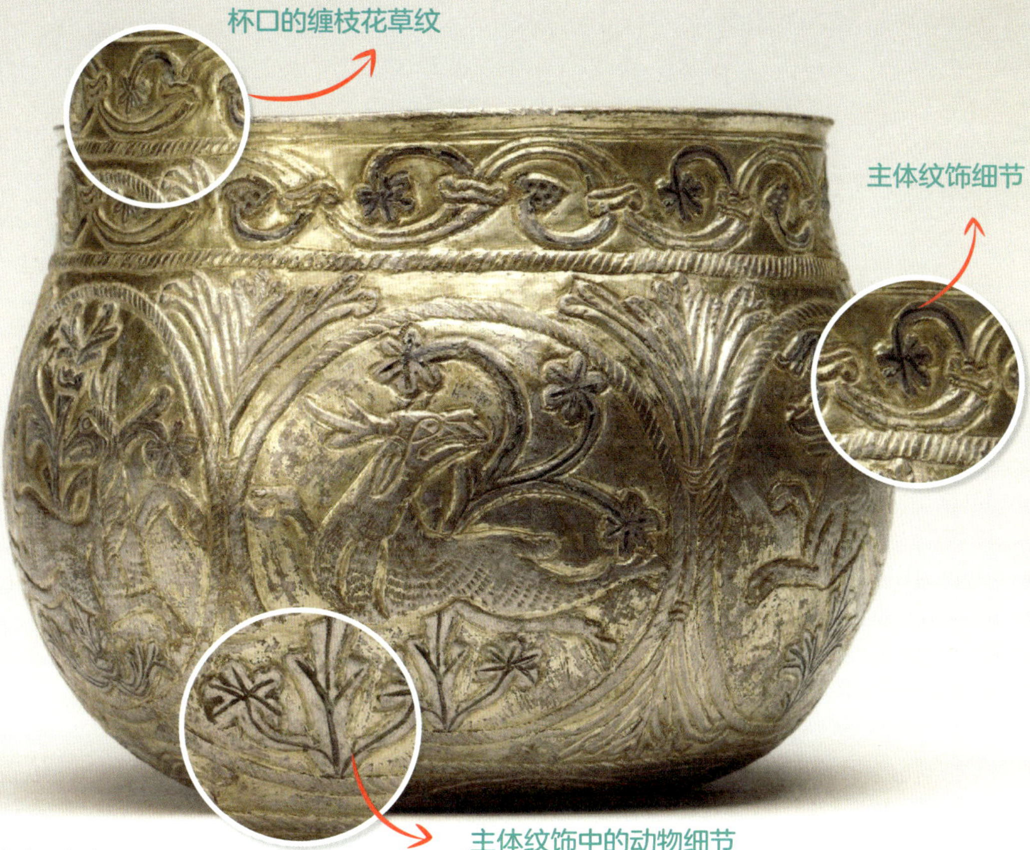


**约克谷银杯**

杯为银质，外表镀金，敞口，束颈，球形腹，平底。颈部饰缠枝花草纹一周，花草纹下部饰绳纹一周。杯体缠枝花草开光，共分六个围框，围框内装饰在灌木丛中奔跑的动物图案。

在不到半小时的搜寻时间里，戴维的机器接收到了一个相当稳定的信号，根据信号判断，深度也很合理。在他们父子掀开浮土之后，信号更加清晰。当他们继续挖掘的时候，发现了两个铅质碎片，在碎片的底下赫然出现了一个被覆盖的球形物品。戴维的第一反应是这有可能是一个老式的铅质水箱球塞，然而当他戴上眼镜仔细观察时，发现泥土中的球形物上有装饰的痕迹，四个硬币就在这个物品的上面。其中三枚硬币因为泥土包裹无法辨认，但是第四枚他认出来了——是一枚长者爱德华时期的盎格鲁 - 撒克逊便士。

戴维马上叫来了儿子，仔细清理了上面的泥土，毫无疑问，这是一个漂亮的银杯，接着银杯中更多的珠宝和硬币被发现。值得称赞的是，惠兰父子并没有打乱银杯的原始形态，因为他们意识到他们的发现在考古上有重要价值，他们需要征求专家的意见。他们先把这个银杯送回家中，然后再次来到发掘地，发现银杯下面还有散乱的银锭。父子二人仔细地搜集了这些银锭和每一个破碎的铅片，并且对发掘地做了标记。后来他们找到了古物联络官艾米·库珀，经过库珀的鉴定，这批宝藏的真实面貌被逐渐揭开。

宝藏盛装在一个做工精美的银杯里，包括 600 多枚银币、1 个金臂环、6 个银臂环，以及金银项圈、胸针、指环、窄银条的碎块等。银杯短束颈，球状腹，平底，表面装饰树木和奔跑的动物。臂环来自爱尔兰。项圈来自现在的俄罗斯，为熔化贸易所得的迪拉姆金银币制成。银币极薄，尺寸接近现代的一英镑硬币，大部分来自盎格鲁 - 撒克逊王国，为阿瑟尔斯坦发行的钱币，还有由维京人在约克郡铸造的镌刻圣彼得名字的银币，以及来自撒马尔罕的迪拉姆、阿富汗与巴格达的银币、中亚的伊斯兰货币等。约克郡河谷出土的宝藏一定程度上反映了维京人统治英格兰北部时的远征、商贸活动范围。

## “北欧海盗”维京人

被称为“北欧海盗”的维京人最初生活在欧洲大陆北部斯堪的纳维亚半岛上，他们来自瑞典、挪威和丹麦，都属于斯堪的纳维亚民族。“维京”的名称源于北欧古词“维克”，意思是“港湾”，斯堪的纳维亚人赋予它远征、掠夺的新含义。

维京人善于造船和远洋航海，维京船可以分成战船和货船两类，战船又称“长船”“龙头船”，造型轻巧狭小，行动迅捷，吃水很浅，一般配有两排长划桨，可以在河流中灵活自如地穿行。维京人通常将这种长船集结成队，发动突袭式的劫掠活动。货船的船身高大而笨重，能够在航海过程中保持船身稳定，这种船的桅杆可以放倒，蒙上风帆就能成为帐篷。维京船以其高超的技术构造和审美价值在世界造船史上占据了重要地位，也成为维京文化的象征。

维京人四处征战劫掠，所用的武器主要有矛枪、战斧和剑。矛枪是维京战士最常用的远距离作战兵器，可用于刺杀和投射，由阔叶状尖枪头和木质矛杆组成，有些矛头附有侧翼，称为倒钩矛枪。维京战斧拥有巨大头部和长杆，头部呈新月形或凸圆形，长杆长一到两米。维京剑是近身战兵器，可能主要为权贵之人佩带和使用，一些剑为了减轻剑身重量、增加灵活度而刻出了浅槽，剑首和护手上通常装饰各种图案，剑鞘用两片经过雕刻的木片制成，有时以毛皮包裹，整把剑配有装饰性斜挂剑带。

8 世纪末，维京人开始用他们的长船和武器四处劫掠，席卷欧洲。787 年，维京人首次掠夺英格兰。后来又驾驶长船抵达英国海岸，攻击了林第斯法恩修道院，并将僧侣和修女杀死或掠走，将教堂里的珍宝洗劫一空。到 9 世纪初，已经没有任何沿海地区能够免遭他们的袭击。来自挪威和丹麦的维京人分别对凯尔特人聚居的苏格兰及爱尔兰海岸和盎格鲁 - 撒克逊人掌控的英格兰进行了大规模的摧毁洗劫，爱尔兰的都柏林成为殖民据点和商业中心。

9 世纪中后期，维京人变洗劫为征服，开始对苏格兰北部及西部沿海地区实施殖民统治。885 年，大批来自丹麦的维京人沿塞纳河直驱巴黎，维京人又将诺曼底作为他们新的殖民地。来自挪威的维京人往西北方向扩张，到达冰岛、格陵兰、北美大陆东海岸。来自瑞典的维京人向东出发，进入斯拉夫人的土地，从事亦商亦盗的活动，在第涅伯河的下游盘踞于基辅城，又沿第涅伯河进入黑海，来到拜占庭，又沿伏尔加河进入里海，将货物运往巴格达。在贸易线路上通常设有多个中转站，维京商人将香料、银币、珠宝、皮草等物贩运到各地，并掳掠贩卖奴隶。总之，9—11 世纪期间，斯堪的纳维亚的维京人通过劫掠与商贸活动，与欧洲、亚洲、美洲等多地建立起广泛的联系。

043

## 紫式部展现的日本社会
# 《紫式部日记绘卷》断简

年　代：13 世纪

尺　寸：纵 79.2 厘米，横 20.9 厘米

收藏地：日本东京国立博物馆

世界文学史上最早出现的长篇叙事小说，恐怕非日本平安时代女作家紫式部的《源氏物语》莫属。《源氏物语》被誉为日本古代“物语文学”的最高峰，它比中国的早期小说《三国演义》《水浒传》以及欧洲长篇小说的先驱《十日谈》还要早上三四个世纪。这样一部小说，出自当时一位贵族夫人之手，不能不说是一个奇迹。在东京国立博物馆里有一幅画作——《紫式部日记绘卷》断简，通过这幅画作，我们可以了解紫式部和她的精神世界。

## 残缺的《紫式部日记绘卷》

日本平安时代中期，唐绘的地位开始被原本用作屏风、纸门装饰的“大和绘”所取代。而大和绘在平安时代后期又衍生出包括绘卷在内的新的绘画风格。平安时代最有代表性的绘卷有《源氏物语绘卷》《信贵山缘起绘卷》《伴大纳言绘卷》《鸟兽人物戏画》等。镰仓时代出现了继承平安时代传统的《枕草子绘卷》《紫式部日记绘卷》《三十六歌仙绘卷》等作品，反映武士社会风气的《平治物语绘卷》《蒙

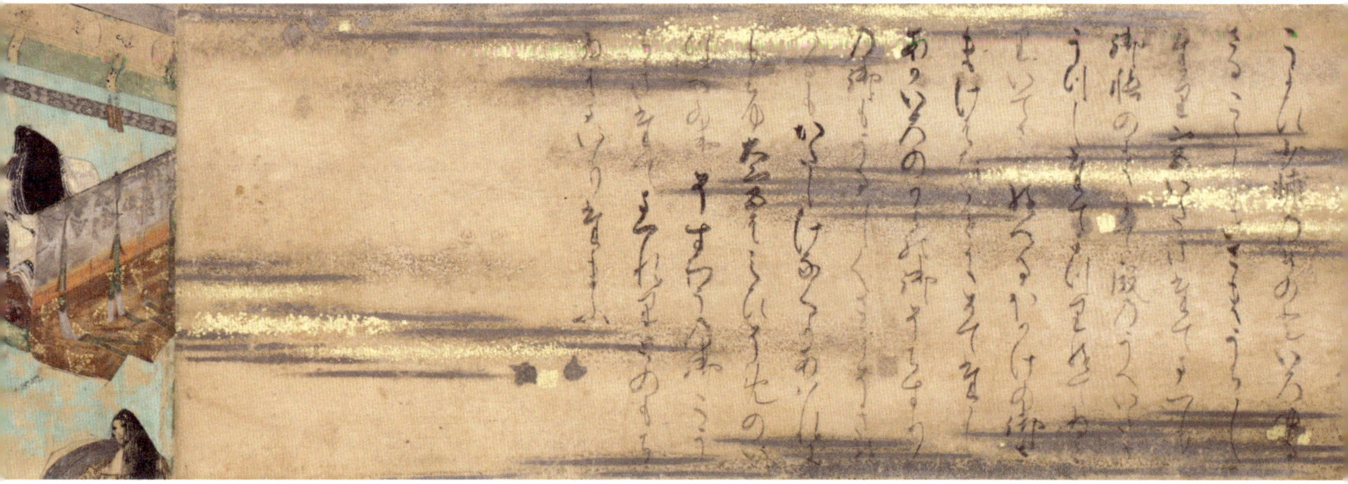

《紫式部日记绘卷》断简

目前留存于世的《紫式部日记绘卷》共计 24 卷，包含了 24 篇日记，约占整个《紫式部日记》内容的四分之一。由于该绘卷早已被拆分，后人按收藏人的顺序依次分为八家家残卷、藤田家残卷、森川家残卷和大仓家残卷，分别收藏在藤田博物馆、五岛市立美术馆和东京国立博物馆等。

古袭来绘卷》，以菅原道真的传记为中心的《北野天神缘起绘卷》等。日本绘卷主要有两种风格。一种以《信贵山缘起绘卷》为代表，多表现寺院缘起、战争等重大事件，采用鸟瞰式的构图，通过人物的户外活动，描绘事件的发展过程，通常人数众多、场面宏大、表现手法写实，具有较强的动态美和力度感，依当时的用语属“男绘”。另一类以《源氏物语绘卷》为代表，多表现室内场景，运用独特的“吹拔屋台”式鸟瞰构图，人物的动作幅度小，五官采用“引目钩鼻”法表现，面目千篇一律，场景描绘十分细腻，线条流畅简洁，色彩浓艳，追求一种静态的阴柔美，属于当时的“女绘”，后来渐与“男绘”比肩。

《紫式部日记绘卷》是镰仓时代绘制的、采用文学主题的主要绘卷之一，被认为是继承了平安时代《源氏物语绘卷》的风格。现存的《紫式部日记绘卷》仅为日记的一部分，而今被进一步拆分，分藏于各处。图中残简为大仓家旧藏的一幅，描绘了皇宫举行盛大的五十日贺宴会的一段。画面下方可见皇子的外祖父藤原道长给皇子进献年糕的仪式，小皇子非常可爱。画面右下角所绘的女官也许就是紫式部。在这段绘卷之前，还有描绘中宫抱着皇子接受布膳的段落和描绘祝贺宴会上公卿们醉态的段落，均收藏于五岛美术馆。与《源氏物语绘卷》相比，《紫式部日记绘卷》更显僵硬拘谨，有炫耀技法的痕迹，注重描绘衣物细部，人物的表情和动态更为丰富。

女作家在画卷中仅处在小小的角落里，但是这丝毫遮掩不住她身上散发出的人文主义气息。

## 紫式部与《紫式部日记》

紫式部（约 978—约 1016）是日本平安时代女文学家，姓藤原，名不可考。“紫式部”的“紫”来自《源氏物语》中女主人公紫姬，“式部”是官称，其父藤原为时曾先后任式部丞和式部大丞，式部之名由此而来。紫式部出身于中层贵族与书香之家，其曾祖父藤原兼辅是著名歌人，父亲藤原为时也是著名学者和歌人，母亲在她幼年时便去世了。紫式部受家学熏陶，随父学习诗文，有很高的汉学素养，在白居易诗歌、佛学、音乐、美术、服饰等方面多有研究，其才华广为人知。

998 年，紫式部和山城守藤原宣孝结婚，生女儿贤子，1001 年丧夫寡居，开始写作《源氏物语》，不久被朝廷实权人物藤原道长召入宫中，侍奉其女一条天皇的中宫藤原彰子，作为彰子的第一女房（女官），向她讲解《白氏文集》等中国典籍和《日本书纪》等日本典籍。在宫中，紫式部有机会直接接触宫廷生活，这种生活体验为她的文学创作提供了素材。

紫式部的主要作品有《源氏物语》五十四卷、《紫式部日记》二卷、《紫式部集》等，这些作品相映生辉，永载日本文学史册，也使紫式部享誉世界文坛，与但丁、歌德等并列。

《紫式部日记》是她在宫廷供职期间所写，以中宫彰子分娩前后的宫中生活体验和见闻感想为中心，具有较高的史料和文学价值。全文由日记体和书信体两部分构成。日记体部分主要记载彰子生育敦成亲王（日后的后一条天皇）前后及敦良亲王诞生五十日贺宴等宫廷各种活动，而书信体部分主要记载对清少纳言等才女的评判，以及自己的心境、身世、为人处世的心得等内容。

## 物语文学的杰作《源氏物语》

《源氏物语》成书于1001—1008年间，是日本古典文学的巅峰之作，标志着日本“物语文学”的成熟，被公认为世界上最早、最完整的长篇小说。

《源氏物语》篇幅浩瀚，全书近百万字，共分三部，书中人物有400多位，涉及皇家贵族三代，跨越70余年，以主人公源氏为故事的核心，描写了他一生几经沉浮的政治命运和纵情声色的情感经历，反映了平安时代全盛时期日本宫廷错综复杂的权势斗争和一夫一妻多妾制下妇女的命运，展示了日本皇族、贵族阶层的生活状况和精神风貌，其中上层贵族的权力斗争和源氏的爱情、婚姻是贯穿全书的两条主线。

全书文字细腻优美，内容博大精深，大量引用汉诗及《诗经》《礼记》《战国策》《史记》等中国古籍中的史实和典故，对宫廷春夏秋冬的自然景物和传统的仪式活动进行了生动展现，有些章节段落涉及文学论、艺术论的内容，开启了日本“物哀”时代，对日本后世的文学、美学产生了深远的影响。

《源氏物语》以日本平安时代为背景。平安时代是日本古代文学和音乐、舞蹈、绘画等艺术发展的顶峰，在这一时期，儒学和佛教得到推崇，假名文字产生，和歌兴盛，精致的丝织物、铜器和瓷器的制作日渐发达，日本民族文化有很大的发展，呈现“和风化”的趋势。

哀此东篱菊，当年共护持。今秋花上露，只湿一人衣。一花一木，故人相植。一思一念，今人成痴。

——【日】紫式部《源氏物语》

# 044 英国普通法的奠基石《大宪章》原件

年　代：1215年6月15日
尺　寸：纵50.5厘米，横32厘米
收藏地：英国国家图书馆

在现行的英国法律中，关于英国的教会自由有这样的法律条款："英格兰教会将是自由的，其全部权利和自由将不受侵犯。"看似平白无奇的一条法律条文，却有800多年的历史，它来自1215年的《大宪章》。尽管《大宪章》在签署后仅仅十周就被废除了，但是作为世界上最著名的法律文献，它的影响一直持续到了今天。

## 英国普通法的奠基石

《大宪章》也称《自由大宪章》或《英国自由大宪章》，由坎特伯雷大主教在1215年6月15日起草，英国国王约翰和叛乱贵族在泰晤士河畔温莎附近的兰尼米德签署，最初以拉丁文颁布，目的是使约翰与贵族们达成和解，后来被译为盎格鲁-诺曼语和英语，以便贵族和平民都可以理解。这是第一份限制君主权力并承认赋予自由公民适当权利的文件，被认为是英国普通法的奠基石，在1215年后，被历代国王多次删减内容后重新颁布。

《大宪章》现存四个原件抄本，两件存于伦敦的英国国家图书馆，一件存于索尔兹伯里大教堂，另一件存于林肯大教堂。为庆祝《大宪章》颁布800周年，2015年，四个原件首次联合展出。这里讲述的是收藏于英国国家图书馆的《大宪章》，是幸存的四份《大宪章》原件抄本之一，以连续的散文体拉丁文写在羊皮纸上，文件本身以左上角的大写“I”开头，在下方空白处有一些补充，表示有些段落被抄写员错误地省略了，或者做了修改。约翰王的印章已经不在，但是可以确知印章的位置。这份《大宪章》是在伦敦的一家裁缝店被发现的，它是1628年1月1日被汉弗莱·怀姆斯送给罗伯特·科

**《大宪章》原件**

虽然《大宪章》被视为英国普通法的奠基石，但是它出现之后仅仅被一小部分人熟知。在其出现后的几个世纪中，即便是要执行《大宪章》的条文，仍然需要法院的解释。《大宪章》地位的提高是在英国资产阶级革命时期。

顿爵士的，后来藏于英国国家图书馆，自 1857 年以来一直定期展出。

《大宪章》之所以能够出现在英国的历史上，还有一段故事。1066 年，法国诺曼底公爵入侵，加冕为英王威廉一世，建立了诺曼王朝，签署了《王冠宪章》，禁止各种掠抢、暴力和不公正审判。“诺曼征服”加速了英国的封建化过程，以分封土地为基础，君主与臣属之间的权利和义务以契约形式规定。英国国王与贵族的势力在长期的冲突与妥协中寻求平衡，从而开创、发展了英国政治的自由传统。

“狮心王”理查一世在十字军东征中死去，1199 年，约翰成为英格兰国王。约翰获得王位的方式遭人非议，被认为是杀害另一位王位继承人——他的侄子亚瑟而夺得王位，且约翰穷兵黩武、横征暴敛，与教皇就坎特伯雷大主教的任命问题产生冲突。1214 年，约翰在同法国的布汶之役中大败，贵族们乘机联合对国王不满的各方势力反对他。1215 年 6 月 10 日，英国贵族的骑士军队占领伦敦，挟持了约翰。同年 6 月 15 日，约翰在强大的压力之下，被迫签署《大宪章》，为其盖上皇室的印章，而贵族则在 6 月 19 日重新对约翰效忠。《大宪章》的相关文件被誊写抄送至各地保存。

> 任何自由人，如未经其同级贵族之依法裁判，或经国法裁判，皆不得被逮捕、监禁、没收财产、剥夺法律保护权、流放，或加以任何其他损害。
>
> ——《大宪章》第 39 条

在贵族们离开伦敦返回封地后，约翰立即宣布废弃《大宪章》，随后英国陷入内战。1216 年 10 月 18 日，约翰病逝，九岁的亨利三世即位，在英国教会和罗马教廷的支持下，战事终结。亨利三世承诺归还叛乱贵族被没收的土地，并于同年 10 月 12 日重新颁布了《大宪章》，删去包括第 61 条在内的部分条款。1217 年和 1225 年，亨利三世都曾再次发布《大宪章》，《大宪章》逐渐成为既定的英国法律。1272 年，亨利三世逝世，他的儿子爱德华一世即位，在1297年10月12日发布最后一次修订的《大宪章》，此后它一直是英格兰和威尔士的法律，直到今天，其中的部分条款仍然适行。

## 大宪章的内容和影响

1215年《大宪章》包括一个序言和63个条款，大部分条款是重申贵族、教士的人身和财产权利，少数条款还确认了城市已享有的权利、保护商业自由、统一度量衡等，涉及限制王权、债务与地产管理、市镇与商贸管理、教会事务、司法管理、执行机制等方面，始终贯彻对财产和人身权利的保障原则。

《大宪章》是英国乃至西方政治史上颇具特色的篇章，但它并不是现代意义上的宪法文本。《大宪章》的行文中并没有关于自由等概念的抽象概括，它所包含的只是具体的措施，其中21条涉及财产权，体现了对私人财产权的保护。《大宪章》中多次提及这些自由、权利，皆为根据英国旧有的习惯与传统提出，因而《大宪章》并非这一传统的源泉或唯一表述，它的诞生不仅支持和发扬了这一传统，其本身也依赖这一传统的支持。

近现代的政治制度和传统源自英国。1215年《大宪章》奠定了英国政治的基础，开创了英国的自由传统，宣告“国王在法律之下”，即法律至上，法律开始成为约束王权的武器，开启了之后的政治体制演进历程。《大宪章》限制英国王权的本质是英国的贵族阶层联合抵制对他们征税和管理的国家权力。

《大宪章》第一次以法律文本的形式规定了人权，确立了人权的基本原则以及正当法律程序的地位，特别是第39条，体现了对于财产权、人身权的基本保护。1948年，联合国大会通过了《世界人权宣言》，其中部分条款与《大宪章》中的条款类似，还援引了《大宪章》的内容，这些都彰显了《大宪章》对当今世界人权发展所产生的积极影响。

045

## 影响东西方交流的一本游记
# 法语手抄本《马可·波罗行纪》

年　代：1400—1420 年
尺　寸：高 42 厘米，宽 29.87 厘米
收藏地：法国国家图书馆

意大利航海家哥伦布曾经说过，他对一本游记中提到的中国、印度的文明向往至极，特别是对书中所载日本生产黄金，“其数无限”“地铺金砖”。哥伦布提到的这本书就是《马可·波罗行纪》——一本产生于 13 世纪，对中西方交通、经济和文化交流产生深远影响的读物。这里介绍的就是法国国家图书馆收藏的手抄本《马可·波罗行纪》。

## 马可·波罗的东方之旅

元朝时，欧亚之间的通道畅通，促进了商旅往来和东西方的文化交流。马可·波罗的东方之旅和《马可·波罗行纪》就是这一背景下的产物。

马可·波罗是中世纪意大利著名的旅行家，1254 年出生于意大利威尼斯一个商人家庭。威尼斯是当时地中海的商业中心和东西方贸易的集散地，马可·波罗的父亲和叔叔都是威尼斯商人，曾在世界各地经商。1260 年，马可·波罗的父亲、叔叔沿着丝绸之路来到中国，受到了忽必烈的礼遇。直到 1269 年，他们才返回威尼斯。受到家庭影响，马可·波罗自幼便对神秘、富庶的东方充满向往。1271 年，年仅

17 岁的马可·波罗随父亲与叔叔前往中国，开启了他的东方之旅。

马可·波罗一行沿着从中国通往中亚、西亚的丝绸之路，穿越了叙利亚和两河流域，横越波斯（今伊朗），走过中亚沙漠地带，翻越帕米尔高原，到达可失哈儿（今新疆喀什）。他们略做停留后，继续东行，穿过塔里木盆地和罗布泊南缘的和田、且末诸城，越过沙漠，到达沙州（今甘肃敦煌）。再经过河西走廊上的肃州（今甘肃酒泉）、甘州（今甘肃张掖），在河西走廊停留和休整后，由甘州北行，经过伊齐纳城、和林城，进入西凉国故地，穿过草原，经过白城子，最后抵达元上都（今内蒙古锡林郭勒境内），历时三年多。马可·波罗等人受到了忽必烈的接见，不久又前往元大都（今北京）。马可·波罗深受忽必烈器重，1275—1291 年间，他一直在元朝供职，多次奉命巡游、访问，到达中国河北、山西、陕西、四川、云南、山东、江浙、福建等地，还曾出使东南亚的一些国家，如印度尼西亚、菲律宾、缅甸、越南等国。1291 年，马可·波罗一行护送蒙古公主阔阔真从福建泉州乘船出海，前

**《马可·波罗行纪》内页之《波罗父子离开君士坦丁堡》**

这本《马可·波罗行纪》是 1400—1420 年成书的法语手抄本。该书采用了当时最流行的泥金彩绘装帧模式，由让·勒·隆翻译成法文，书中插图由马扎林大师绘制，每一页的装饰都很精美。

往波斯，并顺路回国。1295 年，马可·波罗终于回到阔别了 20 余年的故乡威尼斯。马可·波罗的东方旅行轰动了整个城市，来看望他的人络绎不绝。

1296 年，威尼斯与热那亚两个城市爆发战争，马可·波罗加入了威尼斯军队，在战争中受伤被俘，被关进了热那亚的监狱。他在狱中讲述了游历东方的见闻，由同狱作家比萨人鲁思梯谦诺笔录成书，于是举世闻名的《马可·波罗行纪》就诞生了。1299 年，威尼斯与热那亚的战争宣告结束，马可·波罗获释回到威尼斯，继续经商，于 1324 年逝世。

《马可·波罗行纪》内页之《波罗父子拜见忽必烈》

## “世界一大奇书”

《马可·波罗行纪》被称为“世界一大奇书”，原稿用中古时期的法意混合语写成，早已失传，该书问世 700 多年来，被译成各种文字，现存各种传抄本逾 150 种。全书分为四个部分：第一部分，记述马可·波罗东游时沿途经过的一些国家和地区的见闻；第二部分，记述马可·波罗在中国元朝的见闻，包括忽必烈大汗及其宫殿、都城、朝廷、政府、节庆和游猎等事，以及在杭州、福州、泉州等地的经历；第三部分，记述在日本、缅甸、老挝、越南、暹罗、爪哇、印度等国家的见闻；第四部分，记述成吉思汗以后蒙古诸汗国之间的战争，以及在亚洲北部的见闻。

全书涉及 100 多个国家和城市的地形、物产、气候、商业、居民、宗教信仰、风俗习惯等。由于马可·波罗在中国停留的时间最长，该书以大量的篇幅描述中国，是欧洲人较早撰写的关于中国政治、经济、历史、文化和艺术的游记，对元朝的政治制度、社会状况及大都、杭州等几十个著名城市都做了详细记述，内容包括元大都的宵禁制度、棋盘状整齐的街道、繁荣的商贸活动等。

## 《马可·波罗行纪》的影响

《马可·波罗行纪》在欧洲的广泛流传，激起了欧洲人对东方的热烈向往，成为欧洲人了解中国及亚洲的重要知识来源，特别是对中国、日本、东南亚、印度等地的财富进行了夸张的描绘，刺激了欧洲航海家、地理学家、君王贵族进行或支持远航探险来到东方，对于欧洲的航海事业产生了极大的影响。

14—15 世纪欧洲的地理学家曾根据这部游记绘制了早期的世界地图，当时一些著名的航海家和探险队的领导者曾经读过《马可·波罗行纪》，并从中受到巨大的鼓舞和启示，引发了新航路的开辟和新大陆的发现。哥伦布于 1492 年航海前往印度和中国，偶然到了美洲，发现了新大陆，他曾经仔细研读过《马可·波罗行纪》，并在书上做了许多批注。达·伽马在率船队开辟直达印度的新航路时也读过《马可·波罗行纪》，并给予高度评价。

《马可·波罗行纪》对历史学、地理学、民族学、博物学均具有很大的贡献，是了解元朝历史、元代的东西交通、丝路沿线文化面貌的重要参考资料。同时，《马可·波罗行纪》也促进了东西方更为广泛的往来、文化交流以及人类社会面貌的改变。

046

## 鲜为人知的非洲王国
# 伊费头像

年　代：14—15世纪
尺　寸：高35厘米，宽12.5厘米
收藏地：大英博物馆

提起非洲的文明，人们第一时间想到的是古埃及。然而在非洲大地上，除了古埃及之外，还曾经存在一些鲜为人知的文明国家。今天生活在尼日利亚的约鲁巴人就曾创造过辉煌的文化，他们创建的伊费王国，被认为是非洲艺术和文化最高成就的发祥地。而伊费这个11—15世纪时西非强大的、国际化的、富裕的国家，因一尊青铜头像重回人们的视野。

### 伊费头像的发现

伊费头像为一尊青铜雕塑艺术珍品，现展出于大英博物馆非洲厅。1938年，该头像出土于尼日利亚伊费城的一座王宫遗址，与之同时被发现的还有另外十余尊铜像。这尊头像比真人的头颅略小，脸部呈椭圆形，满布精心雕刻的纤细而平行的纵向刻纹，这种刻纹也称“刺花纵纹”，是非洲铜雕的特色所在，其作用尚无定说，有加强雕像的装饰效果、表现冠上挂小珠的细绳、表现文身图案等不同观点。头像的眼睛呈杏仁状，鼻子细长，眉脊清晰可见。头像戴着一顶精致的饰满串珠、结构复杂的王冠，王冠以三层组合装饰环绕，上面竖着插了一根醒目的羽毛状饰物，冠

上最初的红漆至今仍有留存。头像脖子前面有凹槽，代表皮肤皱纹，嘴唇周围和两腮有连串的小孔，可能是为了逼真地表现胡须，或者用来悬挂遮盖嘴唇与下颌的串珠帘子。

根据约鲁巴人的传说，伊费是生命和文明开始的地方。伊费的统治者奥尼为原始创造神的后裔，除节庆日外，他大部分时间都是在王宫里度过的。即使出现在民众面前，也必须用王冠上垂挂的串珠把脸部遮盖起来。如今的奥尼仍在某些仪式上将整张脸遮盖起来，以区别于普通人，而精致的王冠也暗示该头像与奥尼有关。

**伊费头像正面**

伊费帝国制作了大量的雕塑作品，包括陶、石、青铜和黄铜等材质，分布在伊费古城的不同地点。伊费青铜像以自然主义风格而著称，这种栩栩如生的青铜头像在非洲是独一无二的。当伊费青铜头像第一次展示在西方人面前的时候，人们很快就将这种青铜像和古希腊、古罗马青铜作品联系在了一起，有人甚至认为伊费就是消失了的亚特兰蒂斯。

这尊头像由约鲁巴人用失蜡法铸造而成。工匠首先用陶土做出粗模型，盖上一层熔化了的蜡，冷却后用刀刻出细节，然后再往模型上敷湿的陶泥，并在下面留一个小孔。陶泥干燥后，加热模型使蜡流走，再从孔里注入铜液，使其占据两层陶泥之间的空间。等铜液冷却凝固后，去掉陶泥层，对铸件进行细致的加工修饰，雕刻图案，进行磨光，使其平整。失蜡法的运用体现了约鲁巴人高超的工艺水平。伊费头像的面庞和五官比例准确，轮廓优美协调、生动清晰，刻画细致入微，面部的细节经过整合与提炼，传达出安宁之感。有别于抽象化和程式化的自然风格是伊费艺术的主要特色之一，雕像的五官、骨骼、肌肉、服饰，甚至皮肤纹理和质感大多都被如实地表现。伊费头像可能曾被安装在木质身体上，脖子上的小钉孔也许是用于固定的。它或许会在游行队伍里使用，或在某种宗教仪式上代替无法出席或亡故的奥尼。

**伊费头像侧面**

从侧面看，伊费青铜头像的自然主义风格格外明显，人物的面部比例、头上的冠饰均忠实地反映伊费人的真实面貌，尤其是脖子上的皱褶都被刻画得分外明显。

## 伊费古城与约鲁巴人

约鲁巴是西非的一个部族，绝大多数生活在尼日利亚，是非洲人口最多、最重要的民族之一。伊费文化的起源和发展与约鲁巴人的历史紧密相关。

约鲁巴人建立起一种古老的城邦社会，这些城邦通常规模不大，由若干城镇组成，城邦的统治者是“奥巴”或者“阿拉芬”，伊费国王被称为“奥尼”，享有至高的政治、宗教、道德权威，地位在其他城邦国王之上。

伊费是约鲁巴人的发祥地和宗教、文化中心，有“圣都”之称。在约鲁巴人的观念中，上帝奥罗伦在伊费城创造了人类，伊费是宇宙的中心，是依照神的意志产生的最早陆地。考古发掘证明，古伊费城的兴建不晚于 9 世纪，有可能在 6 世纪就开始了，其古代疆界北起尼日尔河，南至几内亚湾。考古学家对伊费城内的伊塔 - 耶莫遗址中出土的木炭进行放射性碳素测定，知其年代在 960—1160 年。

20 世纪初，德国考古学家和民族学家利奥·弗罗本纽斯率领考察非洲的探险队，在伊费丛林中发现了许多约鲁巴人的遗迹，又在废弃的宫殿旧址出土了许多青铜和赤陶人像，在伊费地区的庙宇中发现大量的赤陶头像残片和石雕。根据出土的赤陶雕塑、青铜雕像和砖铺道路的发展变化情况，该城邦应是在 10—14 世纪达到鼎盛。这些作品使我们了解到古代西非约鲁巴人社会生活、宗教文化的状况，也引起了很多学者探究其起源和年代问题的兴趣。

根据学者的研究，伊费文化是地中海文明的余波，其艺术成就应归于古希腊传说中的亚特兰蒂斯的影响。许多学者随后又提出伊费的祖先可能来源于古代希腊、罗马、埃及、印度等观点，而越来越多的出土文物为确定伊费文化的源头提供了丰富的资料。虽然还很难对伊费王国雕刻工艺的形成时间和发展演变做出确切的结论，但可以确定伊费文化是非洲人民创造的，伊费雕塑艺术是尼日利亚独特的传统技艺之一。

在已发现的伊费雕像中头像最多，全身像的头部则占据了全身的四分之一，并不符合古希腊雕像的经典比例，反而体现了典型的非洲艺术强调头部、以头部为尊的传统。伊费雕像使人们重新审视非洲在世界文化史上的地位，在一定意义上也成为整个非洲大陆的象征，增强了他们对辉煌灿烂的传统文化的自信。

047

帖木儿帝国和明朝的交流

# 帖木儿帝国碧玉龙柄杯

年　代：1417—1449 年
尺　寸：长 19.5 厘米，宽 12.2 厘米，高 7.3 厘米
收藏地：大英博物馆

明朝建立后，北方和西域被蒙古部族或蒙古后裔政权占据，为防范蒙古势力南下东进，明朝在北方以长城为界，西北以玉门关、哈密为界，划地而治。为保证丝绸之路的畅通，明太祖、明成祖父子两代苦心经营，文武共用，恩威并举，积极主动地与西域中亚地方政权建立贡使关系，进行商贸往来，恢复了丝绸之路西域中亚段经济、文化交流，保证了中原政权与西域中亚历史交往的连续性，使丝绸之路文化交流步入新的发展阶段。大英博物馆收藏的一件帖木儿帝国的碧玉龙柄杯，就是明代东西方交流的见证。

## 帖木儿帝国的碧玉龙柄杯

碧玉龙柄杯为一件椭圆形玉容器，颜色碧绿，上有天然云状纹理，口缘较薄并外撇，一端立雕一个螭柄，螭口和前爪与器口相接，长尾与双腿攀附于腹壁下方，弯拱的身躯形成把柄，螭头五官扁平，刻有三道短横线，背脊饰一道宽深的阴刻线，双耳之间有一长角，其下为代表鬣毛的厚玉片，

**帖木儿帝国碧玉龙柄杯**

杯为碧玉雕成，椭圆形口，圈底，在杯的一侧雕刻了一只螭龙作为杯把。如果不去关注玉杯的铭文的话，对中国玉器稍微了解一些的人肯定会认为这是一件典型的中国玉杯。

器表素面无纹，杯体壮硕、厚重，螭头下巴下方留有一大块应该切除的玉料，制作不甚精细，带有中亚草原民族的豪放风格。在碧玉龙柄杯一侧口沿下方的器壁上阴刻有草体的阿拉伯文“兀鲁伯曲烈干”，与螭柄相对的一端包覆银片，可能是修复时为覆盖破口缺陷而制作，银片上刻有土耳其文。兀鲁伯是帖木儿帝国第三代帝王，由于在 1417 年娶了成吉思汗的后代而获得“曲烈干”的尊号。有学者结合中国新石器时代以来的考古资料，特别是出土玉器上的螭龙图案指出，这件玉杯把柄所雕的动物应称为“螭龙”，而不是龙。

## 帖木儿和兀鲁伯

帖木儿帝国是帖木儿开创的一个可与蒙古帝国相媲美的超级大国。帖木儿出身于西察合台境内撒马尔罕附近的一个突厥化的蒙古贵族家庭。1370 年，帖木儿自称成吉思汗的后裔，占领撒马尔罕，在巴里黑登上王位，西察合台汗国演变为帖木儿帝国。在占据了西察合台汗国之后，帖木儿又将东、西察合台汗国合并，随后对周围地区进行了扩张。

14 世纪 80 年代，帖木儿进攻伊尔汗国，占领了伊朗和阿富汗地区，进而攻占两河流域。14 世纪 90 年代以后，他多次进攻钦察汗国，攻占美索不达米亚及高加索部分地区。1399 年，帖木儿率军远征小亚细亚一带地区。1402 年，在安卡拉战役中，帖木儿大败奥斯曼帝国，奥斯曼帝国苏丹巴耶塞特一世被俘。至此，帖木儿建立起从印度德里到小亚细亚、美索不达米亚的大帝国。1404 年，帖木儿又准备入侵明朝，但却于 1405 年行军途中病亡，并未与明军发生大规模交战。帖木儿死后，由于内部发展的不平衡，缺乏统一的经济基础，帝国四分五裂。在帖木儿的后裔争夺王位的斗争中，帖木儿第四子沙哈鲁最终夺取了王位，帖木儿帝国在他的长期治理下经历了繁荣和相对和平时期。沙哈鲁命其长子兀鲁伯驻撒马尔罕，镇守河中，自己则以赫拉特为首府。

兀鲁伯出生于 1394 年，从小受到良好的宗教和文化教育，博学多识。1409—1447 年，兀鲁伯长期担任河中地区的行政长官，在他统治时期，采取了提倡、保护和赞助学术文化的政策，东西方的学者、诗人、工匠云集于撒马尔罕等城市。兀鲁伯是天文学家、数学家、神学家和诗人，有“学者君王”之称。1419—1422 年间，兀鲁伯加入沙哈鲁派遣的使节团出使明朝，在北京停留了将近半年，这种经历增加了他对中国文化的兴趣，还在撒马尔罕建了用中国瓷器装饰的“瓷厅”。1447 年，兀鲁伯继任帖木儿帝国的第三代国君。1449 年，兀鲁伯被其长子阿卜杜·剌迪甫弑杀。

## 帖木儿帝国与明朝的外交

明朝与帖木儿帝国几乎是同时兴起的政权，除了短暂的敌对紧张之外，亚洲的这两大帝国在一百多年的时间内基本上保持了友好交往，贡贸关系一直延续到帖木儿帝国结束，有力促进了两国间经济和文化的交流。

明太祖在位期间，帖木儿帝国与明朝就有使臣来往。据《明史》记载，洪武二十年（1387），帖木儿首次遣使到明朝，进贡马 15 匹、骆驼两头，朱元璋赐宴款待使臣，并赐白银 18 锭。此后，帖木儿频繁遣使向明朝贡马、驼和其他物品。帖木儿帝国输入明朝的主要是马匹，其次是骆驼、玉石及刀剑等物。明朝与之交换的货物主要是丝绸、瓷器等。除了官方的朝贡贸易外，民间的贸易和交往也频繁起来。洪武二十七年（1394），帖木儿遣使贡马二百匹，并携带表文称“臣帖木儿”，表明帖木儿至少在表面上承认了明朝的宗主国地位。

永乐二年（1404），帖木儿领兵 80 万向东攻明。明朝廷闻讯后，敕谕甘肃总兵官宋晟准备迎战，但次年春初，帖木儿在途中病死，大军返回。

沙哈鲁当政期间，帖木儿帝国承认了明朝的宗主国地位，“奉中国为上邦”，贡使往来频繁，官私贸易活跃。帖木儿帝国派往明朝的使者多是王公贵族，如 1419 年，沙哈鲁向明朝派出使团时，沙哈鲁之长子兀鲁伯、次子亦不剌忻、三子伯开豁儿、四子莎儿合塔米失、五子马哈木・尤杰都派代表随行，这些王子是沙哈鲁派往各地的统治者。

明朝对朝贡使团采取“厚往薄来”的政策，帖木儿帝国在与明朝的交往中获取经济利益也是其与明朝保持友好关系的主要因素之一。两国间的交往路线除了古代丝绸之路外，在 15 世纪后期还开通了海路。

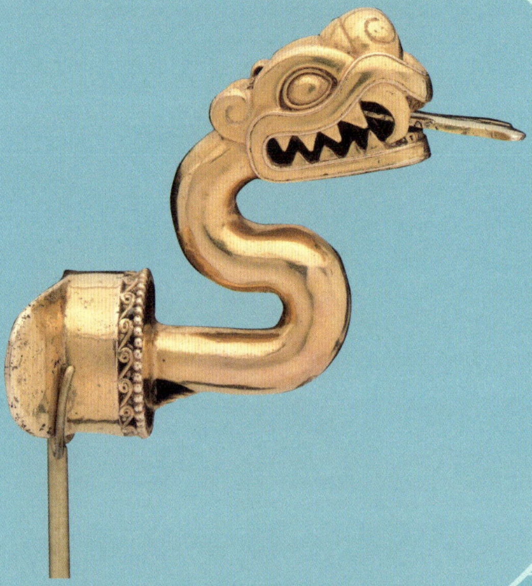

# 第六章 近代早期的世界文明

当中国结束了元代的短暂统治之后，迎来了一个新的王朝——明朝。随着郑和下西洋的征帆，中国开始对世界进行新的探索，东西方的经济文化交流呈现出全新的面貌，而西方经历了中世纪的阵痛之后，也开始了自己的新生。印刷术推进了欧洲思想的广泛传播，宗教改革打破了古老的枷锁，文艺复兴让人们再次认清了真实的“人”。探险家们开始驾起帆船，寻找东方的财富，却意外发现了新大陆。鲜为人知的新大陆就此揭开了神秘的面纱，原本隔绝的各大洲第一次与其他地区联系起来。

**推荐博物馆：**

上海博物馆、美国国会图书馆、法国国家图书馆、美国大都会艺术博物馆、英国国家美术馆

## 048 当纸张拥有了金钱一样的价值

# 大明通行宝钞

年　代：1375 年

尺　寸：纵 34.1 厘米，横 22.2 厘米

收藏地：上海博物馆

“钱”是现代生活的重要工具，是经济活动的血液，几乎人人都离不开它。钱在现代社会生活中是以不同的形态流通的，包括纸币、硬币、信用卡、支票等，其中纸币是相当长时间内最常见的一种。在人类漫长的历史中，人们使用过贝币、铜币、铁币、铅锡币、金、银等，纸币是非常晚才出现的。中国是世界上最早使用纸币的国家，这张明初的“大明通行宝钞”就是明朝官方发行的纸币。

## “大明通行宝钞”印制的准备

1368 年，朱元璋在南京登基，改元洪武，建立了明王朝。出身贫苦的朱元璋，深知战争疾苦，所以明朝建立伊始，他便采取了一系列的措施来恢复社会秩序，包括免除赋役、移民屯田、兴修水利等劝农政策。作为一个开国者，他雄心勃勃，想让王朝子民按照他的设想思考和处世，于是他大力倡导儒家文化，宣扬忠孝理念，促进社会稳定。

每一个新建立的王朝，都要推翻前朝的政策，以向臣民宣示其权威和革新的意志，这也体现在朱元璋和他的政策中。早在王朝建立前的战火纷争中，他便铸造“大

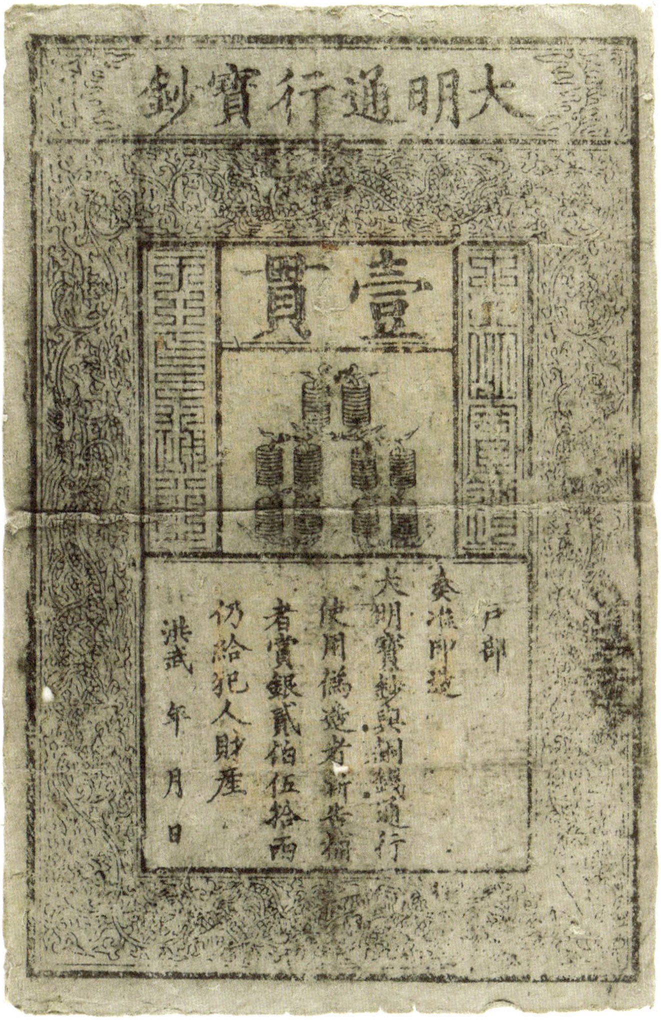


**大明通行宝钞**

大明通行宝钞是中国乃至世界迄今票幅最大的纸币。宝钞的印制起于洪武八年（1375），到洪武十三年（1380），明太祖废中书省升六部，宝钞的管辖权属于户部。明代近三百年间，仅发行了这一种“大明通行宝钞”，而且宝钞的印制和发行始终集中于中央政府，这种统一性是前代不曾有过的。

中通宝”钱币。称帝后不久，他便鼓励工商业的发展，其中整顿货币是重要的手段之一，在铸造“洪武通宝”铜钱的同时，又统一发行了“大明通行宝钞”。

发行纸钞并非新王朝首创，早在宋真宗初年，四川地区的十六户富豪地主人家就发行了纸币，叫作“交子”。不久，政府收夺了私家发行纸币之权，在成都设置专局，负责印制和发行纸币。后来发行数量越来越多，使用纸币的地区也越来越多，北宋政府便在开封设置了交子务，专门负责纸币的发行。对明朝新皇帝影响最大的或许是元代印制的“中统元宝交钞”，交钞在元代已通行于全国各地。

> 钞多则轻，少则重。民间钞不行，缘散多敛少，宜为法敛之。请市肆门摊诸税，度量轻重，加其课程。钞入官，官取昏软者悉毁之。自今官钞宜少出，民间得钞难，则自然重矣。
>
> ——《明史·食货志》

为了颁行新钞，朱元璋做足了准备工作。1374 年，朝廷颁布了“钞法”，设立了宝钞提举司，其下再设抄纸、印钞二局和宝钞、行用二库。第二年，便以中书省名义发行了“大明通行宝钞”。该宝钞在明朝初期广为使用，流通较多，现藏于上海博物馆的这件便是其中之一。

## 大明通行宝钞的印制

这张“大明通行宝钞”不论从什么角度来看，都展示了明朝的自信和雄心。宝钞呈长方形，纵 34.1 厘米，横 22.2 厘米，长宽分别约合明制的一尺和六寸。整体来看，宝钞尺寸较大，近乎两个手掌大小，比 A4 纸还大一点儿。纵观整个世界史，它是票幅最大的纸钞。这张纸钞，是用桑皮纸制成的。

相对于其形态和规制，更吸引人的地方是这张纸钞上面的内容。整个纸张用木版黑墨分上下条框印制，条框内印满了汉字与装饰图案。纸钞上框内，居中横题六个醒目大字“大明通行宝钞”，两侧印有精美花栏。下框几乎占据了整个版面，框边缘为一圈龙纹花栏。

下框内为中图，分为中上、中下两部分。中上图又可分为上下两栏。上栏居中书大字“一贯”，表示宝钞的面额。一贯，即一千文铜钱。“一贯”二字下栏，也是纸钞的正中央，画出了与一贯等额的铜钱，一共十串，每串一百枚，共计一千文。一贯，亦值白银一两，四贯价值为一两黄金。在宝钞刚推行时，一贯铜钱可购买一石米，约合 70 千克口粮，可满足当时一个中等八口之家十多天的粮食需求。

同现代货币有不同面额一样，大明宝钞除了有一贯的面值外，还发行了另外五种，分别是五百文、四百文、三百文、二百文和一百文。五百文上绘制五串铜钱，其余依此类推。纸钞面值两侧有八个篆体字，右侧为“大明宝钞”，左侧为“天下通行”，下框中下图主要是文字，写明“户部奏准印造，大明宝钞与铜钱通行使用，伪造者斩”等，表示朝廷将对伪造纸币者给予严惩。

## 宝钞的破产

大明通行宝钞在被印制出来后，成为朱元璋的重要统治工具。一方面，纸钞被用作支付官兵俸禄；另一方面，朱元璋喜欢用纸钞进行赏赐。包括朱元璋、朱棣在内，皇帝经常会赏赐皇室宗亲、公主、文武官员等，而在赏赐的过程中，货币是必不可少的。宝钞由于具有货币价值，自然成为赏赐物之一。同时，印钞又是成本很低的活动，皇帝很难抵抗随意加印纸币带来的诱惑，而这为纸钞的“破产”埋下了种子。

纸钞印制的第 15 年，江西、福建一带的两贯纸钞只能换五百文铜钱，贬值近四分之一。在纸钞发行后的第 60 年，宝钞一贯只能换铜钱五文。随着宝钞贬值的加剧，其民间流通也日益减少。到了宣德年间，明朝终止了“大明通行宝钞”的使用，银锭转而成了新的基础货币。纸钞的印制使用，前后也不过百年。正值王朝鼎盛时期，纸钞制度“破产”了。

明代没有中央银行，纸币的发行全由皇帝说了算。若皇帝毫无节制，就很容易导致过量发行宝钞。宝钞的价值是由铜钱支撑的，事实上二者必须在供需上取得平衡。当百姓意识到纸钞越来越多，而朝廷实际上也越来越无节制地印制纸钞时，纸钞所能兑换的铜钱也将越来越少，相应的纸钞能购买的米的量也会越来越少。百姓就只能接受铜钱，而排斥宝钞，最终导致的结果是宝钞一文不值。

049

## 现代欧洲发展基石的奠定
# 古登堡《圣经》

年　代：1454—1455 年
尺　寸：纵 43 厘米，横 31 厘米
收藏地：美国国会图书馆

英国哲学家培根曾说：“三大发明即印刷术、火药和指南针，古人并不知晓；我们应注意到，没有哪个方面的发明就其力量、功效和结果而言，比三大发明更惹人注目。因为这三大发明改变了整个世界的面貌和状态。”其中，排在第一位的印刷术，深刻地改变了知识的保存方式与传播速度。知识，培根说它是“力量”，也正是因为印刷术的加持，知识得以显示出更强大的威力。它在爆炸式增长的同时，重新塑造了人，也让人重新发现世界。古登堡《圣经》是欧洲活字印刷术的最早成果，让我们得以一窥这股不朽力量的“源泉”。

## 横空出世

自基督教在 1 世纪诞生起，《圣经》大多数时间是以手抄在羊皮或纸草上的形式流传的。手抄的方式费工费时且容易出错，虽然当时也有用雕版印刷的，但很不方便。直到 1454 年，古登堡印制了第一批活字版的《圣经》，事情整个变得不同了。

古登堡出生于德国美因茨，父亲是一位贵族商人。他的出生日期没有任何记录，根据推测大约是在 1394—1404 年间。《大英百科全书》认为他出生于 1398 年，这

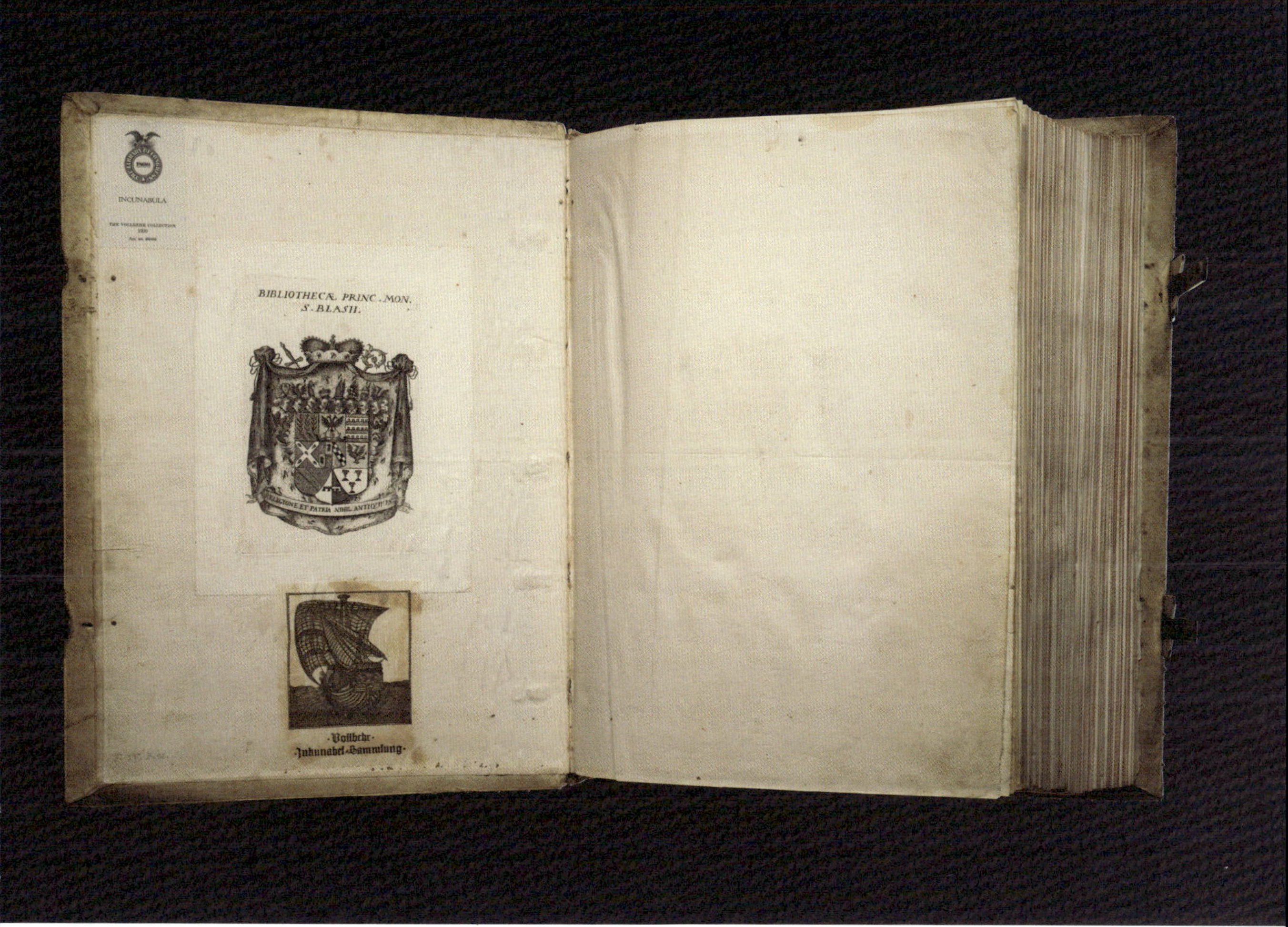


**古登堡《圣经》扉页**

根据相关调查，截至2009年，现存的古登堡《圣经》仅有49本，其中21本是完整的，其余的则缺少页面或者整卷缺失。这些书基本上都收藏在大学图书馆和其他研究机构、图书馆等。美国国会图书馆收藏的这本古登堡《圣经》就是21本完整版中的一本。

种说法被广泛采纳。他的早年生活亦不为人知，童年的古登堡似乎并没有显现出什么特别的天赋。

从1434年起，也许是受家庭经商氛围的影响，古登堡在斯特拉斯堡开了一家公司，主营业务是生产镜子、打磨宝石等，这些技术性的经验为他的发明提供了良好的条件。1440年左右，他有了活字印刷的想法。1448年，他回到家乡，与福斯特开办了一个印刷厂。在这里，他合成了一种十分实用的含锌、铅和锑的合金，用来做字母以及一种可用来印刷的含油墨水。有了这些基础，他创立了大批量生产金属活字的程序，创建了字母库。古登堡用这些金属字母排列成印刷的书页，这个方式创新的地方是这些字母可以被反复使用，而过去木刻的底板上的字母无法反复使用，只能整页印刷。最后，他又开发了一套非常实用的印制系统，可以大批量印刷书籍，并且十分经济适用。

在决定要印刷的第一本书时，古登堡选择了《圣经》。他很聪明，因为在神圣罗马帝国时期，基督教是国教，有众多信众，选择印刷《圣经》，将来势必不愁销路。他开始只印刷了约 180 部，其中约 140 部印在纸上，另外约 40 部则用更加贵重的上等牛皮纸印刷而成。现在这些印刷品仅存 49 本，分布在美、德、比、法、奥、日、梵蒂冈、丹麦等国，其中只有 21 本是完整的，其余的则有不同程度的缺页。现存的 49 本中，只有 12 本是牛皮纸版本的，而且其中只有 4 本是完整的，有 1 本只剩下《新约全书》部分。美国国会图书馆所藏的这本，就是牛皮纸版本，并且是完整的。

## 不朽杰作

这本《圣经》，堪称世界印刷史上的杰作，具有较高的美学、艺术和科学价值。

全书书体印刷精美，书本长宽为 43 厘米 ×31 厘米，字面长宽为 29.2 厘米 ×19.8 厘米，使用牛皮纸制作而成，这种牛皮纸是古登堡专门从意大利进口的。全书 1284 页，每页两栏，从第 1 页至第 9 页，以及第 257 页至第 264 页，每页都是两栏 40 行，第 10 页两栏 41 行，另外千余页均为两栏 42 行，故称“42 行本《圣经》”。每页共印字母约 2500 个。增加行数的办法是锉短或锉小活字模体，这纯粹是为了节省纸张。正文用的字体是哥特体，字形粗黑，庄重古朴，所以哥特体后来又被用来指黑体字。

古登堡开发了一种油基墨水，它具有更好的黏附性。他的油墨主要成分是碳，但金属含量也很高，以铜、铅和钛为主，使文字可以更好地呈现在纸张上。如果我们仔细观察图片中的书页，就会发现其表面非常光亮。如果使用以前的水性墨水，墨就会掉，打印效果会很差。加上古登堡使用的字母由铅、锌和其他金属的合金组成，它们冷却得非常快，而且能够承受印刷时的压力。印刷本身是使用转轴印刷法，这种方法印制效率高，效果非常好。

在页面被印制出来后，古登堡马上将它们交给家乡的一位插画师绘制首字母，将其绘为红色或者蓝色。然后送到布鲁日的另一位插画师手中完成《圣经》中行列和边框的复杂装饰，这沿袭了中世纪手抄本的惯例。装饰是金、蓝、绿、红色的花纹，显得尤为美丽，形象包括花草、鱼虫和仙女，还有白鹤、孔雀等飞禽，十分精美华丽。

古登堡《圣经》印刷出来后，如所期望的一般，销路很好，而且除了本地外，还被销售到欧洲其他地方，如英国、瑞典和匈牙利。尽管它的销售价格比手抄本《圣经》要便宜得多，但大多数学生、牧师或其他普通收入人群根本无力负担，所以书籍多数还是被卖给了修道院、大学等机构，或者是个别富人（其中不乏一些虔诚的信徒私人购买后赠送给宗教机构）。目前只有一本确定在15世纪的时候是私有的，有一些已知是被放置在修道院食堂内，可供公共阅读，还有一些可能用于展示或者研究。

古登堡的印刷术使印刷品变得非常便宜，印刷速度也提高了许多，印刷量大大增加。它的产生，标志着“古登堡革命”的开始和西方印刷书籍时代的到来。很快，古登堡印刷术在欧洲飞快普及。随着出版印刷业的兴盛，各地大学、中小学、修道院及教会、宫廷私塾等，掀起了教学、读书、学习的热潮，读、写逐渐普及，人们的文化素养逐步提升。从这个角度来说，古登堡《圣经》不愧为欧洲近代文化兴盛的先兆。

# 050 新大陆的发现

# 哥伦布地图

年　代：1492 年

尺　寸：纵 70 厘米，横 112 厘米

收藏地：法国国家图书馆

现代经济学鼻祖亚当·斯密曾说：“美洲的发现和经由好望角抵达东印度航线的开辟，是人类历史上最伟大、最重要的两件事。”在美洲发现以前，地球犹如“黑暗森林”一般，大洲之间联系很少，大洋似乎无边无际，大海深处有太多的未知。1492 年，哥伦布发现新大陆，改变了这一切。不同地区人们的生活开始变得息息相关，各地人们的命运也发生了巨变。世界局势为之一变，进入了全球一体化的进程。这幅哥伦布地图，可以说反映了人们对地球认识的跃升，以及背后世界体系的更新换代。

## 哥伦布发现美洲

克里斯托弗·哥伦布，1451 年出生于意大利热那亚。他的父亲是在热那亚和萨沃纳工作的中产阶级羊毛纺织工，同时还有一个卖奶酪的小摊，哥伦布小时候还帮忙看过摊。哥伦布有几个兄弟，其中一位在里斯本的一家地图作坊工作过。这幅哥伦布地图，很有可能与哥伦布的这位兄弟关系密切，甚至有人认为这幅描绘了东北大西洋、波罗的海、地中海和黑海的海图是哥伦布的兄弟根据哥伦布的见闻绘制的。

哥伦布自幼热爱航海冒险，他声称自己早在 10 岁时就出过海。他读过《马可·波

**哥伦布地图**

这幅“哥伦布地图”在法国国家图书馆的名称是《东北大西洋、波罗的海、地中海和黑海的海图并附有圆形的世界地图》，其作者被标注为克里斯托弗·哥伦布。虽然有人质疑这幅地图并非哥伦布所绘，但是它确切地反映了哥伦布时代人们的地理和航海观念。

**哥伦布地图背面**

在哥伦布地图的背面绘制了四幅小型图画，在绿色的地毯上各有一只动物，分别是鹰、羚羊、鸵鸟和鹿，具体指代不详，或许象征了不同地域。

罗行纪》，十分向往印度和中国。当时，地圆说已经很盛行，哥伦布也深信不疑。他确信可以找到一条从大西洋向西通往东亚的切实可行的航海路线，并坚决要把这种设想变成现实。

为了实现自己的设想，哥伦布到各国游说了十几年，包括英国、法国、意大利和葡萄牙，但都被拒绝了。原因是哥伦布提出了一些过分的要求，例如他要求得到“航海司令”的头衔，要求10%的战利品回报，并且要求将他发现的每个国家的总督权过继给他的后代。西班牙女王伊莎贝拉一开始同样也拒绝了他，但她想到如果哥伦布成功了，那她便可能在高利润的香料贸易竞争中占据有利地位，于是她指定了一个皇家委员会考虑哥伦布的计划，并决定将哥伦布纳入皇家供奉，直到六年后才发了批文。女王还拿出自己的私房钱资助哥伦布，使哥伦布的计划得以实施。

1492年8月3日，哥伦布带着给东方印度君主和中国皇帝的国书，率领由可靠的水手和能干的船员操纵的三艘帆船，从帕洛斯港起航，直向西航去。经过70个昼夜的艰苦航行，船队于10月12日凌晨终于发现了陆地，哥伦布以为到达了印度，后来将之命名为圣萨尔瓦多（救世主的意思）。他之后又于10月28日到达古巴岛，他误认为这就是亚洲大陆。随后他来到西印度群岛中的埃斯帕尼奥拉岛（今海地岛），在岛的北岸进行了考察。1493年4月15日返回西班牙。

在西班牙女王支持下，哥伦布又三次出海远航（1493—1496，1498—1500，1502—1504），彻底打通了从大西洋到美洲的航路，发现和利用了大西洋低纬度吹东风、较高纬度吹西风的风向变化。

他先后到达巴哈马群岛、古巴、海地、多米尼加、特立尼达等岛，又在帕里亚湾南岸首次登上美洲大陆，考察了中美洲洪都拉斯到达连湾2000多千米的海岸线，认识了巴拿马地峡。从全人类的角度来看，他航行的最大意义在于促进了旧大陆与新大陆的联系。遗憾的是，直到1506年逝世，哥伦布一直都认为他到达的是印度。

## 哥伦布探险的影响

哥伦布发现新大陆这一事实意义深远，但不同的人有不同看法。对于哥伦布自己来说，他自认为其成就主要在于传播了基督的荣光。对于原本生活在新大陆的人来说，哥伦布的到来意味着对美洲野蛮和残酷的大掠杀的开始，正如我们前面在印加帝国部分看到的那样，我们也会在下一节看到阿兹特克文明类似的命运。在现今大多数地方，哥伦布被当作勇敢探索未知世界的精神象征，成为人类永恒的纪念。

若我们把眼光放在人类历史进程中来看，哥伦布发现新大陆的1500年左右，是世界历史的重要转折点。“地理大发现”使地球上的海洋成为一些人进行商业活动和向外征服的快速通道。他们因此沿着可居住的海岸建立了一种新的文化边疆，这种新文化边疆与陆地边疆的重要性形成竞争，并最终使陆地边疆黯然失色，全球进入了另一种逻辑体系。同时，地理上的新发现也给予中世纪欧洲致命一击，开启了此后几个世纪人们为了获得新的思想和行为模式而付诸巨大努力的进程。“除非你有勇气失去海岸的视线，否则你永远无法渡海。”哥伦布这句话，至今依然振聋发聩。

051

阿兹特克文明的兴亡

# 铰链舌头黄金蛇唇饰

年代：1400—1521 年

尺寸：长 6.67 厘米，宽 4.45 厘米，高 6.67 厘米

收藏地：美国大都会艺术博物馆

“难道我们真的活在人间？人不会永远活在世上，只是短暂的停留。即使是玉，也会被压碎；即使是黄金，也会被压坏；即使是克特扎尔神的羽毛，也会被撕得四分五裂。人不会永远活在世上，只是短暂的停留。”这个关于生存和死亡的拷问，来自 500 多年前的阿兹特克文明。现如今看这首诗，它更像是阿兹特克帝国的谶语。帝国仅仅繁盛了 100 多年，在 1521 年正值鼎盛时便突然湮灭。然而，诗歌中提到的阿兹特克文明最重要的三个元素——克特扎尔神、玉和黄金，它们以不同的形式流传到了今天，光彩夺目，令人浮想联翩。

## 阿兹特克的珍宝

铰链舌头黄金蛇唇饰可能是 16 世纪幸存下来的最精美的阿兹特克金饰，它是古代墨西哥金属匠人辉煌成就的罕见证明。这个杰作虽小，却为我们打开了一扇通往阿兹特克文化最高层的窗户。这件黄金蛇唇饰的造型是 S 形，由蛇头、蛇身和圆柱体组成，蛇嘴内含着一个可灵活移动的长舌。整件金饰长 6.67 厘米，宽 4.45 厘米，高 6.67 厘米，重 51 克，非常轻巧。

**铰链舌头黄金蛇唇饰**

阿兹特克文明一度在美洲繁荣兴盛。当欧洲人发现新大陆之后，一切都被殖民者彻底改变，贵重的黄金制品被西班牙殖民者熔化成金锭，这个遗留下来的金蛇似乎在诉说着阿兹特克人曾经遭受的劫难。

造型最为精巧的是蛇的头部。蛇首昂起，做攻击状，突出的鼻子和圆形的鼻孔高高耸起，眼眶上方有明显的卷曲状长板。蛇头顶部是一个由十个珠子和三个圆带组成的金属饰物，代表了一种带珠子的羽毛头饰。下颌显得强壮有力，上面锯齿状的牙齿和两个突出的尖牙格外明显。下颌下侧是浮雕雕刻出的精致鳞片，并且有一个圆孔。嘴内是分叉的铰链舌头，它是可以移动的，既能内外收放，也可以左右摆动，甚至能随着佩戴者的动作而随心移动。蛇身附着在了一个圆柱体的塞子上，塞子周围有一圈小圆珠和波浪状的螺旋装饰。塞子底部是一个近似于长方形的法兰（又称法兰凸缘盘或突缘，是轴与轴之间相互连接的零件），可以借此将唇形物固定在佩戴者的口腔内。

通过实验分析可以知道，这件黄金蛇唇饰由合金铸造而成，其中含有 59.3% ~ 64.3% 的金、26.8% ~ 33.1% 的铜和 7.5% ~ 8.8% 的银。这种合金通过失蜡法制成这件唇饰。在制作蜡模型的过程中，铰链舌头、顶部装饰和圆珠装

嵌绿松石双头蛇

饰都同时被制作出来。最后金属外表又经过抛光和修整，制作出有光泽的表面，头部的小圆凹槽可能曾镶嵌着石头。

可以与之媲美的是大英博物馆收藏的阿兹特克嵌绿松石双头蛇。这件嵌绿松石双头蛇是阿兹特克流传至今的文物中手工技艺最高超、最引人注目的。整件塑像的造型是双首单身、似 W 形的蜷曲起伏的双头蛇，呈左右对称状。两个蛇首朝向左右两端，昂首挺胸，怒目圆睁，青面獠牙，呈攻击状。塑像内部是用南美香椿树雕刻的木骨架。整个蛇身表面是用大约 2000 块绿松石打造而成的马赛克，牙龈和鼻子部位用血红色的海菊蛤贝壳装饰，牙齿用白色海螺贝壳镶嵌，上下门牙制成了硕大而可怖的毒牙状。通过科学分析可知，这件双头蛇采用的黏合剂是树脂，包括常见的松木树脂和芳香浓郁的布尔塞拉树脂，其中嘴里的树脂被赤铁矿染成了红色。眼窝周围还残留有蜂蜡胶。

## 阿兹特克人对蛇的信仰

至少从公元前 2000 年起，蛇就成为中美洲艺术中备受青睐的主题，被认为是统治者和神话英雄的象征。对阿兹特克人来说，蛇是重生和复活的象征。

蛇作为信仰的核心组成部分，在阿兹特克文明中被外化为不同的形象，其中就有嵌绿松石双头蛇和铰链舌头黄金蛇。

双头蛇，代表的是阿兹特克信仰中非常重要的羽蛇神——克察尔科亚特尔。它掌管着整个中美洲文明，有着非凡的影响力。在阿兹特克金字塔及寺庙的墙壁上，也都描绘有羽蛇神，形象都是遍体覆盖着羽毛的蛇。从外观上看，羽蛇神是绿咬鹃和作为大地象征的蛇的结合，它代表着天与地的力量的结合，因此也是永恒与重生的象征。

黄金蛇，我们根据它卷曲的眉毛和鼻子、羽毛头饰，判断它可能代表着修赫科特。修赫科特是一种强大的火蛇，被认为是阿兹特克太阳神维齐洛波奇特利手下的强有力的、具有生命的武器。黄金由于不容易腐烂，用来代表统治者持久的权力和荣耀是再适合不过的了。黄金蛇不会在日常生活中佩戴，只能在特定的场合中使用。比如在皇帝的登基仪式中，嘴里插入一条黄金蛇是非常重要的一环；而在战斗中，这条黄金蛇代表着使用它的主人随时准备攻击敌人。这是一个可怕的景象，令敌人胆寒。

除了蛇形象本身的内涵，绿松石和黄金作为主要的制作材料，也是阿兹特克帝国盛衰的重要见证。

绿松石很有价值，在阿兹特克的各种大型仪式中被广泛使用。它可以产生威慑作用，并维护帝国的统治。黄金更是帝国荣耀的象征。在阿兹特克人的信仰中，黄金是神圣的产物，与太阳的力量密切相关。阿兹特克的统治者和贵族都佩戴黄金制成的装饰品，包括黄金蛇。

在西班牙贪婪的殖民者与阿兹特克帝国被压迫属民的联合打击下，帝国最终崩塌。致命的天花病毒，又给当地人带来了灾难，令帝国损失了近九成人口。象征帝国荣耀的绿松石和黄金被掠夺一空，黄金饰品则被熔化，转换为便于运输和贸易的金锭，运往欧洲和其他地区。

仿佛所有的结局都已注定——“即使是玉，也会被压碎；即使是黄金，也会被压坏”。盛极一时的阿兹特克帝国，也仅仅是在历史上做了“短暂的停留”。

052

印加帝国的兴亡

# 印加黄金驼

年　代：1400—1533 年
尺　寸：高 5.1 厘米
收藏地：美国大都会艺术博物馆

人类的生存从来不能不依靠大自然的慷慨赐予，人与周遭的万物也时刻发生着紧密的联系。人类从诞生以来，就试图通过动物来表达认知和情感。这件来自南美洲的印加黄金驼便是一个典型例证。若我们通过放大镜，甚至是显微镜，加上我们人类所特有的想象力，来观察这件精美的黄金雕像，便依稀能从中看到印加帝国的地理、文化和历史脉络，还有背后那神秘的印加人。

## 印加帝国

1438 年，印加人在首领帕查库特克（西班牙语意为“改变世界的人”）的带领下，建立了印加帝国。此前他们从秘鲁的高原地区迁徙到库斯科，建立了库斯科王国。到了 1500 年左右，在帝国君主的带领下，印加成为南半球最大的帝国。它的领土自安第斯山脉向下绵延了近 5000 千米，人口数达到了近 2000 万。它的臣民遍布哥伦比亚到智利、亚马孙丛林到太平洋海岸的各个角落。

印加帝国的地形，从西向东可以分为三类：最西是狭窄而平坦的滨海地带，为热带沙漠气候和地中海气候；往东一点儿便是贫瘠的山坡地带，处于热带气候向

印加黄金驼局部特写

印加黄金驼

从秘鲁高地兴起的印加文明，曾是地理大发现前美洲大地上的典型代表。随着地理大发现的深入，西班牙人的殖民魔掌伸进了印加，大量的印加贵重金属制品被殖民者肆意掠夺、熔化，残存的每一件印加文物似乎都在讲述着印加帝国曾经的辉煌和苦难。

高山气候的过渡地区，印加人在这片土地开垦了梯田，种植了玉米；再往东，便是海拔超过 3500 米的安第斯山巅上的高山草原。这是一个垂直的帝国，有着平原—山坡—高山的巨大落差，但印加人还是翻越山脊修建了道路。印加人挖掘的灌溉系统与水渠改变了河流的流向，梯田也得以培育得肥沃。印加人的城市也是经过精心设计与规划的，城内有丰盈的仓库和四通八达的交通要道。这是一个高度发达的文明。

令人感到惊奇的是，尽管有着庞大的统治面积和复杂的地形，印加帝国竟然没有文字。而亚欧大陆和非洲大陆已经有近 4000 多年的文字历史，在那里，文字使官僚体制得以运行，国家得以运转并保持稳定。尽管印加帝国没有文字，但形成了一个以库斯科为中心的生产发达、生活富足和秩序井然的高效社会。因此，它的密码不在文字，不在成熟的文官系统，而在于它与自然的关系，甚至可以说，在于羊驼。

> 我看见石砌的古老建筑物镶嵌在青翠的安第斯高峰之间。激流自风雨侵蚀了几百年的城堡奔腾下泻……在这崎岖的高地，在这辉煌的废墟，我寻到能续写诗篇所必需的原则信念。
>
> ——【智利】巴勃罗·聂鲁达

## 黄金驼

印加帝国有成千上万的美洲羊驼，到现在，羊驼也是美洲特有的物种，已成为南美大陆的象征。羊驼虽然无法供人骑乘，但可以轻松驮载 30 千克左右的物品，在补给军队运输方面可以发挥极大的作用。同其他人工驯养家畜一样，羊驼还为印加人提供了丰富的毛皮、肉类和肥料。因此，印加人饲养了大量的美洲羊驼，用于日常生产和运输军用物资。

这尊黄金羊驼雕像，造型精巧，大小适中，高度仅有 5.1 厘米，与人手指的长度接近，因此完全可以用手托住或握住，便于随身携带。它用金箔制成，金光熠熠。羊驼的造型形象而可爱，脖子直伸，耳朵警觉地竖立，眼睛圆睁，嘴角合拢，挂着明显的笑意。

若把它拿起来细细观察，可以发现它的头部坚实，身体却是中空的，十分轻巧。现代科技为我们探究这尊塑像提供了更多信息。在印加，许多相似的羊驼雕像是通过锤击成片的方法制出的，但通过 X 光影像技术，可知这个雕像是通过失蜡法制成的。

## 印加帝国的覆亡

1492 年，哥伦布发现新大陆。之后西班牙人于 1520 年初进入印加帝国，他们看到这个帝国充满了黄金、白银等贵重金属。在接下来的十几年内，西班牙人通过剑、盔甲和火枪，以区区几百名士兵屠戮了印加军队，俘虏了国王，占领了这一片南美的领土。

同印加帝国的其他物品一样，在新的战争形势面前，美洲羊驼显得脆弱而落伍。在某场针对西班牙人的反抗战争后，战败的印加人丢弃了 15000 头羊驼。最终帝国的一切，包括羊驼，落入了西班牙殖民者之手。西班牙人熔化了印加帝国的黄金宝物，然后运回国内，这尊黄金驼是为数不多的幸存物之一。

当西班牙人抵达美洲的时候，美洲大约有 7000 万土著人口，但不久之后，美洲人口开始急速下降。在相对发达的中美洲和南美洲，来自西班牙和葡萄牙的殖民者强迫当地人为他们劳动，把其变成奴隶，这导致了当地长达数个世纪的社会发展迟缓和政治停滞。

时过境迁，帝国早已不存，血腥的战争和祭祀也早已远去，留下的只有故事和黄金驼。现在，美洲羊驼仍游荡在南美洲的高山地带，用它“呆萌”的眼神，继续见证着人类和自然紧密相关又生生不息的命运。

人类学家戈登·麦克尤恩这样评价印加人：“印加人缺乏轮式车辆的使用，缺乏能够骑乘和拉动车、犁的牲畜……缺乏钢铁的知识……更重要的是，他们缺乏书写和文字系统……尽管印加文明有这样那样的缺陷，印加人依然能够构建人类历史上最伟大的帝国之一的印加帝国。”

053

人类群星闪耀时

# 拉斐尔《雅典学院》壁画

年　代：1508—1511年
尺　寸：纵579厘米，横823厘米
收藏地：梵蒂冈博物馆

“人不能两次踏进同一条河流”“认识你自己”“吾爱吾师，吾更爱真理”……这些早已脍炙人口的西方哲学名言，如同它们的创作者们——赫拉克利特、苏格拉底、亚里士多德一样，早已为世人所熟知。文艺复兴时期“美术三杰”之一的拉斐尔有一幅名画《雅典学院》，描绘的就是古希腊时期人类文明史上这些耀眼的群星。

## 超越时空的对话

让我们先把时间拉回到1483年。这一年，《雅典学院》壁画的作者拉斐尔出生于意大利，此时正值文艺复兴时期。这一时期，人们为了打破宗教的束缚，借希腊和罗马古典时代的思想与艺术，呼唤人文主义的光辉。《雅典学院》壁画的作者拉斐尔便是这一时期的代表人物，他是文艺复兴时期“美术三杰”中最年轻的一位，《雅典学院》是他的代表作之一。

这幅壁画采用十字形的结构，十字的“一横”指横向排列的各式人物，十字的“一竖”指纵向透视的背景建筑。背景建筑为一雄伟的古典门厅，58位各色人物从门厅中走来，有的人甚至侧卧在门厅前的台阶上。从门厅中走出来的人物，沿着上级的

**拉斐尔《雅典学院》壁画**

《雅典学院》这幅壁画以其精准的透视投影而闻名于世，拉斐尔用细腻的笔触再现了古希腊哲学和欧洲文化。长期以来，这幅作品被视为“拉斐尔的杰作和文艺复兴时期古典精神的完美体现”。

台阶横向排列，侧卧在下级台阶上的人物，向画面的中央聚拢，58位人物共同构成了一个倒放的三角形。

这幅画面中的58位人物，全部是历史上各个时期伟大的哲学家、科学家和艺术家。他们穿越了古希腊、古罗马的历史时空，会聚于文艺复兴时期的画作之中。通常人们认为，位于画面的正中央、迎面走来的这两位，便是柏拉图与他的学生亚里士多德。柏拉图走在左边，他右手的食指指向天空，另一只手拿着他公元前360年的著作《蒂迈欧篇》。亚里士多德走在右边，他的左手拿着《伦理学》，右手掌心指向地面。柏拉图和亚里士多德的左面是他们的老师苏格拉底，他正在忘我地和人辩论。而证明了毕达哥拉斯定理的毕达哥拉斯正在台阶的下方拿着笔计算着什么，他相信抽象的数学能够诠释世间的万事万物。柏拉图和亚里士多德的右边，犬儒派的代表人物第欧根尼正侧卧在台阶上，懒洋洋地晒着太阳……58位对人类的思想产生过重要影响的先哲会聚一堂，正在展开一场穿越时空的对话。

## “理想国”和“哲学王”

那么，究竟为何柏拉图和亚里士多德会居于诸位先贤的中央？为了寻找这个问题的答案，还是要将时间倒回到公元前5世纪。公元前5世纪的后半叶，围绕着古希腊城邦主导权的问题，奉行民主政治的雅典阵营与奉行贵族政治的斯巴达阵营打响了伯罗奔尼撒战争，这场战争以雅典的失败而告终。

伯罗奔尼撒战争结束后，雅典的民主政治遭到重创，出现了“三十僭主”，虽然在此后得到了短暂的恢复，但也已经无法恢复到往昔的程度。先哲们在前期目睹了民主政治的强盛，而又在后期经历了战争的痛苦，于是他们的思想也随之发生了改变。早期的先贤比较关注宇宙与万物运行的规律，后期的先贤转而关心社会与人类的心灵世界。引领这一转变的便是“苏格拉底—柏拉图—亚里士多德”这一学脉。柏拉图沿苏格拉底的道路，奠定了西方哲学的基础。亚

> 对于哲学家来说，死是最后的自我实现，是求之不得的事，因为它打开了通向真正知识的大门。灵魂从肉体的羁绊中解脱出来，终于实现了光明的天国的视觉境界。
>
> ——【古希腊】苏格拉底

里士多德博采众长，在多个学科广泛涉猎，一直对欧洲数千年科学思想有着重要的影响。

公元前 5 世纪下半叶，苏格拉底常常在公共场合宣扬人们需要抛弃外在的人格化的神，改而信奉人类自己内心中的“灵魂”，而这个灵魂最重要的本质则是理性。他批评当时的人们仅仅关注钱财，而不去追求理性，这才导致了希腊社会的战乱与人心的堕落。然而，苏格拉底的学说遭到了当权者的忌恨，他们以“败坏青年”的罪名处决了这位具有开创性意义的哲人。

作为苏格拉底的学生，柏拉图在苏格拉底死后对雅典的民主政治感到深深的绝望，于是他愤而离开雅典。20 多年以后，柏拉图回到雅典，创办了欧洲历史上的第一所学校——学园。他继承了苏格拉底的大部分思想，同时形成了自己的哲学体系。他将世界划分为理念的世界和现实的世界。现实的世界非常不真实，而真实的世界存在于理念中，它由绝对的真理构成，不被人们的意识所左右。同时，柏拉图认为，只有具有哲学才能的“哲学王”才可以统治国家，于是他在学园中培养了大量的人才，比如亚里士多德从 17 岁开始就跟随着柏拉图在学园中学习。

亚里士多德的哲学思想涉及逻辑学、自然科学、心理学、伦理学等诸多方面，被称为“知识的集大成者”。可以说，在古希腊哲学中，几乎可以找到所有现代科学或者学科的源头，它深深地影响了 2000 多年以后的世界。

054

## 彪炳史册的“美术三杰”

# 《岩间圣母》《教皇尤利乌斯二世的肖像》《大卫像》

名　称：《岩间圣母》
年　代：1491—1508 年
尺　寸：纵 189.5 厘米，横 120 厘米
收藏地：英国国家美术馆

名　称：《教皇尤利乌斯二世的肖像》
年　代：1483—1520 年
尺　寸：纵 108.7 厘米，横 81 厘米
收藏地：英国国家美术馆

名　称：《大卫像》
年　代：1501—1504 年
尺　寸：连基座高约 550 厘米，宽 199 厘米
收藏地：意大利佛罗伦萨美术学院

“上天有时将美丽、优雅、才能赋予一人之身，令他在各个方面无不超群绝伦，显示他的天才来自上苍而非人间之力。”这句话毫不吝啬赞美的便是在人类历史上熠熠生辉的思想巨人达·芬奇。达·芬奇既是画家，又是雕塑家、音乐家、建筑师和工程师……因此，他也被称为“文艺复兴时期最完美的代表人物”。与达·芬奇

同一时代的艺术巨匠，还有拉斐尔和米开朗琪罗，他们使 14—16 世纪意大利文艺复兴时期的绘画艺术臻于成熟，对后世产生了深远的影响，被誉为“美术三杰”。

## 达 · 芬奇的《岩间圣母》

莱奥纳多·达·芬奇于1452年出生于佛罗伦萨，父亲是公证员瑟·皮耶罗·达·芬奇。他的家庭十分富有，他从小在著名的佛罗伦萨画家韦罗基奥的画室受教育。后来，他凭着自己不懈的努力，成长为一个博学者，也被称为有着“不可遏制的好奇心”和“极其活跃的创造性想象力”的人。他的兴趣达到了一个前所未有的范围和深度，而且“他的思想和人格似乎是超出常人的，而他本身却是神秘又疏远”。在艺术上，达 · 芬奇的作品不仅能像镜子似的如实反映事物，而且还以思考指导创作，从自然界中观察和选择美的部分加以表现。壁画《最后的晚餐》、肖像画《蒙娜丽莎》和祭坛画《岩间圣母》是他一生的三大杰作。

《岩间圣母》事实上是两幅画板油画的统称，这两幅画的构图基本相同。一幅画作于 1483—1486 年，现藏于卢浮宫，另一幅藏于英国国家美术馆。这两幅都是应一宗教团体之请，为米兰圣弗朗切斯科教堂的一间礼拜堂所作的祭坛画。2005 年 6 月，专家用红外线分析了英国国家美术馆所藏的画作，发现有别的画作底稿被覆盖在下面，是一个跪着的女子一手抱着婴儿，另一手展开。部分研究者根据构图的初步轮廓，认为可能作者原来要画的主题是朝拜初生的耶稣，但后来改变了主意，所以现存画作几乎和卢浮宫的版本一样。

由此，我们可以得出如下推测：达 · 芬奇完成第一幅之后，对自己的作品非常满意，想要更多的报酬，但遭到了拒绝，于是他把这幅画私自卖了，被卖掉的那幅也就是目前巴黎卢浮宫收藏的版本。由于之后宗教团体要求达 · 芬奇归还这幅作品，达 · 芬奇本来想创作一幅新的作品，但是遭到了宗教机构的反对，他们坚持要一幅

**油画《岩间圣母》**

这幅《岩间圣母》最早是由米兰的圣弗朗切斯科教堂定制的，当黑死病暴发的时候，这幅作品曾被用来对抗黑死病。1576 年，教堂被拆除，《岩间圣母》从教堂流散出来。1785 年，画家和商人加文·汉密尔顿购得了这幅名作，后来汉密尔顿的后人将这幅作品卖给了兰斯当勋爵。1880 年，这幅作品转手到萨福克伯爵手中之后，又被他卖给了英国国家美术馆，从此这幅名画安身于此。

与原作一模一样的作品，于是就有了现在收藏于英国国家美术馆的这幅“模仿”作品。

《岩间圣母》以圣母居画面中央，她右手扶婴孩圣约翰，左手下坐婴孩耶稣，有个天使在耶稣身后，构成三角形构图，并以手势彼此响应。图的背景是一片幽深岩窟，花草点缀其间，洞窟内通透露光。这幅神秘画作描绘了圣母玛利亚与基督的堂兄施洗者圣约翰和天使的关系。所有人都跪拜襁褓中的基督，而基督又举起手来祝福他们。他们挤在一个布满岩石和茂密植被的洞穴里。达·芬奇运用了创新的绘画技巧。例如，他模糊了形状的边缘，以表示包围他们的阴影，给人的印象是这些人物正从黑暗的阴影背景中浮现出来。透过这幅名作，我们便能理解为什么说达·芬奇“优雅与优美无与伦比，他的才智之高可使一切难题迎刃而解”。

## 拉斐尔的《教皇尤利乌斯二世的肖像》

拉斐尔·桑西，常简称拉斐尔。他是一位意大利画家、建筑师。与达·芬奇相比，他的光芒似乎暗淡一些，但他的作品流传后世，影响深远。拉斐尔的性情平和、文雅，和他的画作一样。他的画以秀美著称，画作中人物清秀，场景优美。他所绘的宗教圣母系列，将宗教的虔诚和非宗教的美貌有机地融为一体。即使是《圣乔治大战恶龙》的战斗场面，看起来也是平静安详的。他创作的大型壁画《雅典学院》是旷世名作，将古代西方各学科、各思想学派代表人物统统融合在一起，创造出和谐的场面。同时，他也创作出许多著名的肖像画，《教皇尤利乌斯二世的肖像》便是其中一幅经典。

《教皇尤利乌斯二世的肖像》是拉斐尔于1511—1512年创作的一幅油画。画面的背景是绿色的，但事实上，教皇生活的房间里，宝座后面悬挂着的是蓝色刺绣帷帐。帷帐一般以蓝色为底，绣着金色的教皇象征物——交叉的钥匙、王冠，以及尤利乌斯家族的橡树纹章。但是拉斐尔觉得如果按照真实的帷帐来画，会影响教皇的形象，于是他就将背景绘制成了绿色的。教皇椅子的顶端也做成了橡子的形状，是教

**拉斐尔油画《教皇尤利乌斯二世的肖像》**

这幅油画对此后的教皇画像产生了深远的影响。拉斐尔完成这幅作品之后，它就被悬挂在圣玛利亚·德尔·波波罗教堂的柱子上，任人们欣赏。

皇本人的象征。教皇手里佩戴了六枚镶有大宝石的戒指，反映了尤利乌斯对宝石的痴迷。让人印象深刻的还有教皇的大胡子，这是他为了纪念博洛尼亚战役中的损失而刻意留的。

事实上，最能反映拉斐尔创造性的，是教皇的姿态。之前画像中的教皇都是正面的或者是侧面跪着的，以体现教皇的威严或者虔诚，但是在这幅作品中，画中人物明显地表现出一种特殊的情绪——陷入沉思，这是很特别的。这样一种显得与人亲近的形象在教皇肖像画中是前所未有的，但自拉斐尔之后，这种姿态成了肖像画的模板，后世的大多数画家，包括塞巴斯蒂安·德尔·皮安博和迭戈·贝拉斯克斯，都像使用标准公式一样使用它，这种情况延续了大约两个世纪。拉斐尔将仪式意义和现实结合的创造是如此惊人，这也充分体现了他定义事物内部结构和外部结构的能力。

这幅画像在当时就是极不寻常的。从它诞生之初，人们就把它挂在圣玛利亚·德尔·波波罗教堂的柱子上，在节日和神圣的日子里挂在从北方到罗马的主要道路上。意大利画家乔治·瓦萨利在尤利乌斯二世去世多年后看到这幅画的时候，发出了由衷的赞叹："它是如此逼真，真实到吓坏了每一个看到它的人，仿佛它就是那个活生生的人。"

正所谓天妒英才，1520 年，拉斐尔因高烧猝逝，终年 37 岁，葬于万神庙。

## 米开朗琪罗的《大卫像》

米开朗琪罗是意大利文艺复兴时期又一杰出的通才，他是雕塑家、建筑师、画家和诗人。他的作品以人物健美而著称，即使是女性的身体，也往往描画出健壮的肌肉。他的雕塑《大卫像》举世闻名。他的作品还包括美第奇家族墓前的"昼""夜""晨""昏"四座雕像，构思新奇。此外他还有著名的《摩西像》《被缚的奴隶》等雕塑作品。他最著名的绘画作品是梵蒂冈西斯廷教堂的天顶画《创世纪》

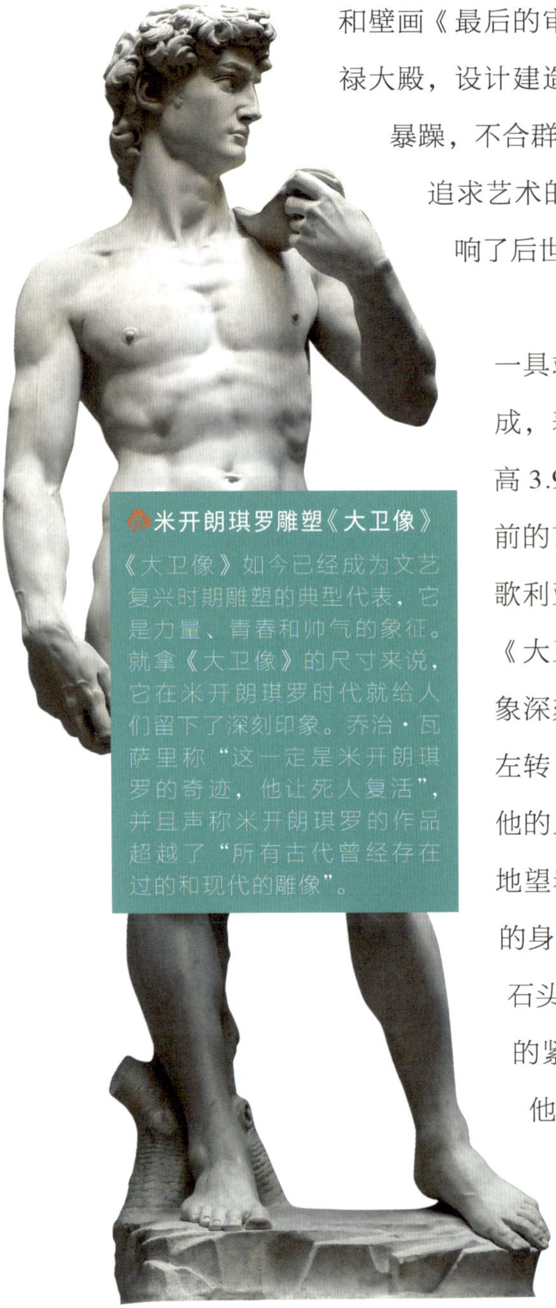

米开朗琪罗雕塑《大卫像》

《大卫像》如今已经成为文艺复兴时期雕塑的典型代表，它是力量、青春和帅气的象征。就拿《大卫像》的尺寸来说，它在米开朗琪罗时代就给人们留下了深刻印象。乔治·瓦萨里称“这一定是米开朗琪罗的奇迹，他让死人复活”，并且声称米开朗琪罗的作品超越了“所有古代曾经存在过的和现代的雕像”。

和壁画《最后的审判》。他还设计和初步建造了罗马圣伯多禄大殿，设计建造了尤利乌斯二世的陵墓。米开朗琪罗脾气暴躁，不合群，与达·芬奇和拉斐尔都合不来，但他一生追求艺术的完美，坚持自己的艺术思路。他的风格影响了后世众多的艺术家。

《大卫像》于1501—1504年雕成。雕像是一具站立的男性裸体形象，用白色大理石雕刻而成，表现的是《圣经》中的犹太英雄大卫王。像高3.96米，连基座总高5.5米，总重约6吨。以前的艺术家在描述大卫时，更多的是表现他割下歌利亚的头取得胜利时的情景，但米开朗琪罗的《大卫像》描绘的是战斗之前的大卫。最令人印象深刻的是，大卫的面部显得坚韧有力量，头部左转，颈部的筋明显凸起，似乎正在准备战斗。他的上唇和鼻子附近的肌肉紧绷，眼睛全神贯注地望着远方。静脉从他下垂的右手上凸起，但他的身体是放松的姿态，重心放在右腿上，右手拿石头，左手前曲，将弩机搭在左肩上。雕像面色的紧张和姿态的放松形成了强烈的对比，说明他刚做出战斗的决定，还未踏上战场。雕像的上半身，尤其是头和左手，比正常人体比例偏大，这很可能是米开朗琪罗在设计时，考虑到雕像要放在屋顶，所以雕像上部要放大，以便从下方欣赏。

有趣的是，《大卫像》是米开朗琪罗半路接手的。1464年，雕刻家多纳泰罗受邀完成一尊大卫像，作为《旧约》中的十二个英雄雕像群的一部分。他在阿尔卑斯山采石场出产的一块白色大理石上刻出了下肢、躯干和衣着的大概形状，也很有可能在两腿间打了洞，但因为某种原因，他没有继续雕刻下去。到了1466年，多纳泰罗去世，留下了未完成的雕像。1501年，当局决定再找一位艺术家完成这件作品。26岁的米开朗琪罗被选中，随后他用两年多时间完成了这项工作。

1504年1月，雕像快完成的时候，人们对雕像的放置地点进行了讨论。原计划放在教堂顶楼，但雕像的美丽实在使人震惊，最终人们决定将其置于佛罗伦萨的市政厅旧宫入口，以代表佛罗伦萨不畏强权的精神。共有40多人花费了近4天时间，才将它从工作室移到市政厅入口。1873年，为保护雕像，《大卫像》被转移到佛罗伦萨美术学院画廊内，现在每年都会吸引约120万人前去参观。

“美术三杰”的伟大作品，基本代表了那个时代艺术、科学和人类认知的最高水平，比如绘画的直线透视法，以及对人体结构、化学、天文等科学知识的追求。这除了打破神权时代的桎梏，也更新了古希腊古罗马的文化。这种知识上的转变，让文艺复兴发挥了衔接中世纪和近代的作用，引领人类走向了新的时代。

**米开朗琪罗壁画《最后的审判》**

《最后的审判》是米开朗琪罗于1534—1541年为西斯廷教堂绘制的一幅巨型祭坛画。《最后的审判》取材于《圣经·启示录》中的故事，描绘了世界末日到来时，耶稣再临，并亲自审判世间善恶。画中基督被圣徒环绕，挥手之际，最后的审判开始，一切人的善恶将被裁定，灵魂或上升或下降，善者上天堂，恶者下地狱。

# 星光璀璨的文艺复兴

文艺复兴是发生在14—16世纪的一场欧洲思想文化运动，最先兴起于意大利，随后扩展到整个欧洲，引发了一场科学与艺术的革命，揭开了近代欧洲的序幕。这段时期，在意大利这片土地上，大师巨匠层出不穷，影响着整个欧洲乃至全世界。

## “文学三杰”

你知道《神曲》《歌集》和《十日谈》的作者不仅都是意大利人，还都是文艺复兴的代表人物吗？但丁是文艺复兴的先驱；彼特拉克是人文主义的奠基者，被称为“人文主义之父”；薄伽丘被视为文艺复兴的宣言。他们并称“文学三杰”。

但丁

但丁是非常伟大的诗人，他的《神曲》传播至世界各地。

彼特拉克

彼特拉克是加冕的“桂冠诗人”，后人尊他为“诗圣”。

薄伽丘

薄伽丘30多岁时结识了彼特拉克，与他成为挚友，彼特拉克的离世给他带来了沉重的打击，第二年，他也离开了人世。

《莎士比亚戏剧群像》

## 伟大的作家莎士比亚

莎士比亚出生在英国一个富裕的商人家庭，但是因为父亲后来生意破产，所以他只接受过良好的基本教育，并未上过大学。他的人生转折要从进入剧院开始，他从剧院马夫、杂役做起，一步步学习演戏、导演、编剧，最终成了剧院的股东。他在20多年的创作生涯中创作出37部戏剧，以及大量诗歌，最著名的剧作要数“四大悲剧”——《奥赛罗》《哈姆雷特》《李尔王》和《麦克白》。

莎士比亚像

## 旷世游侠塞万提斯

1547 年，塞万提斯出生于西班牙，少年时期经常举家迁居。他还有过一段热血沸腾的军旅生涯。他绝对称得上是一个多产作家，最为人熟知的作品是《堂吉诃德》，它被评论家们誉为“文艺复兴时期的现实主义杰作”“西方文学史上的第一部现代小说”。

在西班牙马德里广场塞万提斯纪念碑前，你会看到堂吉诃德与桑丘·潘沙像。

## 多那太罗

多那太罗是意大利文艺复兴早期著名的雕塑家、画家。他出生于佛罗伦萨，师从著名雕塑家吉贝尔蒂，代表作有《大卫》《圣乔治像》《格太梅拉达骑马像》等。多那太罗的作品风格丰富多变，虽然推崇和借鉴古典主义艺术风格，但他敢于摆脱传统雕刻方法，不断创新，形成自己独特的风格，让他在那个百花齐放的时代独领风骚。

丢勒十三岁时的自画像

## “自画像之父”丢勒

丢勒是文艺复兴时期德国大名鼎鼎的艺术家，在艺术理论、建筑、解剖、数学等方面都有精深的造诣，堪称一位文艺复兴式的全才。丢勒是技法非凡的版画高手，也许还是最重视自己相貌的画家，被称作“自画像之父”。

丢勒二十八岁时的自画像

《圣乔治像》

055

轰轰烈烈的宗教改革运动

# 油画《宗教改革者群像》

年　代：1543 年
尺　寸：纵 70.2 厘米，横 39.7 厘米
收藏地：美国俄亥俄州托莱多艺术博物馆

大文豪雨果曾说："印刷术诞生以前，宗教改革不过是一种分裂，印刷术却给了它一个革命。"通过印刷术，普通人也可以批量印制海报，宣传自己的观点。1517 年，马丁·路德操起一把锤子，将自己拟定的宗教宣言印刷物——《九十五条论纲》钉在了教堂的大门上，由此引发骚乱，并最终演变成一场宗教改革运动。让我们通过油画《宗教改革者群像》，窥见宗教改革运动的面貌。

## 定格在画面中的宗教改革者

这幅作品全名为《马丁·路德与维滕堡宗教改革者群像》，绘者为小卢卡斯·克拉纳赫。他的父亲老卢卡斯·克拉纳赫是撒克逊的宫廷艺术家，也是马丁·路德一生的挚友，曾多次为他作画。小克拉纳赫继承了父亲的绘画才艺，于 1553 年接管了他父亲的作坊。这幅作品是在 1543 年绘制的，这时是路德发布《九十五条论纲》后的第 26 年，这也意味着路德曾亲眼见到过这幅画。

画面记录的是路德和维滕堡的改革派成员，以及萨克森地区的选帝侯约翰·弗雷德里克。主人公马丁·路德位于画面最左侧，面容俊朗，身着黑衣，头戴黑

帽，神情严肃。在路德的前方，也即画面正中央的是衣着华丽的萨克森 - 维滕堡公爵约翰·弗雷德里克，他在1532—1547 年在位期间支持并保护了路德和他的改革者们进行的反对教会和神圣罗马帝国皇帝的活动。在画面最右，全身黑衣者是路德的主要助手、人文学者菲利普·梅兰松，他左手拿着一卷书，右手指向上方。路德背后的红领者，通常被认为是乔治·斯帕拉丁，而约翰·弗雷德里克左肩背后的人可能是撒克

**油画《宗教改革者群像》**

作为宗教改革者的马丁·路德十分清楚印刷品对新教传播的重要性，就连他本人的形象也出现在了当时的印刷品中。和以往瘦弱的天主教圣徒的形象形成鲜明对比的是，路德是一个矮胖的男子，他有粗壮的脖子、明显的双下巴、厚厚的嘴唇、浑浑的眼睛和圆嘟嘟的脸。可以说路德的形象非常世俗化。

逊大臣格里高尔·布鲁克。

令人遗憾的是，这幅画其实是一幅较大作品的一部分。原作可能是三联画，该幅是左边一张。画中人物在注视或指向他们左上方的某一事件。有些人物上标了数字，这似乎是原画上的，而且与油画背后的名单保持一致。这有助于我们判断画中人物原型，比如四号人物——神学家和学者梅兰松就是这样被判断出来的。比较有趣的是，画家除了与路德是世交，与其他改革者的关系也很密切，他娶了格里高尔·布鲁克的女儿为妻，妻子亡故后，他又娶了菲利普·梅兰松的侄女为妻。

就是这样一幅作品，将一群与宗教改革密切相关的人定格在画面中，而占据主要位置的马丁·路德注定成为宗教改革的先锋，在当时的欧洲吹响改革的号角。

## 彪炳史册的《九十五条论纲》

1517 年 10 月 31 日，在维滕堡的诸圣堂大门上，马丁·路德钉上了他写的有关反对赎罪券的辩论提纲，列出了九十五条论点，史称《九十五条论纲》（以下简称《论纲》）。事实上，《论纲》的正式名称为《关于赎罪券意义及效果之见解》，而他的行为也是神学辩论的一般惯例。不论从题目、内容上，还是行为本身来讲，它都更像是一个学术讨论的海报。

《论纲》由拉丁文写就，是油印在画板之上的，整体可以分为两个部分。

上面是三行标题和副标题，其中写道：“出于澄清真相的热忱和热情，下面写的这些项目将进行辩论。文理硕士和神圣神学牧师马丁·路德神父以及维滕堡大学的官方教授将在他们的辩护中发言。”还提出了这样的要求：“那些无法在场与我们进行辩论的人，即使不在现场，也应该以书信的方式处理。”

《论纲》下面是主体内容，版面分为两栏，详列了路德的九十五条论点。从编号上可以看出，九十五条被分为了四个部分。事实上，从内容上来看，整个论纲是一个系统性的论证。

1518年，路德又写了关于九十五条的阐释，进一步发展了他的思想，认为救恩不能通过赎罪券来得到。同年11月9日，教皇发布教谕，澄清了关于赎罪券的一些观点，明确提出通过教皇的祈求，神会将基督和圣徒的功德释放出来，以替世人减免在炼狱的刑罚。

1519年，马丁·路德在莱比锡参加神学论战，辩论的核心不是赎罪券，而是教皇的权力，因为这正是九十五条背后所指向的。第二年他出版《致德意志基督教贵族公开书》，提出“人人皆祭司”，否认教皇有至高的权力。又发表《教会被掳于巴比伦》，在教会的七项圣礼中，只承认洗礼和圣餐是神所设立的圣礼，其余的只是教会传统的一般礼仪，更具体地挑战了教皇和罗马教会的权柄。教廷后来也出现改良性的对应改革运动，在16世纪50年代特伦多会议上，正式废止出售赎罪券。归根溯源，马丁·路德对教会权柄的挑战始于《论纲》，而他对教会权柄的挑战又是建立在两个更根本的神学观念上的：一是因信称义，教会与神职有其重要的作用，但完全没有赦罪和使人称义的权柄；二是《圣经》至上，教皇的谕旨完全没有和《圣经》同等的地位。

《论纲》不但引发了德意志宗教改革运动，让其他神学家响应宗教改革，更直接促成了新教的诞生。宗教改革从一开始就不是路德个人的行为，整个社会，包括每一位信众都参与了进来。

《宗教改革者群像》这幅作品深刻地反映了包括发起者在内的所有宗教改革参与者的面貌。宗教改革运动直接的和决定性的遗产，是权力由教会向政府转移。同时，新教的伦理价值观又与资本主义精神的发展具有一定的内在同质性。换句话说，宗教改革为资本主义的快速发展奠定了思想基础。

056

## 科学史上的革命
# 哥白尼《天体运行论》

年　代：1543 年
尺　寸：高 29 厘米，宽 18 厘米
收藏地：美国国会图书馆

古希腊哲人伊壁鸠鲁曾说：“如果不对宇宙的本质有所揭示，就不能消除对最重要的现象的恐惧。”从人类文明诞生伊始，不论在东方还是在西方，众多志士仁人都试图探索宇宙的本质和规律。在众多先贤当中，有几颗格外耀眼的明星，其中就有哥白尼——一位伟大的数学家、天文学家。事实上，在文艺复兴时期的西方，除了有伟大的艺术家、宗教改革家重新塑造人类的认知外，天文学家也同样在颠覆着人们的世界观和宇宙观。同那个时代伟大的艺术家一样，哥白尼勇敢地做到了传承和创新，开创了一个科学革命的时代。

## 曾经的“正统理论”：地心说

纵观人类上百万年的历史，在大多数时间内，我们对人本身乃至宇宙的认识都是懵懂的。其中的一个表现，就是我们长时间认为地球是宇宙的中心，而其他星球，诸如太阳、月亮，都是环绕着地球而运行。这便是“地心说”，也即“天动说”。

地心说非常符合人的直观认识。从古至今，人类都是在太阳、月亮的东升西落中度过，看上去地球就是宇宙的中心，而其他星体都是围绕着它而运行的。在古代，

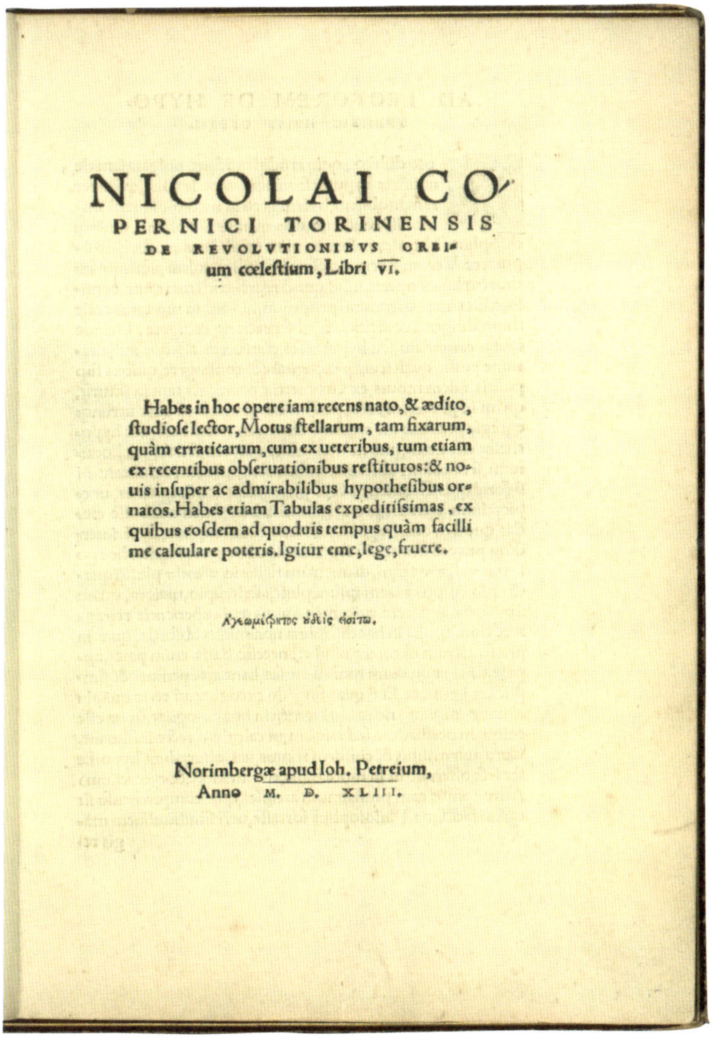

NICOLAI CO-
PERNICI TORINENSIS
DE REVOLVTIONIBVS ORBI-
um cœlestium, Libri VI.

Habes in hoc opere iam recens nato, & ædito, studiose lector, Motus stellarum, tam fixarum, quàm erraticarum, cum ex ueteribus, tum etiam ex recentibus obseruationibus restitutos: & nouis insuper ac admirabilibus hypothesibus ornatos. Habes etiam Tabulas expeditissimas, ex quibus eosdem ad quoduis tempus quàm facillime calculare poteris. Igitur eme, lege, fruere.

Ἀγεωμέτρητος οὐδεὶς εἰσίτω.

Norimbergæ apud Ioh. Petreium,
Anno M. D. XLIII.

**哥白尼《天体运行论》书扉页**

作家科斯特勒曾将《天体运行论》形容为“没人读过的书”。然而哥白尼和开普勒的研究者、作家欧文·金格里奇用 35 年对该书的最初两个版本的存世版进行研究后，发现在《天体运行论》出版之后，当时几乎所有顶级的数学家和天文学家都曾收藏并阅读该书，从而让《天体运行论》扔掉了“无人读过的书”的帽子。

虽然也有人专门从事天文观测与星象研究，但由于时代和技术所限，缺乏足够的宇宙观测数据，加上人们普遍持有以人为本的朴素观念，地心说成为对宇宙模型的唯一认识。

到了 2 世纪，古希腊的托勒密将地心说的模型进一步发展完善。托勒密地心说承认地球是圆的，并从恒星中把行星区分出来，试图探索和揭示行星的运动规律，这意味着人类对宇宙认识的一大进步。他第一次提出了“运行轨道”的概念，设计了一个均轮模型。他的概念和模型，可以解释某些行星的逆行现象（从地球上看那些星体运动轨迹的时候，它们有时会往反方向运动）。我们现在当然知道这些星体除了绕太阳的轨道外，还会沿着一些小轨道运转，但在当时，托勒密通过数学模型的方式给出了比较合理的解释，这也是地心说最重要的成就之一。按照他的理论模型，人们能够对行星的运动进行定量计算，推测行星所在的位置，这是一个了不起的创造。人们据此可以在一定程度上正确地预测天象，这在生产实践中起到了一定作用。

作为世界上第一个行星体系运行模型，地心说是世界上最早的假说演绎体系。在建立该理论的过程中，托勒密等人自始至终使用数学工具，开了构建精确性理论的先河。这套数学推理方式及理念，也广泛体现在哥白尼《天体运行论》中。可以说，地心说理论体系的构建，为日心说的建立奠定了基础。

## 哥白尼与《天体运行论》

1473 年 2 月 19 日，尼古拉·哥白尼诞生于波兰。哥白尼的出生地是维斯瓦河畔的小城托伦市，父亲是克拉科夫的商人，母亲是当地商人的女儿，家境富裕。

哥白尼在 18 岁时进入克拉科夫大学艺术系学习，在这里他开始对天文学产生兴趣。他在学校搜集了大量有关天文学的藏书，并做了笔记。

1496 年，哥白尼 23 岁。他来到意大利，在博洛尼亚大学和帕多瓦大学攻读法律、医学和神学。在博洛尼亚大学，哥白尼受到天文学家德·诺瓦拉极大的影响，学到了天文观测技术和古希腊的天文学理论。1512 年，哥白尼把自己任职城堡西北角的箭楼建为小型天文台，用自制的简陋仪器进行天文观测。大概在 1514 年的某个时间，哥白尼写了日心说的初步纲要，简称《短论》。在该书中，他对日心说的机理做了简要说明，但他没有使用数学工具做复杂测算。事实上，哥白尼有意把《短论》作为自己计划中的著作的第一稿，并未打算出版发行，只是做了几份手抄本赠予最亲近的朋友，其中包括几位天文学家朋友。

约 1536 年，哥白尼利用业余时间写成《天体运行论》，但直到 1543 年他临死前该书才正式出版，就是我们看到的这个版本。

在《天体运行论》中，哥白尼认为宇宙由八个球体组成。最外层是静止不动的恒星，太阳在中心位置，静止不动。行星包括水星、金星、地球、火星、木星、土星，它们围绕太阳旋转，每一个都在自己的轨道上。月球绕地球公转。他还指出，看起来太阳每天围绕地球公转，实际上是地球每天绕地轴自转。然而，哥白尼仍坚持了他那个时代的错误理念，即天体的运动轨道必须是均匀的圆周，因此，他保留了一个类似托勒密体系的复杂的本轮系统，否则他就无法解释所观察到的行星的明显运动。

## 宗教信仰与科学革命

哥白尼一方面通过日心说开创了科学革命，使人类进入了一个新的时代，但他同时也保留了古代天文学的一些错误原则和理论。这让我们看到了哥白尼《天体运行论》内在逻辑的复杂性和矛盾性，也能借此窥得那个时代的面貌。

从更深远的意义来看，哥白尼的《天体运行论》实现了天文学由地心说向日心说的彻底转变。他通过科学的观察否定了天主教会毫无根据却又影响深广的旧有知识，并帮助后人开启了科学革命。伽利略说："我信服哥白尼的观点已经有很多年了，我根据他的观点，发现了自然界很多现象的原因。"这正是哥白尼《天体运行论》具有永恒价值的根本原因。

自然科学借以宣布其独立并且好像是重演路德焚烧教谕的革命行为，便是哥白尼那本不朽著作的出版。他用这本书（虽然是胆怯地，而且可说是只在临终前）向自然事物方面的教会权威挑战，从此自然科学便开始从神学中解放出来。

——【德】恩格斯

加农炮炮身字母“HC”装饰

057

## 被火炮改变了的战争

# 法国亨利二世加农炮

年　代：1550 年

尺　寸：长 313.7 厘米，宽 49.53 厘米

收藏地：美国大都会艺术博物馆

文艺复兴时期的法国尽管在文化、艺术、科学上取得了一定的成就，但没有其他国家那么耀眼。原因之一，便是它长期深陷于战争的泥潭中。到了 16 世纪上半叶，

加农炮炮身皇冠和字母「H」装饰

加农炮皇家图案

加农炮炮口图案

**法国亨利二世加农炮**

仔细观察的话，会发现炮身上的数字和“VOC”“M”等字符是后刻上去的，而不像其他纹饰图案一样是铸造的。这说明亨利二世的这门加农炮落入了荷兰东印度公司的手里，这就是炮身上“VOC”的由来，而“M”则代表荷兰东印度公司米德尔堡商会。这尊加农炮是从中国南海的一艘沉船中打捞上来的，应该是一艘荷兰商船上安装的武器。

法国刚从百年战争的创伤中愈合不久，瓦卢瓦王朝的法兰西斯一世和亨利二世便发动了侵略意大利的战争，并与神圣罗马帝国皇帝查理五世争夺德法边境土地，从而揭开了法国与哈布斯堡家族长期争霸斗争的序幕。事实上，在 15—16 世纪，欧洲大陆不仅有科学、艺术、技术上的革命，还有政治、军事上对土地和权力的争夺。这里所讲述的文物就是欧洲战争的见证——亨利二世加农炮。

## 亨利二世加农炮

加农炮起源于 14 世纪，16 世纪时得名。其名称来源于拉丁语 Canna，意为“管子”。这门加农炮是法国文艺复兴时期遗留下来的为数不多的皇家器物之一，也是其中最大、装饰最丰富的器物之一。它体积庞大，共长 313.7 厘米，宽度（包括耳轴）为 49.53 厘米，外径（底部）是 34.3 厘米，内部中空，形似长管。除了体积庞大，它的体重也是惊人的，重达 1209 千克，因此在战场上携带非常不便，需要配备运载车辆。

该炮上面有精美的装饰，从炮口到底部依次有图案和字母浮雕。炮口处是由精美花卉围成的花环，形似百合。往下是个符号，由字母组成，H 被两个反向相连的 C 重叠。再往下是一些单独的 H 字母浮雕，象征亨利二世。在炮的中间，一对醒目的圆柱形双耳突出外面，一般用作支点来使用。双耳往下，便是一个字母 H，上面是王冠，象征亨利二世的皇权。炮的底部是一个大型的装饰：一弯新月嵌在两张残破的弓里，弓两端仍可见断了的弦绳。它的下面亦是单独的图案，分为上下两半：

法国亨利二世加农炮侧面

上半部分是个类似兽面纹的盾形饰牌；下半部分是卷叶纹饰，造型别致。B 是制炮人的标志，位于接触孔上方。在炮的底部基圈上雕刻有字母 VOC（“荷兰东印度公司”缩写），上面有一个字母 M。它位于数字 2716 之间，再右侧有数字 2511。

这门加农炮，除了铸造技术精湛和保存完好外，它的表面还有众多明显的法国皇室标志浮雕。

该炮是法国国王亨利二世于 1550 年铸造的。亨利二世是法国瓦卢瓦王朝的国王。他 1519 年生于巴黎西郊的圣日耳曼昂莱，父亲是弗朗西斯一世，母亲是法兰西的克洛德。1526 年，他以王太子的身份被送往西班牙当人质，这是释放被俘的弗朗西斯一世的条件之一。这段经历对他的人生，乃至法兰西的命运都产生了影响。

1547 年，他加冕为法兰西国王，将自己的亲信贵族拔擢为权贵高门，同时延续了其父与神圣罗马帝国皇帝查理五世的斗争。直到 1559 年《卡托－坎布雷西和约》的签署，法国和西班牙之间为争夺意大利而进行的长期战争才宣告结束，而亨利二世也在当年，在为女儿的结婚庆典而举行的马上长矛比武中，被苏格兰卫队长用没有枪头的木质矛刺中眼睛，十天后便死于败血症。之后，法国进入了一段漫长而艰难的动荡和内战时期，直到“太阳王”路易十四统治时期（1643—1715），法国皇家军械才再次辉煌起来。

亨利二世在位期间，因为与西班牙的持续战争，在军事上做了一些探索，这门加农炮便是其成果。早在 15 世纪的最后十来年，法国军队将轻型的铜铸加农炮装在马拉的两轮车架上，从而做成了一种野炮。这种新式法国野炮在战场上可以很快地从炮车上卸下来并做好战斗准备。就在这十来年里，法国又提出炮耳的设计原理，这样，炮就可以很方便地装在永久性的带轮子的炮架上，并可进行较为精确的瞄准和测距。后来，炮的制造者不断对炮的新型设计、炮膛直径、炮管管壁内的厚度、炮弹的炸药装填量和弹丸重量的综合性能等进行多方面的验证，结果造成炮的型号繁杂多样，使弹药的供应成了一个非常大的负担。因此，炮在野战中的重要性也降低了。

为了改变这一局面，16 世纪中期，亨利二世效仿西班牙，将法国炮规定为六种标准型号。我们看到的这门，就是其中的一种型号，是亨利二世规定的六个口径中的第三大口径。不过，炮的试制工作仍然在继续进行着，在原有标准型号的基础上，又增加了非常多新的型号，不过，总算比以前更具有系统性和计划性。

## 亨利二世与查理五世的争夺

这门加农炮的背后，是亨利二世与查理五世之间战争的历史。

查理五世是西班牙哈布斯堡王朝的首位国王，被誉为 16 世纪欧洲最强大的君主。查理五世最大的梦想，是让他那广阔领地的所有臣民都服从他的统一法令。对法条约签署之后，在教皇保罗三世的支持下，他的野心便转向德意志，意图消灭德意志新教诸侯。1545 年，他迫使新教的克莱沃公爵屈膝投降。就在亨利二世继位不到一个月时，查理五世于米尔堡大败新教联军，萨克森的约翰和黑森的腓力相继落于查理之手。

此时查理的势力发展到最高峰，整个德意志似乎都在他的脚下，但由于发布了著名的《奥格斯堡临时敕令》，德意志的新教与天主教诸侯联合了起来。他们相信，查理五世企图利用他们的宗教分歧达到统治德意志的目的。在好战的萨克森选帝侯莫里斯的支持下，施马尔卡登同盟与法国展开洽谈，1551 年 10 月 5 日，在弗里德瓦尔德，双方签署了同盟条约。第二年 1 月，又在尚博尔进一步确认了这个条约。按这个条约，法国与施马尔卡登同盟同意各出 5 万步兵和 2 万骑兵，将查理五世逐出德意志。作为回报，同盟方面应将梅斯、图勒及凡尔登让给法国。

1551—1552 年间的冬季，整个法国都在积极为战争做准备。从 1 月初到 3 月底，重骑兵、轻骑兵、火枪手、长矛手、大炮、货车，向洛林边境源源不断地送去。军队集结在沙隆、特鲁瓦和维特里，包括约 15000 名步兵、9000 名德意志雇佣骑兵、7000 名瑞士兵、1650 名重装骑兵、3000 名轻骑兵、1000 名枪骑兵、2000 名后备军等，炮兵拥有 60 门不同口径的加农炮，其中也许就有我们看到的这门。法军战事顺利，亨利二世挥师侵入洛林，将梅斯、图勒、凡尔登收入囊中，一路势如破竹。

这时洛林公爵尚幼，由其母克里斯蒂娜摄政。克里斯蒂娜是查理五世的外甥女，亲近帝国，亨利二世废除了她的摄政之职，改由小公爵的叔叔、亲法的沃代蒙伯爵摄政，又在洛林所有要塞布置好法国守军。为了把小公爵与母亲分开，亨利二世把洛林公爵送到法国宫廷，与王太子一起长大，后来他便娶了亨利二世的次女克洛德。也就是在克洛德的婚礼上，亨利二世死于非命。

亨利二世性格忧郁而信仰虔诚，与西班牙的一连串战争让法国负担了 2000 万里弗以上的债务，这导致了法国不久后的实质破产与王权衰落，连带促成长达 30 多年的法国宗教战争（胡格诺战争），使得法国国力大衰，西班牙趁机称霸欧洲，成为了 16 世纪欧陆的主角。如果说火炮改变了欧洲历史的走向，那么一点儿也不为过。

058

奥斯曼帝国的巅峰时刻

# 苏莱曼花押

年　代：1555—1560 年
尺　寸：纵 52.1 厘米，横 64.5 厘米
收藏地：美国大都会艺术博物馆

1634 年，一位伟大的英国旅行者亨利·布朗特在去往中东后，在他的《航行到黎凡特》一书中写道："如果有谁见到过他们（土耳其人）最得意的这些时代，他就不可能找到一个比土耳其更好的地方。"是的，那时候的奥斯曼帝国臻于鼎盛，十分庞大。它的中心地带是土耳其的小亚细亚，地跨三大洲，拥有人口 5000 万（那时的英国却只有 500 万），而且还有继续扩张下去的势头。对欧洲人来说，他们看到的是这个帝国武力的强大和版图的扩大。殊不知，土耳其人成功的真正奥秘之一，在于其建立在文书上的官僚系统。我们可以通过苏莱曼花押一窥其究竟。

## 苏莱曼花押

花押（Tughra，音译为"图格拉"）是奥斯曼帝国历任苏丹所使用的签名形式，主要是以奥斯曼土耳其语书写的。关于花押的起源众说纷纭，有一个广为认可的传说，即奥斯曼的第二任苏丹奥尔罕一世有一次在紧急情况下需要签署文件，但手头又没有笔，于是情急之下，他直接用三指蘸墨，签下了他的大名：奥尔罕·本·奥斯曼。之后花押就诞生了。

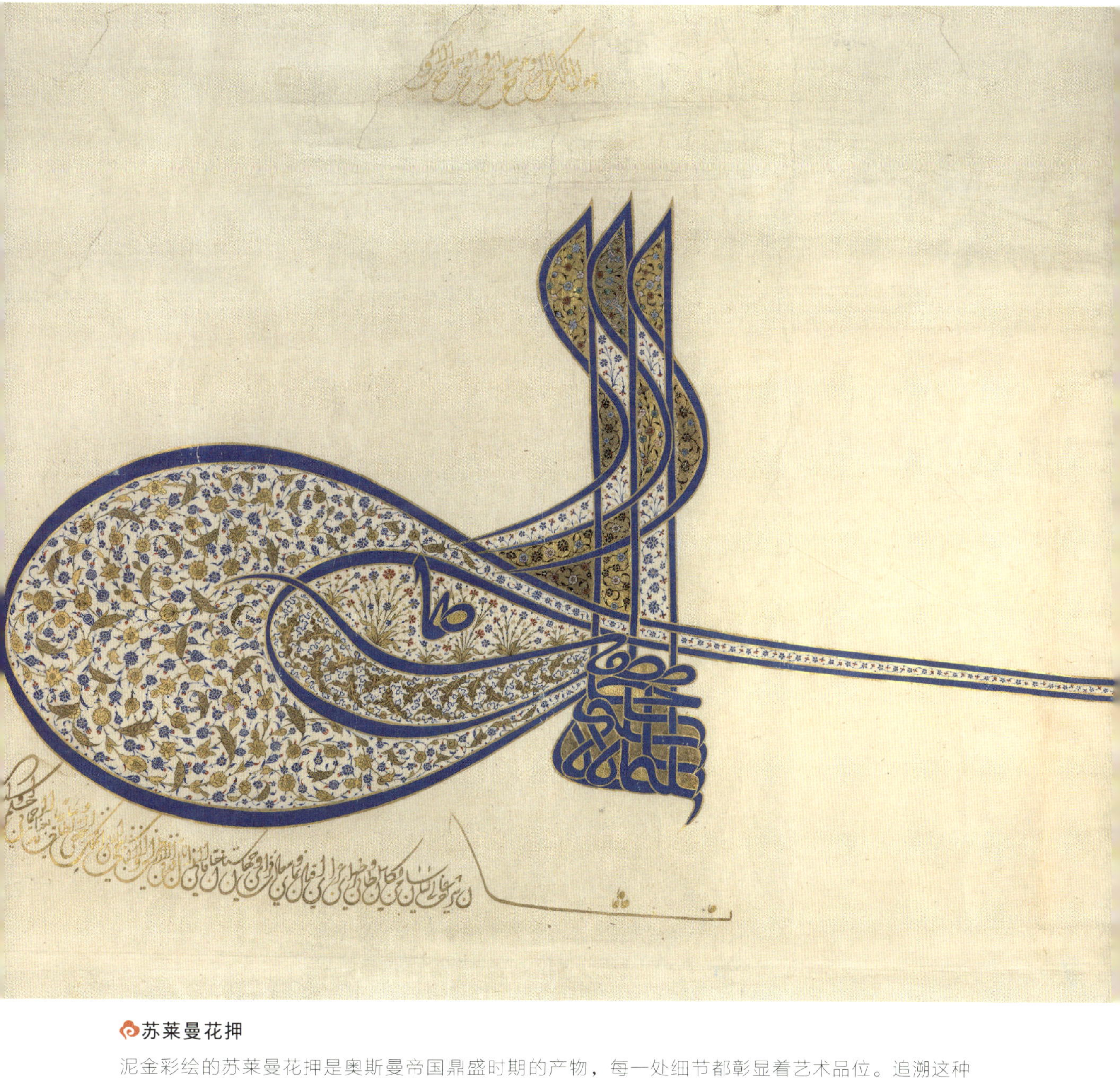

**苏莱曼花押**

泥金彩绘的苏莱曼花押是奥斯曼帝国鼎盛时期的产物，每一处细节都彰显着艺术品位。追溯这种花押的历史，研究者发现最初的花押仅仅是用黑色墨水描绘的，而且很可能是一位君主用三根手指蘸着墨水完成的。

苏莱曼花押图案细节

在“征服者”穆罕默德二世（1432—1481）之后，花押逐渐定型，成为一种样式化的皇家印章。花押最基本的功能是用于苏丹所颁布的诏书，或者见于王室法令。花押的复杂结构和精美造型使其难以被模仿，这成为诏书或法令真实性和有效性的凭据。除此之外，花押也往往作为苏丹和王室的标志，出现在碑铭、钱币、徽章等各处或各种场合。

一般而言，奥斯曼苏丹的花押需要具备以下五个部分：Tug，字面意思是“马尾旗”，花押正上方凸出的字母alif，即右侧的三道竖线；Zülfe，来自阿拉伯语zulfa，字

母意思为“卷曲”，即与右侧三道竖线相交的 S 形卷边装饰；Hançer，字面意思是“匕首”，即花押向右突出的部分；Sere，字面意思是“手掌”，即花押的底座，也就是右侧三道线下面的交织线条装饰；Beyze，字面意思是“卵”，即花押左边包围的椭圆形部分。

这件苏莱曼花押，不仅五个基本部分俱全，而且布局合理，细节精致，令人赏心悦目。花押的主线条是钴蓝色墨水绘出的粗重线条，这与我们的青花瓷上的青色是一致的。花押内部还装饰以形如花朵的金色、蓝色的明丽图案。画面左边装饰性的 Beyze 呈饱满的椭圆状，中间是三道粗重的 Tug，右边是一个弯曲的 Hançer。它不啻一件杰出的艺术品。钴蓝色线条与金黄色叶子雀跃着绕出一个又一个圈，其中点缀有莲花、石榴、郁金香、玫瑰与风信子，繁茂若花圃。这是华丽的伊斯兰装饰，充满了自然风格的欢快。

苏莱曼花押文字细节

花押其实是字母的组合。事实上，每个苏丹的花押略有不同，但通常包括在位苏丹的名字，以及他父亲的名字、头衔和短语“常胜将军”。这件花押是从一张公文的顶部裁剪下来的，根据它整体的设计可以拼出它所代表的掌权苏丹的封号：“苏莱曼，塞利姆汗之子，无往不利。”这一句简单的阿拉伯语以纷繁的笔法被描画成一枚勋章，清晰地表明了奥斯曼帝国的富足。在这个花押中，行政功能和艺术设计共同创造了一个奥斯曼书法的杰作。在伊斯兰世界，政府公文常常极富艺术性。这件花押也是高超的书法作品，展现了卓绝的技巧。

## 花押与帝国统治

苏莱曼时期，奥斯曼帝国盛极一时，其领土东起里海，西迄阿尔及尔，北到布达佩斯，南至麦加。他在继承先人领地的基础上，以所向披靡之势不断稳固并扩大疆土。短短几年的时间内，他的军队便粉碎了匈牙利帝国，占领了希腊的罗得岛，控制了突尼斯。地中海的整个东海岸线都在他的掌控之下，苏莱曼的势力从突尼斯一直延伸到意大利的里雅斯特。同时他还试图与葡萄牙争夺红海的控制权，并对意大利虎视眈眈。他的帝国版图，差不多和查士丁尼与希拉克略时代建成的东罗马帝国一样大。

当帝国疆域变得如此之大时，如何有效地管理便成为一个重要的问题。历史上庞大的帝国并不少见，如波斯帝国、亚历山大帝国、罗马帝国等，但它们的国祚远没有奥斯曼帝国那么长。深究原因，很重要的一点是奥斯曼帝国建立起了完备的官僚体系，以确保中央权力能触及每一个角落。遍布帝国的管理者需要向大家证明他们拥有皇帝授予的权力，而花押则是使帝王权力及意志得到贯彻的重要手段。

苏莱曼不仅是一位军事天才，而且在行政上也非常有才能，他的治理能力堪比当时世界上任何地方的任何君主。帝国的长治久安靠的不仅仅是刀剑，更是笔墨。

> 人们以为财富和权力是至上的天道，但在这世上健康的魔力才是最好的国朝。人们所说的君权只是世俗的吵闹和不断的征讨，崇拜真主才是至尊的宝座、最幸福的财宝。
>
> ——【奥斯曼帝国】苏莱曼一世

在执政期间，苏莱曼曾发布过近15万份文件，包括外交文件、官方诏书、法律文本等，他的花押随着这些文件流入帝国内外的各个角落。花押被放在所有重要官方文件的顶部，意味着该文件便是帝王的意志。花押上底部的那一行文字，可以说明花押宣扬着的帝王的权力："此乃苏丹高贵的姓名签字，带给世界光明的崇高图案。愿这份旨意能够在永恒的造物主真主的帮助与守护之下，发挥它的力量。苏丹下诏……"这亦在提醒帝国的臣民，苏莱曼是穆斯林的守护者，有保护整个伊斯兰世界的义务。

上述一切绘有花押的政府文书、给外交官员的指示和法律文本，都需要各级官员认真执行，才能使帝王的意志得到真正的贯彻。苏莱曼也非常注意官员的选拔，"苏丹在任命官员时，并不重视那些因拥有财产或地位而自命不凡者……他根据是非曲直来考虑每件事，并仔细考查所要提升的人的品行、才能和性格。在职人员只有立功才能得到晋升，这一制度确保了各种职位就是应该分给那些有才能的人"。这就意味着，他向所有臣民开放了他的官僚机构。

通过选拔具有优秀品行和才智的人员充任各级官职，苏莱曼建立起健全而高效的官僚体系。在这个官僚体系的顶端是效忠于苏丹的奥斯曼帝国大臣，他们创建、复制并记录了所有官方的政府命令、法令和官方信件。帝国大臣领衔的文官精英们在伊斯坦布尔的托普卡普宫，编写并签发了象征苏丹权力的文件，并盖上他的花押。这使得帝国就算不幸遭遇困境或是昏君掌权，也能依靠这一群体安然度过。

第七章

# 席卷世界的革命狂潮

当时间进入 17 世纪的时候，东方的明王朝已经是古木斜阳，然而重新打开的国门让西方对中国的瓷器和茶叶充满了狂热。此时的欧洲，自尼德兰革命开始，“八十年战争”“三十年战争”改变了欧洲的政治格局。在英国、法国、美国、俄国，革命和变革催生了资本主义的新生代，人民主权似乎是最正确的政治理念。与此同时，牛顿终于站在了科学的最前沿。而资产阶级革命的最好成就便是工业革命。此外，世界上最后一块“净土”南太平洋也进入了世人的眼中。这就是革命年代的文明镜像。

**推荐博物馆：**

荷兰阿姆斯特丹国立博物馆、挪威国家美术馆、英国伦敦科学博物馆、俄罗斯艾尔米塔什博物馆、大英博物馆、美国国家档案馆

059

瓷器成为中国海外贸易的通行证

# 明万历克拉克瓷盘

年　代：1573—1620 年
尺　寸：直径 36.2 厘米
收藏地：美国大都会艺术博物馆

在中国名目繁多的瓷器中，有一种瓷器被叫作“克拉克瓷”，这个洋气的名字从何而来？它是否与中国的海外贸易存在某种关联？它的背后又有哪些不为人知的秘密？这一切，都要从 1602 年荷兰东印度公司在海上截获的一艘名叫“克拉克”号的葡萄牙商船说起。

## 以西文命名的中国瓷器

听到“克拉克瓷”这个名字，相信很多人都会觉得这是一种外国生产的瓷器。中国生产的东西怎么会取一个“洋名字”呢？其中有一段小故事。

1602 年，从葡萄牙克拉克港出发的“圣卡特里娜”号商船被荷兰东印度公司在海上截获，船上近十万件来自中国的青花瓷被运往荷兰的米德尔堡和阿姆斯特丹进行拍卖，获利 500 万荷兰盾。当时因不明这种瓷器的产地，欧洲人将这种瓷器直接以被截获的商船的所属港口命名，“克拉克瓷”由此得名。于是，克拉克瓷便成了一种在中国生产却被冠以外国名字的青花瓷器，并从此成为荷兰商船的主要商品。

克拉克瓷虽然产于中国，在国内却罕见收藏。这类瓷器在西方国家的存世量比

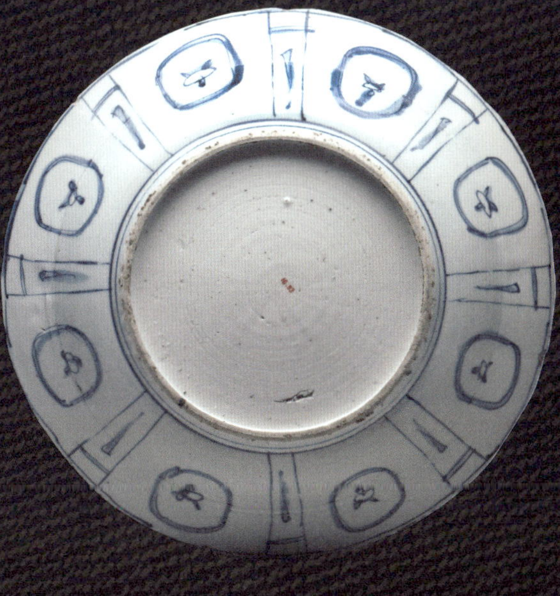

## 明万历克拉克瓷盘

到了明万历时期，明朝的海禁政策已然放松，景德镇的瓷器得以行销海外。这个瓷盘是典型的克拉克瓷盘。盘为花口，折腰，圈足。青花装饰，盘心菱花形开光内绘荷花、湖石和两只大雁，盘壁绘莲瓣形开光八个，内绘菊花和博古图案，莲瓣之间以博古纹饰间隔。盘外壁绘简易莲瓣，内绘花鸟纹饰。

较大，能见到的器物也比较多。由于历史信息的缺失，克拉克瓷一直都蒙着一层神秘的面纱，诸多未解谜团长期困扰着海内外的研究者。其神秘面纱的揭开，还要归功于考古发现与发掘。

在对沉没于菲律宾的“圣迭戈”号、沉没于非洲西部圣赫勒拿岛海域的“白狮”号和沉没于中国广东汕头市南澳县海域的“南澳 1 号”等古沉船的水下考古发掘中，人们发现了大量青花瓷。在埃及的福斯塔遗址和日本关西等地也相继出土了不少产自中国的瓷器。经专家鉴定，这些瓷器都属于克拉克瓷。由此可知，外销瓷在当时中国的海外贸易中占有重要地位，曾远销东南亚、非洲、欧洲等地。

## 海外贸易的通行证

由于明初实行严格的海禁政策，诏令“片板不得入海”，因而海外贸易受到严重限制。直到隆庆元年（1567）时废除海禁，允许海外贸易与通商，海上贸易又日渐活跃起来，克拉克瓷才得以远销海外，受到欧洲国家的普遍欢迎。

欧洲最早购买克拉克瓷的多是王室贵胄、豪商巨贾，主要目的是装点宫殿、客厅等。在 1610 年出版的《葡萄牙国王记述》中，葡萄牙国王曾说过这样的话：“这种瓷瓶（指的是克拉克瓷瓶）是人们所发明的最美丽的东西，看起来比所有的金、银或水晶瓶都更为可爱。”事实上，克拉克瓷并非由荷兰人首次带入欧洲，早在 16 世纪，这类瓷器就已经由葡萄牙商人带到了葡萄牙和西班牙。当时，这两个国家的君主都拥有这类瓷器，还在皇宫里开辟了专门的展室。至于它被称为“克拉克瓷”，则是后来的事了。

欧洲人定制克拉克瓷，是想通过其“有造型”“有纹饰”“有趣味”来显示身份，夸耀财富，彰显地位。

自从克拉克瓷成为荷兰东印度公司的重要商品后，其价格在欧洲市场有所下降，中产阶级和一般市民阶层都可以拥有这类来自遥远东方的瓷器。据荷兰人约尔格披露，乾隆三十九年（1774）荷兰东印度公司运到英国的瓷器达有40万件，其中克拉克瓷应不在少数。“克拉克瓷”的大规模外销是继郑和七下西洋之后海上丝绸之路的又一轰动性的事件。通过东印度公司的有意运作，中国的瓷器在这条百舸扬帆、万邦瞩目的航线上声名远播，自此，瓷器“china”一词成了“中国”的代名词，并进而演化为正式译名。可以说，以克拉克瓷为代表的中国瓷器成了中国海外贸易当之无愧的通行证。

**明嘉靖青花莲塘鸳鸯图瓶**

英国维多利亚与阿尔伯特博物馆藏。瓶高24.8厘米。这是一件有明确纪年的青花瓶，它的生产时间是明嘉靖三十一年(1552)。瓶颈部已不存，取而代之的是一个铜盖，卵形腹，圈足。瓶身满绘莲塘鸳鸯图案。在肩部有葡萄牙文书写的铭文一周：“豪尔赫·阿尔瓦雷斯于1552年制造。”阿尔瓦雷斯是葡萄牙商人，曾于1518年到过中国，此瓶是他在中国定制的瓷器，是年代较早的西方定制瓷器。瓶底部青花书“大明年造”。

060

荷兰黄金时代的社会景象

# 伦勃朗油画《夜巡》

年　代：1642 年

尺　寸：纵 379.5 厘米，横 453.5 厘米

收藏地：荷兰阿姆斯特丹国立博物馆

每当提及荷兰的艺术家，人们总会不约而同地想到凡·高和他笔下热烈的向日葵。同时，也有人把“最伟大”的位置留给了伦勃朗。作为一个屡屡破坏画界“江湖规矩”、作品饱受时人争议，甚至连雇主的要求都满足不了的画家，如何得称“伟大”二字？作为一个前半生顺风顺水的画家，伦勃朗的人生又为什么在 1642 年发生了重大转折？或许在我们仔细欣赏了伦勃朗的油画《夜巡》之后，这些疑问的答案便会浮出水面。

## 站在时代前列的城市民兵

《夜巡》是伦勃朗受雇于阿姆斯特丹射手连队所创作的一幅集体肖像画，描绘的是阿姆斯特丹城市民兵队伍的行进场景，画幅巨大，人物众多，展现了巴洛克传统的绚烂风俗场景。

1642 年，时任荷兰阿姆斯特丹第二区第二民兵队的弗兰斯·班宁克·科克上尉和他手下的队员共出资 1600 荷兰盾，请当时已经“成名”的肖像画大师伦勃朗画一幅民兵的群像。尽管这幅作品现在被称为《夜巡》，但事实上，画作所表现的

内容并不是夜间的巡逻，而是日间举行的庆典活动。由于当初伦勃朗画的背景亮度不够，且这幅画引起人们普遍关注时距画作完成已有 100 多年，矿物颜料经年累月变得暗沉，加之挂这幅画的大厅烧泥炭明火取暖，画上落了厚厚一层炭灰，使得整幅画的色彩变得愈加暗淡，因此才被 18 世纪的人们误以为是夜间巡逻场景而取名“夜巡”。

集体肖像画大约始于 16 世纪。当时这种画已经形成一种固定的形式，即画中人在巨大的幕布前一字排开，每个人的位置、姿态、衣着、场景都是有规矩的，但伦勃朗一反常规，并没有像当时流行的那样呆板地把 16 个人都布置在宴会桌前，而是自己设计了一出“舞台剧”，使众多人物在画面中错落有致，构成极丰富的视觉景深。画面中央的科克上尉左手前伸，双唇微张，他身后的火枪手们有的在擦枪，有的在装填火药，有的在吹枪上的灰尘，有的在给枪上膛。少尉高举旗帜，鼓手开始击鼓，一旁的狗开始狂吠，男孩奔跑起来，还有一个小女孩夹杂在人群中，腰带上还挂着一只死鸟，像整个画面的意外插曲。画中人的表情、姿势、动作各有不同，所呈现的效果就像巡逻场景被伦勃朗用画笔定了格。

《夜巡》的构图可以分为两个层次。首先是动作的整体构图，中间的人正要出发，后面的人跟了上来，左右的人也各有动作，人物之间有非常生动的互动，而不是传统僵硬地摆姿势，这让整个画面显得生机勃勃；其次是画的主体部分没有任何静止的元素，这体现在小的细节上，如民兵上尉脚边的饰带、掌旗少尉的领巾等，都是飘动的。这些细节凸显了画作的动感，而上尉与中尉的腿部微微抬起，队长伸出的手在中尉的衣服上形成了明显阴影，所有这一切都给人一种画中人即将走出画框的既视感，营造了惊人的裸眼 3D 立体效果。画作的明暗对比十分强烈，层次丰富，富有戏剧性。伦勃朗把对光与影的处理发挥得淋漓尽致，这是伦勃朗对绘画技巧的一大创新。

伦勃朗油画《夜巡》

确切地说，这幅画的名字应该是《弗兰斯·班宁克·科克上尉率领的第二区第二民兵队》。在画面中民兵队走出的建筑物大门旁，有一面盾牌，盾牌上写着所有第二区民兵队军官和士兵的名字，中间的两个人除了科克上尉外，还有威廉·冯·鲁滕伯赫中尉。长期以来这个盾牌模糊不清，这是在博物馆进行了专业清洗之后人们才发现的。

在此之前的绘画作品没有太多明暗的对比，光线基本上都是正面平照在画中人脸上，而伦勃朗通过大师级的明暗法，改变了画面光源的布置方法，让光源从侧面上方照向画面中的人，这样画中人的脸就自然分出了“明与暗”“光与影”的区域，画面也随即立体生动了起来。这种布置光源的打光技巧，后来被人们称为“伦勃朗光”，现在仍在绘画、摄像和摄影领域广泛应用。

正是因为伦勃朗使用混合象征主义和写实的手法、场景和隐喻，采用了当时最前卫、最具有革命性的手法创作《夜巡》，将传统俗套的题材改造成超越时代、地域的杰作，才让这一队在历史上名不见经传的城市民兵成了站在时代前沿的艺术载体，留名于世界艺术史，让无数后来者赞叹不已。

## 超越时代的艺术家

伦勃朗·哈尔曼松·冯·莱因生于莱顿一个磨坊主的家庭，曾跟随当地画家雅各布学画，后来又到阿姆斯特丹学画。他一生留下 500 多幅油画，把荷兰的肖像画、历史画和风景画发展到了极致，是欧洲 17 世纪最伟大的画家之一，也是荷兰历史上最伟大的现实主义绘画巨匠，被誉为“光影大师”。

然而，作为伦勃朗的代表作，《夜巡》在当时没能给他带来声誉和赞美，反而成了他人生中的一个转折点，造就了这位伟大艺术家半生富足、半生潦倒的独特艺术生涯。

在创作《夜巡》之前，伦勃朗曾是生意最火爆的一个定制画画家，因为他绘画技巧独特，能玩转光影特效，画的肖像就像自带“美颜”一样，所以能在激烈的市场竞争中脱颖而出。他的成名作是受阿姆斯特丹外科医生行会委托创作于 1632 年的《杜普教授的解剖学课》，这幅画为伦勃朗带来了大量的雇主。就这样，伦勃朗脱贫致富，过上了富足的生活。他买古董，置房产，迎娶贵族小姐，甚至在阿姆斯特丹的黄金地段买下一栋豪宅，带着几十个学生一起接订单，完全是一副人生赢家的模样。

可是就在名利双收的当口，伦勃朗内心的艺术良知慢慢被唤醒。因此，在接到民兵队的委托后，他决定打破传统，运用全新的技法去诠释这幅作品。出于对画作整体上的艺术考量，伦勃朗并没有让每一个出钱的民兵都在画面上“露脸”，有的人只露出一只眼睛，有的人甚至被蒙住了脸，更重要的是，整幅画唯一的“光源”还“偏心”地只打在了民兵队长的脸上。所以，问题来了：团体肖像画的费用都是由画中人平摊的，那些出了同样多的钱但是连脸都看不全的人自然不高兴。于是，他们纷纷找伦勃朗讨公道，要求修改画作。在遭到拒绝后，他们联名将伦勃朗告上法庭，还鼓动市民不择手段地攻击伦勃朗，更有人声称伦勃朗的画是“矫揉造作的幽暗的画作”，戏称他为“黑暗的王子”，给他扣上了行业规范破坏者和没有契约精神的帽子，这使伦勃朗的名誉受到极大影响。

在绘制《夜巡》时，伦勃朗是野心勃勃的。反映伦勃朗野心的并不仅仅是这幅画作的惊人尺寸，更在于他对艺术的过人理解和在实践中的大胆尝试。伦勃朗笔下的巴洛克艺术没有宗教与宫廷的虚夸与浮华，却以最朴实的方法加强了人物身上焕发出的生命感。从伦勃朗的伟大肖像画中，我们会觉得自己不是在看画，而是在跟现实的人物面对面，我们可以感知他们的热情、冷静、孤独和苦难。

如果以今天许多人眼中所谓“成功”的标准来衡量，伦勃朗已早早站在了成功金字塔的顶端，他可以选择，也有能力靠讨好市场获取一生的荣华富贵，但他至死都不愿丧失一个艺术家的独立人格，为迎合客户而修改画作。正是这样的伦勃朗，一个甘愿“自毁”前途的伟大画家，给后人带来无限启迪，因为他超越了他的时代，他用自己一生的经历为我们描绘了艺术家眼中的艺术。真正伟大的并不是传世名画《夜巡》，而是伦勃朗的灵魂和他所代表的那种不屈的艺术精神。

# 061 现代欧洲格局的奠定
# 油画《威斯特伐利亚和平的寓言》

年　代：1654 年
尺　寸：纵 184.5 厘米，横 139.5 厘米
收藏地：挪威国家美术馆

当欧洲人回望他们的历史，面对纷繁的冲突与战争，想必每个人都会感叹和平的来之不易。作为近代以来政治文明的发祥地和资本主义的摇篮，欧洲大陆是如何走出战争的阴霾、走向高速发展、走到世界和时代前列的？根深蒂固的民族矛盾又是如何被化解的？现代欧洲格局的奠定，经历了一个漫长而又复杂的过程。在这个过程中，宗教、政局乃至人们的观念都在悄无声息地发生着变化。对于感觉敏锐的艺术家来说，这些都是创作的重要素材和灵感。至于如何去处理，则是一个见仁见智的问题。

## 触觉敏锐的画家

雅各布·乔登斯是 17 世纪西班牙治下荷兰的著名画家及壁毯设计师，也是安特卫普学派的代表人物，与彼得·保罗·鲁本斯和安东尼·凡·戴克并称“佛兰德斯巴洛克艺术三杰”。

雅各布·乔登斯于 1593 年 5 月 19 日生于安特卫普，是一户富裕的亚麻商人家的长子，有弟妹 10 人。通过传世作品和文献记载，结合其明快的字迹、丰富的异

油画《威斯特伐利亚和平的寓言》（局部）

这幅油画创作的背景是欧洲“三十年战争”的结束。一场导致800万人丧生的战争随着威斯特伐利亚一系列和约的签订宣告结束，当时的艺术家们创作了多幅关于和平的绘画，来表达对于来之不易的和平的热爱。

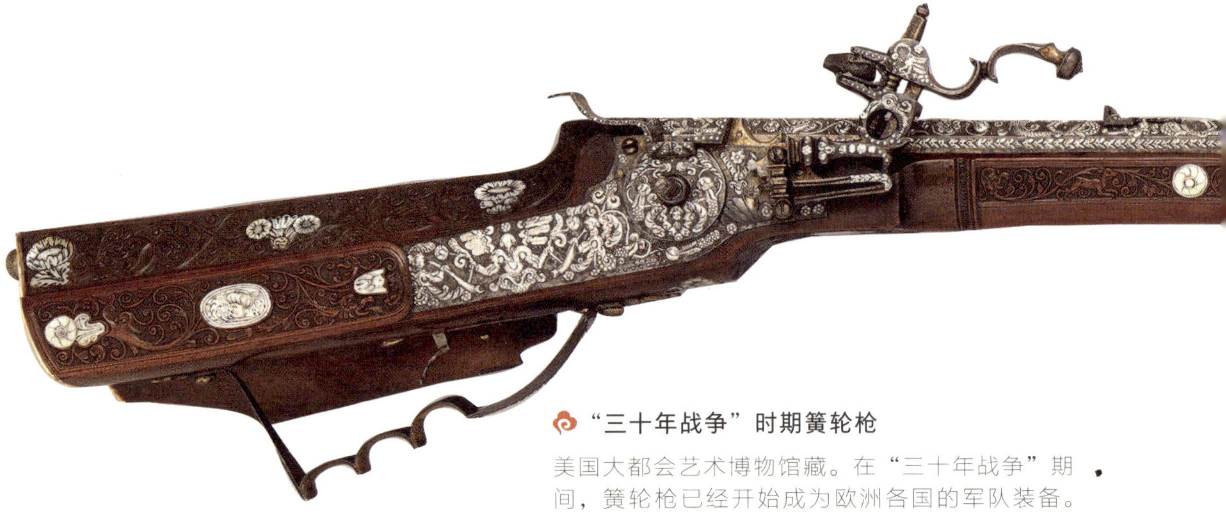

"三十年战争"时期簧轮枪

美国大都会艺术博物馆藏。在"三十年战争"期间，簧轮枪已经开始成为欧洲各国的军队装备。这支装饰豪华的簧轮枪是"三十年战争"期间维也纳宫廷匠师的作品，枪的装饰采用了高浮雕、镀金、镶嵌等多种工艺，展现了皇家武器的风采。

教神话知识和流利的法语可以推断出，雅各布在幼年时应接受过良好的教育。虽然雅各布·乔登斯从未赴意大利学习绘画，除去几次短暂旅行，终生定居安特卫普，但他通过研习原作、复制品和翻刻的版画等认真揣摩和研究意大利大师们的艺术，以致他所创作的画作非常接近意大利传统，创作风格迥异于当时流行的宫廷画风。

从 1621 年开始，乔登斯为彼得·保罗·鲁本斯工作，负责帮助鲁本斯放大草稿。1640 年，他成为鲁本斯的主要合作伙伴。

尽管雅各布的作品一向被认为缺乏深度，但是这种说法事实上并不可靠。作为一个艺术家，雅各布拥有敏锐的触觉和感知力，这促使他进行了寓言画的创作，《威斯特伐利亚和平的寓言》就是这样一幅作品。画面中的人物、景象都是意有所指，共同构成了一个有关"和平"的寓言故事。在经历了欧洲历史上伤亡最惨烈的"三十年战争"之后，人们期盼已久的和平终于降临欧罗巴。画面上的人物、意象影射了宗教、战争以及某些更宏大的、具有"天启"般的隐喻，使得画面看起来十分神秘。通过雅各布的笔触，观众似乎能直接触碰到那个时代的脉搏。凝固的画作也似乎在

某种程度上传达了画家某些“想说但未能说”的话语，极大地激发了观众的历史想象力，这也正是这幅画作非常难得的地方。

## 漫长的三十年战争

在雅各布生活的那个时代，旧的秩序面临着严峻的考验，新的力量已经被压抑了很久，于是，战争便不可避免地爆发了。

13 世纪末期，神圣罗马帝国开始走下坡路，德意志的皇帝逐渐失去了对整个帝国的控制力，各个诸侯国与中央政府之间的矛盾也越来越深重，教廷的权威在整个欧洲不可逆转地衰落。种种迹象早在英国国王亨利八世在位时期就已经开始显露出来。当时亨利八世因为婚姻问题而开始改革宗教制度，他竟然直接任命自己为教会的首领，使英国脱离了教皇的掌控。紧接着，1598 年颁布的《南特敕令》结束了法国血腥的宗教战争，赋予了新教团体以信仰自由的权利。面对如此尴尬的境遇，神圣罗马帝国的皇帝也是要“面子”的，毕竟他不甘心变成一个摆设，不希望自己大权旁落。传统势力在历史新潮面前束手就擒未免太不体面，所以他们需要一场战争来作为退出舞台的谢幕演出。

欧洲各派势力间脆弱的平衡终于在 1617 年被打破。这一年，狂热的天主教徒费迪南二世就任波希米亚国王。于 1526 年并入德意志版图的捷克是德意志帝国当中最有势力的一个诸侯国，然而费迪南却是一个极其愚蠢和贪婪的家伙。他刚上台就展开了轰轰烈烈的复兴天主教的行动，打破了宗教宽容的局面，不断残害捷克境内的新教徒，引发了捷克人民和新教徒对他和德意志皇帝的极大不满。因此，1618 年 5 月 23 日，一群武装起来的群众和新教徒便冲进了捷克王宫，将费迪南二世派来的两名钦差按照捷克的古老风俗从窗口投入壕沟，这就是著名的“布拉格扔出窗外事件”。随后，捷克便宣布从神圣罗马帝国中独立。

捷克的动作使整个欧洲都为之震惊。于是，战争的导火索就此点燃，德意志皇帝与其诸侯国间的战争也就此正式打响。这一打就是 30 年，而且逐渐从德意志帝国的内战上升为整个欧洲两派势力的鏖战，其中哈布斯堡王朝集团由奥地利大公国、西班牙帝国与神圣罗马帝国的天主教诸侯国组成，并得到了罗马教皇及波兰立陶宛联邦的支持；反哈布斯堡王朝集团则由法兰西王国、丹麦王国、瑞典、荷兰及德意志的新教诸侯国组成，并得到了英国、俄国的支持。部分学者会将“三十年战争”与同时期其他欧洲战争合并在一起，但它事实上是一场独立的冲突。尽管如此，它还是与其他重要战争有关系，最著名的是西班牙和新生的荷兰共和国之间发生的荷兰起义。

人们至今仍在谈论“三十年战争”，是因为其在历史上留下的巨大印记和影响，间接甚至是直接地改变了其后历史的走向。首先，“三十年战争”是 20 世纪两次世界大战之前欧洲历史上最惨烈的一次战争，仅神圣罗马帝国就有 500 万人死亡，人口减少了至少五分之一。其次，因其造成的破坏规模之大、持续时间之长，成了一杆标尺，人们常常拿它与后来的战争相比较，后来的战争在破坏性上均没有“三十年战争”如此巨大。最后，“三十年战争”作为一场创巨痛深的事件铭刻在人们的心中，其在精神上的影响远远超过了后来的灾难。

## 人类近代史的曙光

1618—1648 年，神圣罗马帝国节节败退，最终被拖垮，“三十年战争”击垮了神圣罗马帝国最后的权威。虽然它的骨架残存到拿破仑时代，但它最后一点儿血肉已经在 1648 年消失殆尽。

当然，它的对手们同样也是元气大伤，最终双方在1648年10月达成《奥斯纳布吕克条约》与《明斯特和约》，合称《威斯特伐利亚和约》。人们渴盼已久的和平曙光，终于重新降临在欧洲的土地上。

《威斯特伐利亚和约》的签订，不仅是漫长的"三十年战争"的结束，更是世界近代史的开始。在《威斯特伐利亚和约》签订后的近400年时间里，欧洲大地上再未发生过因宗教而引起的大规模冲突，同时这一和约始终影响着欧洲乃至世界的政治事务。欧洲人在经历了残酷的"三十年战争"、漫长的宗教改革后，率先迈入了人类近代史的文明曙光中。

毫无疑问，威斯特伐利亚体系对国际关系的发展具有重大贡献，它所开创的国际体系是现代国际关系体系的雏形。和约确定的国家主权原则有效地维护了民族国家的存续，促进了国际和平与稳定，使某些大国不能任意干涉他国内政，成为反对侵略和干涉、维护各国主权的重要依据。

历史讲坛

## 威斯特伐利亚主权体系

威斯特伐利亚主权体系是国际法建立的基础，即每个主权国家对其领土和国内事务拥有主权，排除所有外部势力侵扰，不干涉别国内政，每个国家（无论大或小）在国际法中是平等的。该学说以1648年签署的《威斯特伐利亚和约》命名。欧洲当时主要的几个参战国家，包括神圣罗马帝国、西班牙、法国、瑞典、荷兰共和国，同意尊重彼此的领土完整。随着欧洲的影响力传遍全球，威斯特伐利亚主权体系的原则，特别是主权国家的概念，成为国际法和后来世界秩序的核心。

## 062 牛顿推动的科学革命

# 牛顿反射望远镜（复制品）

年　代：1668 年

尺　寸：长 26.5 厘米，宽 15 厘米，高 28 厘米

收藏地：英国伦敦科学博物馆

每当我们抬头仰望浩瀚无垠的星空，总会充满无限的向往和渴求。之所以无数的科学家在对星空的研究上花费了毕生的精力，是因为那里有太多的谜团等待着被解开。然而人类困于非常有限的目力，导致很多研究被搁置，很多时候只能是“瞪眼干着急”。于是，人们开始迫切地渴求一只肉眼以外的“千里眼”——一种可以延伸和拓展目力的工具，以此来满足求知欲，望远镜就是在这样的渴求中诞生的。望远镜诞生之后，在其帮助下，人类能看得越来越远，人类知识的边界也被不断地突破和拓展。

## 改变望远镜历史的发明

17 世纪初荷兰的米德尔堡小城，眼镜匠利珀希几乎整日在忙着为顾客磨镜片。在他开设的店铺里，各种各样的透镜琳琅满目，被丢弃的废镜片也不在少数，它们被堆放在角落里，成了利珀希三个儿子的玩具。一天，三个孩子在阳台玩耍，小弟弟双手各拿一块镜片靠在栏杆旁前后比画着，突然发现远处教堂尖顶上的风向标变得又大又近，他欣喜若狂地叫了起来，两个哥哥争先恐后地夺下弟弟手中的镜片观

**伽利略望远镜复制品**

英国伦敦科学博物馆藏。这个望远镜是 1923 年根据伽利略望远镜的原件复制的，仅能放大 21 倍，视野有限。即便如此，伽利略依然通过这架望远镜观测到了月球上的陨石坑以及金星、木星的卫星。

看房上的瓦片、门窗、飞鸟，它们仿佛都近在眼前。孩子们将他们的发现告诉了父亲，利珀希感到不可思议，他半信半疑地按照儿子说的那样试验，手持一块凹透镜放在眼前，把凸透镜放在前面，手持镜片轻缓平移距离。当他把两块镜片对准远处景物时，利珀希惊奇地发现远处的物体果然被放大了，似乎近在眼前，触手可及。之后，利珀希在此基础上进行了改进，他在一个套筒上装上镜片，把两个套筒联结，满足了人们双眼观看的要求，并将其取名为“窥视镜”，这就是望远镜的雏形。

1609 年 6 月，意大利天文学家和物理学家伽利略意识到了荷兰人发明的“窥视镜”在天文学上的应用价值，开始集中精力研究光学和透镜，并亲自动手将镜片安装在铜筒的两端进行尝试。最初，望远镜只能放大 3 倍，经过伽利略不断地摸索改进，望远镜的放大倍率达到了 32 倍，第一台天文望远镜问世。不久，德国天文学家开普勒也制造出一台新的望远镜，这台望远镜的物镜和目镜都是由凸透镜组成，前端凸透镜为物镜，用来收集光线，后面的凸透镜为目镜，用来再次将景物放大，但是用这台天文望远镜观察到的景物都是倒立的。这台望远镜被称为“开普勒望远镜”。

伽利略天文望远镜和开普勒望远镜都被称为“折射式望远镜”。由于镜片的色散作用，用这样的望远镜看到的物像都带有彩色的边缘，这让众多科学家头疼不已。1663 年，苏格兰天文学家格里高利提出了一种改进的办法，即用两个凹面镜组成望远镜，这样就避免了光的色散，去除了色差，能使观测更加清晰，而且这种望远镜呈现的是正立的影像，但在当时的条件下，透镜的磨制是一件十分费劲的事，而且有很高的技术含量。格里高利虽然提出了改进方案，但是他的手工技艺有限，所以一直都没有磨制出合格的凹透镜，直到“DIY 天才”胡克出现，才制造出了格里高利设想中的望远镜。

对于磨制透镜这个技术活，不但格里高利头疼，牛顿也头疼，但牛顿更聪明，既然磨制透镜困难，改设计思路就好了。于是在多次研制非球面的透镜都失败后，牛顿决定用球面反射镜作为望远镜主镜。他把 2.5 厘米直径的金属磨制成一个凹面反射镜，并在主镜的焦点前放了一个与主镜成 45 度角的平面反射镜，使经主镜反射的光经平面反射镜后以 90 度角反射出镜筒并到达目镜，这就是世界上第一台反射式望远镜。

如今收藏于英国伦敦科学博物馆的牛顿反射式望远镜复制品，就是以牛顿研发的世界上第一台反射望远镜为蓝本进行仿制的，其工作原理则基于牛顿在光学领域的研究成果。当然，牛顿反射式望远镜也有缺点，就是不能进行地面观测，因为牛顿反射式望远镜相较于格里高利式望远镜少了一个凹面镜，这样观测出来的图像都是倒立的，不过，这正是牛顿的高明之处，因为在当时望远镜一般都被用来观测天体，对于近似球状的天体来说，也就无所谓图像是正立还是倒立，而这也是格里高利式望远镜设计的画蛇添足之处。

1668 年，当牛顿把这台反射式望远镜放在英国皇家科学会的案头时，望远镜的历史就已经被悄然改写，它为反射式望远镜的发展铺平了道路。直至今日，大部分巨型望远镜也都属于牛顿反射式望远镜家族。有趣的是，这还只是牛顿传奇科学生涯中的第一个发明。

## 牛顿推动的科学革命

近代科学的出现是人类历史上的重大事件，它彻底改变了我们的日常生活，为整个世界带来了翻天覆地的变化。近代科学是在 16—17 世纪的一

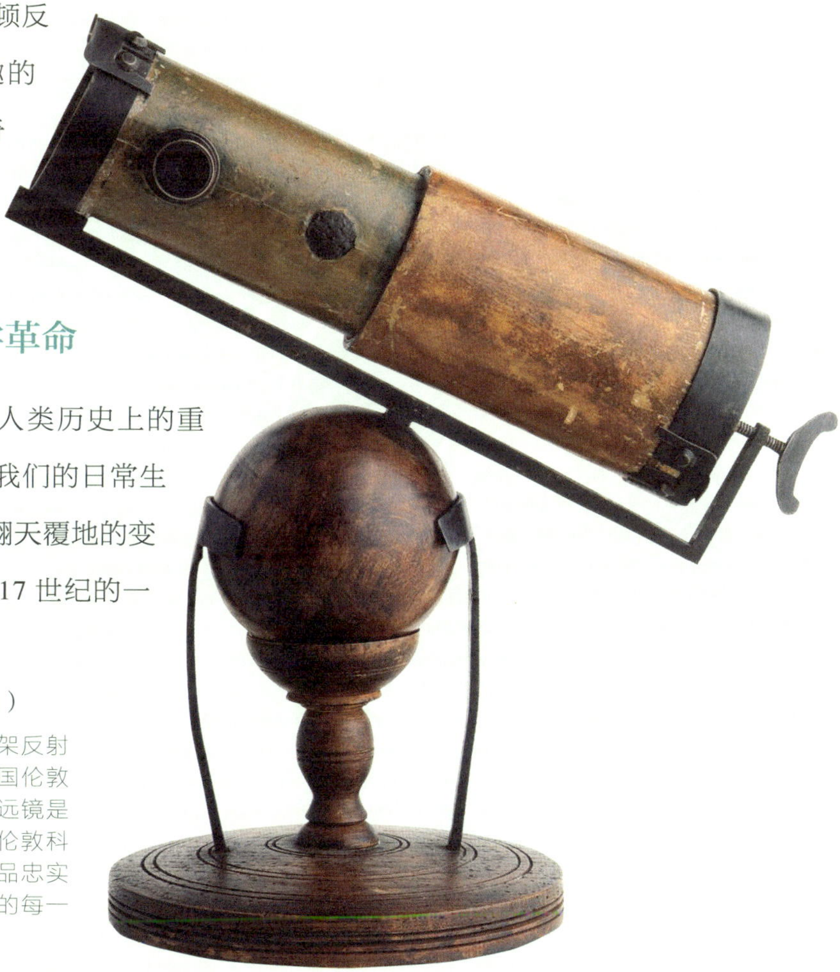

**牛顿反射望远镜（复制品）**

1668 年，牛顿制作了第一架反射式望远镜，现在它收藏在英国伦敦皇家学会。图片中的这架望远镜是 1924 年阿盖特专门为英国伦敦科学博物馆复制的，这个复制品忠实地还原了牛顿反射式望远镜的每一个细节。

场“革命”中诞生的，这场革命被很多人称为科学革命。通常，哥白尼提出日心说被看作它的起点，而其完成则以牛顿《自然哲学的数学原理》的出版为标志。

15 世纪起，文艺复兴的影响波及整个欧洲。古典时期的兴趣之火被重新点燃，渐渐地形成了一种与经院哲学传统思想决裂的批判性思维方式，这就是科学革命最初的思想源头。16 世纪，波兰天文学家尼古拉·哥白尼宣告，位于宇宙中心的并不是地球而是太阳。哥白尼认为，太阳作为无所不能的上帝的代表，应该得到尊敬而占据宇宙万物的中心位置（即以太阳为中心的世界观）。虽然这样的认知也是部分以神学信念为基础，但是这种新的世界观还是动摇了传统的思想观念，与以亚里士多德学说为根基的基督教教义站在了对立面。

17 世纪上半叶，伽利略力图通过理论推导和实验来证明哥白尼的宇宙体系。他指出，即使是亚里士多德这样的权威也是可能出错的。此外，伽利略还利用望远镜发现了月球上的山脉与环形山、太阳表面的斑点以及木星最大的四颗卫星，而所有这些观察结果，都与亚里士多德的学说和基督教的教义相矛盾。于是，一场革命势必要爆发。

1633 年，伽利略被宗教裁判所判刑，处罚是禁止其公开发表言论并且处以终身软禁，必须公开收回自己所宣传的观点。另一个哥白尼世界观的信徒布鲁诺因被裁定传播异端思想，于 1600 年在罗马的鲜花广场被活活烧死。但历史是前进的，无论教会如何遏制新兴的近代科学，其不攻自破的教义相较于凿凿有据的科学理论注定会越来越缺乏说服力。在这场悄无声息的革命里，教会逐渐失去了它的支持者，近代科学势不可当地发展起来。

随着资本主义的发展和新思想、新观念的不断涌现，牛顿成了自然科学领域的集大成者。牛顿在对光学进行研究的过程中找到了改进传统望远镜的方案，巧妙地运用光学原理创造了世界上第一台反射式望远镜。在这双“千里眼”的帮助下，牛顿的力学研究显得更为得心应手。

牛顿把地球上物体的力学和天体力学统一到一个基本的力学体系中，创立了经典力学理论体系，正确地反映了宏观物体低速运动的宏观运动规律，实现了自然科学的第一次大统一。科学史上称牛顿“把天上和地上的运动规律统一了起来”，完成了人类对自然界认识的一次飞跃。另外，牛顿通过论证开普勒行星运动定律与他的引力理论间的一致性，展示了地面物体与天体的运动都遵循相同的自然定律，从而消除了对太阳中心说的最后一丝疑虑，推动了科学界的一场革命。

如果说，人类在牛顿之前是处在自然科学的混沌期，那么牛顿就像自然科学界的“盘古”，他的理论成果革新了人类的认知，如同“开天辟地”一般，让自然科学的光明照进了人类历史。科学革命在牛顿这里完成了质变，近代人类文明的理性之光里，闪耀着科学革命的火花。

有趣的是，科学革命虽然被称为“革命”，但事实上并没有出现像其他暴力革命那样的极端对立，虽然也有流血事件的发生，但是科学与宗教的关系始终是很微妙的。正如牛顿曾经说的那样：“在我望远镜的末端，我曾看见上帝经过。”事实上，牛顿不仅是位伟大的科学家，也是位卓越的神学家，他所发表的有关数学和物理学的著作只占他所有著作的16%，而84%的著作却是未曾出版的神学著作，用他的理论证明了神的存在，总字数超过140万。

科学革命，实际上并不是简单要“革”谁的“命”，其本质上是科学思维方式的革命，是发现问题、思考问题、解决问题的方式方法的历史革新与进步。牛顿的神学倾向在现在看来是引人深思的。回顾人类科学科技高速发展的近现代史，我们是否忽略了很多科学伦理，忘掉了创造我们的大自然？牛顿所说的“神”“上帝”，是不是在警示我们这些后人，在科学研究的路上，需要永远心怀敬畏，永远保持谦逊？

# 科学巨匠齐聚一堂

在人类历史的长河中，科学如同一盏明灯，照亮了人类探索未知、追求真理的道路。而在这条道路上，无数杰出的科学家以其卓越的智慧、不懈的努力，成为了推动科学进步的重要力量。

**★ 哥白尼**

著名的天文学家，因提出“日心说”而享誉世界，从此颠覆了西方统治一千多年的地心说。因担心被教会迫害，哥白尼直到临终前才将自己的呕心之作《天体运行论》付梓。

**★ 伽利略**

文艺复兴时期的物理学家，他通过多次实验和研究建立了落体定律，还发现了抛体运动规律和振摆定律，让人们对宇宙有了新的认识。他制造了温度计和天文望远镜等。

1

**哥白尼**
（1473–1543）
波兰

**达尔文**
（1809–1882）
英国
5

2

**伽利略**
（1564–1642）
意大利

**门捷列夫**
（1834–1907）
俄国
6

**★ 达尔文**

进化论的奠基人。他在著作《物种起源》中提出了以自然选择为基础的生物进化学说，摧毁了各种唯心的特创论、目的论和物种不变论。

**★ 门捷列夫**

因发现元素周期律并制定元素周期表而闻名于世。他的周期表不仅准确预测了未知元素的存在，还推动了化学、物理等多个学科的发展，对后世产生了深远影响。

**★ 牛顿**

著名的物理学家、数学家、天文学家。他发现了万有引力定律，建立了牛顿运动定律及经典力学的基本体系。他在光学和天文学领域也做出了重要贡献。

**★ 法拉第**

物理学家、化学家。他出身贫寒，自学成才，发现了电磁感应现象和电解定律，为电的大规模应用奠定了基础。他还研究了电场和磁场，最先引入“场”的概念。

3
**牛顿**
（1643–1727）
英国

4
**法拉第**
（1791–1867）
英国

**爱迪生**
（1847–1931）
美国
7

**居里夫人**
（1867–1934）
法国
8

**★ 爱迪生**

他发明了自动收报机、留声机，试验并改进了白炽灯和电话，一生中共获得 1000 多项发明专利。他凭借不懈的努力和卓越的创造力，丰富和改善了人类的文明生活。

**★ 居里夫人**

物理学家、化学家，是世界上第一个两次获得诺贝尔奖的人。她和丈夫共同发现了放射性元素钋和镭。

# 063 英国现代政体的确立
# 1689 年《权利法案》

年　代：1689 年

尺　寸：不详

现藏地：英国国家档案馆

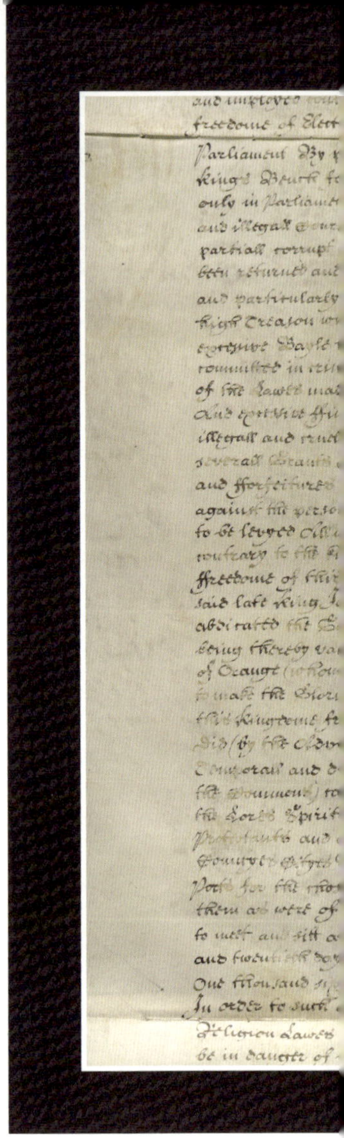

18 世纪中叶，英国首相老威廉·皮特曾经对国王的权力和公民的权利做过这样的解释：“即使是最穷的人，在他的小屋里也敢于对抗国王的权威。风可以吹进这所房子，雨可以打进这所房子，房子甚至会在风雨中飘摇，但是国王不能踏进这所房子，他的千军万马也不敢进入这间门槛已经破烂的房子。”这就是“风能进，雨能进，国王不能进”的典故来源。

## 不流血的“光荣革命”

在 15 世纪末至 17 世纪中叶的一个半世纪中，英国经历了两个封建专制王朝的统治，封建专制王权大大加强。封建统治者极力宣扬“王权至上”和“君权神授”的思想。中世纪以后，英国的政治斗争始终围绕着权力归属于国王还是议会的问题而展开。1660 年斯图亚特王朝复辟后，变本加厉地

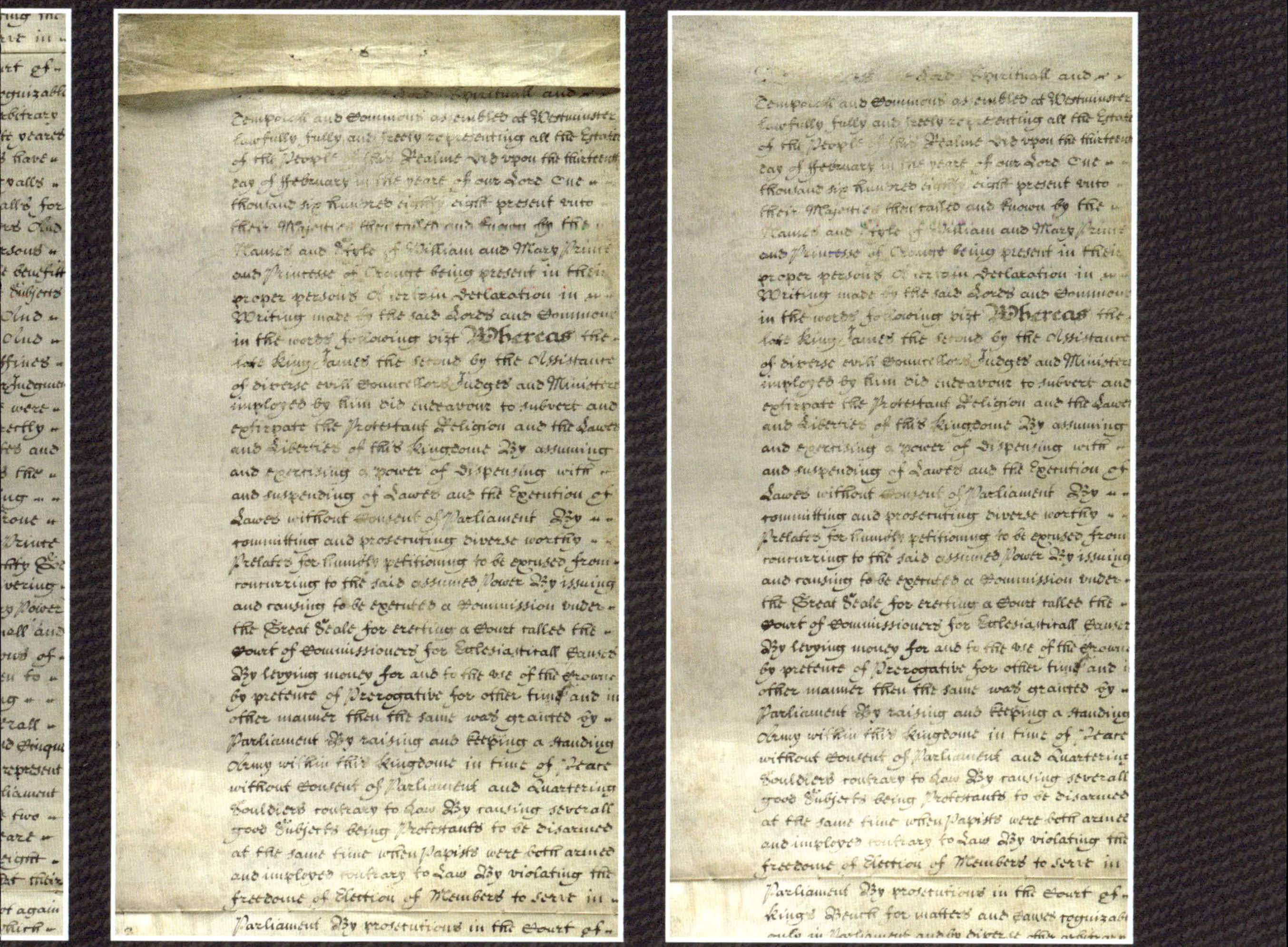
...Lords Spirituall and
Temporall and Commons assembled at Westminster
lawfully fully and freely representing all the Estates
of the People of this Realme did upon the thirteenth
day of February in the yeare of our Lord One
thousand six hundred eighty eight present unto
their Majesties then called and known by the
Names and Stile of William and Mary Prince
and Princesse of Orange being present in their
proper persons a certaine Declaration in
Writing made by the said Lords and Commons
in the words following viz Whereas the
late King James the second by the Assistance
of diverse evill Councellors Judges and Ministers
imployed by him did endeavour to subvert and
extirpate the Protestant Religion and the Lawes
and Liberties of this Kingdome By assuming
and exercising a power of dispensing with
and suspending of Lawes and the Execution of
Lawes without Consent of Parliament By
committing and prosecuting diverse worthy
Prelates for humbly petitioning to be excused from
concurring to the said assumed Power By issuing
and causing to be executed a Commission under
the Great Seale for erecting a Court called the
Court of Commissioners for Ecclesiasticall Causes
By levying money for and to the use of the Crowne
by pretence of Prerogative for other time and in
other manner then the same was granted by
Parliament By raising and keeping a Standing
Army within this Kingdome in time of Peace
without Consent of Parliament and Quartering
Souldiers contrary to Law By causing severall
good Subjects being Protestants to be disarmed
at the same time when Papists were both armed
and imployed contrary to Law By violating the
freedome of Election of Members to serve in
Parliament By prosecutions in the Court of

**1689 年《权利法案》原始文件**

2011 年 5 月，《权利法案》被联合国教科文组织列入《世界记忆名录》，并被评价说：“《权利法案》的所有主要准则直至今天仍然有效，英国和英联邦国家的法律和案件中依然继续引用《权利法案》。从 1215 年《大宪章》开始，在明确议会的权利和普遍的公民自由的历史中，《权利法案》占据了首要地位。它具有重要的国际影响力，它是 1789 年美国《人权法案》的范本，它的影响力甚至可以在《世界人权宣言》和《欧洲人权公约》中找到踪迹。”

推行封建专制，开始倒行逆施，不仅大力压制反对派，企图恢复国王集权，而且企图在英国恢复天主教，严重威胁着 1640 年以来取得的革命成果和人权保障。这引起了当时英国辉格党和部分托利党人的反对，矛盾逐渐激化。1687 年，詹姆斯二世发表《信仰自由宣言》，给予包括天主教徒在内的所有基督徒以信教自由。此前，他已任命天主教徒在军队和政府中担任官职。这一做法与16世纪以来英国的反天主教传统背道而驰，威胁到了资产阶级、新贵族、英国国教和新教徒们的利益，他们以反对天主教会的旗号结成了反对国王的阵线。

1688年6月20日，信奉天主教的詹姆斯二世的第二个妻子生了一个儿子，这位未来的国王将来必定也信奉天主教。这样，詹姆斯二世死后他信奉新教的女儿将继位的希望破灭了，于是人们决定采取行动。当时，由辉格党和托利党的7位名人出面邀请包括伦敦主教在内的几位著名人物发送了一封密信，给在荷兰的信奉新教的詹姆斯二世的女儿玛丽和女婿威廉，邀请他们到英国来保护英国的“宗教、自由和财产”。对威廉来说，他关心的主要是如何能为他的妻子和自己争夺英国的王位继承权，同时他也认为他入主英国可以防止英国同法国结盟以共同反对荷兰，因而接受了邀请，并于1688年9月30日发布宣言，要求恢复他的妻子玛丽，即詹姆斯二世第一个妻子所生长女的继承权。1688年11月5日，荷兰执政威廉率领14000人的远征军在英国登陆，向伦敦挺进，一路势如破竹。在众叛亲离的情况下，詹姆斯二世将国玺扔进了泰晤士河，下令解散了军队，自己在12月11日深夜离宫出走，逃往法国。18日，威廉进入伦敦。

有了1660年斯图亚特王朝复辟的前车之鉴，1689年1月，英国决定以法律形式限制国王的权力，于是在议会上、下两院共同召开的全体会议上，向威廉和玛丽提出了一个“权利宣言”，宣言谴责詹姆斯二世破坏法律的行为，规定国王未经议会同意，不得终止任何法律，不得擅自加税；未按法律程序，不得拘捕臣民；今后任何天主教徒不得担任英国国王，任何国王不能与罗马天主教徒结婚等。威廉接受了这些要求，登上英国王位，和玛丽共同统治英国，是为威廉三世；玛丽即位为英国女王，是为玛丽二世。新任英王（威廉和玛丽）必须宣誓遵守议会制定的法律，包括《权利法案》，誓词如下："我们感激并接受议会带给我们的法律。"他们还必须宣誓信仰新教。同年10月，议会通过了"权利宣言"并将其制定为法律，是为《权利法案》。从此，英国确立了代表资产阶级和新贵族利益的君主立宪制度。这次政权的更迭没有发生流血事件，因此，西方人认为这是一次"光荣革命"。

## 限制王权的法案

1689年，"光荣革命"的次年，英国议会两院依法集会于威斯敏斯特宫，为确保英国人民传统的权利与自由，制定了《权利法案》，全称为《国民权利与自由和王位继承宣言》。该法共有13条内容，从四个方面最终确立了议会高于国王、司法权独立于王权和政府的原则：第一，为限制国王的权力提供法律保障；第二，确立了议会的权力和议会议员自由选举的制度；第三，国王不经议会批准征税和收费即为"非法"；第四，确立了君主立宪的政治制度，英国国王自此处于"统而不治"的地位。这也标志着"法治"在英国取得了最终的胜利。

《权利法案》是英国重要的政治文件之一，是英国人民同王权斗争成果的集大成者。它以法律权力代替君主权力在英国建立了人类历史上第一个政治民主的国家制度，至此，法治在人类社会终于取得了决定性的胜利。1701年，英国议会又通过了一部《王位继承法》，作为《权利法案》的补充。这两个法案确立了英国"议会至上"的原则，是迈向君主立宪制度的重要一步，从此议会逐渐成为国家的最高权力机关。

《权利法案》是英国历史上自《大宪章》以来最重要的一部法案，和《大宪章》一起成为英国自由和民主权利的支柱，并激发了美国《独立宣言》和《权利法案》、法国《人权宣言》的诞生。

## 064 带领俄罗斯走向进步的先驱者
# 油画《彼得一世肖像》

年　代：1717 年

尺　寸：纵 142.5 厘米，横 110 厘米

收藏地：俄罗斯艾尔米塔什博物馆

俄罗斯是世界上领土面积最大的国家，拥有辽阔富饶的生存空间和丰富的资源，是当今世界上的大国之一。然而它的历史发展并非一帆风顺，不仅在 13—15 世纪被蒙古帝国统治数百年，到了近代也是内忧外患，危机四伏，但当这位被迫封闭自我的“巨人”在进步跑道上停滞不前时，一位先驱者、一个俄罗斯历史中不可略过的伟人——彼得一世唤醒了它，驱使它褪去愚昧、追赶世界。

## 失去荣光的“巨人”

17—18 世纪是欧洲从封建社会向资本主义社会转型的过渡时期，在经历文艺复兴、地理大发现、宗教改革后，欧洲世界思想、政治、经济等方面都发生了新变化，欧洲各国也或快或慢地步入了资本主义社会，拉开了欧洲近代历史的帷幕。在近代资本主义文明发展的跑道上，有一位行动缓慢甚至停滞不前的“巨人”，它身着不便行动的翻领大袍，头戴笨重的皇冠，蓄着长长的胡须，闭眼直立，对周围的竞争氛围毫无反应，这身躯庞大的跛足“巨人”就是俄国。

到 17—18 世纪，欧洲各国纷纷废除农奴制，走上资本主义道路。荷兰、英国

油画《彼得一世肖像》

彼得一世的名字来源于圣徒彼得，据说他刚出生的时候“身体健康，长着黑色眼珠，褐色的头发”。成年后的彼得一世身材高大，是历史上最高的君主之一，但是彼得一世的肩膀很窄，手和脚很小，和身高不成比例。

已经确立资本主义生产关系，俄国却依然是一个落后的封建农奴制国家，且其农奴制仍在发展阶段，封建农奴制生产关系占据主导地位。大部分居民被封建农奴制束缚在土地上，成为地主与贵族的私人财产，没有人身自由，担负着繁重的封建义务。当时的俄国经济落后，农业上，土地归极少数贵族阶级与教会所有；工业发展水平低下，手工业仍以家庭手工业为主；通往黑海、波罗的海的商业贸易道路被土耳其、瑞典封锁，四周强邻包围，无法满足地主、商人加强与西欧联系、扩展海外市场的需求。

与落后的封建农奴制生产关系相关联的，是俄国落后腐败的行政、军事制度等上层建筑。由贵族组成的行政机关保守无能，官僚机构臃肿，办事效率极低，无力处理国家事务。国内无正规陆军，更无海军，仅有一支镇压人民、充当警察职能的射击军。受沙皇专制的束缚，俄国社会充满中世纪的愚昧气息，文化教育被宗教垄断，全国识字率极低。封建宗教钳制着人们的思想，也阻碍了科学文化的传播。

彼得一世上位后，意识到这些问题，立志改变俄国的落后面貌，大刀阔斧实行强制改革，率领俄国人打破孤立封闭，走向世界，参与竞争。此时俄国虽已在欧洲近代文明的跑道上被远远甩在了后方，但在麻木封闭两个世纪后，俄国再次睁开了双眼看向西方，顺着彼得一世手指的方向，褪下长袍，大步在竞技的跑道上迈开长腿，追赶学习。

## 俄罗斯“睁眼看世界”的第一人

彼得一世，全称彼得·阿列克谢耶维奇·罗曼诺夫，俄国罗曼诺夫王朝的沙皇，俄罗斯帝国第一代皇帝，也是俄国历史上第一个获得“大帝”称号的沙皇，著名的改革家、军事家、外交家。

彼得生于 1672 年，1682 年继位为沙皇。彼得登基时年仅 10 岁，由其异母姐姐

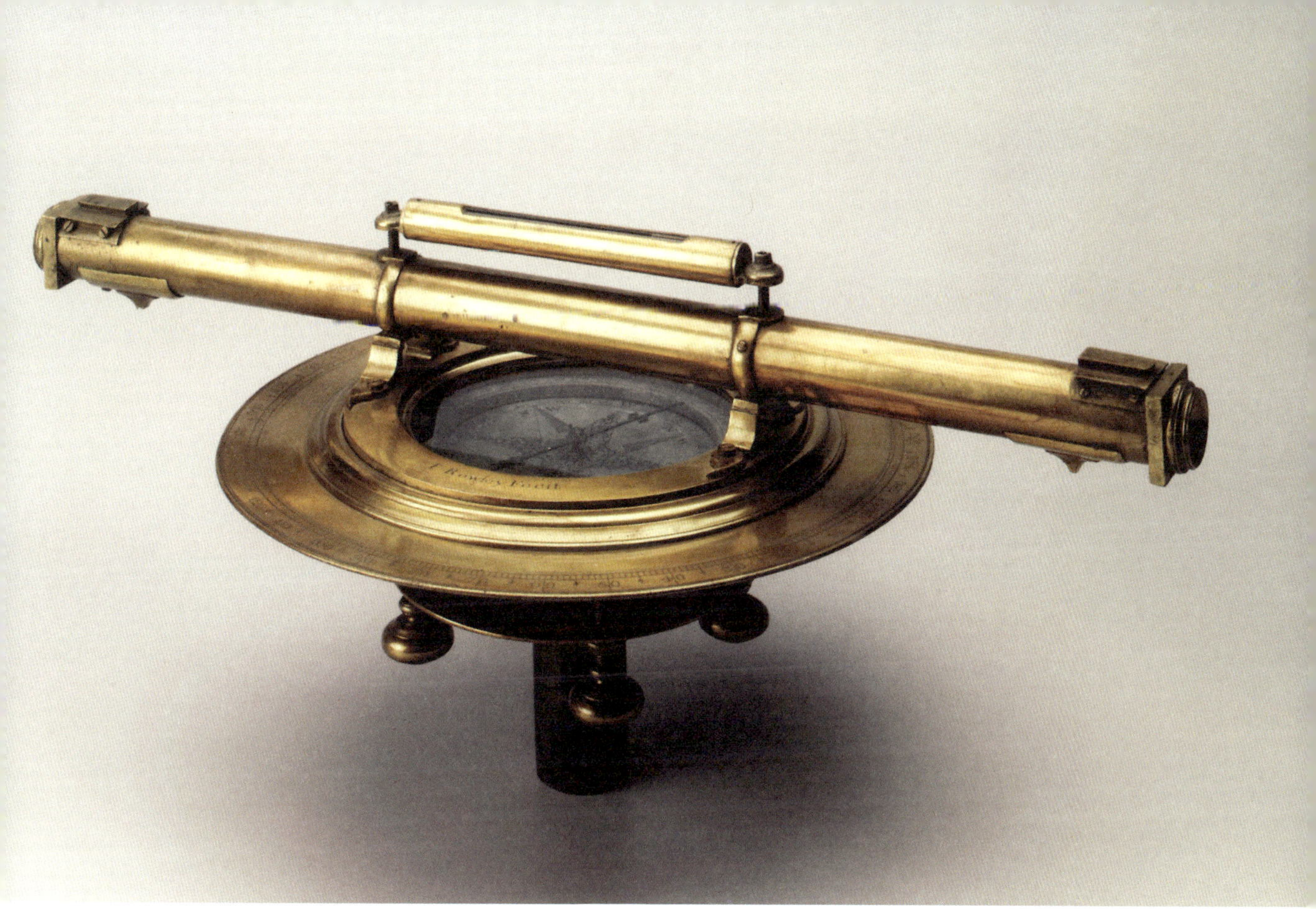

**彼得大帝航海星盘**

俄罗斯艾尔米塔什博物馆藏。这是彼得大帝自用的仪器之一，由英国仪器大师约翰·罗利制作，彼得大帝游学英国时购得。星盘由黄铜制成，包括盘面和观测镜两部分。航海星盘是航海家通过测量太阳或某个恒星相对于天球地平圈的高度的工具，航海家可以通过太阳、北极星或其他恒星与天球赤道的距离来确定船舶的纬度。

索菲亚公主摄政。当时的彼得随母亲居住在莫斯科近郊村庄，成为皇都弃儿和村野顽童，无权过问宫廷事务。

彼得虽然在村野长大，无人教识，也没有接受过皇室系统的教育，但依旧成长为一位充满智慧的优秀青年。彼得具有无限的求知欲和惊人的学习能力，这个早熟的孩子在很小的时候就已开始独立学习，并培养了众多兴趣，这些兴趣也为后来彼得的成功之路打下了基石。彼得对海军也有着浓厚的兴趣，他经常去莫斯科的外侨区向专家学习军事学、航海术、几何学和筑城术。一开始彼得仅仅能造一些小船，但在 1694 年，彼得在阿尔钦格尔建了一个造船厂，并且亲手制造出了一艘大型军舰。

1689 年，年仅 17 岁的彼得挫败索菲亚公主策动射击军发动的宫廷政变，索菲亚被囚禁于修道院，彼得宣布亲政，史称彼得一世。

掌握实权后，彼得在 1697—1698 年间和 1717 年两次组织派遣特别使团前往西欧学习先进技术，他本人也化名彼得·米哈伊洛夫下士随团出访，先后在荷兰、英国、普鲁士、奥地利、瑞典等地考察学习。彼得还十分重视人才的引入，他大量聘请科技、文化人才到俄国工作，为回国后的改革提供技术文化支持。

回国后，彼得对内推行改革，对外开拓疆土，将俄国由一个贫穷落后的内陆国家扩张成濒临海洋的强大帝国，因此被称为俄罗斯帝国的奠基者和“真正的伟人”。《彼得一世》这幅肖像画正是完成于 1717 年，当时彼得大帝正在荷兰。彼得当时决心将西方的风俗习惯引入俄国，并一再坚持让绘画大师纳蒂埃跟随他前往俄国，但是最终遭到纳蒂埃的拒绝。画家让 - 马克·纳蒂埃生于法国巴黎，是 17 世纪末至 18 世纪中期法国洛可可风格派宫廷画家，擅长宫廷人物画。画者笔法灵巧而优雅，展现出了笔下人物形象威严的一面。《彼得一世》这幅用来庆祝的肖像画令彼得大帝本人非常满意。

## 整装待发重返赛道的“巨人”

彼得大帝的全面改革，内容广泛、成果卓著，涉及经济、政治、军事、文化教育、社会风俗诸多方面。

经济上，他鼓励发展工场手工业，振兴国内外贸易，凿运河，开商埠，扩大出口，为俄国近代工业奠定了基础。

政治上，他设立参政院作为国家最高权力机关，削弱贵族势力；推行宗教改革，改组宗教管理机制，取消东正教总主教职衔，成立宗教委员会管理教会事务，加强了世俗政权对东正教会的控制，巩固了以沙皇为首的中央集权。

军事上，他废除了传统封建贵族服

> 凡是只有陆军的统治者，只能算有一只手，而同时还有海军的统治者，才算是双手俱全。
>
> ——【俄】彼得大帝

军役制，实行义务兵役制度，统一编制，建立正规军；兴办军事学校、聘请外国军事顾问、选派军官出国留学；建立俄国历史上第一支海军。这些举措使俄国迅速缩小了同西欧强国之间的军事差距，彼得也获得“俄国海军之父”的美誉。

社会风俗上，他革除陈规陋习，剃胡须、除长袍，着欧服，规定贵族们“习法式之宫廷礼仪，行欧洲流行之风尚”。

文化教育上，他打击教会，规定教育由各级政府直接管理，兴办学校，注重人才培养与引入；大量翻译西欧科学著作，创办报纸；建立俄国最早的博物馆和图书馆，建设俄国第一批公园、公众剧院等，并向社会各界免费开放。这些措施推动了俄国的知识普及与增长，培育、引入了大量人才，强化了俄国的软实力。

经过这一系列改革之后，俄国基本完成了由等级代表君主制向专制君主制的过渡，很大程度上也开启了俄国向近代社会转型的大门，为俄国未来的发展奠定了基础。这位曾经跛脚的“巨人”站起身来，重新起航。

1700 年，彼得发动了夺取波罗的海出海口的战争——北方战争，战争持续 21 年之久。1714 年夏，俄海军舰队全歼瑞典舰队，战胜了当时的军事强国瑞典，展示了俄国海军的实力与彼得改革的显著成果。1721 年，北方大战以俄国的胜利画上了句号，俄国再次以强国形象登上了国际舞台，而瑞典自此衰落，从欧洲列强名单中消失。

此后，俄国开始称霸波罗的海，由一个内陆国家扩张成为一个濒临海洋的欧洲强国，打开了通往世界的海上之门，俄国“如同一只新下水的船只，在斧子的敲击和大炮的轰隆之中，驶向欧洲列强的大家庭”。

065

南太平洋的探索之旅

# 木雕卡瓦碗

年　代：1778 年之前

尺　寸：长 49.8 厘米，宽 30 厘米，高 24.5 厘米

收藏地：大英博物馆

在遥远的太平洋南部，蓝色的海面上镶嵌着或大或小的“宝石”，它们或独岛伫立，或拼连成串，星星点点地散布在浩瀚的蓝色画布上。其中，无论是面积最大的澳大利亚大陆，“白云之乡”新西兰，还是被誉为“太平洋十字路口”的夏威夷群岛，都拥有着自己独特的古老文化。直到近代，土著文化受到来自外界的干扰，就此染上了浓厚的殖民色彩，逐渐被殖民化。而无论是太平洋的土著文化的发源，还是欧洲殖民扩张活动的染指，都离不开航海家们的探索故事。

## 太平洋最早的远洋航行

大洋洲是世界上最小的一个大洲，它由一块大陆和分散在浩瀚海域中的众多岛屿组成，其中包括澳大利亚、新西兰、新几内亚岛及美拉尼西亚、密克罗尼西亚、波利尼西亚三大岛群。

从 4 万年前的远古时代，大洋洲的祖先在最近的一次冰期，从东南亚地区到达澳大利亚，后又有无数移民航行迁徙至太平洋各岛屿定居，

**木雕卡瓦碗**

卡瓦碗因饮用卡瓦时使用而得名。此碗由木头雕刻而成，碗呈圆形，前后各有一个雕刻成人形的把手，如同两人抬着一个碗。两个人的牙齿用公猪牙镶嵌，眼睛用贝壳镶嵌。根据库克船长的记录，这个碗是考艾岛上一个高贵的酋长赠送给“发现”号的查尔斯·克莱克上尉的，克莱克向酋长回赠了红酒和其他零碎东西。可以说，这个卡瓦碗是库克在南太平洋探险的见证。

**木雕卡瓦碗细节展示**

仔细观察，会发现在碗壁和前面木雕小人的口中都有圆孔，前面的圆孔从小人嘴巴中通到碗壁上，后面的圆孔从碗壁通到后面小人的肛门部位。目前这个碗的真正使用方式尚不清楚。

这些最早的移民及其后代逐渐成了这片大洲最早的主人，在此繁衍生息。这些无惧海洋危险、在太平洋不断泛舟迁徙的土著居民，在没有罗盘针、六分仪等先进航海仪器，也没有海洋地图的情况下，仅依靠他们独特的航海技术和对远方未知土地的美好向往，航行到这片蔚蓝色的大海，寻找到这些岛屿定居下来。他们是真正伟大的航海者、最勇敢的探险家。

太平洋各岛的土著来自长期以来无数次的移民。从距今5000年左右开始，南岛语族便离开东南沿海，开始了漫长的征服太平洋地区的征程。他们穿过蓝色的大海洋到达陆地，其中一些人选择定居，而更多的人则向着更远的地方去探险，并在西太平洋群岛上建立了群落。在接下来的几个世纪里，他们的后代乘坐巨大的远洋航行舟穿越太平洋进行更远的航行，在太平洋群岛建立最初的人类群落。直到500—1000年左右，波利尼西亚人抵达并定居复活节岛、夏威夷及新西兰，建立起毛利文化。

在最初的几个世纪里，太平洋移民们几乎在所有的岛群上建立了农业社会。许多群落都以农耕经济为生，同时用剩余产品支持密集的人群参与分工化劳动，树立了有效的政治权威，建立了等级社会秩序，进行远距离贸易，并形成了独特的文化传统。

在太平洋岛群中，有一种神奇的植物，叫卡瓦胡椒，俗称卡瓦（Kava），是瓦努阿图、斐济、汤加、巴布亚新几内亚及所罗门群岛等南太平洋诸岛上野生的一种多年生胡椒科胡椒属灌木类植物。1769年，英国探险家詹姆斯·库克在率领船队登上波利尼西亚岛的途中发现了它。他们看见当地少女将这种植物根系从土壤中拔出洗净，然后用牙齿剥去外皮留下果肉，再将果肉捣碎放置在椰奶中，经过滤后装入用椰壳制作的卡瓦碗内，再分发到部落食用。卡瓦既是一种饮品，也是药物，具有解除疲劳、提神醒脑的功效，饮用它制成的茶可使人产生愉悦感。

有史以来，南太平洋诸岛屿一直将

卡瓦胡椒、干根茎和根研碎后烹煮成卡瓦胡椒茶待客，作为友谊和忠诚的象征。卡瓦也常常用于聚会庆祝和宗教祭祀中，如在夏威夷对诸神的宗教献祭仪式中就有饮卡瓦酒这一步骤。卡瓦几乎承载了南太平洋部落庆典、聚会、祭祀、医药的全部功能。直到如今，饮用卡瓦仍是太平洋岛民们日常生活中一件必不可少的事。他们相信，卡瓦是引导人们进入“梦幻殿堂”的使者，是承载太平洋岛国悠久历史文化的“圣根”。

## 库克船长的三次航行

16—17 世纪，欧洲国家就航海到达了澳大利亚大陆及周围诸岛，但直到 18 世纪，欧洲人全面的探险活动才真正展开。16 世纪初，西班牙和葡萄牙航海家抵达大洋洲，开始了长达 200 多年的欧洲人的探险活动。

1512 年，葡萄牙人航经新几内亚岛北部海岸。1519—1521 年，麦哲伦在环球航行中经过多个太平洋岛屿。1526 年，葡萄牙人梅内塞斯抵达新几内亚岛西部海岸。1542 年，西班牙人自墨西哥远航菲律宾途中驶抵帕劳群岛。1524—1564 年，西班牙航海家绘制了密克罗尼西亚群岛大部分地区的海图。1567 年，西班牙人门达尼亚·德·内拉到达所罗门群岛。1642 年，荷兰人艾贝尔·塔斯曼到达塔斯马尼亚岛、新西兰南岛以及汤加群岛、斐济群岛部分岛屿。1722 年，荷兰人雅各布·罗赫芬发现并命名了复活节岛。1768—1779 年，詹姆斯·库克受英国皇家学会委托进行了三次远航。

库克出生于远离海洋的英格兰小镇，却又从小向往海洋。这名小小少年常常登上镇里的小山坡，向远处眺望蒂斯河的河口，那里偶尔能看见在纽卡斯尔采完矿、从海上回伦敦的运煤船。这位性格倔强又独立的农家男孩将从这座小山开始他改变世界的旅程，成长为一位直觉灵敏、理性、经验丰富的船长，他将进行三次著名的航海发现之旅。

1768—1771 年的第一次航行，库克到访了塔希提岛周围多个大洋洲的岛屿，并将其统称为社会群岛，发现并命

**羽毛饰领**

大英博物馆藏。这件羽毛饰领是库克船长第三次远航时从大溪地获得的，是当地土著战士的饰物。饰领的内侧用甘蔗根结绳编织而成，上面覆盖着黑色的羽毛，在黑色羽毛中均匀分布着三根黄红色羽毛，黑色羽毛用鲨鱼牙齿装饰间隔，外层是一圈米黄色的狗毛流苏。

名了波特兰岛、贫穷湾、丰盛湾、霍克湾、水星湾、南阿尔卑斯山脉和后来的斯图尔特岛。其后他向西抵达新西兰，并对新西兰进行了首次环岛航行。然后他继续向西，1770 年发现澳大利亚并对其进行勘察测绘。1772—1775 年的第二次航行，库克船长尝试向南航行，试图找到传说中的“未知的南方大陆”。1773 年他发现乔基岛，并抵达新喀里多尼亚岛，勘察测绘了新赫布里底群岛、马克萨斯群岛和汤加等地。

1776—1779 年的第三次航行，库克发现了圣诞岛、夏威夷岛等。1779 年 2 月 14 日，库克与夏威夷土著发生冲突，遇刺身亡。

不可否认，在大洋洲的海域探险中，库克是 18 世纪最伟大的一位航海家。一方面，对于欧洲人而言，库克无疑是一位值得尊敬与怀念的伟人。在地理大发现上，库克在探险过程中通过科学考察绘制出精准地图，填补了世界地图的空白，极大地完善了南太平洋地图；他发现了数以百计的岛屿，成为首批到达澳大利亚东岸和夏威夷群岛的欧洲人，也创下了首次有欧洲船只环绕新西兰航行的纪录，同时也是世界上第一个率领船队到达南纬 70 度的人。另一方面，对于太平洋的土著而言，库克的到来，带来的则是悲惨的殖民历史，本土古老文化的破坏，还有夺人性命的各种疾病。

在 1770 年库克船长第二次“发现”澳大利亚全部东海岸地区后，1788 年英国人开始在当地建立囚犯流放地，澳大利亚被迫卷入世界发展的潮流。

“文明”的欧洲人进入澳大利亚后，并没有促进土著居民经济、文化和国家组织上的丝毫发展，反而使其生活条件急剧恶化。伴随着各殖民区的相继开拓和发展，土著遭受了严重的排挤和屠杀，他们从世代居住的家园被驱赶到难以生存的澳大利亚内地山岳荒漠区，土著文化也渐渐消失。

除大陆外，太平洋其他岛屿也遭到了欧洲文明的入侵。如波利尼西亚，随着欧洲工具和织布机的进口，当地的器具逐渐被抛弃。树皮织布技术被遗忘，令他们祖先横跨太平洋的高超大型双人木船制作技术失传。由于食用欧洲式食物，波利尼西亚人让早期探险家羡慕不已的完美牙齿也开始逐渐退化。库克于此也曾悲叹：“我们诱使他们精神堕落，我们带给他们物欲和疾病，而这些物欲和疾病，只能搅乱他们和他们的祖先一直以来享受着的幸福安详，此外别无他用。如果有谁否认这一事实，那么请他告诉我，与欧洲人进行贸易，美洲土著究竟得到了什么？”

## 066 由纺纱机开启的工业革命

# 阿克赖特水力纺纱机

年　代：1769 年

尺　寸：不详

制作人：英国伦敦科学博物馆

发明源于需求，巨大的需求激发了人们的不断创新。发明是由种种有利条件促成的：有基础素养的人，贸易，对制成品需求的逐渐增长，等等。有时，幸运的机会也会催生出重大的发现或发明。詹姆斯·哈格里夫斯发明的“珍妮纺纱机”轰动一时，大约在同时，一位名为理查德·阿克赖特的理发师也制造出了一台纺纱机，并以其名字命名为“阿克赖特水力纺纱机”。

## 工业革命的急先锋

18 世纪早期，工业革命的火种已在英国出现。通过资产阶级革命，英国的资产阶级推翻了封建专制制度，在政治上为工业革命扫清了障碍。在国内，资产阶级通过“圈地运动”使大量农民失去土地，农民不得不进入手工工场成为廉价劳动力；在国外，他们通过海外贸易的扩张积累资本，抢夺海外市场和廉价原料产地。蓬勃发展的工场手工业仍无法满足不断扩张的市场需要，生产手段的革新迫在眉睫。变革首先发生在工场手工业最为发达的棉纺织业中。

几百年来，人们一直使用的是手摇织布机。纺织工人通过织布机，把带线的梭

**阿克赖特水力纺纱机**

这架纺纱机是阿克赖特在约翰·凯伊的协助下于1769年制造的。待纺的棉纤维通过四对辊子进行齿轮传动，最终获得纱线。这架水力纺纱机又被称为原型机，其缺陷在于它只能用于纺硬而坚固的经纱，但是不能纺纬纱，因此其在商业上的价值不高。

子从一只手抛到另一只手，工作进程相当缓慢。如果要织出幅面宽的布匹，还需要两名劳力配合，费时费力，生产效率低。1733年，钟表匠约翰·凯伊发明了“飞梭”，这大大提高了织布的速度，而且一个人完全能操作。随着织布速度的提高，棉纱顿时供不应求，英国多地甚至出现了“棉纱荒”。于是，如何提高纺纱效率成为当时亟待解决的问题。

## 小人物的大发明

理查德·阿克赖特，1732年12月23日出生于英格兰普雷斯顿一个并不富裕的家庭。13 岁时，他便去当学徒，学习理发和制作假发。1750 年左右，18 岁的他离开故土，在博尔顿一个地下室的酒窖里做起理发生意。1755 年，他娶了一位校长的女儿佩兴特·霍尔特。后来原配去世，阿克赖特于 1761 年续娶玛格丽特·贝更斯，并获得了贝更斯带来的一小笔嫁妆，这是他的第一笔“启动资金”。他关闭了理发店，做起了制作假发的买卖。英国人流行戴假发的传统大约始于 12 世纪，戴假发并不只是法官和律师的专利，上流社会的人都将戴假发视为一种时尚。假发生意为阿克赖特掘到了人生的“第一桶金”，同时拓宽了人脉，积累了经营和推广的经验。

> 它（工业革命）是比任何一种革命更广泛、更深刻的社会革命，它同思想革命和政治革命相呼应，引起了市民社会的全面变革。
>
> ——【德】卡尔·马克思

18 世纪 60 年代中期，飞梭的发明与应用导致棉纱匮乏。精明的阿克赖特意识到，若能提高纱的产量和质量，就会给自己带来机遇，于是开始从事新的行业。他几乎走遍英国，接触了许多刚刚起步的制造业和其他早期工业化的新兴产业，逐渐对纺织行业产生了兴趣。在钟表匠约翰·凯伊的帮助下，阿克赖特了解了其他几位发明家制造机械织布机的过程。当时，詹姆斯·哈格里夫斯刚刚研制出了著名的“珍妮纺纱机”，然而珍妮纺纱机仅可用于生产纬线，织布工人仍然需要用丝线和亚麻线作为经线。

1769 年 7 月，阿克赖特在朋友的帮助下制成纺纱机，并获得了纺纱机 14 年的专利权。1771 年，阿克赖特携带这项专利移居诺丁汉，并与两位富商尼德和斯特拉特协商合作，获得了充足的资金，用于开设位于诺丁汉附近的第一家纺织工厂。在这家规模不大的纺织厂里，纺织机动力来源原本为马匹，但很快这一动力来源就显得不够用了。为此，阿克赖特将厂址迁至克罗姆福德水流湍急的河岸旁，配备水车，将机器改为水力驱动。阿克赖特的发明一经问世，立即成为纺织行业的首选机械，同时也给纺织工艺带来了巨大变革，为英国工业在接下来一个世纪的发展奠定了基础。

为提高工厂的生产效率，阿克赖特继续发明新机器，并申请了许多专利。1792年8月3日，阿克赖特在克罗姆福德去世，死后留下了一笔50万英镑的遗产。一直以来，阿克赖特都被公认为是英国最具影响力的制造商之一。

## 技术革新的连锁反应

棉纺织工业领域的技术发明和革新创造，给人留下了深刻的印象。相对于历史悠久的毛纺织业，英国的棉纺织业用了50年左右的时间，通过不间断的技术发明、生产革新，开拓出了一片崭新的天地。虽然资金力量谈不上雄厚，但纺织工业的经验和技术可资利用，使它的发展起点较高，为进一步向机械化过渡打下基础；作为一个新兴的独立行业，它还没有过多地受到行会陈规陋习的束缚，为打破旧传统、进行技术革新、推广新发明创造留下了充分的空间。当时欧洲人已经开始对消费棉布产生兴趣，棉布销售在欧洲以外的市场更加可观，预期利润十分丰厚，这也为棉纺织工业的发展提供了难得的机会。

到18世纪末叶，机械化生产率先在英国的棉纺织部门基本实现，英国棉布的产量和质量都有了很大提高。据统计，1790—1820年的30年间，英国进口原棉增加了5倍，棉花加工业的产值从原来占英国工业总产值中的第九位，一跃升至首位。1820年，英国棉花加工业产品的出口几乎占英国出口总额的一半。英国的棉布产品最终击败印度棉布，畅销国内外市场。垄断地位确立之初，英国棉布产品利润之高，令人难以置信。后来，英国的铁路、造船、机械制造和大型冶金等投资巨大、利润不丰的企业兴起，在很大程度上依赖于棉纺织业积累的大量资金。一个周期推动另一个周期，棉纺织工业在英国工业革命中立下了汗马功劳。

# 067 奠定美国之基的一场战争
# 《独立宣言》副本

年　代：1776 年
尺　寸：高 58.4 厘米，宽 44.4 厘米
收藏地：美国国家档案馆

1776 年 7 月 4 日，北美洲 13 个英属殖民地宣告脱离大不列颠王国而独立。《独立宣言》就是它们宣告独立的正当性的文告。作为美国最重要的立国文书之一，《独立宣言》集中体现了美国立国的精神信念，有力地推动了美国民主化进程，对美国的政治生活产生了深远影响。

## 正义的前身

1607 年，英国在北美开创了第一个殖民地——弗吉尼亚的詹姆斯敦，到 1733 年，殖民地发展到了 13 个。100 多年的发展，不仅使北美成了一块机会之地，也让美利坚民族逐渐形成，并且自然而然地产生了民族意识。

早在独立战争之前，欧洲启蒙思想已经开始在北美传播。英国人托马斯·潘恩的小册子《常识》就曾在极短的时间内火遍北美大陆，不仅在当时创下 3 个月销售 10 万册的惊人纪录，而且催生了一个国家，新创了一个时代。《常识》的要点有三：一是把自由定义为天赋人权，二是狠狠地批判了英国的殖民统治，三是提出北美一定要独立。在欧洲启蒙思想的熏陶下，北美殖民地产生了以本

杰明·富兰克林、托马斯·杰斐逊等为代表的一大批本土思想家。也正是来自欧洲的启蒙思想，奠定了《独立宣言》的理论基础。

《独立宣言》副本

写在羊皮纸上的《独立宣言》虽然在严苛的条件下保存着，而今也已严重褪色并且磨损，但是在美国人的心里它的地位依然很重要，这也是这个版本长期展出的原因。在这个版本的背面写着一行字："1776 年 7 月 4 日 的《独 立宣言》。"

## 打出来的独立

18 世纪中期，英属北美殖民地地区的经济发展迅速，北方工商业发达，中部盛产粮食，南方种植园经济盛行。如果任由北美殖民地"另类"发展下去，势必养虎为患，所以自 18 世纪 60 年代开始，英国将对北美殖民地由自由放任的政策改为打压。先是画地为牢，限制北美人民西进，禁止北美殖民地发行自己的纸币；同时增加赋税，先后颁布了《糖税法》（1764 年）、《印花税法案》（1765 年）、《汤森税法》（1767 年）等一系列法案，扼住北美殖民地的喉咙。

起初，在北美殖民地只是少部分人怀有谋求独立的想法，直到这些强力压制殖民地自治的不可容忍的法案通过，才引发了殖民地地区人民的强烈不满，也使越来越多的人开始认同大不列颠母国为压迫者的观点。此后，随着一系列事件的持续发酵，终于在 1775 年 4 月，“莱克星顿枪声”打响了美国独立战争的第一枪。从 1775 年到 1783 年，北美殖民地人民和英国殖民者展开了长达 8 年的独立战争。经历了三个战争阶段后，战场从北方转移到南方，北美军队由最初的劣势，到最后实现战略反攻，使英国殖民者不得不在 1783 年签署《巴黎条约》，正式承认美利坚合众国成立。

美国独立战争不是一般意义上的底层造反，而是北美人民以天赋人权、反抗暴政为名，向英国和世界发出的铿锵呐喊。

## 第一份人权宣言

1776 年 6 月 7 日，在第二届大陆会议上，弗吉尼亚自治领的理查德・亨利・李提出一个议案，即《李氏决议文》。文中写道：“我们以这些殖民地的善良人民的名义和权力庄严地宣布并昭告：这些联合殖民地从此成为，而且名正言顺地应当成为自由独立的合众国；它们解除与英王的一切隶属关系，而它们与大不列颠王国之间的一切政治联系亦应从此完全废止。”根据李的提议，6 月 10 日，大陆会议决定成立一个委员会草拟独立宣言。11 日，五人委员会成立，成员有罗杰・谢尔曼、本杰明・富兰克林、托马斯・杰斐逊、约翰・亚当斯和罗伯特・R. 利文斯顿。五人委员会决定，宣言主要由托马斯・杰斐逊负责起草。

《独立宣言》初稿完成后，经富兰克林与亚当斯等人修改润色，最后由杰斐逊誊录一份，于 6 月 28 日首次向大陆会议提交，7 月 4 日《独立宣言》获得通过。从这一天起，美利坚正式脱离英国而宣告独立。从此，7 月 4 日这个特殊的日子也被定为美国的独立日。

《独立宣言》由四部分组成：第一部分为前言，阐述了宣言的目的；第二部分阐述政治体制思想，即自然权利学说和主权在民思想；第三部分历数英国压迫北美殖民地人民的条条罪状，说明殖民地人民是在忍无可忍的情况下被迫拿起武器，力求独立的合法性和正义性；第四部分，庄严宣告美利坚独立。

当年，《独立宣言》向全体美利坚人民庄严许下了一个诺言。今天，《独立宣言》的意义早已跨越了时空，超越了历史，成了人类发展进程上浓墨重彩的一笔。它的思想，不仅对北美人民有着重大影响，同样也深深影响着世界上所有被压迫的人民。一直以来，《独立宣言》都被誉为人类历史上第一份人权宣言，正是因为它的两个核心内容：一是天赋人权，不可让渡，也不可被剥夺；二是主权是为保障人权而存在，如果不能保障人权，即可以被推翻。

《独立宣言》代表了人权、民权、自由、平等和法治，撑起的是自由立国的精神信念，它所提倡的“人生而平等”的理念至今仍令无数人激动不已。

**杰斐逊起草和撰写《独立宣言》使用的便携式写字台**

美国国家历史博物馆藏。1776 年，杰斐逊在自己设计的这个便携式写字台上写下了《独立宣言》，写字台的台面可以抬起，边上带有放置笔和墨水的带锁抽屉。1825 年，杰斐逊用这个写字台写下了最后一张字条，上面写着：“政治和宗教都有迷信特性。随着时间的流逝，这种迷信性会变得越来越强大……有一天，这个写字台恐怕会产生虚构的价值，毕竟它和《独立宣言》的诞生有着极其密切的联系。”

# 068 影响深远的法国大革命 油画《1789年人权宣言》

年　代：1789年

尺　寸：纵71厘米，横56厘米

收藏地：法国巴黎卡纳瓦雷博物馆

今天，在法国巴黎的卡纳瓦雷博物馆里，珍藏着一幅由法国画家让·雅克·弗朗索瓦·勒·巴比耶创作、反映法国大革命重要成果的作品——《1789年人权宣言》。整幅作品的主体《人权宣言》蓝底金字，非常漂亮，上方绘有两位美丽的女性，一个是白衣粉袍的胜利女神，一个是红衣蓝袍的玛丽安娜。后者是法兰西共和国的国家象征，也是自由与理性的拟人表现。

## “绝代艳后”玛丽王后

提起法国大革命，或许很多人首先会想到的就是那位美貌、奢华、骄傲而又有些顽固，最后被送上断头台的玛丽王后。

玛丽王后是18世纪法国国王路易十六的妻子，14岁嫁入法国，喜欢在凡尔赛宫举办各种舞会、酒宴，生活极尽奢靡，人们戏称她为“玛丽艳后”“赤字夫人”。传说在和路易十六被起义者押入巴黎之前，她从未离开过凡尔赛宫，未尝体验过底层人民的疾苦，更不懂得普通百姓生活的艰辛。法国大革命期间，在势不可当的反王室浪潮中，国王和王后首当其冲，成为主要被攻击的目标，尤其是王后。人们把

油画《1789 年人权宣言》

《人权宣言》的全称是《人权与公民权宣言》，它是由法国大革命时期的政治理论家阿贝·谢耶斯和拉法耶特侯爵共同起草的。在起草的时候，拉法耶特曾经和美国革命元勋杰斐逊多次协商其中的条款。《人权宣言》是法国大革命核心价值的体现，深受启蒙哲学家的影响。

满腔愤慨毫无保留地宣泄到这位不知民间疾苦、只热衷于打扮、生活奢侈的王后身上，于是她便成了法国的“红颜祸水”，顺理成章地背负起所有的罪责，但事实并非如此。

**反映法国第三阶级深受压迫的漫画**

这是历史教科书里面非常著名的一幅漫画作品。画面上是一个背负着神父和贵族的第三阶级，在画面的下方有一句话：“您应该希望这场竞赛很快结束！”

## “历史”背后的真相

当时的法国社会分为三个等级，第一等级是僧侣，第二等级是贵族，其他人都归为第三等级。前两个等级是特权等级，骄横跋扈，残酷压榨第三等级。第三等级约占法国人口的 80%，其中的资产阶级随着资本主义经济的发展，经济实力日趋雄厚，但在政治上处于无权地位；而处于社会底层的农民、工人、学徒、帮工等所受剥削压迫最重。所以整个第三等级对封建统治都极为憎恶。

由于路易十四与路易十五长期的穷兵黩武，18 世纪末的法国早已外强中干，经济状况大不如前。路易十六时，财政赤字已达 2000 亿里拉，再加上旱灾、冰雹等自然灾害，此时的法国经济已濒临崩溃。与此同时，声势浩大的思想启蒙运动使人们在思想上受到了一次深刻的洗礼，一场摧枯拉朽的革命已经在孕育之中。

为阻止革命的爆发，路易十六被迫召开已中断 175 年的“三级会议”。第三等级期盼可以通过这一契机争取到属于自己的权利。希望落空后，在广大人民群众的支持下，“制宪会议”成立，想要制定出代表全体法国人民利益的宪法。路易十六调集军队，企图施以武力镇压。消息传出后，巴黎人民群情激愤，纷纷起来反抗。7 月 14 日，他们攻占了象征封建专制统治的堡垒——巴士底狱，法国大革命正式开始。

## 诞生于大革命中的人权保护“圣经”

在巴黎人民高涨的革命热情推动下，制宪会议当天即着手起草《人权宣言》。1789 年 8 月 26 日，这部法国历史上第一个宪法性质的文件正式通过并公布。

《人权宣言》，全称《人权和公民权利宣言》，被历史学家称为“旧制度的死亡证书”和“新制度的诞生证书”，是一部关于人权保护的“圣经”。

《人权宣言》简短精练，全文不足 2000 字，但内容非常丰富。它以美国《独立宣言》为蓝本，以人权及其保障为核心，以启蒙思想家们提出的自由、平等、民主、博爱等理念为指导思想，第一次以法律的形式把启蒙思想家所阐述的资产阶级政治主张固定下来。《人权宣言》彻底否

**油画《法国王后玛丽·安托瓦内特肖像》**

瑞典国家博物馆藏。在法国大革命中，玛丽王后扮演的角色可以说是“众恶所归”，那句“他们为什么不吃奶油蛋糕”就已经将她钉在了历史的耻辱柱上。而人们最为津津乐道的是，据说走向断头台的时候，她不小心踩了刽子手的鞋子，她却向刽子手道歉：“我不是故意这么做的！”她在离开这个世界前的最后瞬间留下了一丝优雅。

定了封建等级制度和君权神授思想，体现了天赋人权、权力分治、主权在民等近代民主制度的基本原则，有利于社会的进步和发展。

作为法国资产阶级革命的纲领性文件，《人权宣言》的公布极大地启迪了法国人民的权利意识，鼓舞了他们的反封建斗争，不仅推动了法国大革命的深入发展，而且在欧洲各国反对专制主义制度的斗争中起到理论上的指导作用。作为世界政治史和人权发展史上的重要文件,《人权宣言》不仅给法国，也给世界带来了不可估量的影响，推动了很多国家民主思想的发展。历史上，向来都是君主统治人民，而这一次，人民征服了他们的君主。

水彩画《攻占巴士底狱》

第八章

# 全球化进程中的世界

伴随着工业革命的滚滚热潮，世界各国的距离进一步被缩短。从 18 世纪初到 19 世纪末，世界的风云变化以前所未有的速度进行着。拿破仑战争以摧枯拉朽之势改变了欧洲的格局，欧洲进入拿破仑的时代，古老的东方被西方的坚船利炮打开了国门，一次次的赔款割地让中国人民饱受屈辱，非洲已然成了西方列强瓜分的对象，美国内战改变了这个新兴国家的面貌，共产主义运动在欧洲加速酝酿。新的机械、交通工具和通信设备昭示着电气化时代的来临，让第二次工业革命的浪潮显得更加迅猛。

**推荐博物馆：**

法国巴黎凡尔赛宫、英国伦敦科学博物馆、美国布朗大学图书馆、美国国家档案馆、中国台北故宫博物院

# 中外历史大事件时间表（三）

## 中国

**1840 年**

第一次鸦片战争爆发。

**1851 年**

太平天国起义。

**1894 年**

中日甲午战争爆发。

**1919 年**

五四运动。

## 1801 年至今

## 世界

**1804 年**

拿破仑称帝，法兰西第一帝国建立。

**1838 年**

英国伦敦工人协会公布《人民宪章》，宪章运动由此得名。

**1861 年**

美国内战开始。

**1868 年**

日本明治维新开始。

**1870 年**

普法战争爆发。

**1914 年**

第一次世界大战开始。

**1917 年**

俄国十月革命。

**1919 年**

共产国际成立。

清 → 民国 → 中华人民共和国

## 1937 年

中国抗日战争全面爆发。

## 1997 年

香港回归。

## 1949 年 10 月

中华人民共和国成立。

# 1801年至今

## 1939 年

第二次世界大战全面爆发。

## 1949 年

北大西洋公约组织成立。

## 1979 年

中美建交。

## 1993 年

欧盟成立。

## 2003 年

伊拉克战争爆发。

## 1945 年 10 月

联合国成立。

## 2001 年

“9・11”恐怖袭击事件。

069

改变欧洲格局的拿破仑战争

# 拿破仑进入柏林纪念花瓶

年　代：1807 年

尺　寸：高 110.1 厘米，宽 59 厘米，深 53 厘米

收藏地：法国巴黎凡尔赛宫

在世界近代史上，欧洲是人类先进文明的聚集地之一，也是大国争权逐利的舞台，近代以来，西班牙、葡萄牙、荷兰、英国、法国等国家相继成为欧洲霸主。18 世纪末 19 世纪初，法国雄踞欧洲大陆，它的一举一动都影响着整个欧洲格局的走势。法国革命和随之而来的拿破仑战争前后延续了四分之一个世纪，搅得整个欧洲乃至大西洋世界天翻地覆。因而人们常说，法国一“着凉”，全欧洲跟着“打喷嚏”。拿破仑统治时期的法国成为欧洲的真正主宰，其勃兴与衰亡都影响着整个欧洲格局乃至世界格局的动向。

## 革命结束，战争继续

有历史学家将 1789 年至 1848 年半个多世纪的时间称为“革命的年代”。在这个风起云涌、激情燃烧的革命年代里，最为猛烈的一次革命莫过于法国大革命。1789 年 7 月 14 日，法国大革命爆发。其后，法国经历了君主立宪派、吉伦特派、雅各宾派等派别的统治。革命大潮一浪高过一浪，以摧枯拉朽之势荡涤了法国传统的等级秩序，用“现代社会”取代了“旧制度”。

**拿破仑进入柏林纪念花瓶**

这个纪念花瓶是 1806 年由拿破仑的总管达鲁指导，由赛弗尔工厂生产的。花瓶为敞口，颈以下渐收，鼓腹下敛，长胫，圈足，通体施青金石釉，镀金装饰。口沿和肩部安装着一对镏金铜耳，铜耳上方的圆框内雕刻着拿破仑和皇后约瑟芬的侧面像。腹部正面彩绘拿破仑率领军队进入柏林时的场景，背面彩绘法国军队征战场景。主题图下方描金绘制武器图案。

18世纪末期的法国是欧洲最强大的国家——法国人口多达2600多万，是西欧人口最多的国家；法国是启蒙运动的重镇，是令欧洲各国仰望的文化中心；法国科技水平位居世界前列；法语是国际精英阶层的通用语言。因而，法国大革命发生伊始，便引发了整个欧洲的密切关注，法国革命的思想也远播到法国之外，影响了欧洲绝大部分地区的政治秩序。

1792年，法国对奥地利宣战，法国军队宣称“对宫廷战争，给茅屋和平”，在所到之处废除封建制度、组织新的革命政府，法国革命由此扩展为欧洲革命。1793年1月，法国国王路易十六被革命者送上断头台，法国局势再次恶化。欧洲各国君主决心剿灭“弑君者”，神圣罗马帝国、大英帝国、普鲁士王国、西班牙帝国、荷兰和撒丁王国组成了第一次反法同盟，从几个方向进攻法国。自此至1815年，欧洲列强先后七次组成反法同盟。法国和反法同盟之间的斗争，成为这一时期欧洲国际关系的重要内容。

1793年，法国人民经过艰苦战斗，粉碎了外国的武装干涉。在收复土伦的战役中，拿破仑·波拿巴崭露头角。依照传统，在称帝之前，波拿巴只能称呼姓氏波拿巴，称帝之后才称呼教名拿破仑。波拿巴于1769年出生于地中海科西嘉岛一个小贵族家庭，因平定王党叛乱而获得提升。1796年，波拿巴率领法军翻越阿尔卑斯山，远征意大利，打败奥地利军队，迫使奥地利签订条约，瓦解了第一次反法同盟。1794年热月政变后的5年里，法国政局依然动荡不安。新的反法联军大兵压境。1798年底，英、俄纠集奥地利、西班牙等国组成了第二次反法同盟。

当时的法国内外交困，许多人盼望出现一个强人政权，对内实现秩序和稳定，对外实现光荣与和平。1799年11月9日（雾月18日），波拿巴发动政变，建立“执政府”，史称“雾月政变”。面对反法同盟的一再威胁，波拿巴通过军事手段和外交手段成功打击了英国，瓦解了反法同盟。短短几年的文治武功，使波拿巴的个人威望登峰造极。1804 年，经公民投票，法国改共和国为帝国，史称“法兰西第一帝国”。波拿巴举行了盛大加冕典礼，史称“拿破仑一世”。

拿破仑称帝后不久，英、俄、奥等国组成了第三次反法同盟。1805 年，拿破仑下令进攻奥地利和俄国，并在同年 12 月的奥斯特里茨战役中击溃俄奥联军，迫使奥地利签订停战协定，瓦解了第三次反法同盟。为了巩固法国周边局面，拿破仑于 1806 年 7 月组建了由 16 个德意志邦国构成的莱茵邦联，并担任邦联的保护人。

油画《拿破仑翻越阿尔卑斯山》

画中描绘了第二次反法同盟战争期间，拿破仑率领大军，登上险峻的阿尔卑斯山，为争取时间抄近道进入意大利的情景。

## 跃马柏林，征服欧洲

莱茵邦联的组建，令欧洲列强愈加忌惮法国的过分强大。1806 年 9 月，英国出资支持俄国和普鲁士组成第四次反法联盟。随后，西班牙、瑞典等也加入其中。10 月 1 日，普鲁士国王向拿破仑发出最后通牒，要求法国在 10 月 8 日之前从莱茵河东岸撤军，遭到拿破仑断然拒绝。10 月 14 日，在耶拿会战中，拿破仑亲自坐镇指挥，彻底击溃普鲁士军队。10 月 27 日，法军一路势如破竹，直捣柏林，拿破仑以胜利者的姿态通过了柏林的城市大门勃兰登堡门。纪念花瓶上绘制的两幅图画，再现了当时的场景。

纪念花瓶上的两幅画面均以拿破仑为主要刻画对象，其中一幅反映了拿破仑率领法军在勃兰登堡门前接受普鲁士人投降的情景，另一幅刻画了拿破仑亲临前线的场景。画面中的拿破仑踌躇满志、意气风发。花瓶顶端装饰着分别雕有拿破仑一世与皇后约瑟芬头像的徽章。这件艺术品于 1807 年 12 月制作完成，1810 年 3 月交与皇家资产总管，放置于约瑟芬在康比涅宫的居室。1836 年，花瓶由宫廷博物馆转交凡尔赛宫。

19 世纪初，整个欧洲能与法国抗衡的国家唯有英国。由于海外贸易和殖民地等方面的竞争，英法两国长期对立，英国多次组织反法同盟。鉴于无法从军事上征服英国，拿破仑将战略重心转为经济战，利用法国在欧洲大陆上的优势，构建大陆封锁体系，摧毁英国的对外贸易，进而击垮英国。自 1806 年至 1810 年，拿破仑先后颁布数道敕令，以立法手段完成了大陆封锁体系的构建。封锁体系在一定程度上遏制了英国的商品贸易，但英国拥有广阔的海外市场，削弱了封锁体系的影响。

1809 年，拿破仑成功击退了第五次反法同盟的围攻。1810 年前后，拿破仑帝国臻于鼎盛。其核心部分是法兰西帝国，帝国扩大了法国的疆域，兼并了尼德兰、德意志、瑞士和意大利的大片领土。法兰西帝国外围是一系列附属国，由拿破仑的亲属或部下出任附属国的王公。短短几年时间里，拿破仑大军几乎踏遍欧洲大陆。军队所到之处，都废除了封建贵族特权，推行《拿破仑法典》，这受到当地革命者的欢迎。但是，拿破仑也压榨被征服地区，掠夺财物，摊派兵役，引起当地人民的不满。随着拿破仑战争足迹的深入，自由、平等、博爱的思想也推动了欧洲民族意识的觉醒，各地的民族主义骤然兴起。

## 帝国倾覆，欧洲和平

1810 年 12 月，为了恢复英俄商业关系，俄国正式退出大陆封锁体系。普鲁士、奥地利和瑞典等国纷纷支持俄国，与俄国签订秘密协定。1812年6月，拿破仑不顾国际形势的不利，统率60万大军入侵俄国。拿破仑大军占领了俄军弃守的首都莫斯科，结果遭到寒冬的重创，法军撤回到边界时，所剩不及十分之一。拿破仑帝国元气大伤，自此不可挽回地走向衰落。

1813年6月，英、俄、普、瑞典、西、葡等国组成了第六次反法同盟，总兵力达100余万。在同年10月的莱比锡大战中，拿破仑军队彻底溃败。此后，拿破仑帝国如同多米诺骨牌一般迅速崩溃。1814年3月，第六次反法同盟攻入巴黎。4月，拿破仑宣布退位，随后被流放到厄尔巴岛。

1814年9月，欧洲历史上盛况空前的维也纳会议召开，几乎所有欧洲国家都派代表出席会议。会议目的在于恢复欧洲的正统秩序，维持欧洲列强间的势力均衡，尽可能地遏制法国的扩张。

1815年2月，就在维也纳会议尚未结束之际，拿破仑逃离了厄尔巴岛并在法国登陆，再次宣告恢复法兰西帝国。这一消息令维也纳会议的与会国家震惊不已，它们仓促组成了第七次反法同盟。在军队人数上，双方实力悬殊，法军28万对抗盟军70万。6月18日，双方在比利时展开了历史上著名的滑铁卢会战，法军战败，拿破仑再次退位，被流放到遥远的位于南大西洋的圣赫勒拿岛。

历经四分之一个世纪的革命与战争之后，1815年的法国又重归波旁王朝统治。此时的法国已元气大伤，失去了称霸的实力。20多年的革命和拿破仑战争在规模和惨烈程度上都是空前的。拿破仑大军所到之地，欧洲王冠纷纷落地，就连罗马教皇也沦为阶下囚，欧洲的旧秩序受到全面的冲击，拉丁美洲也随之发生了独立战争。拿破仑帝国崩溃后形成的维也纳体系为欧洲赢得了百年和平，德意志在历经长期分裂和动荡之后终于实现统一，以大国姿态登上历史舞台，欧洲国际政治格局不复旧貌。

070

铁路引发的世界交通革命

# 斯蒂芬森“火箭”号机车

年　代：1829 年

尺　寸：长 411.1 厘米，宽 212 厘米，高 440 厘米

收藏地：英国伦敦科学博物馆

1760—1840 年，第一次工业革命在英国静悄悄地展开。1829 年，工程师斯蒂芬森将一列火车从利物浦开到曼彻斯特……此后，短短数年内，铁路支配了运输，人类从此进入“铁路时代”。

## “火车之父”斯蒂芬森

乔治·斯蒂芬森的父亲是一名煤矿工人，正式职务是蒸汽机的司炉工，负责给锅炉加煤添水。斯蒂芬森家里兄弟姐妹众多，父母都是没有文化的煤矿工人，在这种极端贫困的条件下，他不可能有接受教育的机会，这就使得斯蒂芬森直到 18 岁还是一个文盲。

14 岁那年，斯蒂芬森当上了一名见习司炉工。由于常年和蒸汽机打交道，他对蒸汽机的构造和原理有着浓厚的兴趣，经常认真研究。不久，他就将蒸汽机车的工作原理了解得一清二楚。只要有空闲，他就把一台报废的泵机拆成零件再重新组装。不久，斯蒂芬森产生了自己制造机器的愿望。由于他没有文化，无法画出设计草图，就用泥巴做成机器模型，仔细琢磨。他感到没有文化很难进行创造发明，于是，他

**“火箭”号火车机车及其局部**

1829 年参加实验比赛的机车一共有五家，最后只有斯蒂芬森的“火箭”号脱颖而出，不仅获得了 500 英镑的奖金，而且获得了为利物浦至曼彻斯特铁路生产机车的合同。图片上的这辆机车就是斯蒂芬森制造的第一辆“火箭”号。然而，随着机车速度的不断提高，不到十年的时间，这辆机车已是残缺不全，处于半遗弃状态。1862 年，“火箭”号被捐给了伦敦的专利局博物馆，也就是现在的英国伦敦科学博物馆。

18 岁时便报名读夜校，从小学一年级开始读起。他每天晚上都和七八岁的儿童坐在一起上课，这让他显得有些格格不入，但这并不能磨灭他的热情。由于错过了最佳受教育阶段，他后来即使拼命恶补知识，仍然不能支撑起制造机车这样专业的科学活动。斯蒂芬森后来掌握的那些科技知识，都是他的儿子罗伯特亲自教给他的。

## “火箭”号机车的奔驰历程

一部 1923 年拍摄的电影《待客之道》用夸张搞笑的方式演绎了一段火车旅行，电影中的机车就是大名鼎鼎的蒸汽机车发明者斯蒂芬森于 1829 年制造的“火箭”号蒸汽机车。这辆看起来仍然简陋的机车来之不易，在这之前，斯蒂芬森和其他在机车领域有相当研究的人已为此付出了无数努力。

斯蒂芬森发明的第一部蒸汽机车叫作“布鲁彻”号，这辆机车在产生之初就暴露了许多问题，如噪声太大，振动强烈，蒸汽机随时都有爆炸的可能。机车开动时，浓烟滚滚，车轮摩擦铁轨时火星四溅，坐在车上的人满面烟尘，被颠得筋疲力尽，这也许就是当时人们把它称为“火车”的缘故吧。

在此后的十年间，斯蒂芬森和儿子罗伯特一起，又先后制造了 16 台蒸汽机车，每一台机车都在前一台的基础上有所改进。随着制造技术越来越娴熟，他们的经验也越来越丰富，蒸汽机车的行驶速度从最早的每小时 6.4 千米提高到了每小时 40 多千米。

在罗伯特的大力协助之下，斯蒂芬森终于解决了蒸汽机车速度与动力的难题，这个新型机车就是闻名遐迩的“火箭”号。和其他蒸汽机车一样，“火箭”号机车有一个燃烧室，煤在其中燃烧，将水煮沸至产生蒸汽。煤燃烧产生的高温气体会通过很多管子，这些炉子出气的管子被称为“烟管”。水受热变成高温蒸汽汇集到一个圆形的气包中，通过主集气管进入汽缸。汽杆的阀门控制着蒸汽进出的量，上面的蒸汽推动活塞向下，下面的蒸汽又将活塞推回去。这种上上下下的运动通过连接杆和曲轴驱动车轮转动，从而驱动机车前进或者后退。

改良后，“火箭”号机车的锅炉不再依靠单根管子加热，而是用 25 根管子传递热气，这些管子大幅度提高了金属与水的接触面积，这样，同样的火焰就能产生更多蒸汽，驱动活塞和车轮。为了让发动机产生更多的动力，斯蒂芬森还对蒸汽进行了循环利用，他没有让蒸汽直接经由活塞释放出去，而是将蒸汽通过一根管子重新导回“火箭”号中，烟囱在排放蒸汽的同时也吸入了更多的空气，使火燃烧更旺，由此产生更多蒸汽，动力也更持久。经过改良的“火箭”号机车时速可达每小时 48 千米，是当时世界上最早、最先进的火车，斯蒂芬森因而也被誉为“火车之父”。

英国利物浦至曼彻斯特的铁路直接推动了“火箭”号机车的诞生。1830 年 9 月 15 日，利物浦—曼彻斯特铁路举行盛大的通车典礼，“火箭”号由罗伯特·斯蒂芬森驾驶。由于“火箭”号误点提前发车，导致利物浦的议会议员威廉·哈斯基逊被碾断一条腿，当晚便与世长辞，他成为世界上第一个在火车事故中丧生的人。

利物浦—曼彻斯特铁路的开通取得了巨大成功，也产生了深远的影响。这条全长 56 千米的铁路，让全世界见证了铁路给人类社会带来的巨大改变，也让英国人对铁路建设陷入了一种狂热状态。1845 年，英国共有 815 个铁路项目被提上议事日程，当年议会便通过了里程约 4320 千米的铁路议案。19 世纪 50 年代，英国境内的铁路里程已超过了 1.1 万千米。

铁路的诞生对英国社会的变革是革命性的。它是工业革命的产物，它的诞生又成了工业革命的兴奋剂，让工业革命以更加迅猛的方式爆发。

071

中国近代史的开端

# 版画《〈南京条约〉签署现场》

年　代：1846 年

尺　寸：横 88.4 厘米，纵 45.5 厘米

收藏地：美国布朗大学图书馆

第一次鸦片战争在中国近代史上产生了极大的影响。第一次鸦片战争使中国卷入世界资本主义殖民经济浪潮之中，并使中国逐渐沦为半殖民地半封建社会，是中国近代百年屈辱历史的开端。而其产生的最直接的结果，便是中英《南京条约》的签订。也正是因为《南京条约》，使当时许多还做着“天朝上国”美梦的中国人梦碎，其带来的历史经验教训，国人当铭记于心。

版画《〈南京条约〉签署现场》

《南京条约》的签署标志着中国近代史的开端。在这幅版画展现的祥和、安宁的背后，是中国"天朝上国"的帽子被打落尘埃里，是割地、赔款带来的一系列灾难。

## 一幅版画述说的历史

1842年8月29日清晨，一艘冒着黑烟的、象征着英国工业革命胜利的英国军舰停靠在了南京下关的江面之上，它便是"康沃利斯"号。对于从未见过工业产物的中国平民来说，他们还并不知道这意味着什么，但在无形之中，这座六朝古都本该有的宁静已被打破。

不久，以耆英为首的、一群神色略带慌张的清朝政府官员，在英军荷枪实弹的注视下快速走进了军舰的会议室。在会议室的另一头，是早已等待多时的英政府代表璞鼎查。略显狭窄的会议室和谈判桌两旁拥簇的人群让空气中多了一丝紧张的气息，但这场谈判并未呈现出我们想象中的据理力争、唇枪舌剑的场面。相反，以耆英为首的"主和派"竟然接受了英方提出的全部条件，非常"爽快"地签订了中国近代史上第一个不平等条约——《南京条约》。这才有了画中那讽刺的一幕：英国人面带微笑，看似有绅士风度，谦逊得体，实则得意之情溢于言表，对通过发动非正义战争的方式来攫取利益没有任何愧疚；

而耆英、牛鉴等清朝政府官员，也一扫刚来时的窘态，一脸轻松，心中暗暗庆幸皇帝交代的任务已经圆满完成，甚至还想着在仕途上或许能更进一步，而对签订这个条约所带来的危害没有一丝的认知，可谓愚蠢至极。约翰·伯内特是参与《南京条约》签订的英方代表之一，在时隔四年之后，他用绘画的方式再现了中英签署条约时的场景。

## 干戈起落是非分

19 世纪初，英国已经成为世界上最强大的资本主义国家，建立了“日不落”帝国，而此时的中国仍然是以自然经济为主的独立的封建国家，国内闭关锁国的政策，严重阻碍了中国向前发展的步伐，中国逐步落后于世界发展潮流。

19 世纪三四十年代，英国国内大机器生产逐渐取代了工场手工业，产品产量急剧上升，驱使英国资产阶级寻找新的产品倾销地，向外开拓更加广阔的市场。在两国贸易之中，英国出口的羊毛、呢绒等工业制品，在中国却不受国人青睐。相反，中国出口到欧洲的茶叶、丝绸、瓷器等却十分受当地贵族和新兴资产阶级喜爱。加之英国在 18 世纪开始实行金本位货币政策，而清政府则以银作为货币，由于与中国的所有贸易需以银两折算，英国就需要从欧洲大陆购入白银作贸易用途，金银一买一卖，令英国人利润受损。在税率方面，中国对英国的入口货物需要抽 20% 的高税率，使英国大为不满。英国资产阶级为了扭转在中英贸易中的不利地位，开始向中国走私鸦片，以达到他们的目的。鸦片贸易给英国政府、英国资产阶级等带来了惊人的暴利，打破了中国长期以来的对外贸易优势，让中国由出超国转为入超国。

清政府进行了数次禁烟，但都以失败告终。1838 年 8 月，时任湖广总督的林则徐上书指出历次禁烟失败的原因在于不能严禁。同年 11 月，林则徐受命为钦差大臣，前往广东禁烟，并节制广东水师，查办海口。1839 年，林则徐会同两广总督邓廷桢传讯洋商，要求交出鸦片，并撤销买办、封锁烟馆，收缴了英国趸船上的全部鸦片，并在虎门海滩将收缴来的鸦片进行集中销毁。同年7月，因英国海军上将查理·义律拒不交出杀害中国村民的英国水手，又不肯保证不再夹带鸦片，林则徐下令断绝澳门英商接济。义律以此为借口诉诸武力，挑起九龙炮战和穿鼻洋海战，结果数次被击败。11月，林则徐遵旨停止中英贸易。

1840年1月5日，林则徐根据道光帝旨意，宣布正式封港，永远断绝和英国贸易。1月8日英国“窝拉疑”号舰长宣布，自1月15日起，封锁广州口岸与珠江口。后来，在维多利亚女王的支持下，英国议会以微弱优势通过了对华战争的提案。2月到6月，英国政府和议会做了一系列战前准备。英军总司令义律率领的含英国舰船40余艘及士兵4000人的机动舰队到达中国海面，这标志着第一次鸦片战争正式开始。8月，英舰以惊人的速度攻城略地，抵达天津大沽口外，本来主张战争的道光帝，眼见英舰迫近，开始动摇。10月，琦善署理两广总督，林则徐、邓廷桢被革职。12月，琦善通过私人翻译鲍鹏与义律谈判，拖延时间。英军南下后，清廷下令沿海各省督抚筹防海口，并命两江总督伊里布率兵至浙东，准备收复定海。

1841年1月7日，英军不满谈判的进展，发起虎门之战。5月24日，英军对广州发起进攻，并炮击广州城，广州附近要地全失，清军尽退城内，秩序大乱，清政府与英国签订《广州和约》。后英国政府认为获得的利益太少，决定扩大侵略。8月27日，英军再次北上。1842年5月，英军集中兵力北犯。8月4日，英舰进逼南京下关江面，扬言进攻南京城。在英军坚船利炮的威慑之下，清朝钦差大臣耆英、伊里布等妥协退让，委曲求全，被迫在静海寺、上江考棚等处与英军议和。1842年8月29日，耆英与璞鼎查在“康沃利斯”号上签订不平等的中英《南京条约》。

这幅版画背后所隐含的真实历史，是高悬于我们头顶的警钟，让我们时刻记得，在100多年前，我们的国家曾因故步自封、不思进取而任人宰割。

072

## 蒸汽时代的到来

# 博尔顿 - 瓦特大型船用蒸汽机模型

年　代：1842 年
尺　寸：不详
收藏地：英国伦敦科学博物馆

英国伦敦科学博物馆里，博尔顿 - 瓦特大型船用蒸汽机模型静躺在陈列室中。它的色泽古朴神秘，带领人们穿过时空隧道，置身于 18 世纪末 19 世纪初的英国。蒸汽机上齿轮的旋转不仅推动了蒸汽轮船的前进，也推动了当年震撼世界的工业革命，引领了人类文明腾飞的大工业生产新时代。

博尔顿 - 瓦特大型船用蒸汽机模型

## 蒸汽机的改良者

由于“瓦特的水壶”这个耳熟能详的故事，人们常把詹姆斯·瓦特当作“蒸汽机的发明者”，这其实是一个谬误。在瓦特之前，人们就已经利用蒸汽创造出了简易的蒸汽机。例如，1698 年托马斯·萨弗里开发了第一台商用蒸汽动力设备，其中有少量能够运用在生产中。1712 年，托马斯·纽科门在其基础上改进并发明了第一台商业上成功产生动力并将其传输到机器的蒸汽机——纽科门蒸汽机。此后，纽科门蒸汽机在矿业界推广开来，甚至在不进博尔顿－瓦特是一家英国工业革命时期的工程制造公司，主要从事船用和固定式蒸汽机的设计制造。这家公司的名称来自英国制造商博尔顿和蒸汽机的改造者瓦特。两人的联合，博尔顿厥功至伟，首先他帮瓦特解决了财务危机，使瓦特免于远走俄罗斯；其次他帮瓦特延长了蒸汽机的专利期限，使得蒸汽机的批量生产成为可能。这家公司在当时大约生产了450台蒸汽机，图片中展示的是大型船用蒸汽机的模型。

行任何材料更改的情况下，保持了约75年的地位，并逐渐应用到英国各地和欧洲大陆。

纽科门蒸汽机使用了半个世纪，但奇怪的是，除了从事工程技术的专业人员以外，很少有人知道萨弗里和纽科门的名字。最初的发明者鲜为人知，后来的改良者却驰名于世，这是为什么呢？其实细想来也并非完全没有道理。纽科门蒸汽机在当时并未完全成熟，而18世纪的英国却已处于资本主义经济蓬勃发展时期，原来的人力、畜力已经不能满足其发展，英国迫切需要解决工业生产的动力问题，瓦特便诞生于这样的历史背景下。

1736年1月19日，瓦特出生于英国造船业中心苏格兰的格拉斯哥市，父亲是位手艺精湛的造船作坊主。瓦特从小体弱多病，因而未能受到系统的教育，但他天生聪明，悟性极高。成年后，他便以学徒的身份到伦敦深造，学习难度较高的象限仪、罗盘和经纬仪等仪器制造。

1756年，学成归来的瓦特被格拉斯哥大学聘为教具实验员。一天，格拉斯哥大学的一台纽科门蒸汽机坏了，精于仪器维修的瓦特便被分配去维修这台蒸汽机，瓦特与蒸汽机的相遇便始于此。一位格拉斯哥大学的教授曾说：“詹姆斯·瓦特的成功，是历史的必然，也是历史的偶然。”

## 划时代的发明

在维修过程中，瓦特发现纽科门蒸汽机燃料消耗量大，效率极低。如何减少燃料消耗，提高蒸汽利用？瓦特请教了格拉斯哥大学的布莱克教授。布莱克教授发现的“潜热”理论给瓦特带来了很大的启发。原来，纽科门蒸汽机的最大缺点便在于蒸汽缸，它的汽缸不仅要容纳从锅炉里喷出来的蒸汽，而且在蒸汽注满以后，还要立即喷上冷水使蒸汽冷凝，形成真空，然后利用气压的压差去推动杠杆。汽缸一会儿需要加热到充满蒸汽的程度，一会儿又要浇凉到使蒸汽完全冷凝的程度。这种方法不仅需要相当多的“潜热”，其冷凝效果也不理想，因此导致四分之三的燃料白白消耗。

那么“潜热”消耗过多这个矛盾该如何解决呢？瓦特的灵感来源于一次午后散步，电光石火间他想到一个简单的方法，那就是再增加一个冷凝器，使它和汽缸分离，这样便可以使汽缸一直保持高温，减少热量消耗，而独立出来的冷凝器既可以提升冷却效果，又可提高机械效率，完美地解决了纽科门蒸汽机的最大问题。这种“分离式冷凝”使得蒸汽机的效率得以提高。

随着冷凝器的改进，瓦特发现充满蒸汽的汽缸蕴藏着巨大的动力，它产生的蒸汽是源源不断的，瓦特认识到“为了不必用水来防止活塞漏气，为了在活塞下去时防止空气冷却汽缸，那就必须使用蒸汽的张力作为动力”。

很快，瓦特进行了第二次改进。他让蒸汽成为真正推动机器的动力，使蒸汽机名副其实。1765 年，经过实验，改进后的蒸汽机模型的热效率比纽科门蒸汽机提高了 4 ~ 6 倍，燃料消耗却节省了 3/4。1769 年，瓦特为其设计出来的分离式冷凝器申请了专利，而这一项划时代的发明使得工业革命成为可能。

## 走出实验室的艰辛

然而，实验室里运行正常的蒸汽机却在实践中遇到各式问题，制造出来的蒸汽机不是汽缸漏气就是零件断裂，工人的技术完全达不到瓦特设计的蒸汽机所需要的精度。面对这样的打击，瓦特没有放弃，而是进行了一次又一次的改进实验。不幸的是，几年过去了，蒸汽机依然没有走向市场，而瓦特已经债台高筑。这时，瓦特生命中的另一位伯乐——马修·博尔顿向他伸出了援手。

博尔顿不仅给予瓦特信任，还投入了大量资金、技术和人力。在博尔顿的索霍工厂里，瓦特开始了蒸汽机的实践。1774年，在加农大炮镗孔精加工的专家约翰·威尔金森的帮助下，瓦特蒸汽机解决了活塞和汽缸的气密性方面的难题，机器终于开始接近正常运转。1775年，博尔顿和瓦特合作的博尔顿－瓦特公司正式成立。这家公司后来成为英国早期从事船用和固定式蒸汽机的设计和制造的主要生产商，在工业革命中发挥着举足轻重的作用。1776年，瓦特蒸汽机经过多次实践，终于在布鲁姆菲尔德煤矿首次向公众展示其工作状态，这次展示让博尔顿和瓦特的公司获得大批订单。此后，瓦特开始奔波于各大矿场安装蒸汽机，并在实践中不断改进蒸汽机，扩大它的适用范围。

## 吹响蒸汽时代的号角

1784年，瓦特在实践中设计发明的“平行运动装置”获得专利。这件发明的伟大之处就在于，它实现了将活塞的往复运动转变为旋转运动，让蒸汽机成为不同用途的原动力机器，能够应用于各行各业中。

除此之外，瓦特提出的用螺旋桨推进轮船的设想，也为蒸汽机进入航海领域提供了可能。截至1854年，博尔顿－瓦特公司已累计生产了1605台通用蒸汽机。1856年，克里米亚战争结束时，英国海军蒸汽动力战舰比例达到96%。

瓦特蒸汽机的普及，使人们摆脱了对人力、畜力、自然力的依赖，也摆脱了地理的限制，缩短了时空的距离，使人类的生产力得到巨大的发展，在促进了工业生产的同时也加快了城市发展，极大地推动了工业革命的蓬勃发展，使世界工业步入“蒸汽时代”。

# 073 全世界无产者联合起来 《共产党宣言》手稿

年　代：1848 年
尺　寸：不详
现藏地：荷兰阿姆斯特丹国际社会史研究所

1848 年 2 月，马克思和恩格斯合著的《共产党宣言》在伦敦正式出版，《宣言》的核心思想有两个：一是唯物史观，二是共产主义。当时还不到 30 岁的两个年轻人可能想不到，这本书会对整个世界的面貌和格局产生持续而深远的影响。

## 《共产党宣言》手稿的艰难之旅

荷兰阿姆斯特丹国际社会史研究所档案保管室中，《共产党宣言》现存于世的唯一一页手稿静静地陈列在展示柜里，一同陈列的是一张联合国教科文组织“世界记忆名录”证书。这一组合无声地昭告世人，《共产党宣言》是全人类共有的思想财富。《共产党宣言》手稿中唯有这一页，被负责整理马克思遗稿的恩格斯赠予友人，得以留存至今，其余各页均在乱世风波中遗失。

1895 年 8 月 5 日，革命导师恩格斯与世长辞。此前马克思逝世后，他的手稿由他的女儿爱琳娜和恩格斯保管。现在恩格斯也去世了，他在遗嘱中规定，马克思的手稿和书信归爱琳娜保管，自己的手稿以及马克思、恩格斯之间的通信和二人的全部藏书由德国社会民主党保管。其后，德国社会民主党领导人决定，将他们所有的

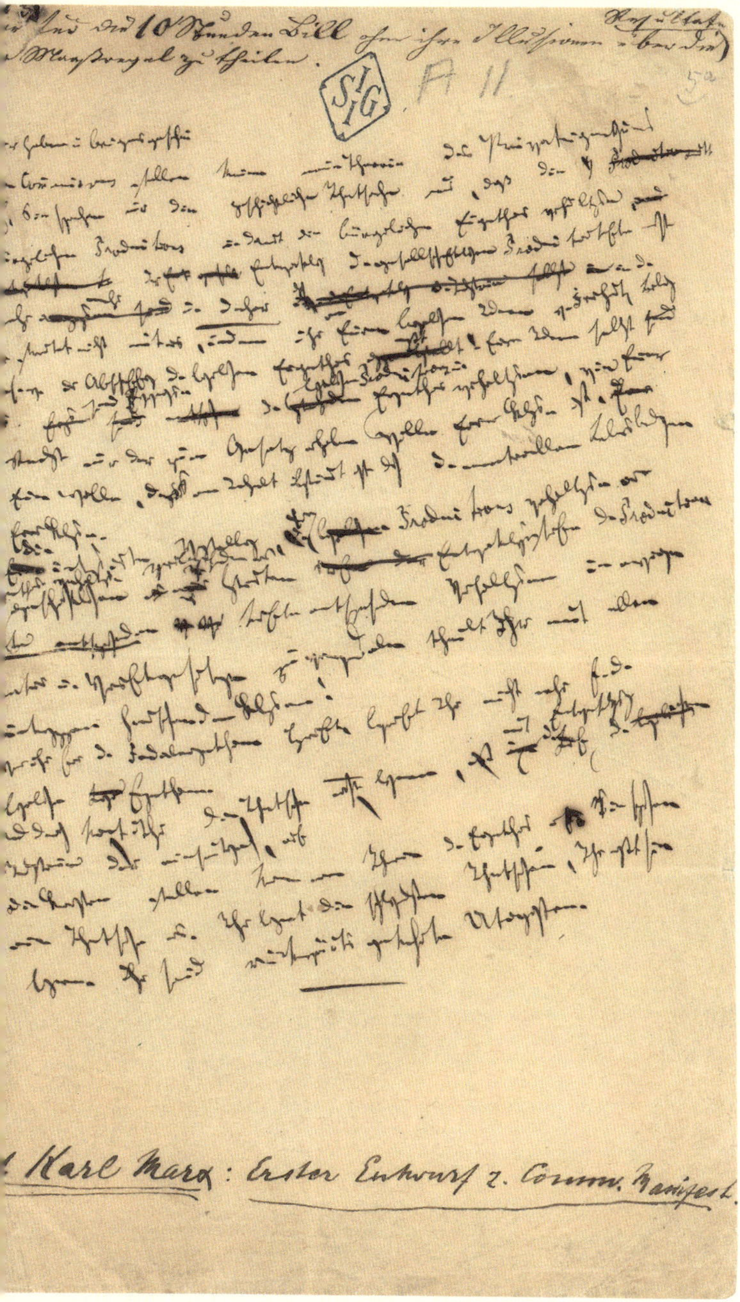


**《共产党宣言》**

就是这薄薄的一页纸，却是国际共产主义运动史上的无价之宝。马克思这份手稿的内容是关于辩证法的，字里行间透露着一个革命导师崇高的革命情怀。

这笔遗产归入党的档案。其中的全部藏书立即运回柏林，而手稿是无价之宝，为避免风险，决定暂存伦敦。直到 1900 年，国内形势好转之后，这些遗产才从伦敦运回柏林，放在党的档案馆中。后来，爱琳娜和劳拉把自己保管的那部分马克思手稿交还给了德国社会民主党。

1933 年希特勒上台后，德国社会民主党转入地下，党中央流亡国外。马克思、恩格斯的珍贵手稿被草草地从档案馆转移到一个油漆匠的小铺子里，从此无人问津。档案馆馆长欣里希森自发地找到了两个青年人，和他们一道艰难地将手稿转移到丹麦，存放在哥本哈根工人地方银行的保险库里。1938 年，流亡的德国社会民主党面临严重的资金不足问题，其领导人将这批财富以 7.2 万荷兰盾的价格永久卖给了阿姆斯特丹国际社会史研究所。当时欧洲社会形势严峻，这批文稿并没有被运到阿姆斯特丹，而是运到了伦敦。

第二次世界大战期间，德国法西斯入侵荷兰，曾占领阿姆斯特丹国际社会史研究所，并动用武装力量到处查寻手稿，却一无所获。实际上，在此之前，手稿已转至英国牛津。第二次世界大战后，这些手稿才到达阿姆斯特丹，供全世界借阅。目前，阿姆斯特丹国际社会史研究所保存着马克思、恩格斯著作的约三分之二的原始手稿。另外约三分之一的手稿于 1935—1936 年转移到莫斯科，由俄罗斯社会政治历史档案馆保存。

## 全世界无产者联合起来

在《共产党宣言》诞生之前，英国工业革命结束，法国工业革命刚刚开始，世界进入资本主义时代。欧洲资产阶级对帮助他们成就事业的无产阶级毫不留情，残酷的剥削和压迫激发了无产阶级的自发斗争。19 世纪 30 年代至 40 年代，欧洲相继爆发了著名的法国里昂纺织工人起义、英国宪章运动、德国西里西亚纺织工人起义这三大工人运动，他们迫切需要新的理论、新的同盟、新的纲领。

1848 年 2 月 21 日，《共产党宣言》德文单行本在伦敦问世，它的发表，标志着马克思主义的诞生。作为第一个国际性无产阶级政党共产主义者同盟的政治纲领，它慷慨激昂地指出，资本主义必然灭亡，共产主义必然胜利。“无产者在这个革命中失去的只是锁链。他们获得的将是整个世界！”

《共产党宣言》深刻阐述了生产力和生产关系的矛盾是无产阶级社会革命爆发的根源。生产力是推动社会发展进步最活跃、最重要的力量。无产阶级社会革命的道路是：第一，进行夺取政权为目的的政治革命；第二，利用政权的力量进行变革资本主义私有制为社会主义公有制的社会革命；第三，在社会主义制度的基础上，大力发展生产力，不断壮大无产阶级社会革命的物质基础；第四，继续推动伟大的社会革命，直到最终实现共产主义社会。无产阶级政党的自我革命是社会革命取得胜利的根本保证。

《共产党宣言》重视无产阶级政党的理论、政策和策略的阐述以及党的实践经验的总结，强调斗争性是无产阶级政党自我革命的显著特征。在思想建设方面，《共产党宣言》把资产阶级对共产党人的种种责难和当时存在的各种社会主义流派进行了系统的批判和斗争，确保了无产阶级政党指导思想的纯洁性。在组织建设方面，《共产党宣言》指出，随着大工业的发展，以前的小工业家、小商人、手工业者、农民等阶级将补充到无产阶级队伍中来。

《共产党宣言》阐述了无产阶级政党的先进性是无产阶级政党区别于资产阶级政党的本质特征。无产阶级政党的先进性主要表现在两个方面：一是无产阶级政党没有自己的特殊利益，它的一切奋斗都是为绝大多数人谋利益；二是无产阶级政党要发挥先锋队作用。

随着《共产党宣言》的诞生，“全世界无产者联合起来”的口号响遍世界各地，科学社会主义逐步形成理论体系。在共产主义理想的鼓舞和激励下，俄国十月革命取得胜利，开辟了人类历史的新纪元，并先后带动十多个国家走上社会主义道路，从根本上改变了资本主义一统天下的世界格局。此后，世界反法西斯战争的胜利，亚非拉等殖民地、半殖民地国家的民族民主革命的成功，乃至于“八小时工作制”“五一国际劳动节”的设立，以及其他资本主义国家因为感到压力对劳动人民实行的种种福利政策，都与共产主义理想指引的社会运动有着紧密关联。

迄今为止，《共产党宣言》已经被翻译成200多种文字，出版过1000多次。当代法国马克思主义者弗·拉扎尔夫人曾经做过一个形象的比喻：“《共产党宣言》不是一般的书，它不是冰，而是炭，放在锅里能使水沸腾起来。”

074

## 电报拉近了世界的距离

# 莫尔斯代码压纹机

年　代：1853 年

尺　寸：长 31 厘米，宽 20.5 厘米，高 17 厘米

收藏地：英国伦敦科学博物馆

“人们对电报的需求不断地上升，电报站的身影已经遍布全球所有的文明国家，是社会福祉的绝对必需品。”（《纽约时报》，1872 年）

### 电报机的出现与改进

1791 年，法国工程师克劳德・查普发明了一种可视的文字通信装置。它的原理类似于中国的“烽火台传信”，即在可视范围内依次建立起信号装置，这样信息可通过装置迅速传至远方。相较于中国古代通过烟火传递警报，这种装置安装有可转动的木板，用来表示不同的字母，这样就能传递更多、更复杂的信息。随后查普将他的这项发明命名为“télégraphe”，“电报”一词就这样产生了。

1799 年，拿破仑・波拿巴在法国掌权后，迅速将这种电报系统进行推广，看到其军事价值的欧洲各国政府随后也开始纷纷效仿。至 19 世纪 30 年代中叶，这种电报线路已经遍布大半个西欧，形成了一整套由转动的摇臂和闪烁的木板组成的机械互联网，在各地之间传递着新闻和官方消息。

查普发明的电报系统不仅十分依赖电报塔的数量，还要求操作员拥有极高的经

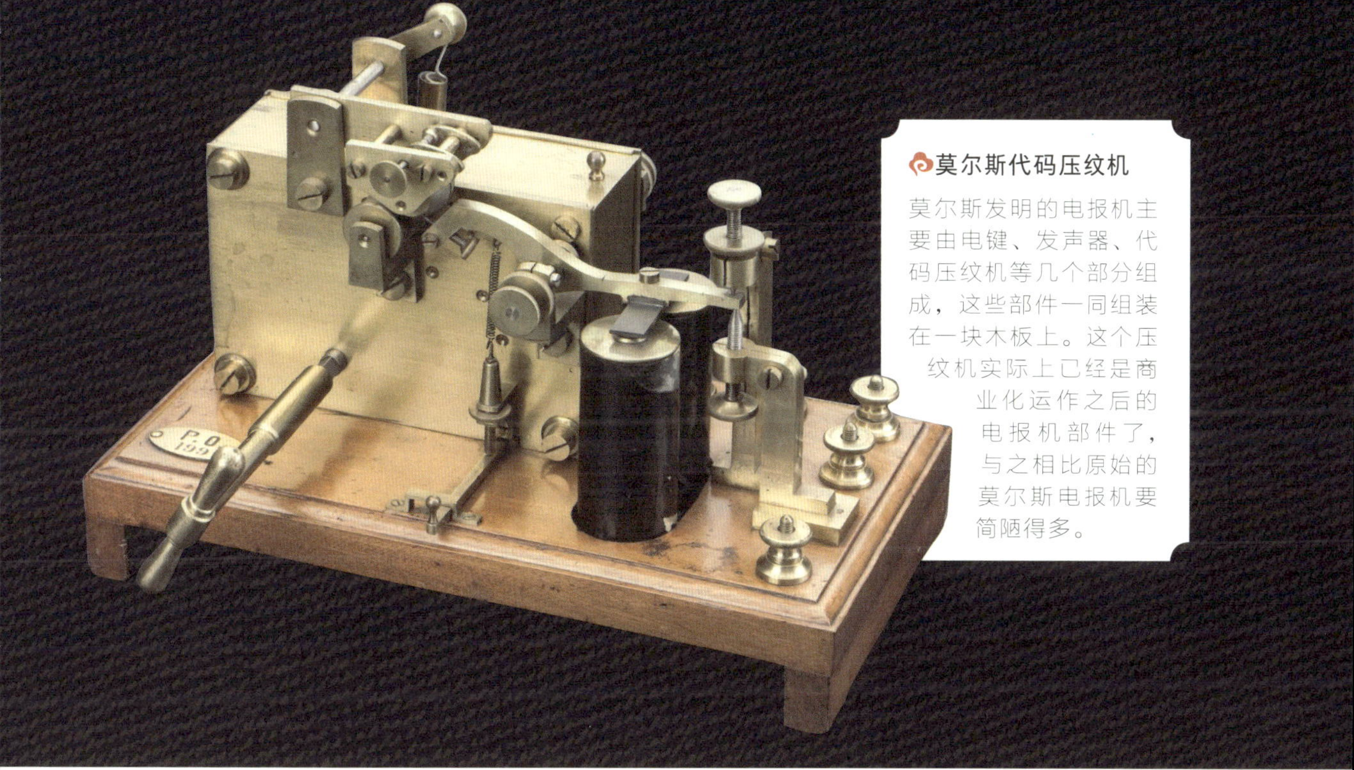

**莫尔斯代码压纹机**

莫尔斯发明的电报机主要由电键、发声器、代码压纹机等几个部分组成，这些部件一同组装在一块木板上。这个压纹机实际上已经是商业化运作之后的电报机部件了，与之相比原始的莫尔斯电报机要简陋得多。

验，这些条件无形中加大了其运营成本，最为致命的是面对黑暗、起雾等一系列问题时，没有一个有效的解决方法。在这种电报系统风靡全欧洲的这段时间，人们对电磁学的认知也逐渐清晰起来，特别是 1820 年，丹麦物理学家奥斯特通过实验发现电流会产生磁场现象，这就意味着在理论上可能设计出一种利用电磁特性传递信号的装备。

每当有新事物出现时都会引起一些争议，电流发电机的发明与普及也并非一帆风顺。据说在 1816 年，英国人西斯·罗纳德根据查普电报机原理，制造出了一台能够正常工作的电流电报机，并在他的花园里建造了一套实验装置。但当他写信给政府提出要展示的时候，被坚定地回绝了，罗纳德也未继续坚持下去。1832 年，深受电磁效应启发的俄国外交家希林制作出了用电流计指针偏转来接收信息的机器。随着希林的离世，最终这种电磁电报机也未能得到普及，但它启发了另一位年轻人——威廉姆·福瑟吉尔·库克，库克看到电磁电报机时，被深深地震撼了，他毅然放弃了其解剖学工作，决心对希林的装置进行改进。在查尔斯·惠斯通教授的帮助下，他很快制造出了五针电流电报机，通过电池与双向开关构成的回路，利用线圈的电磁效应来控制磁针的偏转方向，使五个指针指向不同的字母或数字。但当时他们设计的表盘存在一些缺陷，只能标出 20 个字母。

## 莫尔斯电报机的发明与推广

相较于库克和惠斯通在短短几个月内就发明了电流电报机，美国人塞缪尔·莫尔斯就没那么顺利了，他研究电流电报机达数年之久。

莫尔斯 1791 年 4 月 27 日出生于美国马萨诸塞州的查尔斯顿，他从小就表现出极高的艺术天赋。耶鲁大学毕业后，他又两度赴欧洲学习绘画和雕塑，在英国皇家学院举办过画展，担任过纽约大学的教授。四处游历的他在种种机缘巧合下，萌生了发明电报机的想法，并有了一个初步的设计。

莫尔斯不是空想家，很快，他就以一腔热情投身于研发之中，但事情的进展远没有莫尔斯想的那么顺利。一方面，他要面对自己在科学技术认知上的不足；另一方面，他要靠着微薄的工资度日。但他始终没有放弃，最终在莱纳德·盖尔和阿尔弗莱德·威尔的帮助下，于 1838 年发明了可以实际应用的电流电报机，并获得专利。

与库克和惠斯通利用指针来指示字母不同，莫尔斯还编写了一套相匹配的电码，即用点与短线相结合的一系列符号代表不同的字母。对于莫尔斯电报机，操作者仅需在发送端根据电码控制电键，接收端每当有电流通过时就吸附一块绑有笔的衔铁，电流中断时衔铁就自动断开。这样信息就以“·”和“—”的方式传递出去。

在电流电报机的推广上，莫尔斯也同样不顺。事情的转机发生在 1844 年，拿到国会经费的莫尔斯面对质疑，决定在华盛顿和巴尔的摩之间建立 60 余

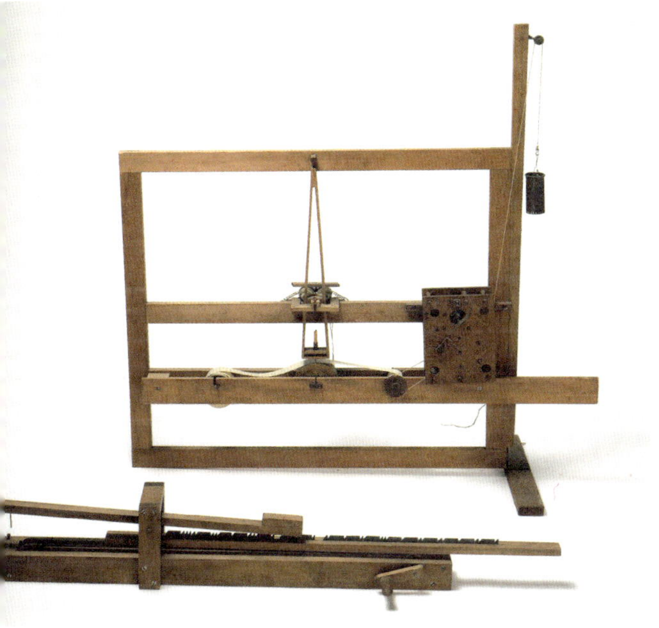

第一台莫尔斯电报机模型

千米长的线路，同年5月24日，他成功地从美国国会大厅里向巴尔的摩发送了世界上的第一封电报："上帝创造了何等的奇迹。"很快，这个消息就被报纸刊登了出来。事实证明，莫尔斯电流电报机的成功展示，无疑是一个重大转折点。

随后的几年内，这种电报系统在美国就出现了爆炸性的增长。据统计，1846年到1852年的6年内，电报网络的体量增长了600倍。这同时也让美国成为世界上电报系统最为发达的国家。电报逐渐代替了邮件，成为当时重要的交流媒介。

1858年8月5日，美国商人塞勒斯·韦斯特·菲尔德经过数个月的筹备，将电缆成功地铺设在长达3300千米的海底，宣告电缆首次跨越了大西洋。至此，电报网络将欧洲与北美洲也连接了起来。虽然其后又有不断地完善和大量的修复工作，但跨越大西洋的电报的建立还是迎来了无数的赞扬，当时的人们甚至将其与新大陆的发现相媲美。菲尔德也因铺设了"大西洋电报"而名噪一时。晚年的莫尔斯更是迎来了欧洲各国的高度赞誉和认可，被称为"电报之父"。

回顾电报机发明的历程，从1791年查普发明的可视性电报，再到1858年莫尔斯电流电报首次实现跨越大洋洲，仅仅几十年，就实现了一个奇迹般的壮举。电报机的推广与普及，极大地提高了信息的传播效率，深刻地改变了人们的生活。

# 075 废奴运动和美国内战
# 《解放黑人奴隶宣言》

年　代：1863 年
尺　寸：不详
现藏地：美国国家档案馆

1861—1865 年的美国内战是美国历史上一场具有划时代意义的战争。这场战争见证了奴隶制在美国的灭亡、广大黑人获得解放以及南方大种植园贵族阶层的衰败。林肯在这场战争中颁布了《解放黑人奴隶宣言》，废除了奴隶制，结束了近 250 年黑人受到奴役的历史。在宣言颁布之后，黑人踊跃为联邦奋勇作战，以马萨诸塞州第五十四志愿步兵团为代表的黑人军团为内战的胜利立下汗马功劳。内战结束后，广大黑人继续争取自己的权利，在维护自己合法权益的道路上坚定地走下去。

## 美国内战的爆发

虽然各种教科书中对美国内战爆发原因的解释大多数是为了解放黑奴，但事实上，美国内战从 1861 年开始直到 1865 年以北方的胜利宣告结束，解放黑奴仅仅是促使战争结束的催化剂，并非战争的真正目的。

早在哥伦布航海到了美洲后，欧洲殖民者为解决殖民地劳动力不足的问题，以奴隶贸易为中心的“三角贸易”就在欧洲、非洲、美洲之间大规模展开，300 多年间，先后被从非洲运到美洲的奴隶大约有 1500 万人。

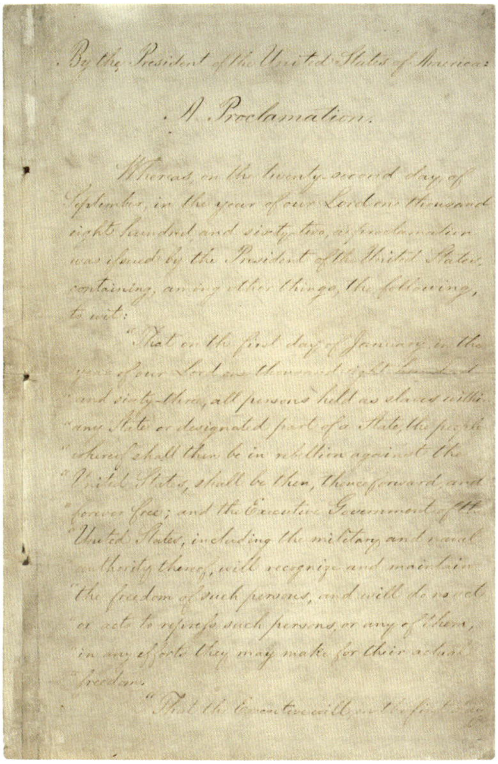
By the President of the United States of America:

A Proclamation.

Whereas, on the twenty-second day of September, in the year of our Lord one thousand eight hundred and sixty-two, a proclamation was issued by the President of the United States, containing, among other things, the following, to wit:

"That on the first day of January, in the year of our Lord one thousand eight hundred and sixty-three, all persons held as slaves within "any State or designated part of a State, the people "whereof shall then be in rebellion against the "United States, shall be then, thenceforward, and "forever free; and the Executive Government of the "United States, including the military and naval "authority thereof, will recognize and maintain "the freedom of such persons, and will do no act "or acts to repress such persons, or any of them, "in any efforts they may make for their actual "freedom.

"That the Executive will, on the first

**林肯《解放黑人奴隶宣言》原始文件首页**

自1863年1月1日《解放黑人奴隶宣言》发布之后，其原件就存放在了华盛顿特区的美国国家档案馆中。整个文件共有5页，这是《宣言》的首页。当时5页文件是用红蓝色丝带和其他文件捆扎在一起的，后来才重新编号并单独存放。

黑人远离乡土孤立无援，且因肤色特点易被辨识，较之白人契约奴隶与土著印第安人，他们更易被“管理”并适应密集型劳动，由此以黑人劳动力为基础的种植园经济在美国南方迅速扩展。北美英属13个殖民地独立前夕，黑人奴隶已达50万人，南北战争前夕则高达400万人。种植场主强迫黑奴劳动，视奴隶为财产，可以任意处置与买卖。

奴隶制在扩张中暴露出诸多缺点，反对和废除奴隶制逐渐在美国形成共识。在13个州脱离英国而独立时，北部7个州采取措施逐步废除了奴隶制，被称为自由州；南部6个州仍保持奴隶制，被称为蓄奴州。南北双方的人口在1789年时是大致相等的，在政治上也基本保持平衡。在此后的二三十年中，南北双方相安无事。

种植园经济的巨大利润，让南方奴隶制急速扩张，但由于奴隶制经济固有的落后性，加之地力的巨大耗竭而很难找到补偿，长此以往，南北之间经济差距便逐步拉开。这样，西部的新领地就为南部奴隶主扩展奴隶制提供了新的空间。由此，南北之间两种经济体制的斗争就随着领土的扩展而有增无减。随着“西进运动”的发展，这场斗争愈演愈烈。

1830年开始，以立即废奴为目标的战斗性废奴运动在美国北部蓬勃兴起。这“实质上是一个中小资产阶级激进分子领导的以立即废除奴隶制为宗旨的群众性改革运动”。在废奴运动的推动下，反对奴隶制不可阻挡地成为美国的时代潮流，然而，作为奴隶制度既得利益集团的维奴派不断制造维奴舆论，在政治上，奴隶主们更是疯狂展开维奴斗争，挑战美国联邦体制，先后通过几次“妥协案”以实现奴隶制的扩张，甚至不惜挑起“堪萨斯内战”，最后走上挑起全国内战的叛乱之路。

## 《解放黑人奴隶宣言》的签署

林肯并不是从一开始就是一个坚定的废奴主义者，他是随着革命形势的发展和斗争的深入，逐渐走向废奴主义的。

1860年，在奴隶制存废的历史关头，林肯作为共和党候选人当选第十六任美国总统。在竞选总统的纲领中，他要求国会在西部诸州禁止奴隶制，但不要求废除南部各州现行的奴隶制。他从道德层面淋漓尽致地批判奴隶制，主张在美国宪法范围内有条件、有步骤地解决奴隶制问题，而不主张无条件立即废除奴隶制。

1860年大选中，美国人民选择了反对奴隶制的林肯，结束了南方种植园主长期对国家最高权力的掌控。为实现联邦统一，1861年3月4日，林肯在华盛顿发表第一次就职演说，绝口不谈奴隶制问题，阐明维护联邦统一与主权完整是他的执政理念与目标。霍华德·津恩评价林肯在解放黑奴中的作用时说：“正是亚伯拉罕·林肯，将商业需要、共和党人的政治抱负和人道主义的言语完美地结合起来。”

然而战争形势不容乐观。虽然北方在综合实力上远远超过南方，但战争初期，由于南方叛乱集团蓄谋已久，而北方被动应战，再加上轻敌，故节节失利。当内战已发展到只有解放所有奴隶才能拯救联邦的关键时刻，林肯打出了取得战争胜利的最后一张牌——废奴。

1862年9月22日，为了瓦解叛乱各州的战斗力，林肯在内阁会议上宣读了《解放黑人奴隶宣言》。《宣言》规定，自1863年1月1日起，所有叛乱各州境内的黑人奴隶即被视为自由人，可以应召参加联邦军队。很显然，这个宣言并不适用于联邦内的奴隶州。

签署《宣言》虽然是林肯政府内战中一个军事策略，却是推进美国文明的一大步。得到解放的黑人积极参军，保证了联邦政府在内战中取得最后胜利。内战期间，黑人作战非常勇敢，平均每三个黑人中就有一人为解放事业献出了生命。《宣言》生效100年后，马丁·路德·金在《我有一个梦想》中说："然而一百年后的今天，我们不能不面对这一悲剧性的事实，即黑人仍未获得自由。一百年后的今天，黑人的生命仍惨遭种族隔离桎梏和种族歧视枷锁的束缚……"真可谓言之凿凿。其后，非裔美国人一直在不懈地争取自己应有的合法权利，推动着美国社会的进步。

**青铜雕塑《自由人》**

这尊雕塑是受到林肯《解放黑人奴隶宣言》的启示而雕刻。雕像是一名非裔美国人，他左手和右手上的手铐已经断开，这是雕塑家对于废除奴隶制最明确的态度。

076

非洲被瓜分的悲惨命运

# 漫画《罗德斯巨像：从开普敦到开罗》

年　代：1863 年

尺　寸：不详

现藏地：美国国家档案馆

1892 年 12 月 10 日，英国《笨拙》杂志上刊登了一幅巨人脚踩非洲的漫画。漫画中巨人一脚踩在开普敦，一脚踩在开罗，野心勃勃。这幅漫画在当时被广泛转载，从此成为许多教科书的插图。然而，时过境迁，其原有的广告意义渐渐消失，如今更多的是作为殖民主义的象征被人们广泛引用。

## 一幅寓意深刻的漫画

《罗德斯巨像：从开普敦到开罗》是争夺非洲时期的一幅标志性漫画，常常被用来指代欧洲对非洲的殖民，漫画中的巨人就是控制非洲南部的英国矿业巨头塞西尔·罗德斯。1867 年，一个非洲孩子在南非奥兰治河畔玩耍时，捡到一块有光彩的石子。来访的欧洲人将它带回欧洲鉴定，结果证实是真钻石。这个发现立刻引发了欧洲人在南非前所未有的淘金狂潮，其中就有年轻的英国人罗德斯。

1870 年，17 岁的罗德斯首次来到南非。经过十年奋斗，他迅速建立起德比尔联合矿业公司，垄断了当时占全世界 90% 的南非钻石矿业，成为“钻石大王”。作为狂热的帝国主义分子，到 1892 年，罗德斯在南非的商业和商业利益已经与他作为开普敦殖民地总督的“帝国爱国主义”融合在一起。1892年11月29日，罗德斯访问伦敦时发表演讲，称他打算扩展整个殖民地的电报连接，将一条电报线从开普敦延伸到开罗。这个演讲被《泰晤士报》报道，很快引起了《笨拙》杂志编辑的兴趣。同年12月10日，《笨拙》杂志刊登了爱德华·林利·萨满伯恩的这幅漫画。

漫画《罗德斯巨像：从开普敦到开罗》

画面中塞西尔·罗德斯化身为“罗得岛巨人”，他张开双臂，双脚横跨整个非洲大陆。这幅漫画中的罗德斯是19世纪所有政治漫画中最为人所熟知的人物，是大英帝国权力的原始形象，也是列强瓜分非洲大陆的真实写照。

罗得岛太阳神巨像是太阳神赫利俄斯的青铜像，曾经矗立在希腊罗得岛上的罗得港港口，是古代世界七大奇观之一，但在矗立54年后毁于地震。《笨拙》杂志经常引用古希腊的罗得岛太阳神巨像，这幅漫画中塞西尔·罗德斯的姿势与罗得岛太阳神巨像姿势相似，是明显的视觉双关。不难猜想，漫画作者将代表英国殖民者形象的罗德斯与罗得岛太阳神巨像相比，是想表达英国作为帝国主义国家拥有的力量就像希腊太阳神赫利俄斯一样伟大。塞西尔·罗德斯在漫画中的尺寸也大于整个非洲大陆，这象征着英国比非洲更强大、优越。《罗德斯巨像》借罗得岛太阳神巨像所呈现的视觉双关，成为一种影响深远的政治漫画的典型模式，不断被其他漫画家复制、模仿，如1898年在《芝加哥论坛报》上被称为“太平洋巨像”的山姆大叔——一只脚踩在菲律宾，另一只脚踩在旧金山，燕尾服垂在夏威夷。

## 从开普敦到开罗的跨步

在垄断南非的钻石矿业后，塞西尔·罗德斯梦想着扩大英国在非洲的统治，他的眼光从开普敦延伸到了遥远的开罗。早在1877年，罗德斯就拟定了一个征服全球的计划，其中的非洲部分，就是把整个南部非洲联合到英国旗下，然后把从南非开普敦到北非开罗的殖民地连成一片，建立起纵贯非洲大陆的殖民帝国。因开罗（Cairo）和开普敦（Cape Town）的英文字头都是C，因此称为“二C计划”（又名“双开计划”）。

罗德斯打算用一种简单但有效的方式迅速完成对非洲的控制与交流，这种方式就是电报的实施。在《罗德斯巨像：从开普敦到开罗》中，罗德斯一只手拿着帽子，脚跨开普敦和开罗，腰带上挂着枪支，拿着从开普敦市到开罗市的电缆。维也纳会议后，英国获得了南非的开普敦殖民地，开普敦是通往印度的海上航线上的一个重要港口。1882年英国接管埃及政府后，不断占领东非，以保护印度洋海上航线。

1884年，在列强瓜分殖民地的柏林会议后，“双开计划”成为英国争夺非洲霸权的官方侵略计划。从开普敦到开罗的跨步既可在全球贸易网络中占据关键地位，又可以建立起纵贯非洲大陆的殖民帝国。《罗德斯巨像：从开普敦到开罗》彰显着英国争夺非洲的野心，因此这幅漫画被看作争夺非洲最具标志性的视觉表现之一。

## 非洲被瓜分的命运

从1880年到1900年的20年间，几乎地球上的每一个角落，从喜马拉雅山脉的最高峰到太平洋上最遥远的岛屿和南极洲，都被一个或另一个欧洲强国所占领。非洲经历了最引人注目的殖民统治，贪婪的欧洲领导人就像瓜分蛋糕一样瓜分了它，这被称为“争夺非洲”。

1884 年柏林会议后，欧洲列强加速了瓜分非洲的行动。几年之内，名义上撒哈拉沙漠以南的非洲领土全被瓜分。在争夺非洲的过程中，英国人经历了两场艰难的战争——两次布尔战争。在这两次战争中，为了征服只有数十万人口的布尔人，英国先后投入 40 多万人，共阵亡 2.2 万余人。最终，英国在战争带来的巨大损失与国际舆论压力下，与布尔人签订和约，战争结束。

布尔战争只是英国瓜分非洲计划的一部分，英国也只是瓜分非洲的其中一个国家。瓜分非洲的另一个主要殖民力量是法国。法国的殖民化推进方向主要是从大西洋沿岸向内地推进，最终目标在于建立横跨尼罗河和尼日尔河的殖民地。欧洲列强对非洲各有所图，富有黄金的埃及、钻石丰富的南非、盛产可可的西非和盛产象牙的肯尼亚都具有极高的战略价值。除了英国、法国外，德国、比利时、葡萄牙、意大利、西班牙也纷纷在非洲争夺领地。

《罗德斯巨像：从开普敦到开罗》这幅漫画的背后是非洲被瓜分的悲惨命运，是长达数十年欧洲多国对非洲的占领。时至今日，这幅漫画作为殖民主义的象征，仍被人们广泛引用。

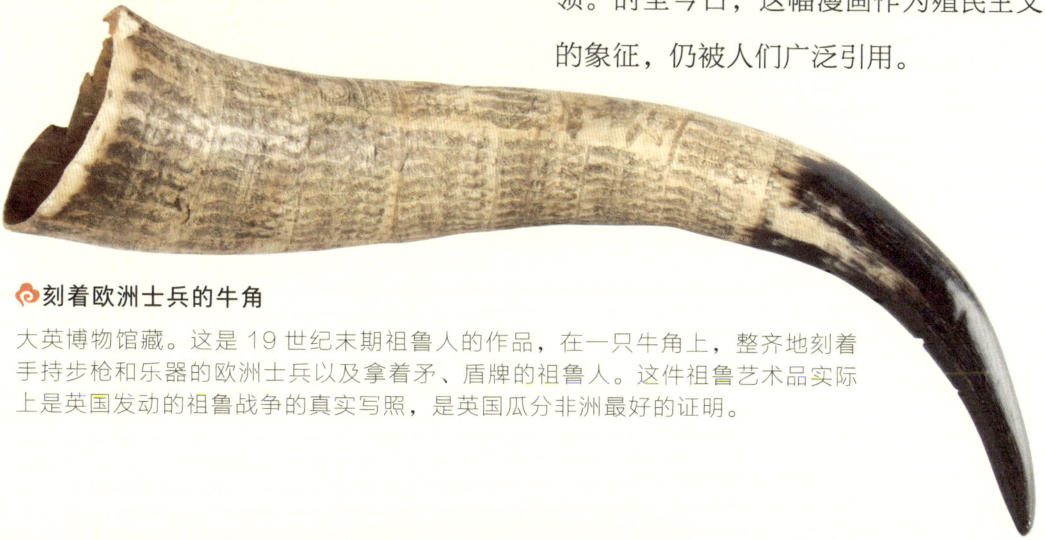

**刻着欧洲士兵的牛角**

大英博物馆藏。这是 19 世纪末期祖鲁人的作品，在一只牛角上，整齐地刻着手持步枪和乐器的欧洲士兵以及拿着矛、盾牌的祖鲁人。这件祖鲁艺术品实际上是英国发动的祖鲁战争的真实写照，是英国瓜分非洲最好的证明。

077

电气时代的来临

# 早期的爱迪生碳丝灯泡

年　代：约 1879 年
尺　寸：不详
收藏地：英国伦敦科学博物馆

1879 年 10 月 21 日，美国新泽西州门罗公园小镇上的一间实验室里，各种充满科学气息的工具和实验材料将房间填得满满当当，桌上的角落里静静地躺着一张罗列了 1600 种灯丝材料的稿纸。器材旁的一位科学家与他的团队正在将材料放入一个玻璃泡中，反复地通上电流进行实验。夸张地说，这位科学家已经能闭着眼睛将这一实验的基本流程做完了，因为在过去的一年多里，他与团队伙伴一直不分昼夜地重复这项实验。不过今天与往常有些许不同，大家都屏住了呼吸，眼睛里闪烁着不一样的光芒，尤其是在那条黑色的碳化竹丝被放入玻璃泡中时，他们显露出了格外的期许与谨慎，因为这只灯泡或许将会成为人类夜空中的那轮“明月”。

## 向着光明奔跑的“马拉松”

1847 年 2 月 11 日，爱迪生诞生于美国俄亥俄州的米兰镇。他一生只在学校里念过 3 个月的书，但他勤奋好学，善于思考，发明创造了电灯、留声机、电影摄影机等 1000 多种成果，为人类做出了重大的贡献。

爱迪生 12 岁时，常沉迷于化学实验。16 岁那年，经过孜孜不倦地自学和实验，

**早期的爱迪生碳丝灯泡及其局部**

这个灯泡大约生产于 1879 年，是爱迪生发明的电灯泡中的早期产品，灯泡中的灯丝已经断裂，而固定灯丝的铂金螺丝夹依然保存完好，这是我们能看到的爱迪生灯泡的最早实物。

他发明了每小时拍发一个信号的自动电报机。后来，他又接连发明了自动数票机、第一架实用打字机、二重与四重电报机、自动电话机和留声机等。有了这些发明成果的爱迪生并不满足，1878 年 9 月，爱迪生决定向电力照明这个堡垒发起进攻。他翻阅了大量有关电力照明的书籍，决心制造价钱便宜、经久耐用且安全方便的电灯。

他从白炽灯着手实验，将一小截耐热的材料装在玻璃泡里，当它被电流烧到白热化的程度时，便因热而发光。在选择耐热材料时，他首先想到炭，于是就把碳丝装进玻璃泡里，可是刚一通电，马上就断裂了。这是什么原因呢？爱迪生拿起断裂的碳丝，看着玻璃泡沉思良久，忽然他想到一种可能："也许是因为空气，空气中的氧又帮助碳丝燃烧，致使它马上断裂。"于是，他将玻璃泡中的空气尽可能地抽去，再次通电后，灯果然没有马上熄灭。然而爱迪生并没有高兴太久，因为 8 分钟后，灯还是灭了，这是为什么呢？反复琢磨这次实验之后，爱迪生发现真空状态固然重要，但是要想延长灯的照明时间，耐热材料才是关键。

为此他试了熔点最高、耐热性较强的白金，经过实验，爱迪生发现白金虽然使电灯发光时间延长了许多，但是会不时地自动熄灭再自动发光，此外，白金价格昂贵，普及起来很困难。实验一时遇到了瓶颈，但是爱迪生并没有因此气馁，而是将前人失败的经验和自己过去所做的实验做了一个总结，将自己能想到的耐热材料都写下来，从鲜有听闻的钛、铂等稀有金属到随处可得的头发、胡子等洋洋洒洒总共写了1600种之多。

## 最早的碳丝灯泡

爱迪生和他的团队前前后后进行的实验多达 1001 次。他们将纸上的 1600 种材料逐一放入玻璃泡，反复通上电流实验，但都没有达到理想的效果，实验一度陷入低谷。一个寒冷的冬天夜晚，爱迪生坐在火炉旁，燃得正旺的炉火为他的脸庞添上温度，火光倒映在他眼中增加了光彩。他的脑海里一直重复着：炭、炭、炭……

可是木炭做的炭条已经试过了，还有什么材料更加耐热呢？想着想着，他觉得浑身燥热了起来，顺手将身上的外套脱下，无意间看到外套袖子上的一根线头。看着这根线头，爱迪生突然萌发了一个念头：棉纱的纤维比木材的好，能不能用这种材料？

这样想着，他扯下那根线头，放在炉火上烤了很久，棉线变成了焦黑的炭。他随后小心地把这根碳丝装进玻璃泡里，通上电以后，效果果然很好。爱迪生高兴极了，紧接着又制作了许多棉纱制成的碳丝，连续进行了多次实验，让灯泡发光的时间延长到了 13 小时，后来又延长到 45 小时。然而爱迪生仍然觉得不够，他还想找到其他材料，他对助理说：“我希望它能亮 1000 个小时！” 棉纱碳丝的成功，让爱迪生心中有了正确的方向。

他根据棉线的性质，决定从植物纤维这方面去寻找新的材料。1880 年，又经过数千次实验，爱迪生发现碳化竹丝比棉丝更好，最长亮了近 1200 个小时。

与此同时，在资本家摩根的支持下，爱迪生又开设电厂，架设电线。不久以后，美国人便用上了这种物美价廉、经久耐用的竹丝灯泡。这款竹丝灯用了很多年。直到 1906 年，爱迪生又改用钨丝，使灯泡的质量又得到提高，一直沿用到今天。

事实上，世界上最早发明灯泡的人并不是爱迪生。早在爱迪生开始投身于灯泡发明之前，就已经有人做出可以发光的灯泡了，那就是英国人戈培尔。在很大程度上，爱迪生是站在巨人的肩膀上，将灯泡这轮“明月”举到了足以照亮世界的高度。爱迪生购买了加拿大的两名电气技师的专利，即在玻璃泡中充入氮气，以通电的碳杆发光，以及英国发明家斯旺的一项电灯专利，这些前人的心血为他改良灯泡奠定了基础，为“爱迪生灯泡”的诞生提供了可能。

确切地说，爱迪生是对灯泡进行了较大的改良而非发明，但是即便如此，人们仍然愿意称他为“发明大王”，认可他对人类迈入电气时代的贡献。因为再伟大的科学发明，若没有商业力量的推动，想要惠及平常人的生活都并非易事。爱迪生对人类最大的贡献，便是通过商业模式让价廉物美的电灯可以悬挂于家家户户。他既是一位执着的发明家，也是一位理解大众的企业家。

**爱迪生碳丝电灯**

英国伦敦科学博物馆藏。这个碳丝电灯的确是爱迪生的产品，因为博物馆依然保存着爱迪生亲笔签写的证明。100 多年过去了，这盏灯依然完好无损，里面的灯丝丝毫没有损坏，甚至接通电源还能发光。

078

苦难深重的近代中国

# 《辛丑条约》签名页

年　代：1901 年
尺　寸：纵 35.2 厘米，横 28 厘米
收藏地：中国台北故宫博物院

1900 年 8 月，八国联军攻入北京，慈禧太后与光绪皇帝仓皇出逃。庆亲王奕劻与李鸿章作为清政府代表与列强议和。1901 年 9 月，二人在北京与 11 国代表正式签订条约。由于是年为旧历辛丑年，故此条约被称为《辛丑条约》。该条约的签订，使清政府统治下的中国彻底沦为半殖民地半封建社会。在条约上签下名字的 13 人，成为这一重要历史事件的亲历者。

## 《辛丑条约》的回溯

《辛丑条约》是八国联军侵华战争的产物，反映了中国历史上一段屈辱的往事，代表着以慈禧太后为首的清政府向帝国主义的妥协。

1900 年，发端于直鲁地区的义和团运动的规模不断扩大，逐渐开始波及列强在京使馆。是年 4 月 6 日，英、美、法、德四国联合照会清政府，限“两月以内，悉将义和团匪一律剿除，否则将派水陆各军驰入山东、直隶两省，代为剿平”。各国军舰也陆续向大沽口外集结。以慈禧太后为首的清政府对义和团采取了支持的态度，这使得义和团运动并未如列强所愿被清政府镇压，反而形成了星火燎原之势。

在这种情况下，5月28日，各国公使开会，一致决定联合出兵。两天以后，在中国驻扎的各国军队共计约400人，以保护使馆为名，从天津乘火车陆续抵达北京，进驻使馆区。6月10日，获得本国政府出兵批准的英、日、俄、美、德、法、意、奥八国在天津拼凑了2000多人的侵略军，由英国驻华舰队司令官海军中将西摩尔率领，乘火车向北京进犯，途中遭到义和团和清军的联合抵抗。6月21日，在召开四次御前会议之后，慈禧太后在刚毅、裕禄等人的支持下向11国宣战，清政府军和义和团正式联合起来同八国联军作战。由于八国联军源源不断的增援和交战双方悬殊的实力差异，清军和义和团节节败退。八国联军先后占领了天津、通州，并于8月14日从东面攻入北京，慈禧太后不得不和光绪帝一同仓皇逃往西安。

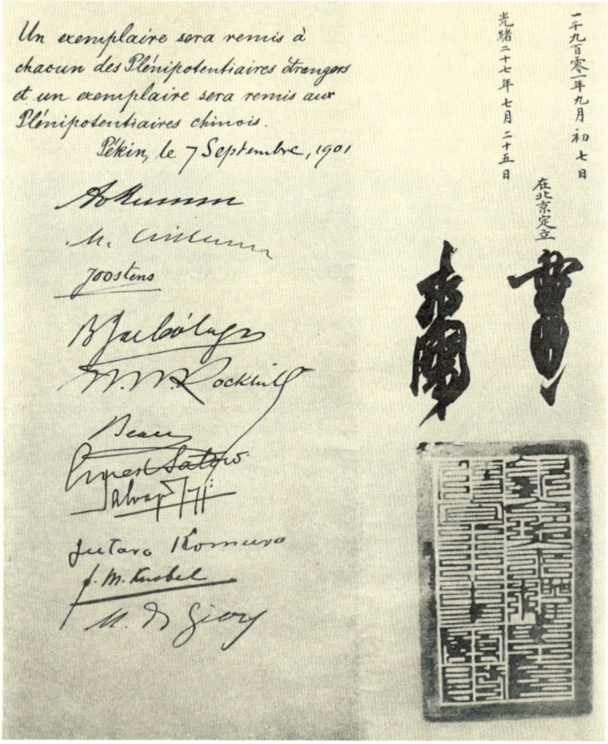
Un exemplaire sera remis à chacun des Plénipotentiaires étrangers et un exemplaire sera remis aux Plénipotentiaires chinois.

Pékin, le 7 Septembre, 1901

Joostens

一千九百零一年九月初七日

光绪二十七年七月二十五日

在北京定立

**《辛丑条约》签名页**

《辛丑条约》的正本封面有签约11国的国徽火漆印，约文末页有奕劻、李鸿章花押和11国签约代表的签名。图片展示的就是签名页的内容。

在前往西安的路上，慈禧便开始安排媾和事宜。在东南各督抚的联合建议下，李鸿章被派为全权大臣，负责谈判事宜。另外，庆亲王奕劻也被赋予全权，偕同李鸿章一同进京。出于增加谈判筹码的目的，八国联军在攻占北京之后并未停止军事行动。面对如此局势，慈禧太后不得不加快议和进程，做出种种妥协。1901 年 9 月 7 日，经过漫长的谈判，清政府与 11 国列强（包括组成联军的英、美、法、德、俄、日、意、奥八国和没有出兵的西、比、荷三国）签订《辛丑条约》，其中正约 12 款，附件 19 个，标志着清政府统治下的中国完全沦为半殖民地半封建社会。

## 签名背后的利益之争

一份合约的签订，是基于签约双方对合约条款的认同，是签约双方利益妥协的产物。《辛丑条约》签名页的背后同样有一段复杂的利益纠葛，它不仅仅是清政府与列强之间的利益冲突，更是列强之间为使本国在华利益最大化而产生的冲突。其中，英、俄两国是矛盾的焦点。英、俄两国的在华利益冲突自甲午战争三国干涉还辽时就已经略有表现，1898 年的旅顺口危机则使两国矛盾进一步激化。义和团运动之后，英、俄两国之间的矛盾依然存在。这种矛盾纷争不仅表现在对于和谈人选的敲定上，还表现在赔偿金额的分配上。在不断的和谈拉锯战中，列强终于达到了自己的目的。

1900 年的平安夜，列强送给了清政府一份独特的“礼物”。12 月 24 日，在西班牙公使康洛特的调停下，列强终于达成了意见的统一，拟定出十二条“议和大纲”交与清政府。慈禧太后看到列强保全了自己的统治地位，内心松了一口气，在次年 1 月由慈禧授意光绪皇帝颁布的《罪己诏》中表示要“量中华之物力，结与国之欢心”，于是谈判进入赔偿标准的商议阶段。

列强针对赔款金额和赔付方式的问题争论不休，赔偿标准的商定前后经历 7 个月之久。列强专门组织了赔款委员会，由美、西、比、荷四国公使主持，专门负责“研究中国财政资源，以便索取赔款”，但各国还是在赔偿金额方面产生了不同的意见。最终商议的结果，在赔偿金额方面，按照中国人口计算，总计四亿五千万两白银。赔偿方式方面，今兹和约，不侵我土地，念友邦之见谅，疾愚暴之无知。……量中华之物力，结与国之欢心。

——光绪皇帝《罪己诏》

列强决定从 1902 年起，分 39 年还清，年息 4%，总计九亿八千余两白银，以海关税、厘金、常关税和盐税收入作担保。列强之间的利益纠纷反映出清政府的软弱与无能，使得本国的财政收入与领土主权成为帝国主义之间斗争的砝码。

## 不可遗忘的民族之耻

简简单单的一张《辛丑条约》签名页，见证了中华民族历史上极为黑暗的一段历史。《辛丑条约》的签订给当时的中国带来巨大的损失，其危害是多方面的。

从政治上来看，中国的主权被严重侵犯。其中，禁止进口武器、拆除大沽口炮台和其他炮台、允许外国军队在公使馆区驻扎、允许列强在从北京至天津沿线部署军队的权力等，都削弱了中国的自卫能力。此外，要求爆发义和团运动的地区停止五年科举，更是对中国内政的无耻干涉。

经济方面，总量高达九亿八千余两白银的赔偿款，不仅使中国丧失了大量的税收，更严重拖垮了当时中国的经济，使得国内人民的负担日益加重。在赔款之外，列强也加紧了对中国其他形式的掠夺和控制，进一步夺取了在中国修筑铁路和开采矿物的权力，截至 1911 年，中国所修建的铁路中有 40% 被列强控制，而铁矿生产则掌握在列强手中，其他行业如航运业、造船业、金融业等，列强的投资也在逐渐增长。《辛丑条约》成为帝国主义列强对中国实行新一阶段经济侵略的标志。

然而，回望《辛丑条约》签订的历史，也并非全是绝望。自此之后，清政府的统治基础遭到极大削弱，其统治的合法性也大不如前。清政府为了勉强维持自身统治而施行的新政，反而让人们更加清楚地认识到其反动本质。革命，似乎成为整个国家唯一的希望，一场疾风骤雨正在中国大地的上空酝酿。

Октябрьской Революции
годовщина

# 第九章 被战争阴霾笼罩着的世界

在 20 世纪上半叶发生的两次世界大战，是人类历史上最残酷、最血腥的战争。在战争的背后，和平的势力在不断增长，科学技术在突飞猛进。无线电、飞机、坦克、计算机、青霉素、核试验等都是这一时期的产物，虽然它们与战争紧密相关，但毫不妨碍它们为人类文明做出贡献。十月革命一声炮响，世界上第一个社会主义国家由此建立，打破了资本主义一统天下的格局。在中国，军阀割据，战乱频仍，但是中国共产党的成立，终于让中国人民在复兴的道路上有了一盏光辉璀璨的指路明灯。

**推荐博物馆：**

美国国家航空航天博物馆、英国坦克博物馆、西班牙马德里索菲亚王后国家艺术中心博物馆、德国慕尼黑德意志博物馆、美国国家计算机博物馆

079

跨越大洋的通信

# 马可尼无线电波探测器

年　代：1903—1907 年
尺　寸：长 54.2 厘米，宽 24.1 厘米，高 20.7 厘米
现藏地：英国伦敦科学博物馆

在英国伦敦科学博物馆里，陈列着一台类似木盒子的机器，它就是马可尼无线电波探测器。机器内部装有线圈，外部可以连接天线，利用通电后产生的电磁波发出信号，从而可与数千千米外的地方实现洲际通信。这一机器的发明前所未有地拉近了世界的距离，使人类有史以来第一次实现了即时通信。作为它的发明者，意大利科学家古列尔莫·马可尼也凭借这一成就永远为世人所铭记。

## 无线电波探测器的发明

1874 年，古列尔莫·马可尼生于意大利博洛尼亚，他的父亲是当地的一位富商，母亲是一位来自爱尔兰的音乐教师。为了让马可尼接受良好的教育，他的父亲聘请了博洛尼亚大学的物理学家奥古斯托·里吉担任家庭教师，在里吉的影响下，马可尼自小就对电学产生了浓厚的兴趣。在里吉的指导和鼓励下，少年时代的马可尼不但阅读了麦克斯韦等电磁学奠基者的科研论文，还得以进入里吉任教的博洛尼亚大学实验室，学习了很多电学实验技术和方法，这为他后来的科研和发明工作打下了良好的基础。

马可尼无线电波探测器

马可尼无线电波探测器是最早能够通过一对耳机听到无线电信号的实用设备之一。无线电波探测器于 1902 年首次获得专利，马可尼所发明的设备是无线电探测器的标准形式，1903 年至 1918 年间，马可尼无线电波探测器常被用于船舶和岸上的信号传输，直至被晶体管取代。

1894 年，20 岁的马可尼在电气杂志上读到了德国物理学家赫兹的研究论文，文章详细记述了赫兹对麦克斯韦电磁理论所进行的实验。赫兹的实验给了马可尼很大的启发。多次尝试后，马可尼通过自制的收发装置成功地对赫兹的实验进行了重复。尽管传输距离只有区区两三厘米，却让他亲身体验到了麦克斯韦电磁理论的科学性和无线电通信的潜力。在之后的实验中，马可尼不断改进无线电收发装置，并创造性地将凝聚检波器和天地线应用到了收发装置中，使无线电通信的距离不断延长，信号清晰度也得到了很大提高。初获成功的马可尼准备将这一发明献给意大利政府，但意大利政府对他的发明不感兴趣，拒绝给予他奖励和资助，这让马可尼十分失望。

1896 年，在母亲的鼓励下，马可尼决定前往英国寻求发展机会。在其表兄亨利·戴维斯的引荐下，马可尼结识了英国邮政局总工程师威廉·普瑞斯。年逾六旬的普瑞斯对马可尼的发明和创意大为赞赏，他不但帮助马可尼在英国邮政大楼楼顶架设天线，还四处游说英国的企业家和政界人士，向他们宣传无线电技术的重要作用和光明前景，帮助马可尼寻求赞助和各种资源。在他的帮助下，马可尼在英国申请到了世界上第一张关于无线电技术的专利证书，证书号为12039号，并于第二年成立了自己的公司，进一步开展无线电实验。1899年3月，马可尼成功地通过无线电将数百份讯息从英国南弗里兰发送到了海峡对岸的法国维姆勒，第一条电讯的内容是："Are You Ready？"这次跨越海峡的通信震动了英国，马可尼一夜之间成了英国的社会名人，众多英国的社会名流前往南弗里兰参观马可尼的实验基地。

## 洲际无线电通信的实现

就在马可尼实现跨海通信的这一年，英国皇家海军首先成功地应用了马可尼的无线电技术，这改变了过去军舰之间只能靠可视范围内的旗语交流和到港后才能接发电报的通信方式。通过皇家海军的测算，此时的军舰最远的通信距离已经可以达到120千米。

马可尼认为如果电波的能量足够强大，无线电讯号完全可以实现跨越大洋的洲际传输，因此他不断推动实验，探索远距离无线电传输的办法。1901年，马可尼在英国波尔杜和美国东海岸的科德角分别设立了高达65米的天线，试图进行跨大西洋的无线电通信实验，但这次实验并不顺利。北美大陆沿岸的强风使天线的架设十分困难，马可尼在科德角架设的天线多次被强风吹倒，他被迫放弃这一地点。

经过考察和比较，马可尼最终选择了纽芬兰岛东岸的一处山峰，

**马可尼铜质接地管**

英国伦敦科学博物馆藏。1896年2月，马可尼带着他的无线电设备来到英国，得到了英国邮政局总工程师威廉·普瑞斯的大力支持。1896年9月和1897年3月，马可尼在索尔兹伯里平原分别向英国海军和陆军代表展示了他的无线电波实验，向他们表明利用赫兹波的发信系统具有一定的价值。这根接地铜管就是他当时进行实验时使用的工具之一。

尽管这里不是岛的最东端，但海岸线在这里形成了凹进，从而让这里成为风暴的洼地。此外，马可尼还使用气球和风筝帮助天线保持直立。这些波折让马可尼及其英国团队失联数月之久，但守在波尔杜的科学家仍在每天的约定时间发送莫尔斯电码。1901 年 12 月 12 日，马可尼在纽芬兰终于收到 2500 千米外的英国波尔杜发出的电码，从而实现了无线电洲际通信。这一消息震撼了世界，人们的通信方式由此发生了革命性变化。

## 无休止的发明争议

马可尼无线电技术的发明是人类科学史上的伟大成就。1909 年，瑞典皇家科学院将诺贝尔物理学奖授予了为无线电通信做出了重大贡献的马可尼和布莱恩。

尽管马可尼在无线电领域的重要贡献举世公认，但围绕着谁是无线电通信技术的发明者，学界却有不同看法。这一分歧在马可尼生前就已经出现，甚至让马可尼陷入司法纷争当中。很多美国人认为，著名的美国发明家尼古拉斯·特斯拉才是无线电通信技术的真正发明者。

1893 年，特斯拉在美国密苏里州的圣路易斯首次展示了无线电通信技术，并于 1897 年在美国申请了专利，但美国专利局在 1904 年撤销了特斯拉的专利，并承认马可尼是无线电通信技术的发明者。1943 年，美国联邦最高法院推翻了这一判决，确认特斯拉提出的无线电专利早于其他的专利申请者，因此无线电技术的发明者是特斯拉。然而，这一判决也饱受争议，不少人认为这是美国利用第二次世界大战期间社会上反对轴心国的情绪，以司法判决之名“赖掉”了马可尼公司的专利费用。

总之，在赫兹的论文发表后，多个国家的科学家都独立研发出了无线电设备，但马可尼的技术最为成熟，对后世影响最大。“无线电之父”的争论并不影响马可尼在科学上的重要地位，马可尼所发明的无线电波探测器标志着人类无线通信技术的实现，成为现代交通和通信行业的重要基础。

080

## 人类飞行梦想的实现
# 1903年莱特飞机

年　代：1903年
尺　寸：长640厘米，高280厘米，翼展1230厘米
现藏地：美国国家航空航天博物馆

在美国国家航空航天博物馆二层的一个单独的展厅中，存放着世界上第一架飞机。从外表上看，这架飞机主要由木板和木条拼接而成，与金属机身的现代飞机相差甚远，甚至看上去更像一个巨大的风筝。但就是这个简陋的飞行装置，让人们飞上蓝天的梦想第一次成为现实，这就是威尔伯·莱特和奥维尔·莱特两兄弟制作的“飞行者一号”，它的升空开启了人类的航空时代。

## 莱特飞机的问世

飞上蓝天是人类千百年来的梦想，历史上的很多能工巧匠和才智之士都试图制作飞行装置，但受时代和技术所限，这些先贤的尝试都以失败告终。19世纪中期以后，英国的乔治·凯利爵士和德国人奥托·李林达尔发明和改良了滑翔机。尽管他们没能实现真正的载人飞行，却为莱特兄弟提供了宝贵的技术和数据资料。

奥维尔·莱特和威尔伯·莱特兄弟生长于美国俄亥俄州的代顿市，他们的父亲弥尔顿·莱特是一位主教，母亲是一位音乐教师。弥尔顿·莱特知识渊博，见多识广，他常常利用出差的机会给孩子们带回新奇的玩具，其中一件从法国带回来的玩具飞

**1903 年莱特飞机**

1903 年 12 月 17 日，莱特兄弟在北卡罗来纳州的小鹰镇驾驶着他们发明的飞机首飞成功，揭开了人类航空时代的序幕。这架飞机被人们称为“莱特飞行器”，又称“小鹰飞行器”，或者“飞行者一号”。

旋陀螺让孩子们备感兴奋。奥维尔·莱特晚年回忆，正是这件小玩具燃起了他们的飞行之梦。

莱特兄弟并不是传统意义上的好学生，兄弟俩先后在高中阶段辍学，但他们动手能力很强，熟练地掌握了木工和机械修理技术。1896 年，在威尔伯的提议下，兄弟俩开了一家自行车修理店，在工作之余，他们一直关注世界各国飞行试验的进展。

这一时期欧洲各国的飞行先驱们都在积极制作飞行器，进行飞行试验，但无一成功，反而出现了一系列致命的飞行事故。1896 年，李林达尔在滑翔机试验中不幸遇难，英国的皮尔查和法国的阿德尔也在飞行试验中丧生，著名的枪械发明家马克沁在飞行试验中受重伤，险些丧命，这让很多人怀疑自主飞行的可能性。但莱特兄弟并未因此退缩，他们不断搜集各种飞行试验数据，并开始用木头、帆布和铁丝等材料自制滑翔机。

他们反复阅读了李林达尔的《飞行问题》《滑翔实践》，并进行了上千次滑翔试验，发现李林达尔等人飞行失败的主要原因在于机翼结构设计得不合理。为了改良机翼，莱特兄弟阅读了很多关于航空知识的书籍，弥补了自己在知识上的不足。在设计飞行器的过程中，兄弟俩的一大创造性贡献是制造了风洞来模仿空中的气流。他们通过观察机翼在各种气流吹动下的表现，对机翼进行科学的改进。风洞成为后来推动航空技术发展的最关键设备之一。

通过上千次的风洞试验，莱特兄弟纠正了李林达尔飞行数据中的多处错误，并有一个重要发现：当机体向两侧偏斜的时候，可以调整两翼的弧度，利用两侧的升力差实现机体的再平衡，从而增强飞机在空中的稳定性。

从 1900 年到 1902 年，莱特兄弟利用滑翔机进行了上千次飞行试验，详细记录飞行日志，为后来的飞机制造和飞行积累了不可或缺的数据。经过不断修改，他们将滑翔机的机翼改得更为狭长，并增加了垂直尾翼。他们从自行车的制动方式上获得了启发，采用金属线连接机翼和尾翼，让飞行员在空中能够调整机翼角度来保持机身的平衡。在经历了多次的失败后，1902 年 10 月，莱特兄弟的滑翔试验取得了成功，他们的滑翔机能稳定地滑翔超过 100 米，这让兄弟俩大受鼓舞。他们决定尝试给滑翔机加上动力，让其实现自主飞行。最终他们手下的技师查理·泰勒成功地制作了重量仅有 80 多千克的铝质汽油发动机，并在飞机左右两侧安装了螺旋桨，通过螺旋桨的旋转为飞机提供稳定的升力。通过这些改进，莱特兄弟制作出了第一架有动力的飞机，并将其命名为“飞行者一号”。

1903 年 12 月 17 日，奥维尔·莱特驾驶飞机在北卡罗来纳州的小鹰镇试飞成功，第一次实现了人类的飞天之梦，这一天也成了飞机的诞生之日。莱特兄弟的“飞行者一号”和他们的航空日志后来被美国国家航空航天博物馆收藏，成为镇馆之宝。

## 空权时代的来临

飞机被发明后，很快引起了各国军方的重视。莱特飞行器的第一个买家就是美国陆军通信兵团。1910 年，美国海军开始进行飞机在军舰上起降的试验，经过一年左右的反复试验，民间飞行员尤金·艾利先后实现了飞机在军舰上的起飞和降落，帮助美国在航空母舰和海军航空兵的发展上占得了先机。

1914 年 7 月底爆发的第一次世界大战让飞机的军事化应用加速。1914 年 8 月 22 日，法军用一队飞机成功地空袭了德军在梅斯的齐柏林飞艇基地，这是人类首次有组织的轰炸行动。10 月 5 日，一架法军飞机用机枪将与之相遇的德国飞机击落，这是现代空战的起点。

德国空军后来居上，使用装备更坚固、速度更快的福克 E-1 单翼飞机并安装同步机枪，使机枪在射击时避开旋转的螺旋桨，这帮助德国在空战中占据了一定的优势，涌现出了多位击落 5 架以上敌机的“王牌飞行员”，其中最著名的是被称为“红色男爵”的曼弗雷德·冯·里希特霍芬。

飞机在战争中的大量应用也引起了军事思想和理论的变革。1921 年，意大利军事思想家朱里奥·杜黑出版了《空权论》一书，对制空权在未来战争中的决定性作用进行了阐释。他认为在未来战争中，取得制空权是获得战争胜利的前提。空战极大地缩短了战争周期，战争越来越呈现速战速决的特点。在这一理论的指导下，欧美各国和日本都掀起了建设空军的热潮，空军的出现甚至改变了传统的陆海军交战方式。

在第二次世界大战中，“施图卡”轰炸机编队成为欧洲各国的噩梦，也是“二战”前期德国“闪电战”屡屡获得成功的关键，而由珍珠港事件开启的太平洋战场也标志着“大炮巨舰”时代的落幕和航空母舰时代的来临。从中途岛战役到冲绳登陆战，太平洋战场中每一次重大战役的胜利都属于有空中优势的一方。“二战”后，制空权成为美国维持其超级大国地位和世界霸权的重要条件。“冷战”结束后，美国的制空权优势更为明显，在海湾战争、科索沃战争、阿富汗战争、伊拉克战争和利比亚战争中，美军都是通过压倒性的空中优势获得了战争的胜利。

081

## 战争中的“钢铁巨兽”
# 马克Ⅱ型坦克

年　代：1917 年
尺　寸：长 805 厘米，宽 419 厘米，高 244 厘米
现藏地：英国坦克博物馆

坦克是英国在“一战”中的伟大发明，凭借着出色的攻防能力逐渐成为各国陆军的主战武器。坐落在英国南部多塞特郡博文顿的坦克博物馆收藏了从被发明之初至今的各类坦克，其中英国在 1917 年生产的马克Ⅱ型坦克是英国“一战”期间代表性的坦克之一，尽管它与现代坦克相比显得十分沉重与笨拙，却体现了强大火力和机动性结合的特点，是现代战争机械化趋势的重要体现。

## 世界上第一辆坦克“小威利”

1914 年第一次世界大战爆发后不久，西线战场就陷入了以“堑壕战”为特色的僵持状态，在堑壕、堡垒、铁丝网和机枪共同构筑的防线面前，拿破仑战争以来的炮兵轰击、骑兵突击和步兵推进相结合的传统战术失去了原有的威力，反而变成了自杀性的冲锋。为了打破西线的僵局，英国军方开始设想发明一种带有装甲、能够抵御机枪和其他小型武器射击、并自带炮火摧毁敌方堡垒的军用车辆。

1915 年 2 月，在英国海军大臣温斯顿 · 丘吉尔的推动下，英国军方成立了“陆舟委员会”，机械工程师沃尔特 · 威尔逊和农业机械专家威廉 · 特雷顿负责这一产

品的开发。为了防止这一军事机密外泄，英国军方严密封锁这一产品的相关消息，对外宣称他们是在设计和制造军舰上使用的“水箱”（tank），后来“坦克”就约定俗成地成了这种武装战斗车辆的正式称呼。

1915 年 9 月 22 日，世界上第一辆坦克“小威利”从英国福斯特工厂下线，这辆坦克身长 5.87 米，宽 2.86 米，高 3.05 米，采用 105 马力的戴勒姆汽油发动机，尽管它的装甲厚度仅为 10 毫米，但总重量仍达到了 16.85 吨。在室外实验中，“小威利”不仅抵御炮火的能力有限，还极其笨重，在跨越战壕地形的时候表现得很不理想，无法满足战场要求。尽管没能登上战场，“小威利”却是威尔逊和特雷顿等人进一步开发坦克的重要基础。

**马克 II 型坦克**

马克 II 型坦克和马克 I 型坦克的主要区别在于马克 II 型没有尾轮，和马克 I 型相同的是它们都没有装甲，制造它们的钢材没有经过热处理。这辆坦克曾经参加过 1917 年的阿拉斯战役，它的名字是“飞行的苏格兰人”。

## 坦克逞凶索姆河

1915 年 12 月，威尔逊等人研制的马克 I 型坦克开始下线。为了增强坦克的平衡性和跨越战壕、障碍物的能力，威尔逊等人进一步增加了履带的长度，让两条履带绕过车顶向后延伸，使整个车体呈现菱形，两侧的履带架上有突出的炮座，车后设置了一对转向轮。这款坦克乘员可达 8 人，最高时速为 6 千米。

1916 年 9 月 25 日，马克 Ⅰ 型坦克首次出现在索姆河战场上。坦克的出现让德军官兵大吃一惊，德军的步枪和轻重机枪都无法对坦克造成杀伤，一些德军因心理崩溃而逃跑或投降。一辆马克Ⅰ型坦克占领了一座村庄，另有一队英军在坦克的配合下俘虏了 300 多名德军。然而，初登战场的坦克性能并不稳定，英军派出的 45 辆坦克只有 18 辆真正投入了战斗中。

在索姆河战役首登战场后，威尔逊等人奉命对马克 I 型坦克进行了改进。1916 年底，马克Ⅱ型坦克投产。由于时间仓促，马克Ⅱ型坦克并没有做出大的改进，只是将每 6 节履带间加上一块履带板，中间车体收窄，以进一步增强坦克的稳定性和跨越战壕的能力。1917 年 4 月的阿拉斯战役中，马克Ⅱ型坦克首次登上战场，但战果并不理想，几十辆坦克大部分被炮火击毁或陷入泥潭无法动弹，多辆坦克被德军缴获。德军利用这些缴获的坦克很快研制出了能反坦克的“K 子弹”。

坦克在索姆河战役和阿拉斯战役中的平庸表现让不少英国军方高层对这种新式武器的效用产生了疑虑，但在康布雷战役中，英军采纳了坦克部队副参谋长约翰·富勒的建议，将数百辆坦克集中起来对德军阵地展开突袭，取得了重大战果，英军一度向德军阵地突进了 10 千米。在第一次世界大战后期，法、德两国也先后制造了自己的坦克，一场以坦克为代表的装甲部队所带来的军事变革呼之欲出。

## 坦克带来的军事理论突破

在康布雷战役中尝到甜头的约翰·富勒在第一次世界大战结束后笔耕不辍，20世纪20年代，他就不断发表文章，阐述坦克的作用和未来战争的机械化趋势。1932年，他出版了重要的军事理论著作《装甲战》，从三个方面系统地阐述了机械化战争论。

一是“瘫痪战”思想。富勒认为，第一次世界大战中坦克最重要的作用是瓦解敌军士气，大量而集中地使用坦克部队可以让敌军产生恐惧情绪，瓦解敌人指挥官的意志。二是“纵深战”思想。富勒认为一支部队的战役作用和战略地位与其突入敌军防线的纵深距离成正比，因此，在对敌军的战线后方实施空袭的同时，必须利用装甲部队和机械化步兵的机动性，对敌军的纵深部位进行打击。三是“合成部队”思想。富勒认为飞机和坦克部队是实施快速突击的关键，但仅有这些还不够，要将坦克、步兵、炮兵、工程兵及后勤部队进行有机结合。

富勒的“装甲战”思想获得了英国另一位军事理论家李德·哈特的积极支持。李德·哈特认为，坦克是未来战争中的可靠武器，由坦克和步兵组成的装备齐全的陆军应是未来英国陆军的发展方向。他所提出的“间接战略”特别强调装甲部队的迂回包抄功能，主张在发动攻击时应采取多点攻击迷惑敌军，帮助主力装甲部队从敌人防线的薄弱处进行突破，并向敌军的纵深部位进行迂回包抄，从而达到分割和歼灭敌人的目的。

令人遗憾的是，英国军界长期重视海上霸权和海军建设，再加上第一次世界大战后英国社会厌战情绪的弥漫，英国政府对建设强大陆军的目标并不十分感兴趣，因此富勒和李德·哈特建设装甲部队、推动部队机械化建设的思想在英国长期不受重视。但他们的思想启发了苏联、德国等欧洲陆军强国的将领，对苏联、德国的装甲部队和陆军建设起到了指导作用。

082

开创人类历史的新纪元

# 十月革命胜利五周年纪念瓷盘

年　代：1922 年

尺　寸：高 4.2 厘米，口径 30.4 厘米

现藏地：俄罗斯艾尔米塔什博物馆

1917 年 11 月 7 日，俄国苏维埃武装起义作为共产主义对资本主义挑战的标志性事件开始发酵。1917 年的俄国革命是发生在俄国的一系列革命运动的统称，这些运动最终推翻了沙皇俄国，建立了苏维埃政权。1917 年 3 月的第一次革命，推翻了罗曼诺夫王朝，临时政府开始掌权；同年 11 月，第二次革命推翻了临时政府，布尔什维克政府开始掌权。本书介绍的瓷盘就是为纪念十月革命胜利五周年所做。

## 十月革命发生的背景

1917 年 11 月 7 日，列宁和托洛茨基领导的布尔什维克武装力量向资产阶级临时政府所在地——圣彼得堡冬宫发起总攻，推翻了临时政府，建立了苏维埃政权。十月革命的胜利开创了人类历史的新纪元，为世界各国无产阶级革命、殖民地和半殖民地的民族解放运动开辟了胜利前进的道路。

“十月革命”，又称“红十月”“十月起义”“彼得格勒武装起义”或“布尔什维克革命”，苏联红军称之为“伟大的十月社会主义革命”。这次伟大的革命是俄国工人阶级在布尔什维克党领导下联合贫农所完成的伟大的社会主义革命，是发

**十月革命胜利五周年纪念瓷盘（白色）**

1922 年对俄国来说是一个重要的年份。首先，这一年是“十月革命”胜利五周年；其次在这一年，苏维埃社会主义共和国联盟（苏联）宣告成立。盘面铭文写的是：“伟大的十月革命五周年。1917—1922。俄罗斯苏维埃社会主义共和国（RSFSR）。”

生在 1917 年的一系列革命中的第二次革命，也是整个环节中最重要的一次革命。革命发生在俄历（儒略历）1917 年 10 月 25 日（公历 11 月 7 日），故称“十月革命”。

## 神秘的符号

1922 年是十月革命胜利五周年，这一年莫斯科国营陶瓷厂生产了专门纪念十月革命五周年的瓷盘。艾尔米塔什博物馆收藏了两件瓷盘，白色瓷盘周边用字母和树叶点缀着，用色非常丰富，有蓝色、黄色、红色等。

**十月革命胜利五周年纪念瓷盘（黑色）**

俄罗斯艾尔米塔什博物馆藏。盘高 4 厘米，口径 31.4 厘米。敞口，浅腹，圈足。盘心彩绘吹号、击钹欢呼庆祝的红军士兵。围绕着图案的是用金彩和红彩书写的铭文：“十月革命五周年。”盘口沿黑地描金装饰花卉图案，并写有“1917—1922”。

盘底用红色画出了五角星的形状，占据了整个盘底，在五角星内部，有两名穿着军装的士兵，头戴印有五角星的帽子，手持乐器正在吹奏，似乎是在为十月革命的胜利欢呼。黑色的瓷盘周边呈黑色，上面用金色的字写着“1917—1922”，代表十月革命开始的时间和胜利五周年的时间，盘周用金色颜料画出水果的图案来装饰。盘子中间底色为釉色——白色。盘底最显眼的是用红色颜料写的数字“5”，很直接地表明了创作这个盘子的用意。盘子下方有两位士兵，头戴印有五角星的帽子，手持乐器正在吹奏。士兵的表演与装饰热闹的盘子相呼应，像是在歌颂十月革命的伟大，欢呼五周年的到来。

## 从瓷盘看十月革命的意义

从世界范围内看，俄国的十月社会主义革命是人类历史上第一次获得胜利的社会主义革命，这给世界上正在进行社会主义革命的国家带来了希望和勇气。第一个社会主义国家的诞生也给正在革命中的国家带来了经验。除此之外，十月革命的胜利沉重打击了帝国主义的统治，推动了国际社会主义运动的发展，鼓舞了殖民地半殖民地人民的解放斗争，它改变了俄国历史的发展方向，对整个人类社会的发展都产生了巨大的影响。十月革命是20世纪国际共产主义运动的序幕，触发了此后各国社会主义运动在全球范围的发展，许多殖民地或半殖民地的解放运动也因此得到了更多支持。

十月革命第一次成功建立了社会主义制度国家，被认为是无产阶级第一次掌握政权，是人类历史上一次意义重大的变革，对其他国家的社会进步产生了重大影响。毛泽东在《论人民民主专政》中写了一段这样的论述：“十月革命一声炮响，给我们送来了马克思列宁主义。十月革命帮助了全世界的先进分子，用无产阶级的宇宙观作为观察国家命运的工具，重新考虑自己的问题。走俄国人的路——这就是结论。”在社会主义与资本主义对峙的20世纪中，十月革命结束了资本主义独占天下的局面，并为之后的社会主义阵营的建立奠定了基础。

十月革命五周年纪念瓷盘不仅是纪念俄国革命的胜利，同时也是纪念无产阶级的胜利，纪念其第一次掌握政权。所以，艺术品绝不是仅供欣赏的物件，它代表了某个时期、某些历史性事件，甚至映射着某个时代的经济与政治的状况。

**革命纪念瓷盘**

大英博物馆藏。这个瓷盘和上面两个瓷盘是同一家工厂的产品，所不同的是，这个瓷盘烧制于1901年，当时是白釉盘。到了1920年，也就是十月革命之后的第三年，这个瓷盘被重新装饰，盘心绘制了宣传革命的图案，涂成红色的工人把“资本主义（Kapital）”踩在脚下，回到工人手中的工厂正在焕发生机。有趣的是，在盘子的底部既保留了1901年尼古拉斯二世帝国瓷器厂的标志，又打上了1921年锤头镰刀图案的国营瓷器厂的标志。

083

马克思党主义在中国的广泛传播

# 中译本《共产党宣言》

年　代：1920 年

尺　寸：纵 18 厘米，横 12.2 厘米

现藏地：中国国家博物馆

《共产党宣言》是马克思和恩格斯为世界上第一个工人阶级政党——共产主义者同盟撰写的纲领。1848 年 2 月，这本小册子首次在英国伦敦以德文发表。这一年，恩格斯 28 岁，马克思 30 岁。《共产党宣言》的出版标志着马克思主义的诞生，为全世界的共产党人提供了一份纲领性的文件。72 年后的 1920 年，共产主义漂洋过海，来到了中国。同样年轻、年仅 29 岁的陈望道，担当了翻译《共产党宣言》的重任。

## 风起云涌的五四运动

1891 年，陈望道出生于浙江义乌的一个小村庄，少年时接受了传统的私塾教育。16 岁的他在义乌的绣湖书院学习，之后又辗转在浙江金华、上海等地继续念书。1915 年，24 岁的陈望道只身前往日本留学，在东洋大学、早稻田大学和日本中央大学修读过文学、哲学、法律，最终获得日本中央大学的法学学士学位。1917 年，俄国爆发十月革命，这场在社会主义旗帜下进行的革命，让正处在彷徨和苦闷中的中国先进知识分子看到了新的出路和光明前景。身处日本的中国留学生深受影响，

陈望道就是其中一员。

1919 年，五四运动的大幕缓缓拉开。陈望道归国，回到了浙江省立第一师范学校任教，担任国文教员。这所坐落在杭州的第一师范学校是一所名校，当时也是传播新思想、新文化的重要阵地。陈望道联合国文教师夏丏尊、刘大白、李次九发起改革国文运动，成为校园内的锐意革新者。他们提倡思想解放，猛烈抨击旧文化，选用鲁迅的《狂人日记》作为教材，积极采用白话文的教学形式。同时，陈望道等人还支持学生创办进步刊物《浙江新潮》。11 月，《浙江新潮》第 2 期发表了一篇抨击“孝”的文章，认为“孝”是封建家庭制度的核心。文章一经刊出，掀起了轩然大波。浙江省教育厅将其视为洪水猛兽，厅长专门派人到学校调查此事，责令校长查办开除教师陈望道、夏丏尊、刘大白、李次九。谁知，校长站在了进步师生的一边，并没有听从教育厅的吩咐，拒绝了厅长的无理要求。

**中译本《共产党宣言》**

该书为小 32 开平装本，封面上端写着“共党产宣言”“马格斯　安格尔斯合著”“陈望道译”，正中印有水红色马克思半身坐像。全文用 5 号铅字竖排，共 56 页。这本书对当时马克思主义思想的传播影响巨大。

面对校长的严词拒绝，无计可施的教育厅决定撤换校长，这激起了师生的大规模抗议活动，陈望道也参与其中。数百名警察包围了学校，强行驱赶抗议人群，这就是“浙江一师风波”。风波最终平息，但是陈望道也不得不离开教员岗位，回到了家乡义乌。陈望道在风波中与浙江一师的师生并肩战斗，获得了进步人士的认可，由此进入了陈独秀、邵力子等人的视野。

## 苦中有甜的翻译过程

亲历“浙江一师风波”的陈望道，更进一步认识到要想从根本上改变社会制度，必须有新的纲领。

1920 年初春，回到家乡的陈望道接到上海《民国日报》主编邵力子的来信，信中说明，《星期评论》主编戴季陶邀请他前往上海商议翻译《共产党宣言》之事。事实上，在陈望道之前，梁启超和李大钊都曾在文章中引用过《共产党宣言》的片段，却一直没有全文翻译。陈望道收到上海的邀请信件后，很快复信，接下了翻译任务。凭借着戴季陶提供的日文版《共产党宣言》，还有陈独秀委托李大钊从北京大学图书馆借出的英译本，陈望道在老家义乌的破旧柴房里，一字一句地开始翻译《共产党宣言》。

潜心翻译的陈望道还留下了一段逸事。初春的浙江山区尚未褪去寒意，条件简陋的柴房内，陈望道常常冻得手脚冰冷。为了节省时间，他的一日三餐和茶水都由母亲送入柴房。有一天，母亲特地送来糯米粽子，外加当地的特产红糖，希望能为儿子驱寒补暖。过了一阵子，母亲又进门，准备收拾碗筷，却发现陈望道满嘴乌黑。惊奇之余，她瞥见了丝毫未动的一碟红糖，再看了眼桌上的墨汁，恍然大悟，忍不住嗔怪道：“吃完啦，这红糖甜不甜啊？”此时的陈望道仍浑然不觉，不知道自己错把墨汁当作了红糖，头也不抬地回答：“甜，真甜！”母子二人相视一笑，真理的味道如此甘甜！一个多月后，1920 年 4 月底，连夜奋战的陈望道终于完成了《共产党宣言》的全文翻译，他带着译稿赶赴上海，交由陈独秀等人审阅。

## 中国共产党人的思想起点

1920 年 8 月，上海共产党组织以上海社会主义研究社的名义出版了陈望道翻译的《共产党宣言》，首印 1000 册。因为印刷仓促，首版《共产党宣言》封面竟将书名错印成“共党产宣言”。尽管如此，渴望改革却又不知路在何方的千万中国青年，仍试图从马克思主义中寻找未来的方向，很快将首版《共产党宣言》抢购一空。为满足需要，且纠正第一版中将书名印成“共党产宣言”的失误，1920 年 9 月《共产党宣言》中译本再版印刷，又重印了 1000 册。到 1926 年 5 月，陈望道版的《共产党宣言》译本已经出版至第 17 次，对马克思主义的传播和中国共产党的建立起到了至关重要的推动作用。这本不到 3 万字的小册子，也成了中国共产党人的思想起点。

1921 年 7 月 23 日，中国共产党第一次全国代表大会在上海召开，最后一次会议转移到浙江嘉兴南湖举行。中国共产党早期的领导人和革命者接触马克思主义，就是从学习《共产党宣言》开始的。1920 年，周恩来赴法留学前，在国内读了陈望道版的《共产党宣言》中文译本。1936 年，延安窑洞里的毛泽东对美国记者斯诺说：“有三本书特别深地铭刻在我的心中，建立起我对马克思主义的信仰。”其中第一本就是陈望道翻译的《共产党宣言》。

自 1920 年 8 月首次出版至今，陈望道版的《共产党宣言》中文全译本已经走过了一个世纪的风风雨雨，但是它思想的光辉和魅力丝毫未减，历久弥新。陈望道的译本忠实地传达了《共产党宣言》的要义，为马克思主义的早期传播、为推动中国共产党的建立都做出了不可磨灭的历史贡献。

084

向病菌宣战

# 弗莱明的青霉菌样本

年　代：1935年

尺　寸：不详

现藏地：英国伦敦科学博物馆

青霉素，俗称“盘尼西林”，是一种抗生素，指分子中含有青霉烷、能破坏细菌的细胞壁并在细菌细胞的繁殖期起杀菌作用的一类抗生素，是从青霉菌中提炼的抗生素，也是日常生活中常见的一种抗菌药品。青霉素适用于很多疾病的治疗，例如败血症、肺炎、脑膜炎、扁桃体炎等，为医药行业的进步做出了巨大贡献。

## 从青霉菌到青霉素

青霉素其实并非只存在于国外，早在唐朝时期的中国，长安城的裁缝就会把长有绿毛的糨糊涂在伤口处，以此来代替药物。这是因为所谓的绿毛产生的物质就是青霉菌，这种菌有杀菌消毒的作用。但是唐朝时期没有先进的科学技术作为支撑，只能将其当作民间偏方用于治疗。

直至近代，英国细菌学家弗莱明于1928年首先发现了世界上第一种抗生素——青霉素。1929年，弗莱明发表了他的研究成果，但是此时科学界并没有重视他的研究成果。到1938年，德国化学家恩斯特·钱恩看到了弗莱明的论文，于是依据论文开始做实验。历时一年，他成功地将菌种提供给准备系统研究青霉素

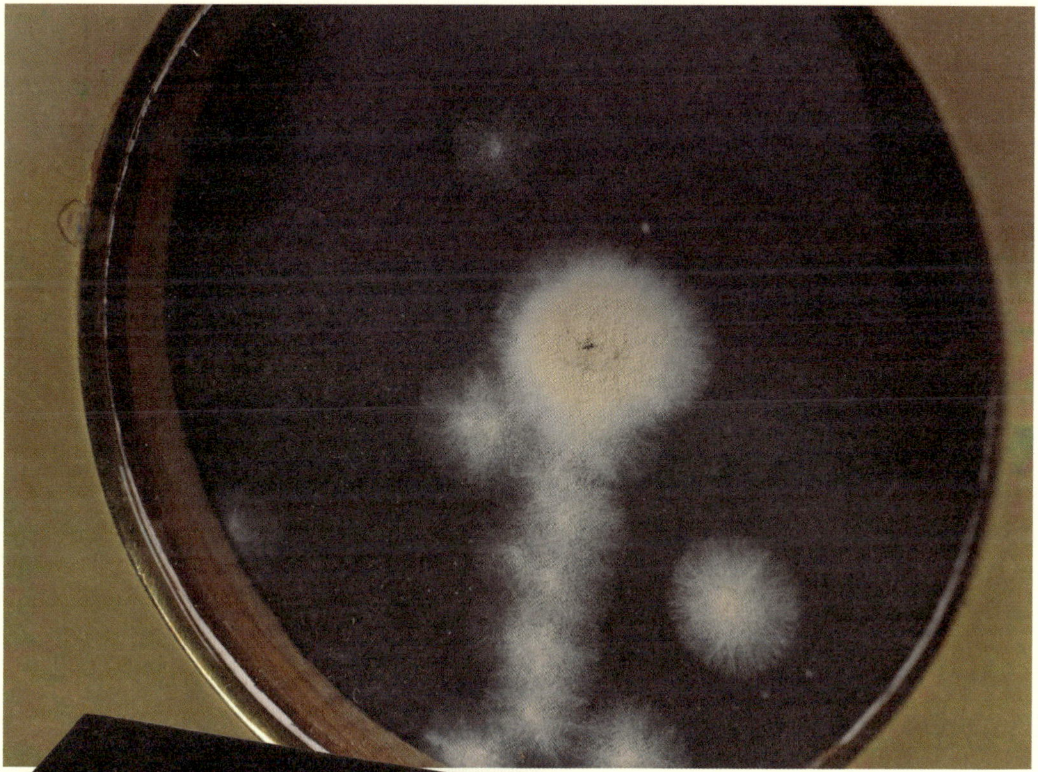

**弗莱明赠送给麦克劳德的青霉菌样本及其细节展示**

1935 年，英国生物学家和药理学家弗莱明将青霉菌的样本赠予了他在伦敦圣玛丽医院的一位同事道格拉斯·麦克劳德，这份青霉菌样本至今还保存在英国伦敦科学博物馆。1928 年，弗莱明偶然发现这种霉菌能产生一种他称之为“青霉素”的物质，而且这种物质具有强大的抗菌性。

的英国病理学家弗洛里。1940 年冬，钱恩提炼出了一点点青霉素，这是一个重大突破。通过一段时间的实验，弗洛里、钱恩终于用冷冻干燥法提取了青霉素晶体。之后，弗洛里在一种甜瓜上发现了一种可供大量提取青霉素的霉菌，并用玉米粉调制出了相应的培养液。在这些研究之后，美国制药企业于 1942 年对青霉素进行了大批量生产。

青霉素的出现给战争中的伤员带来了许多益处。1943 年，制药公司开始大批量生产青霉素。“二战”时期青霉素的出现拯救了很多生命。到 1953 年 5 月，第一批中国生产的青霉素诞生了，从此揭开了中国生产抗生素的历史。截至 2001 年年底，中国青霉素的年生产量已经占据世界青霉素年产量的 60%。

青霉素是一种高效、低毒、临床应用广泛的重要抗生素。它的研制增强了人类抗击病毒的能力，给众多疾病如肺结核、心内膜炎等的治疗提供了新的思路和方案，增强了人类治疗传染性疾病的能力。

青霉素作为抗生素界的鼻祖，是 20 世纪的一项科学奇迹，它的广泛使用也让人体内的抗体更加强大，因此它的抗菌能力已经大大降低，但是随着科学技术的发展，人类对于青霉素的研究也在进步，逐步使改良版的青霉素可以有能力对抗“超级细菌”。

## 青霉素的发现者弗莱明

亚历山大·弗莱明生于 1881 年 8 月 6 日，逝于 1955 年 3 月 11 日。他出生于苏格兰基马尔诺克附近的洛克菲尔德，是英国的细菌学家、生物化学家、微生物学家。他于 1928 年首次发现了青霉素。

弗莱明 7 岁时父亲去世，13 岁时投奔哥哥，16 岁时毕业，到一家专营美国贸易的船务公司上班。20 岁是他人生的转折点，他意外获得了舅舅留下的遗产，后

> 这是一个会改变历史进程的发现。那个培养皿中的活性成分被弗莱明命名为青霉素，事实证明它是具有强大效力的抗感染剂。当它最终被认为是世界上最有效的挽救生命的药物时，青霉素永久改变了细菌感染的治疗方法。到20世纪中叶，弗莱明的发现催生了庞大的制药业，制造出了可以征服人类最古老的祸害——包括梅毒、坏疽和结核病在内——的合成青霉素。
>
> ——《时代》，1999年

用这笔钱进入伦敦大学圣玛丽医学院学习，这是他后期成就的开端。1906年毕业后，他就留在了学校的实验室工作。

青霉素的发现，虽说是无数巧合和多方因素同时达到标准后产生的结果，但是不可否认的是，这背后更大的原因是弗莱明对于研究的痴迷和脚踏实地做科研的态度。

1921年11月，弗莱明患上了重感冒。在他培养一种新的黄色球菌时，他索性取了一点儿鼻腔的黏液滴在了固体培养基上。两周后，弗莱明在清洗前最后一次检查培养皿的时候，意外地发现了一个有趣的现象：有黏液的地方并没有什么变化，但是在黏液之外的一些地方，意外地出现了一些新的克隆的群落，外观呈玻璃状。很快，他的工作室就发现所谓的像玻璃一样的克隆出来的新物质并不是什么新的细菌，而是由于细菌溶化导致的。此时，弗莱明已经得出了鼻腔黏液中含有“抗生素”的结论。根据此次和后续一系列的实验数据，1922年，他发表了第一篇关于溶菌酶的论文。经过不断的研究，弗莱明发现了青霉素，并最终获得了诺贝尔生理学或医学奖。

尽管在弗莱明的一生中，质疑他的人不在少数，但正是因为他，青霉素才被发现，如今这个药物挽救了无数人的生命。

# 085 名画中的残酷战争 毕加索《格尔尼卡》

年　代：1937 年

尺　寸：纵 349.3 厘米，横 776.6 厘米

现藏地：西班牙马德里索菲亚王后国家艺术中心博物馆

《格尔尼卡》是以地名命名的，为的是纪念发生在格尔尼卡的一起历史事件。格尔尼卡位于西班牙北部巴斯克地区，西班牙内战期间，德国干涉西班牙内政，一味支持佛朗哥。1937 年 4 月 27 日，德军把枪口瞄准了反对其政权的西班牙人，并准备以暴力的手段发出警告，因此对格尔尼卡进行了一系列的轰炸。巴伯罗·鲁伊斯·毕加索出生于西班牙马拉加，得知家乡被轰炸，决定以此事件为创作题材，以表达自己控诉暴行、反对战争、热爱和平的想法。据说毕加索在创作这幅作品期间使用的草稿多达 100 多张，这才有了震惊世界的《格尔尼卡》。

## 战争中的毕加索

巴勃罗·毕加索，生于 1881 年 10 月 25 日，逝于 1973 年 4 月 8 日。他出生于西班牙马拉加，是西班牙画家、雕塑家、法国共产党员、立体画派创始人，20 世纪现代艺术的主要代表人物之一，其遗世的作品多达 2 万多件。毕加索的艺术作品分为五个时期，分别是“蓝色时期”、“粉色时期”，以及盛年的“黑人时期”、“立体主义时期”和晚年的“超现实主义时期”。其代表作有《格尔尼卡》《亚威农少女》

等。他的绘画有丰富的造型手段，善于运用空间、色彩和线条，绘画语言里蕴含了西方现代哲学、心理学和自然科学的成果，并且有很多民族民间艺术的色彩，因此他的作品富有独特的表现力。

1937 年 4 月 26 日，纳粹德国派遣到西班牙作战的秃鹰军团对小镇格尔尼卡发动了一次轰炸，导致大量平民丧生。这次轰炸行动的背后，有着复杂的原因。格尔尼卡是巴斯克地区的一个小镇，而巴斯克属于西班牙，是西班牙重要的少数民族地区，人数相比于其他地区较多，因此离心势力也是最大的。在西班牙内战时期，西班牙政府对各地的少数民族采取宽容的政策，允许少数民族自我管理，因此巴斯克政府始终站在共和政府的阵营里。阵营对抗使反对自治的佛朗哥盯上了格尔尼卡，在德国对他表示支持之后，他对北部的巴斯克人采取了暴力措施，轰炸格尔尼卡就是其中之一。

同年初，毕加索接受了西班牙共和国的委托，为巴黎世界博览会的西班牙馆创作一幅装饰壁画。4 月 26 日，德军轰炸格尔尼卡将近 3 小时，炸死了很多平民百姓，并且使格尔尼卡成为平地。德军的这一行为受到了国际舆论的谴责。毕加索得知这一消息之后，心痛家乡的遭遇，随即创作了这幅画，以表达自己对战争的抗议，并为在此次事件中死去的人哀悼。

## 画面中的残酷战争

在这幅画中，一共出现了五个人物形象，两个动物形象。画面左端有一个大哭的女子，从表情看极度痛苦，她的怀里抱着已经死去的孩子。在战争中，无辜且最没有自保能力的就是孩子，这一形象的出现是现实的写照，也是真实战争下的悲惨瞬间。画面下方躺着一个男人，其躯体已经支离破碎，面部痛苦且狰狞，身体正在承受着剧烈的撕痛，其右手紧握着匕首，象征着他的身份是保家卫国的战士，在他手的上方开出了一朵花，这是这位即将死去的战士的内心希望——渴望并向往和平。

画面右侧表现的是一个正在被烈火

吞噬的女人。3 个多小时的轰炸，4.5 吨炸药在这片小镇上肆虐，70% 的建筑物被夷为平地，燃烧弹引发的熊熊大火持续烧了 3 天，死伤数千人，妇女儿童遭受了无尽的灾难。在烈火中焚烧着的无数躯体，这便是画中女子形象的现实素材，痛苦、扭曲、挣扎。画面右侧还有一个女人正在拼命逃跑，以至于一条腿被远远地落在了后面，他们都是在这场灾难中受苦受难的人民。在画面上方，从门里探出头的女人手里举着象征光明的灯烛，这样的构图别有用意。光明与黑暗仅一墙之隔，这位女子举着的灯烛代表了光明和希望。

从整幅画的构图来看，灯烛以下的部分皆是战争带来的黑暗世界，而灯烛的出现便是希望之光。毕加索利用几何的构图和黑白灰的布局，将代表希望的白色解构重组，分布于画面之中，希望之光不断在黑暗中渗透着，努力为人民带来光明。画面中除了人的形象外，还出现了动物的形象，不仅有毕加索善于表达的牛的形象，还有马。受伤的牛和嘶鸣的马具有强烈的破坏意义，牛代表了法西斯的无情与残暴，马代表的是战争中人民的形象。嘶鸣的形象给予了作品无声的力量——嘶吼、撕扯、纠缠，不同的情绪混杂在一起，使人感受到法西斯的暴行，体会到深受摧残的人民的痛苦和无助。

**油画《格尔尼卡》**

1937年7月，《格尔尼卡》首次在巴黎国际博览会的西班牙馆亮相。《格尔尼卡》在展会上所受非议颇多，倒是法国作家米歇尔·莱利斯看出了这幅画的寓意："在描绘古老悲剧的黑白画布上……毕加索写下了我们的厄运寓言——我们所爱的一切都将失去……"

这幅作品属于战争题材的绘画作品，但是在画面中并没有出现反面角色，更没有直接表现德军的形象，在画面中能看到的只是死去的人、燃烧的躯体、痛苦的哀叫以及慌乱的情绪，但大音希声，无声的最是有声，这样的表达方式赋予了作品强烈的情绪和震撼内心的力量。

# 穿越艺术史

公元前 40000 年

约公元前 36000—前 28000 年
法国肖维岩洞绘有壁画。

公元前 2000 年

公元前 2 世纪
埃及帝王谷的木乃伊下葬，坟墓中绘有图画。

1501—1512 年
米开朗琪罗创作了雕塑《大卫》、西斯廷教堂天顶壁画《创世记》。

1495-1498 年
达·芬奇创作了《最后的晚餐》。

达·芬奇画像

1500 年

1510—1511 年
拉斐尔为梵蒂冈宫的签字厅创作了《雅典学院》。

1656 年
委拉斯开兹为西班牙王室画肖像画，创作了《宫娥》。

1700 年

约 1735 年
夏尔丹创作了《纸牌屋》。

1800 年

1874 年
第一次印象派画展开幕，莫奈展出了他的作品《日出·印象》。

莫奈画像

约公元前 9—前 5 世纪
古希腊陶艺家在陶器上画画。

公元前 1000 年

公元前 246 年
中国秦始皇陵开始修建。

乔托塑像

1415—1417 年
多那太罗为佛罗伦萨一教堂创作《圣乔治像》。

1305—1309 年
乔托在意大利帕多瓦市小礼拜堂创作壁画。

1400 年

1300 年

1434 年
扬·凡·艾克创作了《阿尔诺芬尼夫妇像》。

1889 年
凡·高在圣雷米创作了《星月夜》。

凡·高画像

1870—1906 年
塞尚创作了大量人物画、风景画。

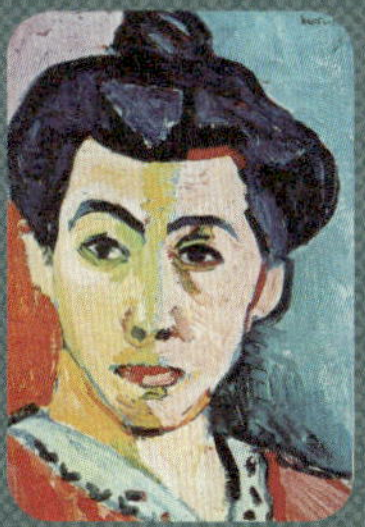

1905 年
马蒂斯在巴黎展出自己的画作，被评论家称作“野兽”。

1900 年

1910 年

1880 年

1907 年
毕加索和布拉克一起开创了“立体派”。

086

## 核时代的开启

# 核裂变实验装置

年　代：1938 年

尺　寸：不详

现藏地：德国慕尼黑德意志博物馆

在德国慕尼黑德意志博物馆中，收藏着一张工作台——一张摆满了仪器的书桌。如果不去看它的藏品说明的话，人们很难相信这张不起眼的工作台与原子弹的关系非同小可。就是在这张工作台上，德国科学家奥多·哈恩和他的同事首次证明了核裂变，从而打开了核时代的大门。这个工作台上就是大名鼎鼎的核裂变实验装置。

## 什么是核裂变

核裂变，又称“核分裂”，是指由重的原子核（主要是指铀核或钚核）分裂成两个或多个质量较小的原子的一种核反应形式。原子弹或核能发电厂的能量来源就是核裂变。其中铀裂变最常见，铀 -235 原子核受中子撞击后会放出 2 ～ 3 个中子，中子再去撞击其他铀 -235 原子，从而形成链式反应。

核裂变的发现与研究离不开两位专家，他们就是德国科学家奥多·哈恩和莉泽·迈特纳，二人同为德国柏林威廉皇帝研究所的研究员。迈特纳和哈恩曾经一直在创造比铀重的原子（超铀原子），但是没有成功。而导致整个实验失败的环节是

**核裂变实验装置**

哈恩的实验成功之后，这个实验装置就被放在了德意志博物馆中展出。这些设备包括辐射设备、化学分析设备和衰变曲线记录设备，原本是存放在三个单独的房间里的，后来被组合在了一张桌子上。

每当用铀做实验时，迈特纳的物理方程式就行不通了。

在整个 20 世纪 30 年代，没有人能解释为什么用铀做的实验总是失败。从物理学上讲，比铀重的元素不可能存在是没有道理的，但是，100 多次的实验，没有一次成功。最后，哈恩想到了一个办法：用非放射性的钡做标记，不断地探测和测量放射性的镭的存在。如果铀衰变为镭，钡就会被探测到。他们先进行前期实验，确定在铀存在的条件下钡对放射性镭的反应，还重新测量了镭的确切衰变速度和衰变模式。这花了他们3个月的时间。实验因迈特纳的逃亡而中断，留下哈恩独自完成实验。之后迈特纳收到了实验的报告，在分析实验失败的原因后，她想到了原子自身的撕裂，从而找到了答案：质子的增加使铀原子核变得很不稳定，从而发生分裂。他们又做了一个实验，证明当游离的质子轰击放射性铀时，每个铀原子都分裂成了两部分，生成了钡和氪，这个过程还释放出巨大的能量。就这样，迈特纳发现了核裂变的过程。

将近四年之后，1942年12月2日下午2时20分，恩里克·费米振动开关，几百个吸收中子的镉控制棒冲出石墨块和数吨氧化铀小球垒成的反应堆。费米在芝加哥大学斯塔格足球场的西看台下的地下网球场内堆放了4.2万个石墨块。这是世界上第一个核反应堆，是迈特纳的发现的产物。

实验室中的奥多·哈恩和莉泽·迈特纳

## 核裂变研究的影响

核裂变研究的成果，直接运用在了核电站和原子弹研究领域中。二者虽有所不同，但是原理都是从核裂变演变而来。核电站的关键设备是核反应堆，它相当于火电站的锅炉，受控的链式反应就在这里进行。核反应堆有多种类型，按引起裂变的中子能量可分为热中子堆和快中子堆。

当然，对于核裂变的研究

没有止步于此。1934 年，费米等人用中子照射铀，企图使铀核俘获中子，再经过 β 衰变得到原子序数为 93 或更高的超铀元素，这引起了不少化学家的关注。

在 1934—1938 年间，许多人做了这种实验，但是不同的研究者得到了不同的结果，有的声称发现了超铀元素，有的却说得到了镭和锕。1938 年，哈恩和斯特拉斯曼做了一系列严格的化学实验来鉴别这些放射性产物，结论是：所谓的镭和锕实际上是原子量远比它们小的镧和钡。对这种现象，只有假设原子核分裂为两个或两个以上的碎块才能给予解释。这种分裂过程被称为“裂变”。

1939 年，迈特纳和弗里施首先建议用带电液滴的分裂来解释裂变现象。同年，玻尔和惠勒在原子核液滴模型和统计理论的基础上系统地研究了原子核的裂变过程，奠定了裂变理论的基础。1940 年，彼得扎克和弗廖罗夫观察到铀核会自行发生裂变，从而发现了一种新的放射性衰变方式——自发裂变。

1947 年，钱三强等发现了三分裂（即分成三个碎片，第三个可以是 α 粒子，也可以是和另外两个碎片质量相近的碎片）。1955 年，玻尔根据原子核的集体模型提出了裂变道的概念，把裂变理论推进了一步。1962 年，波利卡诺夫等发现了自发裂变同质异能态。1967 年，斯特鲁金斯基提出了在液滴模型基础上加壳修正的“宏观—微观”方法，导出了双峰裂变势垒，这是裂变研究史上的又一个新成果。

科学不会止步于此，对于核裂变的研究一直在继续。核裂变的研究是顺应时代的，也是科技发展的刚需，我们现代生活也离不开核裂变的衍生科技。正确地对待核裂变带来的一些科技上的改变，是我们现在需要摆正的心态，相信科学的发展一定可以更多地造福人类。

087

# 计算机的历史革命
# 巨像计算机

年　代：1944 年

尺　寸：不详

收藏地：美国国家计算机博物馆

巨像计算机是第一台实现全部电子化计算的计算机，更是第二次世界大战期间破译德军通信密码的“功臣”。直到 20 世纪 70 年代，它的组成零件、设计图样和操作方法仍然是一个谜。现代计算机的前身巨像计算机，到底是如何影响“二战”进程，又是如何在计算机历史上留下绚烂一笔的呢？

## “二战”期间的密码战

在第二次世界大战背后，看不见的密码战始终神秘，杀伤力不亚于硝烟弥漫的战场。

1939 年 10 月，大西洋海战爆发。德国的潜艇肆无忌惮地轰炸英国船只。不到半年

**重建后的巨像计算机**

巨像计算机真的是物如其名，是一个典型的庞然大物，是世界上第一台可编程的电子数字计算机。虽然它没有存储程序，但是这丝毫不影响它的地位。1960 年，巨像计算机被英国政府下令摧毁，执行这个命令的汤米·弗洛斯痛心地说：“那是一个可怕的错误，我被要求销毁所有的记录，而我竟然这样做了。我把所有关于巨像的图纸、计划和纸面信息投入了锅炉的炉膛中，看着它们燃烧。”幸运的是，1993—2008 年，美国国家计算机博物馆的托尼·萨利团队重建了巨像二号，才让我们能一睹巨像计算机的真容。

的时间，英国商船和军用舰船已经被德军的潜艇击沉 200 多艘。虽然英国从 1939 年 5 月就开始出动皇家海军舰队护航，但是收效甚微，被击沉的德军潜艇少之又少。可以说，面对德军的轰炸，英国海军毫无还手之力。当时的英国首相丘吉尔更是直言不讳地在回忆录中写道："战争期间，真正使我害怕的就是德国潜艇。"

德国采用的是一种名为"狼群战术"的潜艇策略。这套战术一般会部署 3 ~ 5 艘潜艇，集结成队统一行动。当一艘潜艇发现英国船只时，不会马上攻击，而是先将信息传回总指挥部，再由指挥部调动周边潜艇，协同作战。这会大大提高攻击的成功率和杀伤力。然而，也会出现另一个问题：此时使用的通信方法往往是无线电。

无线电的最大弊病就是德军能收听，英军也能收听，怎样才能保证军事机密不泄露呢？

这时候，德国的恩尼格玛密码机就派上了用场。从外观上来看，恩尼格玛密码机只是一台普通的打字机而已。键盘上有 26 个字母，键盘上方是灯盘，灯盘后面是 3 个密码轮。每敲击一个字母键，灯盘上就会亮出一个代替字母。恩尼格玛密码机的关键就在于替代字母密文表，一份电报中的每一个明文字母都能对应密文表内的代替字母。每份密文表的周期特别长，也就是说，如果破译人员不知道替代字母的起点和终点，就好像走入了迷宫。

1940 年春天，英国政府为了破译恩尼格玛密码，在伦敦郊外的布莱切利公园建立了一个新机构——英国密码局。在这之前，波兰人就已经积累了大量破译密码的经验，却仍无法攻破德军密码的防护线，因此决定将研究成果贡献给盟军英国，统一战线。在波兰人的帮助下，英国的密码分析人员很快掌握了基本技巧和方法。

在不计其数的数学家和科学家中，如果非要单独列举一个人的功绩，那就非艾伦·图灵莫属。1940 年 5 月 21 日，德军将英法联军逼到法国边境敦刻尔克地区，在这样一个生死存亡的时刻，图灵和同事们破译出德军情报网的一条指令：德国空军总司令吹嘘仅靠空中力量就能一举消灭这支英法军队，根本不需要地面武装的任何帮助，希特勒据此下令装甲部队停止进攻。这给了英法联军一线生机，趁着德国空军还未发起袭击，5 月 26 日，英法联军开始撤退，一直到 6 月 4 日德军到达前，共成功撤离了近 34 万人，这就是著名的“敦刻尔克大撤退”。

## 破译德军密码的“终极武器”

就在英国密码局不断破译德军密码的同时，他们也面临着一个新难题。德军拥有不止一个密码通信网，而德国海军通信网的保密性是最强的，为了加强保密性，海军甚至不再使用固定的电报格式。这就让图灵先前的破译方法失效了。

1941 年 5 月 9 日，这场胶着的密码战再次出现了转机。5 月 8 日傍晚，一艘德国潜艇接到了恩尼格玛电文，要求击沉英国的运输船队。在德军潜艇的鱼雷接连命中两艘英国船只后，德军舰长得意忘形，立即命令潜艇上浮，将潜望镜伸出水面，想看看英国舰船是怎样被击沉的。就在这时，一艘正在巡航的英国小型护卫舰恰巧发现了德军的潜望镜。顿时，十几枚深水炸弹齐齐地向德军潜艇袭去。

德军舰长眼见求生无望，做出了一个决定——弃船。命运之轮的指针此时仿佛被一只无形的手拨动了，潜艇居然没有沉没！英国皇家海军见状，马上派出一支登船小组登上潜艇，搜到了一台德国海军使用的恩尼格玛密码机和一本替代字母密文表。很快，密码机和密文表被送到了布莱切利庄园，英国密码局的图灵当月就破解了曾经久攻不破的恩尼格玛密码。

好景不长，1942 年 2 月，德国海军升级了恩尼格玛密码机，英国船只的被击沉数量急剧上升。经过密码局的多方努力后，同年 11 月，升级的德军密码再次被破解。

1944 年 6 月 6 日的盟军反攻日当天，图灵制成了代号为“巨像”的电子计算机。巨像计算机使用真空管来进行逻辑代数和计数运算，它是世界上首台可编程的计算机，成了盟军破解德军密码的“终极武器”，在密码战中继续发挥着举足轻重的作用。但是巨像计算机实体器件、设计图样和操作方法，直到 20 世纪 70 年代都还是一个谜。

> 事实仍然是，每个敲击键盘、打开电子表格或者文字处理程序的人都在向图灵的化身——图灵机致敬！
>
> ——《时代》，1999 年

088

## 为废墟中的世界带来规则和希望
# 《联合国宪章》

年　代：1945 年
尺　寸：不详
收藏地：美国国家档案馆

1939 年 9 月 1 日，德国闪击波兰，英、法对德宣战，第二次世界大战全面爆发。1945 年 9 月 2 日，日本政府签署无条件投降书，第二次世界大战宣告结束。这场战争造成近 1 亿人的伤亡，直接经济损失达 4 万亿美元以上，是迄今为止人类所遭受的最为深重的灾难。劫后余生的人们，在战争的废墟上开始思考如何才能避免战祸再次发生。

## 《联合国宪章》签字第一国

《联合国宪章》的产生，与第二次世界大战期间同盟国的一系列会议密不可分。早在 1941 年 6 月，英国发布的《圣詹姆斯宫宣言》就提出了关于盟国的目标和原则，表达了对战后世界秩序的愿景。大约两个月后，英国和美国发布了《大西洋宪章》，其中阐述的一些原则成为《联合国宪章》的一部分。1942 年 1 月 1 日，中国、苏联、英国和美国等 26 个国家在华盛顿联合发表了《联合国家宣言》，这个宣言是《联合国宪章》的基础。1943 年，中、苏、英、美四国外交部部长

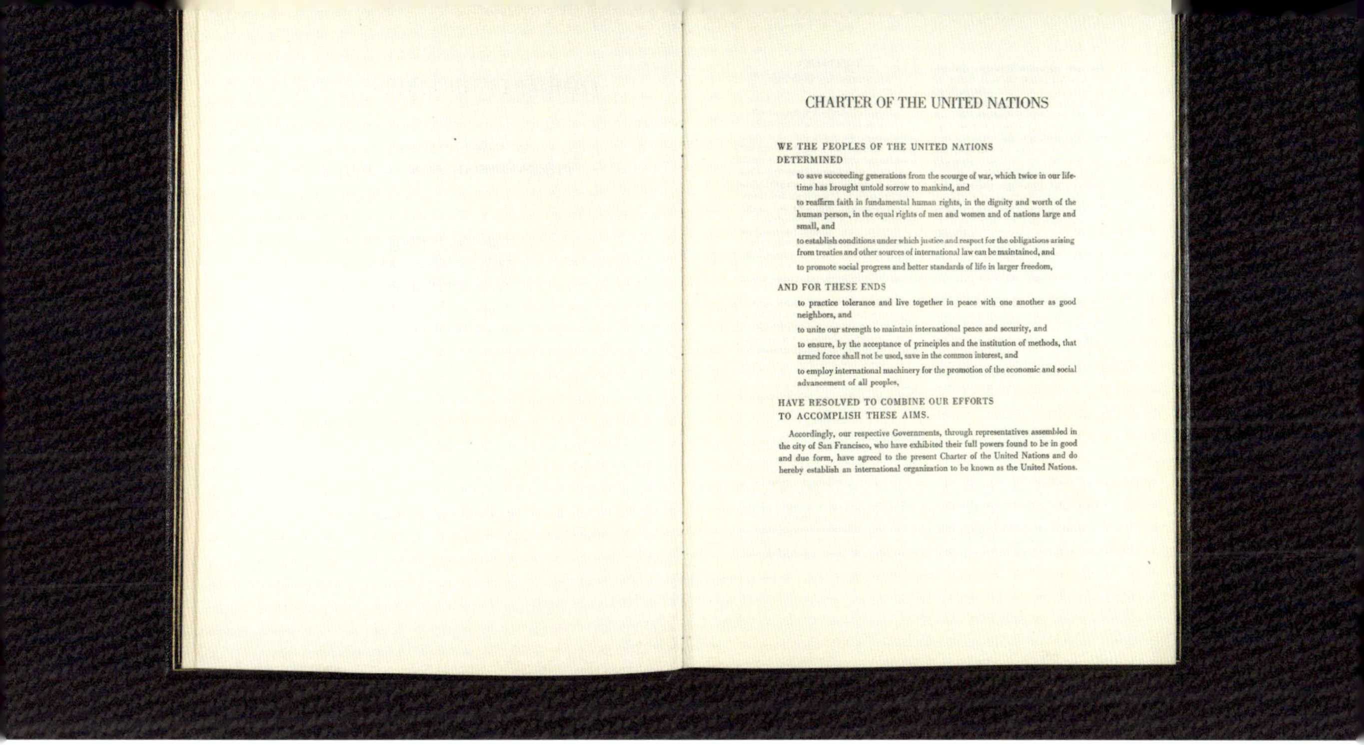

CHARTER OF THE UNITED NATIONS

WE THE PEOPLES OF THE UNITED NATIONS DETERMINED

to save succeeding generations from the scourge of war, which twice in our lifetime has brought untold sorrow to mankind, and

to reaffirm faith in fundamental human rights, in the dignity and worth of the human person, in the equal rights of men and women and of nations large and small, and

to establish conditions under which justice and respect for the obligations arising from treaties and other sources of international law can be maintained, and

to promote social progress and better standards of life in larger freedom,

AND FOR THESE ENDS

to practice tolerance and live together in peace with one another as good neighbors, and

to unite our strength to maintain international peace and security, and

to ensure, by the acceptance of principles and the institution of methods, that armed force shall not be used, save in the common interest, and

to employ international machinery for the promotion of the economic and social advancement of all peoples,

HAVE RESOLVED TO COMBINE OUR EFFORTS TO ACCOMPLISH THESE AIMS.

Accordingly, our respective Governments, through representatives assembled in the city of San Francisco, who have exhibited their full powers found to be in good and due form, have agreed to the present Charter of the United Nations and do hereby establish an international organization to be known as the United Nations.

**《联合国宪章》序言页**

这是美国国家档案馆保存的《联合国宪章》。在中文版的《联合国宪章》序言页写着：“爰由我各本国政府，经齐集金山市之代表各将所奉全权证书，互相校阅，均属妥善，议定本《联合国宪章》，并设立国际组织，定名联合国。”

签署了《莫斯科宣言》，呼吁建立一个“以主权平等的原则为基础的国际组织”。根据《莫斯科宣言》，从1944年8月21日至1944年10月7日，美国主办了敦巴顿橡树园会议，以制定成立联合国的路线图。

1945年4月25日，50个国家288名代表齐聚旧金山，召开“联合国国际组织会议”。这些来自不同大洲与国家、拥有不同文化与信仰的代表，共同决定建立一个国际组织，以捍卫来之不易的世界和平，建设一个更加美好的世界。会议开始之前，各国代表同意将1944年夏末的敦巴顿橡树园会议建议案作为此次会议的议程，并在此基础之上讨论、起草各国都能接受的《联合国宪章》。

要制定出这样一个所有国家共同认可与遵守的纲领性文件并非易事。会议持续了整整两个月，经过400多次激烈的讨论与协商，《联合国宪章》草案最终形成。6月25日，代表们在旧金山歌剧院举行最后一次全体会议。英国驻美大使哈利法克斯勋爵主持会议，并向会议提交了《宪章》的最终草案。他说："对此议题我们所要做出的表决，与我们有生之年所做的每次重要表决一样。"考虑到这一时刻对于世界具有重要意义，他建议改变传统的举手表决法。因此，当议题提出之时，每一位代表都起身站立，所有的在场者，包括工作人员、记者和近3000名参观者，也都起身肃立。当会议主席宣告《宪章》得到一致通过时，热烈的掌声响彻大厅。

1945年6月26日，《联合国宪章》正式签署。在老兵纪念馆的礼堂里，各国代表依次走到一个巨大的圆桌旁，桌上摆放着两部历史性的卷册：《联合国宪章》和《国际法院规约》。各国首席代表身后站立着代表团的其他成员，他们的身后是用50个国家的国旗围成的彩色半圆。在强力聚光灯耀眼的光芒下，每位代表都签署了自己的姓名。当时，按照国际惯例，签字顺序以英文国名的首字母顺序确定，这样排第一位的是阿根廷，但大会委员会考虑到阿根廷很晚才加入反法西斯阵营，而中国作为第一个遭受轴心国侵略的受害国，在反法西斯战争中做出了巨大的牺牲和贡献，同时，中国也是联合国的发起国之一，所以第一位次签署的殊荣被授予中国代表。会议筹办方还特意准备了中国传统书写工具毛笔、墨汁和砚台，于是中国代表顾维钧、王宠惠、董必武等8人用毛笔庄严地写下了自己的名字。中国代表团首席代表顾维钧成为《联合国宪章》签字的第一人，顾维钧说："此次战争，中国是第一个被侵略的国家，今日能奠立世界和平基础之大宪章，实觉无限愉快！"

## 多边主义体系的基石

1945年10月24日，经中、法、苏、英、美五大常任理事国及其他46个签署国共同批准，《联合国宪章》开始生效。

依据《宪章》，联合国正式宣告成立。1947 年 10 月 31 日，联合国大会决定将 10 月 24 日，即《联合国宪章》生效的周年纪念日，正式定名为“联合国日”。这一天，各会员国政府都要举行周年纪念活动，用以向世界各国人民宣传联合国的目标和成就，并争取对联合国工作的支持。

《联合国宪章》是联合国组织的根本大法和当代国际关系的重要准则。确立了联合国的宗旨、原则和组织机构，规定了成员国的责任、权利和义务，以及处理国际关系、维护世界和平与安全的基本原则和方法。

中国在《联合国宪章》的诞生中起到了积极的推动作用。中国代表提出的“维持和平与安全必须根据正义和国际公法原则”“国际公法的发展与修改应有大会提倡、研究和建议”以及“促进国际教育文化合作”等建议被采纳，成为联合国的基本原则之一。

《联合国宪章》“为废墟中的世界带来了规则和希望”，在人类历史上“具有里程碑意义”。《联合国宪章》奠定了“二战”后国际秩序的基石，形成了以联合国为中心的多边主义体系，使和平与发展成为时代主题，可谓意义重大，影响深远，至今仍发挥着巨大作用。

2020 年是《联合国宪章》签署和联合国成立 75 周年，正是新冠肺炎疫情在全球流行、世界经济和社会运行均受严重影响之时，联合国秘书长安东尼奥・古特雷斯在纪念致辞时讲道：“我们已有了一部应对我们共同挑战、克服世界弱点的永恒指南，这个指南就是《联合国宪章》。”

如今，《联合国宪章》原件之一被永久珍藏在美国国家档案馆，各种语言的译本传布世界。75 年过去了，《联合国宪章》所昭示的制止战争、维护和平、尊重人权、促进合作等价值经久不衰，透射出理性的光芒，照耀着全人类前行的道路。

# 第十章 走向人类命运共同体

人类只有一个地球，各国共处一个世界。自第二次世界大战结束以来，人类社会是一个相互依存的共同体这一观点已经成为共识。局部的战争虽然时有出现，但是和平发展已经成为这个时代文明发展的最强音。科技的突飞猛进，已经使人类的视野从地球延伸到宇宙之中。互联网时代的到来，使人与人之间的交流变得更为便利。当人类命运共同体成为共识，国际权力观、共同利益观、可持续发展观和全球治理观逐渐变得明晰。在这一时期，中国终于登上了国际舞台，开始为人类文明和人类发展做出全新的贡献。

**推荐博物馆：**

中国国家博物馆、美国国家航空航天博物馆、苏格兰国家博物馆、英国伦敦科学博物馆

089

消灭脊髓灰质炎的利器

# 脊髓灰质炎疫苗

年　代：1964—1966 年
尺　寸：不详
收藏地：英国伦敦科学博物馆

2020 年，一场由新型冠状病毒引发的肺炎疫情重创了全世界。一时间，原来只在少数专业类文献中才会出现的词，如 RNA 病毒、动物宿主、无症状感染者等，很快变得家喻户晓。面对疫情的威胁，除了采取治疗、隔离、保持社交距离等手段外，人们将更大的希望寄托在疫苗的研发上。本节我们将要介绍的，就是一件与传染病疫苗相关的博物馆藏品。

## 可怕的脊髓灰质炎病毒

脊髓灰质炎是由脊髓灰质炎病毒引起的传染病。被感染后，部分轻症患者可能会出现类似流感的症状；稍严重些的则会出现头痛、恶心、颈部僵直等症状；最严重的患者，因中枢神经遭到破坏，会发生轻重不等的瘫痪症状，甚至会因呼吸肌肉麻痹而死亡。因为这种病毒主要感染 6 岁以下儿童，所以由它导致的瘫痪病症又被称作“小儿麻痹症”。虽然大部分感染者被病毒传染后不会出现任何症状，并且能产生抗体，但是这些“无症状感染者”的排毒量可以达到有症状者的 50 ~ 100 倍，所以他们往往又成为最重要的传染源。

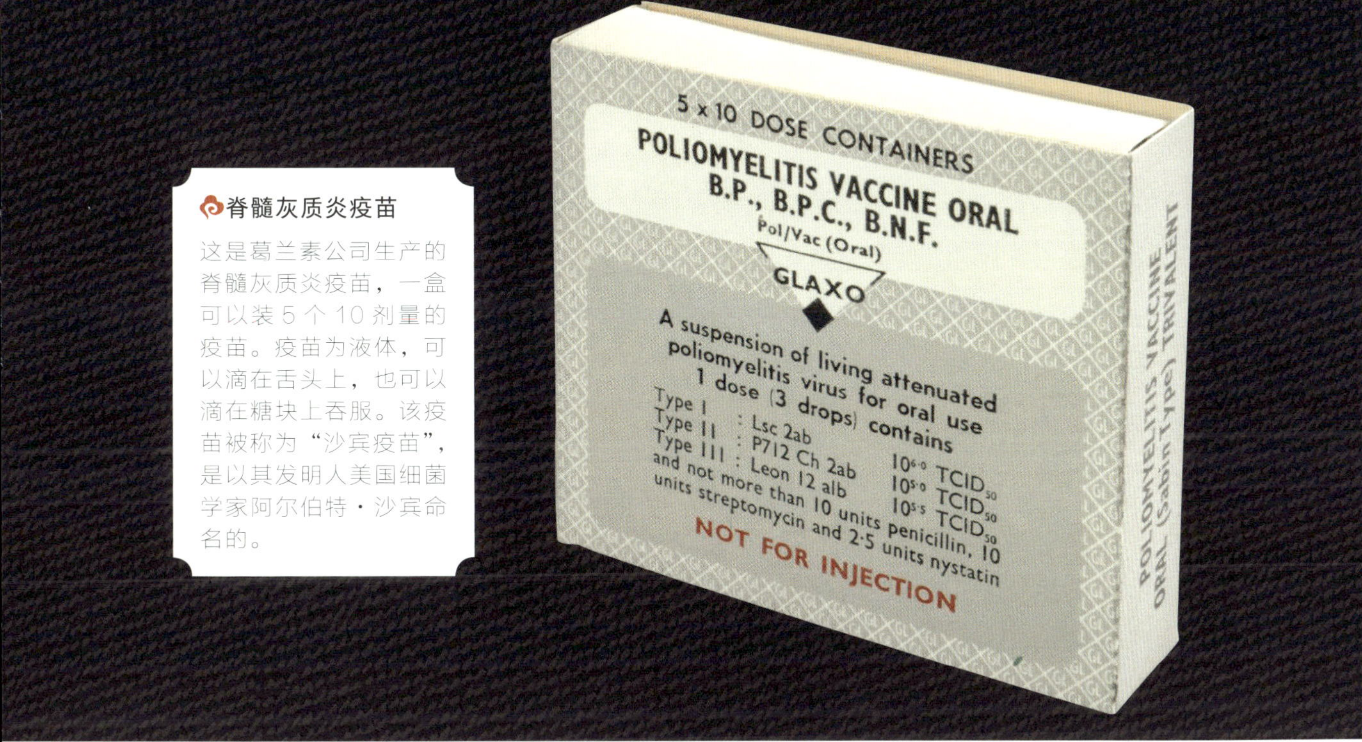


**脊髓灰质炎疫苗**

这是葛兰素公司生产的脊髓灰质炎疫苗，一盒可以装 5 个 10 剂量的疫苗。疫苗为液体，可以滴在舌头上，也可以滴在糖块上吞服。该疫苗被称为“沙宾疫苗”，是以其发明人美国细菌学家阿尔伯特·沙宾命名的。

1916 年，美国爆发了严重的脊髓灰质炎疫情，仅在纽约市就感染了 9000 多例，全国达到 2.7 万例，死亡病例超过 6000 人。纽约市健康委员会随即采取了一系列防控措施，如取消包括国庆庆典在内的所有大型活动，严禁 16 岁以下儿童出入人群密集的场所等，还有超过 50 万张的宣传资料被散发到城市各个角落。脊髓灰质炎病毒的另一个可怕之处是它对所有人“一视同仁”，不管是贫民窟营养不良的儿童，还是身强力壮的富家公子，只要被病毒盯上就难逃一劫。1921 年，39 岁的富兰克林·罗斯福在坎波贝洛岛度假时感染了脊髓灰质炎病毒，《纽约时报》刊登了他因病瘫痪的消息。此时的罗斯福刚刚参加完副总统竞选，已成为家喻户晓的政治家。一位正值壮年、家境富裕的政客都因感染脊髓灰质炎而瘫痪，这大大降低了中产阶级和上流社会的安全感。

## 口服还是注射

1938 年，已经成为美国总统的罗斯福建立了小儿麻痹症全国基金会，在这一基金会的支持下，到了 20 世纪 50 年代，先后有两种脊髓灰质炎疫苗被研制出来，一种是由美国匹兹堡大学的乔纳斯·索尔克发明的灭活疫苗，另一种是由美国辛辛那提大学的阿尔伯特·沙宾发明的减毒活疫苗。

> 我认为生物学知识为理解人性提供了有用的类比。人们以药物等实际问题来思考生物学，但生物学在未来对生命系统和自身知识的贡献同样重要。
>
> ——【美】乔纳斯·索尔克

先说索尔克发明的灭活疫苗，其原理是用福尔马林对脊髓灰质炎病毒进行灭活处理，灭活后的病毒不再致病，但仍然能激活人体免疫系统，从而产生抗体。索尔克疫苗是人类历史上研制成功的第一种脊髓灰质炎疫苗，尤其令人敬佩的是，索尔克拒绝为自己的发明申请专利，任何研究机构与生产者都可以免费使用此项技术制造疫苗。

再说沙宾发明的减毒活疫苗，其原理是培育一种虽然具有活性，但失去了致病能力的病毒作为抗原。这种抗原在进入人体后能够大量繁殖，从而刺激人体产生免疫力，其免疫效果比灭活疫苗更为高效和持久。就接种方式而言，沙宾疫苗的口服接种要比索尔克疫苗的注射接种更为便利，而且，沙宾疫苗的制备成本很低，仅为索尔克疫苗的 1%，因此更受发展中国家青睐。

本节展示的就是沙宾型脊髓灰质炎疫苗的外包装封套。封套正面居中最显眼的部位有一个倒三角，其中印有疫苗生产厂家的标志“GLAXO”（葛兰素实验室），作为衬底的灰色菱形方格内也印有作为其缩写的“GL”。封套内原来装有 50 剂沙宾型口服脊髓灰质炎三价疫苗。所谓三价疫苗，是因为脊髓灰质炎病毒包括三个血清型，分别被称作Ⅰ型、Ⅱ型和Ⅲ型，按照“兵来将挡、水来土掩”的原则，制作疫苗时也必须准备三种抗原，分别对付三种不同的病毒，三种抗原包含在一剂疫苗之内的就称为三价疫苗。

从封套上的文字说明可以知道，这50剂沙宾型疫苗均为“混悬液”形式，为了防止医护人员将其与注射液混淆，封套正面下部特别用醒目的红色字体印刷着“不可用于注射”的字样。

## 消灭脊髓灰质炎计划

1979年世界卫生组织（WHO）宣布，经过20年持续不懈的努力，天花病毒终于从自然界绝迹，这是人类第一次完全消灭一种传染病。此后，天花疫苗在全球范围内停止接种，研究机构及疫苗制造商储存的天花病毒及疫苗也被成批地销毁。对天花战争的胜利极大增强了人们战胜病毒的信心，很快，脊髓灰质炎病毒被确定为下一个消灭对象。之所以选择脊髓灰质炎病毒，一是因为人们已经有两种用来对付它的利器，即灭活疫苗与减毒活疫苗；二是因为脊髓灰质炎病毒与天花病毒一样，只通过人际接触传播，没有动物宿主。

1988年，第41届世界卫生大会提出了在2000年完全消灭脊髓灰质炎的计划，提出计划当年，全世界有35万儿童患有脊髓灰质炎。到2000年，在全世界范围内消灭脊髓灰质炎的计划虽然没有成功，但当年全球因野生脊髓灰质炎病毒引发的病例已经降到719例，美洲、欧洲、亚太地区等很多国家均已确认进入无脊髓灰质炎状态。

就中国的情况来说，20世纪60年代初期中国每年报告的脊髓灰质炎发病数为1万至4.3万例，1988年这一数字减少到667例，1994年中国发现最后一例野生脊髓灰质炎病毒确诊病例。2000年，经世界卫生组织确认，中国如期实现了无脊髓灰质炎的目标，充分展现了中国在世界卫生领域的大国担当。

从人类注射第一支天花疫苗，到天花被彻底消灭，总共用了183年。从第一支脊髓灰质炎疫苗的发明到今天已经过去60多年了，人类消灭脊髓灰质炎的战役能够尽快结束吗？让我们拭目以待。

## 090 人类探索宇宙的时代
# “东方1号”飞船模型

年　代：1967年
尺　寸：长160厘米，直径45.7厘米
收藏地：美国国家航空航天博物馆

1961年4月12日上午，在苏联萨拉托夫州斯梅洛夫卡村，一位护林员的妻子安娜正在自家田里种土豆。忽然，一位身穿耀眼的橙色飞行服的陌生人向她走来。“难道是被击落的敌人间谍飞行员？”安娜不由得一阵紧张。那位飞行员仿佛看穿了她的心思，于是友好地挥了挥手中的密封头盔，笑着对她说：“别怕，同志，我们是自己人！我现在需要找一部电话，打给莫斯科。”安娜绝没有想到，她刚刚遇到的这位飞行员正是人类历史上第一位进入太空并且刚刚安全返回的苏联空军少校——尤里·阿列克谢耶维奇·加加林。

## “东方1号”的模样

将加加林送入太空、完成环球飞行后又将他安全带回的，是由苏联研制的“东方1号”宇宙飞船。我们在这里看到的就是按照1 ∶ 6比例缩小仿制的“东方1号”飞船模型。“东方1号”飞船由返回舱和仪器舱两部分组成。返回舱位于飞船顶端，形状像个大圆球，这个大圆球的直径有2.3米，内部容积仅为1.6立方米，质量却达到了2460千克。球形返回舱的表面涂有耐烧蚀材料，以便抵御飞船进入大气层后因与

**“东方 1 号”飞船模型**

“东方 1 号”飞船是人类第一次太空飞行使用的航天器。该型号飞船从 1961 年到 1963 年共进行了 6 次载人航天飞行，从 1964 年到 1965 年，苏联又使用“上升”号飞船进行了两次航天飞行，“上升”号是“东方”号的改进型。20 世纪 60 年代后期，这两款飞船被“联盟”号宇宙飞船所取代，到 2020 年，“联盟”号宇宙飞船依然在使用。

大气摩擦而产生的数千度高温，从而保护舱内宇航员的生命安全。“东方 1 号”飞船返回舱仅能容纳一名宇航员，当返回舱到达距离地面 7 千米的位置时，舱门会自动开启，这时宇航员乘坐的弹射座椅会将他弹出舱外，然后降落伞打开，宇航员就可以缓缓降落，安全着陆。

球形返回舱下是圆柱形的仪器舱，二者连接处围绕着一周黑色球状容器，是飞船的氧气罐。仪器舱的质量为 2265 千克，里面安装着返回舱不直接需要的所有设备，如无线电通信电池、变轨时使用的反推制动火箭，以及飞船调姿小发动机等。虽然这些设备在飞船返回前就会同整个仪器舱一起被抛弃，但是在飞船升空到返回之前的这段时间里，它们各司其职，缺一不可。

其实，在“东方 1 号”飞船的返回舱与仪器舱分离时，还有一段惊险的插曲。按照计划，两舱分离的时间只需 10 秒钟，但是，由于连接返回舱与仪器舱的一束导线没有断开，返回舱不得不拖着这个“大尾巴”进入大气层，直到那束导线发热自动熔化后，仪器舱与返回舱才彻底分离，这个过程用了整整 10 分钟。还好这一意外并没有威胁到宇航员的生命安全，否则我们也就看不到开头那一幕神奇的相遇了。

“东方 1 号”是航天领域当之无愧的骄傲，宇航员是苏联社会主义共和国的公民——空军少校尤里·阿列克谢耶维奇·加加林，他是漫步太空的第一人。

091

## 人类在月球上迈出的第一步
# “阿波罗 11 号”指令舱

年　代：1969 年
尺　寸：高 271.8 厘米，宽 391.2 厘米
收藏地：美国国家航空航天博物馆

1961 年 5 月 25 日，时任美国总统的肯尼迪在美国国会发表讲话说：“我相信，这个国家应在这个十年（20 世纪 60 年代）结束之前致力于实现让人类登上月球并安全返回地球的目标。在这个时期，除了这个，没有任何一个太空项目会给人类留下深刻的印象，或者对长期探索太空更重要。”肯尼迪所阐述的登月计划，实际上就是美国的“阿波罗登月计划”。如肯尼迪所讲的那样，美国终于在“这个十年”行将结束的时候登上了月球，而登月计划留下的重要遗产之一，就是这个表面斑驳的“阿波罗 11 号”指令舱。

## 阿波罗登月计划

1961 年 4 月 12 日，苏联宇航员加加林乘坐“东方 1 号”宇宙飞船成功进入太空，并且完成绕地一周、飞行 1 小时 48 分钟的壮举。在美苏航天技术竞争的初期，苏联取得了明显优势。为扭转局面，美国总统肯尼迪在与专家商讨后认为，美国只有在载人登月方面才能赶超苏

联。于是，“阿波罗计划”被确定下来，由美国国家航空航天局组织实施，成为美国20世纪60年代的国家目标。

1969年7月20日16时11分40秒，“阿波罗11号”的宇航员阿姆斯特朗与奥尔德林驾驶登月舱，安全降落在月球上。当舱门打开，阿姆斯特朗慢慢走下舷梯，双脚踩在月球表面上，月球表面上留下了第一对人类的足印。

## “阿波罗11号”的重要遗产

“阿波罗11号”宇宙飞船登月成功之后，唯一返回地球的部分——指令舱成了一份重要的遗产。

这座指令舱是3位宇航员登月旅程中最主要的生活空间，舱内设有宇宙飞船的全部操纵、制导等指令装置。

**“阿波罗11号”指令舱**

1969年7月首次载人登月任务中，“阿波罗11号”的指令舱是宇航员的住所。“阿波罗11号”由指令舱、服务舱和登月舱三部分组成，而指令舱是唯一返回地球的部分。

指令舱的形状近似圆锥形，包括3位宇航员体重在内的发射重量为5.9吨。指令舱的舱壁有内外两层，外层由几层铜合金与不锈钢板制成，内层由几层钛合金和铝合金板组成，两层舱壁间有蜂窝状的隔热层。指令舱的外壳上涂着厚厚一层合成树脂的耐热材料，这层耐热材料分布得并不均匀，因为在返回大气层时，指令舱的底部与大气层摩擦得最厉害，产生的热量也最高，所以此处耐热材料的厚度比侧壁和舱头部分厚。

指令舱的乘员室里设有3张契合人体的靠椅，左右两边的靠椅下设有寝台，寝台上备有睡袋，可供两位宇航员同时睡眠。乘员室四壁上布满复杂的仪表盘、操纵杆、开关、按钮和连接点，仪器柜也固定在乘员室的舱壁上，其中装有食物、水、衣服及各种装备。

阿波罗登陆月球计划把人送上月球的同时，也带动了其他科技领域的进步，给现今社会带来巨大的变化。

# 人类登月大事记

月球是围绕地球旋转的球形天体，是地球唯一的天然卫星。它本身不发光，因反射太阳光才被看见，是太阳之外最亮的天体。自从人类文明诞生开始，人们就对夜空中这个时而盈若圆盘、时而缺似弯钩的天体产生了浓厚兴趣。

**第一个月球探测器**

1959年

『月球1号』在苏联发射升空，它是人类发射成功的第一个摆脱地球引力场的月球探测器。

**首次载人**

1961年

苏联的航天员加加林驾驶『东方1号』飞船成功进行了人类历史上第一次太空飞行。

**第一个脚印**

1969年

美国的『阿波罗11号』的登月舱舱门打开，阿姆斯特朗在月面上留下了人类第一个脚印。

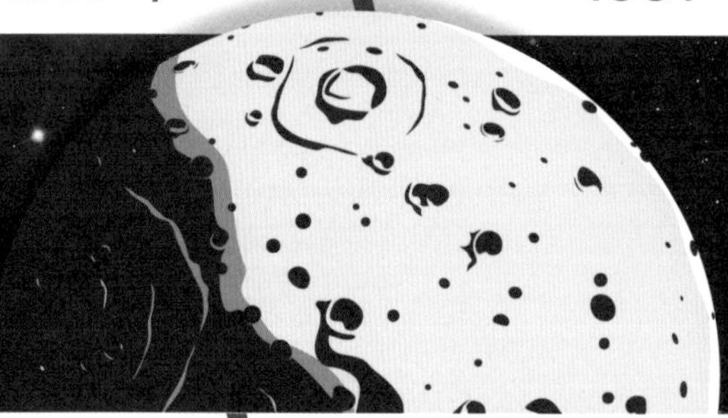

**首次软着陆**

2013年

『嫦娥三号』探测器发射，携带玉兔号月球车成功实施月球软着陆任务。

**登陆月球背面**

2019年

『嫦娥四号』登陆月球背面，它成为人类历史上第一个登陆月球背面的航天器。

**自动采样**

2020年

『嫦娥五号』成功登陆月球，完成了中国首次月球无人采样返回任务，带回月球土壤。

## 月球名片

月球直径约是地球的 **1/4**

月球与地球的平均距离约 **38.44** 万千米

月球质量约是地球的 **1/81**

月球是人类第一个曾经登陆过的**地外天体**

月球上**没有大气**，没有水，引力也很小，表面昼夜温差很大

### 1970 年 首次自动取样返回

苏联『月球 16 号』探测器登陆月面，成为世界上第一个从月球表面自动采集样品并将其带回地球的探测器。

### 1972 年 最后载人登月

『阿波罗 17 号』成功发射，这是人类迄今为止最后一次载人登月，也是人类首次载地质学家参加登月活动。

### 1990 年 日本探月

日本发射了『飞天号』探测器，使日本成为继俄、美之后第三个发射月球探测器的国家。

### 1994 年 月壤中的水

美国发射了『克莱门汀号』探测器，在对月球两极进行探测时，首次发现极区月壤中可能存在水冰。

### 2003 年 欧洲探月

欧洲空间局发射『智慧 1 号』月球探测器，这是欧洲首个月球探测器，也是世界上第一个利用太阳能电火箭作为推进装置进行远距离飞行的航天器。

### 2007 年 绕月探测

『嫦娥一号』成功发射，完成了对月球的环飞和对地球的回传数据任务。

092

# 电子计算机进入家庭
# 康茂达 PET 2001 系列个人计算机

年　代：1977 年
尺　寸：不详
收藏地：英国伦敦科学博物馆

科幻小说《三体》中描写了一“台”令人震撼的“人列计算机”，这“台”计算机由铺展在 36 平方千米内的 3000 万士兵组成，士兵通过挥舞不同颜色的旗帜，实现二进制编码的传输。这个巨大方阵中的每个人都在接收和发送最简单、最机械的指令，然而整个方阵最终实现的却是复杂的微分方程计算。这就是计算机的神奇之处。

## “不插电”的计算机

19 世纪，英国有一位名叫查尔斯·巴贝奇的发明家，他的发明可真不少，像火车头清障器、标准铁路轨距尺、灯塔闪光灯、统一邮政费用、格林尼治时间信号、日光反射信号器、眼底检查镜等，都是他的杰作。不过，巴贝奇最为后世称道的成就，却是他对于差分机的设计方案，尽管这套方案直到巴贝奇去世 200 多年后，才被英国伦敦科学博物馆的工作人员变成现实。

为什么要设计这款差分机呢？在巴贝奇生活的时代，工业生产、远洋交通等行业都需要大量的计算工作，当时的人们为了简化计算程序，编制了很多数表，这些数表是由被称作“computer”的计算工人计算，再由被称作“printer”的印刷工打

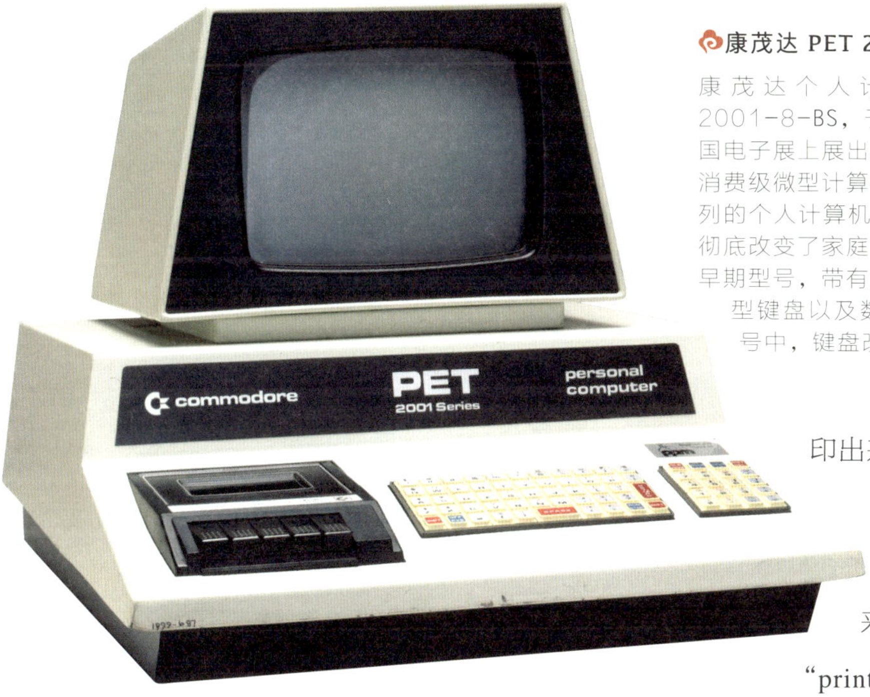


**康茂达 PET 2001 系列个人计算机**

康茂达个人计算机，型号为 PET 2001-8-BS，于 1977 年制造并在美国电子展上展出。康茂达是最早推出的消费级微型计算机的公司之一。这个系列的个人计算机和 Apple II、TRS-80 彻底改变了家庭计算机。图片中是它的早期型号，带有内置式磁带驱动器和小型键盘以及数字键盘。在后来的型号中，键盘改为打字机式键盘。

印出来的。顺便插一句，"computer" 这个词今天已被用来指称计算机，而 "printer" 的意思则变成了打印机。巴贝奇发现，这些人工制作的数表难免会有各种人为的失误，而这种失误在工业生产中会造成损失，在航海事业中甚至会造成触礁沉没等海难，于是他打算发明一种能够自己完成计算、自己打印表格的机器，取代随时都有可能犯错误的人工。那么，这台机器为什么叫作差分机呢？因为按照有限差分原理，许多常用的数学函数，不管外表多么复杂，最后都能用多项式严格逼近，并最终简化为加减运算，于是用机器计算差分公式就容易多了。

巴贝奇设计的差分机打算采用蒸汽驱动。计算时，输入的数字储存在齿轮组成的寄存器中，指令的输入则通过从纺织机上借鉴来的打孔带完成，寄存器中的数字按照指令被传导到一个被巴贝奇称为"磨坊"的处理器中，借助齿轮和各种传动装置完成计算，最后计算结果又被传回寄存器，并且自动打印出来。

与同时期的机械计算器相比，差分机划时代的进步之处在于，它能够按照预先输入的指令，自动完成一整套复杂的计算过程，这里面蕴含着程序设计的萌芽。

## 30 年里换了 5 代

第二次工业革命以后，随着电能的出现，研究者发现差分机复杂、笨重的机械齿轮结构完全可以用更为轻巧的开关电路来取代。1944 年，IBM 公司的哈佛 Mark Ⅰ计算机研制成功，这台计算机有 2 米多高、15 米长，样子像一节火车车厢。Mark Ⅰ的开关部件使用继电器，数字储存空间也采用继电器阵列，一旦运行起来，继电器会不断地接通和断开，用来表示逻辑运算中的真、假值，进而完成复杂的计算。

不过，Mark I 计算机刚刚研制出来就过时了，因为研究者又发现了一种可以取代继电器的新部件——电子管。1946 年，由电子管组成的计算机 ENIAC 研制成功了，它的运行速度已经是早期继电器式计算机的 1000 倍。

然而，电子管计算机的时代也只维持了 10 年左右，就被晶体管技术取代了。1956 年，世界上第一台全晶体管计算机“精灵”问世。晶体管计算机计算速度快，寿命长，体积小，重量轻，耗电量少。

此后，科学家将众多晶体管聚合到一个复杂的电路当中，这种电路被称为“集成电路”，又叫“芯片”。随着单位面积内集成电路规模的逐渐扩大，计算机也完成了从晶体管计算机过渡到中小规模集成电路计算机，再到大规模集成电路计算机的更新换代。而这个两级跳的过程，间隔不到 10 年。

1971 年，英特尔公司的 4004 芯片研发成功，它是世界上第一款商用微处理器，具有划时代的意义。从此，个人计算机的设计制造才成为可能。

## 40 多岁的“老古董”

以上是我们对电子计算机发展史的一个简单回顾。现在轮到本文的主角登场了：这是一台由加拿大康茂达公司于 1977 年生产的电子计算机，系列编号 PET 2001-8-BS，现藏英国伦敦科学博物馆。

康茂达公司的 PET 2001-8-BS 与苹果公司的 Apple II、无线电公司的 TRS-80，堪称那个时代称霸全球个人电子计算机市场的三驾马车。在此基础上更新换代的康茂达 64 计算机更是以 2200 万台的销售量荣登吉尼斯世界纪录，成为当时最畅销的单一型号计算机。

康茂达 PET 2001-8-BS 计算机的心脏是一块名为 MOS 科技 6502 的芯片。康茂达研发的 6500 系列芯片凭借其优良的性能和颇具竞争力的价格，在当时的个人电脑市场占有极大份额。作为产品系列编号的 PET，本来是 Personal Electronic Transactor（个人电子处理器）的首字母缩写，不过它很容易让人联想到“宠物”这个颇具亲和力的英文单词。

这台康茂达 PET 2001-8-BS 计算机的显示器呈梯形。显示器与机箱采取一体化设计，极简风格的外观显得非常时尚。

这款计算机的键盘位于显示器下方的斜面上，不过，键盘只占三分之二的空间，还有三分之一的位置留给了盒式磁带驱动器。不要小看这个设计，PET 2001 可是当年极少数将盒式磁带驱动器内置于机箱的电脑。不过因为驱动器挤占了键盘的空间，所以 PET-2001 采取的是小型键盘。这样的键盘基本无法盲打，最适合打字能力较低的用户。

这台康茂达 PET 2001-8-BS 计算机到今年不过才 40 多岁，但它早已成为一件仅仅具有收藏价值的“古董”了。作为其心脏的 MOS 科技 6502 芯片集成了 3510 个晶体管，这个数字在当时是领先的，但在今天，一个高端的现代计算机芯片可能会有数十亿个晶体管，而美国加州思睿思公司（Cerebras）生产的一块据称是“世界上最大”的芯片则拥有 1.2 万亿个晶体管。计算机的发展并不仅仅是由电子元器件的发展决定的，它涉及基础物理、能源方式、数学、逻辑学、材料学等多个领域的最新成就，未来人工智能的发展则要求研发者熟悉生物学、心理学、社会学等学科的理论进展。如今，人们享受着现代科学技术带来的种种便捷，却只有极少数人理解和掌握那些核心的知识和技术。

# 093 中国走上改革开放之路
# 小岗生产队包干到户合同书

年　代：1978年
尺　寸：纵16厘米，横19厘米
收藏地：中国国家博物馆

我国在1978年推行“家庭联产承包责任制”以后，短短7年时间内，农村贫困人口就从1978年的2.5亿降到了1985年的1.25亿。而提到“家庭联产承包责任制”，我们就不得不说一说安徽凤阳小岗村，以及这份珍藏在中国国家博物馆里的特殊的“合同书”。

## “分田到户”与“坐牢杀头”

这份特殊的合同书最上面一行文字记录了合同书签订的时间和地点：“1978年12月；地点：严立华家。”下面是合同书的正文：“我们分田到户，每户户主签字盖章，如以后能干，每户保证完成每户的全年上交和公粮，不再向国家伸手要钱要粮。如不成，我们干部坐牢杀头也甘心，大家社员也保证把我们的小孩养活到18岁。”正文后面，是签订合同的20位村民代表的名字，以及作为确认符号而加盖在名字上的指印和图章。这份合同书的内容是安徽省凤阳县小岗村全部18户家庭、共计115位村民的代表，为了实现分田单干、包产到户的生产方式而商议出来的。

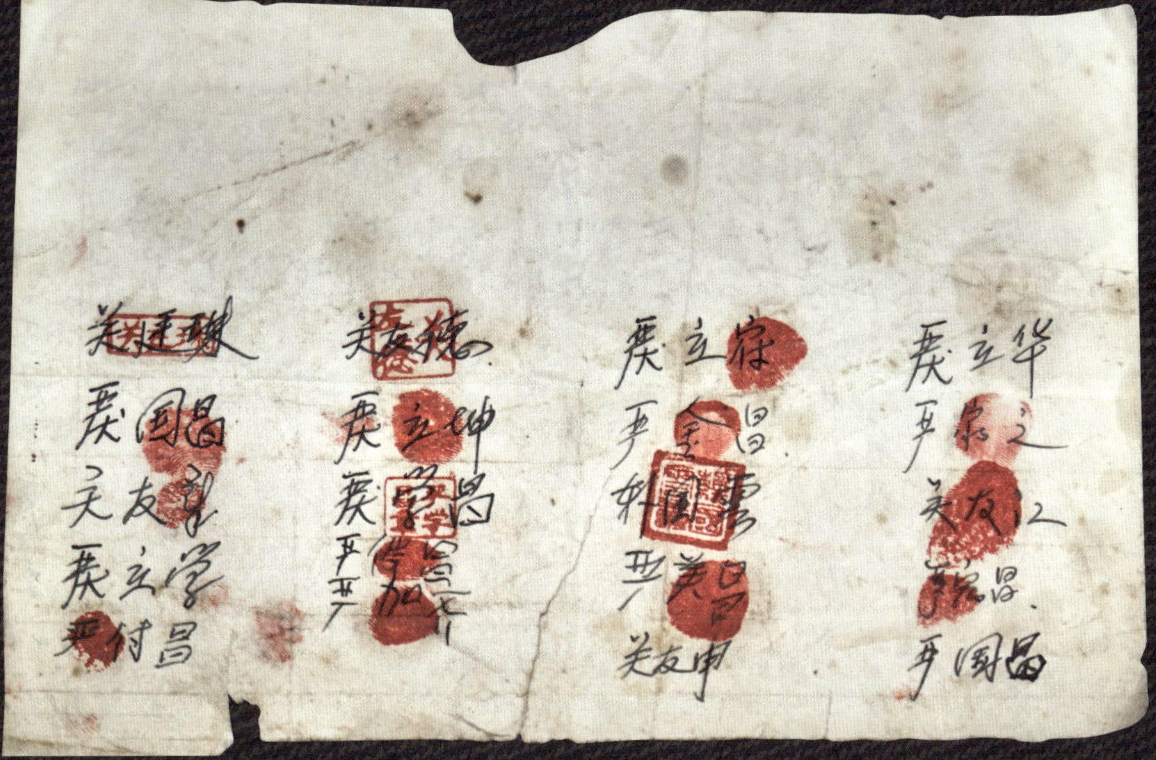

**安徽省凤阳县梨园公社小岗生产队包干到户合同书背面**

在这份看起来并不那么规范的合同书上，鲜红的印章和手印是中国农民迫切希望改变的最强烈的呐喊。从这一年开始，中国终于走上了全新的发展道路，中国的经济奇迹由此诞生。有人将这份合同书称为“改变中国的文件”，现在看来，这份文件绝对戴得起这顶桂冠。

1978 年，是中国共产党领导下的中华人民共和国成立的第 29 年。29 年前的 1949 年 9 月 29 日，中国人民政治协商会议通过了具有临时宪法性质的《中国人民政治协商会议共同纲领》，其中在提到“土地改革”的目标时明确指出，必须保护农民的土地所有权，“实现耕者有其田”。那么，为何在 29 年以后，“分田到户”却要冒着“坐牢杀头”的危险呢？要解开这个谜团，必须从中国共产党在农村社会主义建设方面的摸索之路讲起。

## 从"土地改革"到"人民公社"

1949 年 1 月 26 日，就在淮海战役刚刚结束的时候，凤阳解放了。共产党领导下的新政权在凤阳县农村开展了划分阶级成分、土地改革等一系列政治运动。有了共产党，那些原本没有立锥之地、只能靠给地主扛活度日的贫苦农民，终于分到了祖祖辈辈做梦也不敢想的土地和生产资料。从此，小岗村的农民在政治上翻了身，在经济上当家做了主人，生产的劲头更足了。

随着新中国农业合作化运动的快速推进，小岗村的村民在 1956 年加入了高级农业生产合作社，1958 年又加入了人民公社。为了响应党的号召，小岗村村民把刚刚分配到手没几年的土地又全部归还给集体。不仅如此，各家各户私有的房基、林木、牲畜、农具，甚至锅、碗、瓢、盆也全都转归集体所有。土地是集体的，地里的农活怎么干由集体来安排，打了粮食怎么分由集体来做主。

那么，集体分配的原则是什么呢？当然不能像过去那样，各家各户地里打的粮食归各家各户，只能把每个人的劳动量化成工分。但是农业生产劳动很难量化，干多、干少不好分，干好、干坏也难说，很容易走向平均主义。最终的结果就像小岗村那些年流行的顺口溜："迟出工，早放工，到了田里磨洋工，反正记的一样工。"

根据 1968 年的统计结果，这一年小岗村每天的人均口粮是 0.29 斤，人均收入只有 0.04 元。"小岗家家穷光蛋，碳子一住就要饭"成了那些年小岗村人生活的真实写照。

## "穷极思变"的"大包干"

20 世纪 50 年代以来，中国农村社会主义建设过程中遭遇的一系列挫折，促使党和人民穷极思变。1978 年，在"实践是检验真理的唯一标准"思想的鼓舞下，一场划时代的历史转折开始了。

1978 年，中国共产党十一届三中全会同意将《中共中央关于加快农业发展若干问题的决定（草案）》发送各省、市、自治区讨论试行，其中坦率地承认过去党采取的有些政策和措施不利于农民社会主义生产积极性的发挥，体现了党中央实事求是、调整政策的决心。

不过小岗村村民的脚步走得更快一些。因为在分组后的生产实践中，村民发现，即使划分成“父子组”“兄弟组”，劳动时还是会发生相互扯皮的现象。小岗村村民认识到，要想不吵也不闹，只能各家各户分田单干。但这样做是有风险的，因为十一届三中全会后推行的《中共中央关于加快农业发展若干问题的决定（草案）》虽然明确提出“人民公社各级经济组织必须认真执行各尽所能、按劳分配的原则”“坚决纠正平均主义”，但是对于“分田单干”和“包产到户”仍然持保留态度。

在这种形势下，1978年12月的一天晚上，小岗村18户村民的代表聚集在社员严立华家召开了一次“秘密”会议。会上，生产队副队长严宏昌提出了一个分田单干的协议：第一条，分田到户；第二条，生产收入分配时，该交国家的交国家，该交集体的交集体。这时又有人提出，分田到户违反国家政策，搞不好队干部要坐牢，若真到这种地步，全体社员就得把队干部家农活全包下来，还要把他的孩子养到18岁。最后，参会的村民一起盖章按手印，本文开头提到的那份“生死合同书”就这样诞生了。

实践证明，小岗村“分田单干”“包产到户”的方法是正确的。一年以后，全队粮食总产量达到132370斤，是该队1966年到1970年5年粮食产量的总和。

如今，这份“生死合同书”已经成为中国历史和中国共产党党史上一次重要转折的见证者。它充分展示了共产党领导下的中国人民走出贫困、迈向幸福的决心。在这种决心的鼓舞下，中国人民也为世界减贫事业做出了巨大贡献，正如世界银行原行长金墉曾经说的那样：“中国减贫的成就是人类历史上最伟大的历史事件之一。世界极端贫困人口从40%下降至现在的10%，大多数贡献来自中国。”

094

宇宙深处的探索

# 哈勃太空望远镜1:5模型

年　代：1983年

尺　寸：横88.4厘米，纵45.5厘米

收藏地：美国国家航空航天博物馆

截至20世纪20年代，天文学家普遍认为茫茫宇宙中只有一个银河系。1924年，美国天文学家埃德温·哈勃通过对仙女座一颗造父变星的观测，认为仙女座属于河外星系，银河系并非宇宙的全部。1929年，哈勃又根据所有星云都在彼此远离的天文观测结果，提出整个宇宙在不断膨胀，这一结论已成为现代天文学的根本基础。为了纪念哈勃对现代宇宙学做出的奠基性贡献，1983年，美国航空航天局决定将当时正在建造的太空望远镜命名为“哈勃太空望远镜”。

## 拨开“迷雾”，望向深空

哈勃太空望远镜光学系统主镜的直径只有2.4米，当人们已经能够在地面建造直径6米、8米甚至10米的大型天文望远镜时，为什么它依然能够给天文学家带来一个又一个的惊喜？最主要的原因是哈勃太空望远镜位于地球大气层之上。大气层就像覆盖在我们这颗行星上面的一层“迷雾”，扭曲了我们在地面能够看到的天文景观。它不仅能扭曲可见光，还大幅度过滤了紫外线，冷热不均的气团也会使地面上看到的太空景象发生抖动与模糊，但是，当航天飞机将哈勃太空望远镜送入距离

**哈勃太空望远镜 1∶5 模型**

这个哈勃太空望远镜的模型是由美国洛克希德导弹与航天公司制造的，这家公司是美国负责制造飞行航天器的承包商。模型主要包括太空望远镜的外壳及其运行所需的外部组件，外壳部分包括遮光罩、光圈等，运行组件则是位于望远镜主管两侧的翼状太阳能电池组。

地面 560 千米的轨道后，远在大气层之上的哈勃太空望远镜摆脱了上述所有困扰，能够限制它的只有光线波长与物理定律了。

美国航空航天博物馆收藏的这个按照 1 ∶ 5 比例制造的哈勃太空望远镜模型，就像长了一对金色翅膀的银色大圆筒。而原物在轨道上高速飞行，大约每隔 100 分钟就会绕地球一周。两片金色翅膀是哈勃太空望远镜的太阳能电池板，它们能够将太阳的光能转化为电能，一部分电能用来驱动望远镜工作，多余的电能则被储存到蓄电池中，供望远镜进入地球阴影部分时使用。

银色圆筒的前端有一扇处于向上开启状态的门，它相当于哈勃太空望远镜的“镜头盖”。必要时，“镜头盖”会自动关闭，以保护望远镜内部结构免受太阳光线的伤害。望远镜的镜片共有两枚。主镜片位于银色圆筒中部，它是一枚直径达2.4 米的凹面镜，镜身中部有一个圆孔。主镜片由超低膨胀玻璃制成，表面镀有一层用来反射光线的铝膜以及可以反射紫外线的化合物。观测目标的光线被主镜片反射到安装在银色圆筒前端的副镜片上。副镜片的直径为 30.5 厘米，它负责将主镜片反射来的光线再次反射回主镜片中部的圆孔内。这样，观测目标的光线就可以被望远镜上携带的其他科学仪器接收和分析了。

哈勃太空望远镜中段内部还装有计算机、蓄电池以及保持望远镜稳定性的陀螺仪、反作用轮等设备。中段外部装有像触角般伸出的卫星天线，望远镜收集到的数码照片、光谱信息等内容就是通过这些天线发射到美国航空航天局的一颗通信卫星上，再由那颗通信卫星发回地面的。

通过哈勃太空望远镜，天文学家取得了一个又一个令人震撼的观测结果，其荦荦大者包括“哈勃深场”中隐藏的 2000 多个星系、被称为“创生之柱”的鹰状星云、能够证明广义相对论的引力透镜现象、暗物质的存在与分布、宇宙的大小与年龄等。可以说，无论用何种赞美的语言去评价哈勃太空望远镜对于现代天文学的贡献都不为过。

## “哈勃麻烦”

1990 年 4 月 24 日，美国“发现者”号航天飞机升空，耗资数十亿美元的哈勃太空望远镜终于被送入太空。4 月 25 日，哈勃太空望远镜进入轨道，天文学家热切期盼着它可能带来的惊喜，但是数周以后，首幅摄于 6 月 25 日的照片被传回地球，人们发现图像显然不像预期的那样清晰，而是模糊一片。经过一番诊断，导致哈勃太空望远镜患上“近视眼”的原因是主镜面存在一种被称为“球面像差”的缺陷，即从观测目标传来的所有光线不能被汇聚在同一个锐焦点上。

主镜片于 1981 年制成，从这一年到哈勃太空望远镜升空，中间隔了 10 年，在此期间，无论帕金 - 埃尔默公司还是美国航空航天局，都有多次发现并解决这个问题的机会，但仿佛鬼使神差一般，这些机会都被错过了。哈勃太空望远镜的首战失利引爆了公共舆论，靡费公帑、官僚主义等批评之声四起，媒体更是利用谐音，将哈勃太空望远镜遭遇的困境戏称为“哈勃麻烦”。

## 麻烦解决，其命维新

好在哈勃望远镜于设计之初就被赋予了在轨维修功能，美国航空航天局不得不抓紧时间考虑如何修正这个错误。除了帕金 - 埃尔默公司制造的主镜片，航空航天局手中还有一枚柯达公司制造的备用镜片，该镜片不存在球面像差问题，但是要把如此大的备用镜片带上天空，再让宇航员在太空行走状态下完成两枚镜片的更换工作，难度太大。

于是，天文学家和工程师们与科罗拉多州鲍尔航空航天公司合作，制造了一大批小反射镜，这些小反射镜被装在可移动的杆子上，杆子又被固定在一个圆柱上，当圆柱被安装在望远镜光轴部位时，精确的电子指令会使圆柱上的杆子以适当角度展开，从而将小反射镜布置在主镜光路上，修正出现偏差的光线，这套设备被称为太空望远镜光轴补偿校正系统（COSTAR）。1993 年 12 月 4 日，“奋进者”号航天飞机与哈勃望远镜对接，在接下来的 6 天时间内，宇航员总共进行了 5 次太空行走，他们成功安装了 COSTAR 系统，更换了包括太阳能电池板、广域相机在内的一批设备，还更新了部分连接线路。经过这次维修，哈勃太空望远镜“重装上阵”。1993 年 12 月 18 日凌晨，新拍摄的恒星照片传回地球，焦急等待的工作人员终于看到了期盼已久的效果：干净，紧凑，聚焦准确！

目前，全世界任何一位需要利用哈勃太空望远镜或其观测数据从事研究的天文学家，都可以向太空望远镜协会组织的评审委员会提交申请。此类申请每年有上千件，经过严格的匿名评审，会有 200 个左右的项目获得批准，每年利用哈勃太空望远镜工作的天文学家大约有两万人。

095

## 移动通信时代来临
# 摩托罗拉 DynaTAC 8000X

年　代：1983 年
尺　寸：长 4.5 厘米，宽 8 厘米，高 33.5 厘米
收藏地：德国亨氏 · 尼克斯多夫博物馆

1973 年 4 月 3 日，纽约曼哈顿街头，很多人目睹了一出奇怪的场景：一位中年男子将一个砖头大小的塑料盒子贴在脸颊上，自言自语了好一阵子，因为太过专注，该男子还险些被一辆路过的汽车撞到。令目击者意想不到的是，他们亲眼见证了人类通信技术史上一个新纪元的开始：移动通信时代降临了。

## 充电 10 小时，通话 30 分钟

刚刚提到的这位中年男子，正是当年美国摩托罗拉公司通信系统部门的总经理马丁·库珀，他手里那个塑料盒子是世界第一部现代意义上的手机——DynaTAC 原型机。当时，马丁·库珀的通话对象是他在贝尔电话实验室的一名竞争对手："乔，我现在正在用一部移动蜂窝电话跟你通话！"电话那头先是一阵沉默，然后才是几句勉强挤出来的祝贺之辞。后来库珀在回忆这件事时，得意而不乏幽默地说："虽然他保持了相当的礼貌，但我还是听到了听筒那头的咬牙切齿。"

**摩托罗拉 DynaTAC 8000X 手机**

1973 年 4 月的一天，一名男子站在纽约街头，掏出一个约有两块砖头大的无线电话，并打了一通，引得过路人纷纷驻足侧目。在此之前，人们从来没见过没有绳子的电话。这个人就是手机的发明者马丁·库珀。库珀手里拿着的就是历史上第一部真正意义上的手机。

尽管摩托罗拉 DynaTAC 原型机在 1973 年就已经高调亮相，但是建立在其基础之上的量产商用手机 DynaTAC 8000X 直到 1983 年才正式下线并面向市场销售，我们在图中看到的正是这款手机。DynaTAC 8000X 的主体机身略呈长方体，在它的顶端竖立着一根长长的、既不能伸缩也不能折叠的黑色天线。手机的键盘由上下两部分组成，上面是排列整齐的 0 至 9 数字键以及星号键和井号键，下面则是包括电源键、发送键、重播键、音量键等在内的多种功能按键。在听筒下方，还有一个条状 LED 显示屏，不过上面仅仅能够显示机主拨打的电话号码。同 DynaTAC 8000X 手机沉稳、厚实的外观相应，其重量也达到了 794 克。尽管如此，与摩托罗拉公司在第二次世界大战期间为美军设计制作的 16 千克重的无线步话机相比，这款手机可是轻便得多了。

其实，早在摩托罗拉 DynaTAC 8000X 问世一年前，芬兰诺基亚公司就于 1982 年推出一款名为 Mobira Senator 的“手机”。不过说它是“手机”有些勉强，因为这部被称作诺基亚公司第一款手机的外观更像是一台使用大号干电池的收音机，其重量也达到 9.5 千克。要想用它边走边打电话，只有两个办法，一是把它当成车载电话来用，二是找一个旅行包把它背在背上。经过这样一番比较，DynaTAC 8000X 可谓优势尽显。至于当代手机用户仍然十分关注的充电速度与待机时间问题，DynaTAC 8000X 的数据是充电 10 小时，保证通话 30 分钟。尽管摩托罗拉公司也为这款手机设计了一种快充平台，使它能够在 1 小时内充满电量，但这仅仅是权宜之计，因为频繁使用快充平台会导致电池寿命大大降低。

由于摩托罗拉 DynaTAC 8000X 手机无论是在外观还是重量方面都很像一块砖头，美国人干脆给它起了个绰号，就叫它“砖头电话”（brick phone），不过它的学名应该是“蜂窝式移动电话”。所谓“蜂窝”，是由美国贝尔电话实验室最早提出的一种无线通信系统设计思想。第二次世界大战结束后，随着民用无线电技术的飞速发展和用户的不断增加，作为无线电通信重要资源之一的频谱资源越来越紧张。蜂窝网络预先将用户所在地划分为若干紧密相连的六边形小区，相邻各区分别使用不同的无线电频率，但是每隔几区则可使用相同的无线电频率。如此一来，既节约了无线电频谱资源，又降低了用户之间的干扰，可谓一举两得。

## 手机的功能：不只是通话

摩托罗拉 DynaTAC 8000X 的设计者马丁·库珀曾经对媒体说：“人们并不希望和房子、汽车或办公室说话，而是和人说话。为了证明这一点，我们打算发明一部蜂窝电话，向世人证明，个人通信的想法是正确的。我们相信，电话号码对应的应该是人，而非地点。”

1983 年，DynaTAC 8000X 的售价为 3995 美元，有人曾经按照美元的购买力做过推算，1983 年的 3995 美元大致相当于 2019 年的 9831 美元。这个价格对于 DynaTAC 8000X 的开发者来说也许很合理，因为这款手机毕竟是摩托罗拉公司在超过 10 年的开发周期内耗费上亿美元才制造出来的。但对消费者来说，能够负担这样的手机价格以及后续各种费用的人就寥寥无几了。在原产地美国尚且如此，当摩托罗拉手机进入中国市场的时候，其价格更是高得惊人。20 世纪 80 年代，率先进入中国大陆市场的摩托罗拉手机是 Moto3200，这款手机在当时的定价是 2 万元人民币，而 1985 年全国职工平均月工资仅为 96 元，一个工薪阶层恐怕要不吃不喝几十年才能买得起一部手机。正因如此，以摩托罗拉 DynaTAC 8000X 为代表的一系列砖头大小且仍然使用模拟通信技术的手机，成为那个时代人们用来彰显身份、财富和地位的标志。与此同时，这种在美国被戏称为“砖头电话”的手机也获得了它在中国的昵称——“大哥大”，意思是大哥中的大哥，真正的龙头老大。

20 世纪 90 年代以来，随着数字通信技术的兴起，“大哥大”逐渐退出了历史的舞台。此后，通信技术不断进步，操作系统持续升级，作为手机硬件核心的芯片功能也越来越强大。这些条件一方面促成了智能手机的出现和发展，另一方面也导致手机的制作成本持续下降，手机的社会普及度日渐提高。1988 年，中国移动电话用户仅有 3000 户，然而到了 2019 年 4 月底，根据工信部的统计数字，中国三家基础电信企业的移动电话用户总数已达 15.9 亿户。进入 21 世纪以来，智能手机迅速普及，拉开了人类通信技术史全新的一幕。智能手机既具备移动通话功能，又能像个人电脑一样拥有独立的操作系统和运行空间，并且可以通过移动通信网络来实现无线上网。从此以后，手机不再是单纯的通话工具，而是变成一种能拍照、上网、听歌、导航、购物、支付、打游戏、当翻译的“神器”，谁也无法预料，还会有怎样的功能被附加到智能手机上。很多朋友都说，如今出门，钱包可以不带，手机可不能不拿。

从单纯的通话工具，到身份和财富的象征，再到无所不能的“神器”，就像本书介绍的许多文物一样，技术赋予了手机日趋复杂的实用功能，而文化则赋予了手机更为丰富的象征功能。这些功能投射出的，是“人”与“物”的复杂关系。

096

制造生命

# 克隆羊多莉标本

年　代：1996 年（标本制作时间为 2003 年）

现藏地：苏格兰国家博物馆

有这样一则谜语：“无心插柳柳成荫（打一种现代生物科技）。”谜底竟然是“克隆”。因为“克隆”是英语单词 clone 的音译，而 clone 的本义就是通过扦插、嫁接等无性繁殖方式培养的植物植株。

## 滚向谷底的球——从干细胞到体细胞

植物组织内存在一种在生长发育中起主干作用的原始细胞，这种原始细胞如果被置于适宜的培养环境中，就能长成完整的植株。因此，当从母体上剪下的柳条被插入土壤以后，枝条内形成层和髓射线中的原始细胞恢复分裂能力，形成根原始体，而后发育生长出不定根并形成根系。这种不经过种子而繁殖出的植株不仅生长迅速，还能充分保持母体的性状。

动物组织内也存在此类原始细胞，不过它们有一个特殊的名字——干细胞。例如人类的受精卵就是一个干细胞，它首次分裂为 2 个细胞，第二次分裂为 4 个细胞，第三次分裂为 8 个细胞……经过 45 次以上的分裂，可以发育成 200 多种不同类型、功能各异的细胞，组成人体所有组织和器官。不过，这些在胚胎发育不同阶段形成的干细胞也有着不同的功能。从受精卵到它第四次分裂后形成的 16 个细胞，

**克隆羊多莉标本**

克隆羊多莉的克隆细胞是从乳腺细胞中提取的，也就是说它是从特定部位提取的细胞而重现了整个个体。

这一阶段的胚胎干细胞被称作“全能干细胞”，也就是说，从中提取任何一个细胞，都能独立发展成完整的个体。当受精卵经过 6 ～ 7 次分裂后，会形成 100 多个小细胞构成的中空小球，这个小球被称为胚泡，胚泡内那些被称作内细胞团的细胞虽然已经失去了发育的全能性，但仍能产生 200 多种类型的细胞，所以被称为“多能干细胞”。胚泡继续发育，会形成外、中、内三个胚层，不同胚层内干细胞的功能进一步专门化，分别发育成人体各部位、各器官的细胞，这种失去了多能性而只能分化成专门功能细胞的干细胞被称为“专能干细胞”。不仅在胚胎中，人体内也存在这种“专能干细胞”，它们不同程度地分布于各种组织中，数量极为有限，我们经常听闻的造血干细胞就是其中一种。

一旦干细胞分化为具有专门功能的体细胞，就不再具有形成其他功能体细胞的能力，甚至通过分裂形成与自身同样类型细胞的能力也十分有限。传统生物学认为，从干细胞分化到专门功能体细胞的这个过程是不可逆的，曾有学者将之形象化地称为“滚向谷底的球”。但是，克隆羊多莉的出现却打破了这种自然规律。

## 从谷底重回山巅——体细胞克隆技术

动物细胞克隆技术可以分为胚胎细胞核移植方法与体细胞核移植方法两类。早在 1938 年，德国科学家施佩曼就曾经设想，采用细胞核移植技术克隆高级生物，即从发育到后期的胚胎中取出细胞核，再将它移植到卵子中。1952 年，美国科学家罗伯特·布里格斯与托马斯·金成功地将一个豹蛙胚胎细胞的细胞核移植到一个去核卵细胞中，从而将施佩曼的设想变成现实。20 世纪 60 年代，中国科学家童第周与美籍华裔科学家牛满江合作，在鲤鱼和金鱼之间通过胚胎细胞核移植方法，得到了首批克隆鱼。80 年代以后，用胚胎细胞核移植方法进行克隆已经比较普遍。因为这种克隆方法的供体取自由受精卵发育成胚胎，所以还不是真正意义上的无性繁殖。也就是说，“滚向谷底的球”竟然还可以重回山巅。但是，当时的生物学界普遍认为，即使蛙类体细胞克隆获得成功，哺乳动物的体细胞克隆也是绝对不可能实现的。然而，多莉羊的成功诞生彻底打破了这种观点。

1962 年，英国生物学家约翰·格登将非洲爪蟾小肠上皮的细胞核移植到另一种蛙类的去核卵细胞中，并成功发育出一只爪蟾。这是世界上首次成功采用体细胞核移植的方法进行动物克隆。这次实验的重大意义在于证明了从干细胞到体细胞这个发展过程是可逆的，适当条件下，体细胞能够像磁盘一样被初始化，恢复其全能性。

1996年7月5日，世界上首只体细胞克隆哺乳动物在位于苏格兰爱丁堡市郊的罗林斯研究所降生，它是一只毛色如雪的白脸绵羊。克隆项目小组的负责人用美国著名乡村歌手多莉·帕顿的名字将这只绵羊命名为多莉。为了克隆出多莉羊，研究人员先从一只多赛特白脸母羊的乳腺细胞中提取细胞核，然后将它移植到一只苏格兰黑脸绵羊的去核卵细胞中，通过微电流的刺激，细胞核与卵细胞融合为重建细胞。一共有277个重建细胞被暂时植入母羊的输卵管中，其中有29个成功发育为胚胎。接着，这些胚胎被植入13只母羊的子宫内，经过148天的孕期，只有一只编号为6LL3的小绵羊“呱呱坠地”，它就是多莉羊。

从整个克隆过程来看，多莉羊有三位母亲：其一是那只提供体细胞核的多赛特母羊，它是多莉羊的基因母亲；其二是那只提供去核卵细胞的苏格兰绵羊，它被称作借卵母亲；其三是那只提供子宫的母亲。但是，多莉羊没有父亲。

随后的几年内，多莉羊顺利成长，并且通过正常婚配产下了自己的后代。遗憾的是，2003年多莉羊罹患“进行性肺炎”，为了避免多莉遭受更大痛苦，研究所对6岁的多莉实施了安乐死，它的寿命相当于正常绵羊寿命的一半。此前，多莉羊还曾被诊断出患有关节炎，这是一种典型的老年性疾病，于是关于克隆动物早衰的怀疑占据了主流。不过，近些年来也有生物学家在研究了多莉羊的骨骼状况后认为，所谓“早衰”导致关节炎的问题并不存在。

克隆技术的发展是人类持续不懈探索自然奥秘的结果。但是，当这一结果出现时，人们不禁开始怀疑，我们打开的究竟是科学的百宝箱，还是可怕的潘多拉魔盒？

097

消除战争，塑造和平

# 武器王座

年　代：2001 年

尺　寸：长 80 厘米，宽 66 厘米，高 101 厘米

收藏地：大英博物馆

如果您读过乔治·马丁的《冰与火之歌》，一定会对其中描述的维斯特洛王国的御座印象深刻。七大王国征服者伊耿·坦格利安命令巨龙“黑死神”熔掉上千把敌人投降时丢弃的利剑，铸成这件被称为“铁王座”的御座。下面为您介绍的这件“武器王座”是由一位名叫凯斯特的莫桑比克艺术家制造的，现藏于大英博物馆。虽然其制作技法与“铁王座”异曲同工，但是艺术家想要表达的主题却不是恐吓与征服，而是莫桑比克新政权的执政精神——和平调解。

## 从独立到内战的怪圈

莫桑比克位于非洲东南部，东濒印度洋，国土面积近 80 万平方千米。1505 年，莫桑比克（时为莫诺莫塔帕王国）遭葡萄牙殖民者入侵，经历了长达 400 多年的葡萄牙殖民统治，所以莫桑比克曾被称为“葡属东非”。1962 年莫桑比克解放阵线成立，领导人民与葡萄牙军队展开武装斗争，争取民族独立。1974 年，莫桑比克解放阵线同葡萄牙签署了关于莫桑比克独立的《卢萨卡协议》。1975 年 6 月 25 日，莫桑比克人民共和国正式宣告成立。

**武器王座**

这把椅子是用莫桑比克内战结束之后收集的废旧武器制作的，是“铸剑为犁”项目的成果之一。“铸剑为犁”项目是莫桑比克基督教理事会的主教迪尼斯·申居伦于1995年创立的，该项目让内战中交战双方拿战争中使用的武器来交换农具、家具和建筑工具，以期消除战争。和《冰与火之歌》中的铁王座不同，武器王座是对和平最好的纪念。

独立运动的胜利并未带来莫桑比克人民期待的和平与发展，新成立的莫桑比克政府与莫桑比克全国抵抗运动领导下的反政府武装之间又爆发了内战。

联合国前秘书长安南曾经谈到，很多刚刚取得民族独立的非洲国家“大部分都没有任何统治的经验”，“争取独立和治理国家所需要的能力并不相同”，“因此他们在这方面有很多需要学习的东西，而族群间的猜忌，即认为某个部落或团体得到了相对多的利益，常会导致紧张关系以及对稀有资源的争夺，暴力与冲突便会时有发生”。这里强调的是内部原因：盘根错节的部落矛盾，日益尖锐的宗教冲突，以及治理经验的缺乏，都会给这些新兴国家的和平建设带来阻碍。

此外，外部势力的干涉也不可小觑。“二战”以后，非洲民族独立解放运动恰好与冷战同期，以美国为代表的资本主义阵营和以苏联为代表的社会主义阵营都积极在非洲新兴民族国家中培养势力。特别是包括莫桑比克在内的南部非洲，因其独特的交通与资源优势，更成为冷战双方争取的焦点。

于是，一方面莫桑比克解放阵线宣布在莫桑比克建设科学社会主义社会；另一方面，国际反苏势力积极支持莫桑比克境内的反政府武装——莫桑比克全国抵抗运动。莫桑比克陷入长达 16 年的内战烽火中。

## 武器的微笑

1992 年，莫桑比克内战结束，如何让存留于世的数百万支枪械退役，成为战后重建工作的重要内容。1995 年，莫桑比克基督教理事会的圣公会主教迪尼斯·申居伦发起了“铸剑为犁”的和平项目，人们可以将自己手中的武器上缴，以换取一些在和平时期更为实用的工具——锄头、缝纫机、自行车和建筑材料等。该和平项目还邀请艺术家参与，并对他们提出请求：“你们能否发挥才能来歌颂和平？我们有很多枪，你们能不能想办法利用枪的部件来传达和平的信息？”如果说将武器变成工具解除的是人们手里的武器，那么将武器变成艺术品的目的则是解除人们“心中的武器”。

在这一和平项目的感召下，莫桑比克艺术家凯斯特制作了这件由枪支部件组成的椅子，并称之为“王座”，只不过这件“王座”不是哪位酋长或国王的专属，而是为了传达莫桑比克新政权的执政精神——和平调解。椅子的靠背由两把老式的葡萄牙 G3 式步枪组成，象征莫桑比克推翻葡萄牙殖民统治的独立战争。椅子的扶手是来自苏联的 AK-47，椅座由来自波兰和捷克斯洛伐克的步枪零件构成。

如果您仔细观察，一定会注意到组成椅背的两支步枪的枪托上似乎各有一张面孔：一对螺钉孔是眼睛，一条背带孔构成嘴巴。凯斯特将它们想象成微笑的面容，他说：“笑脸不是我雕刻出来的，而是枪托本身的一部分。螺钉孔和用来挂枪支的枪带痕迹都是原有的，我为此而选择了最具表现力的枪支和武器。在顶部你能看到一张笑脸，还有另一张在另一杆枪托上。它们好像在向对方微笑着说：‘我们自由了！’”

**雕塑《生命之树》**

大英博物馆藏。这件雕塑也是“铸剑为犁”项目的艺术品之一，整棵树都是用当时搜集的武器部件焊接而成，铸成了这个重达半吨的大树。树下是用武器焊接的动物，包括一只乌龟、一条蜥蜴和两只鸟。面对这些由曾经的杀人利器铸就的艺术品，联合国前秘书长安南说：“我们（指非洲）不生产武器，有时候我们甚至没有钱购买他们，那么我们到底是怎样拿着这些武器自相残杀的？”

# 098 走出环保怪圈
# 太阳能灯具与电池板

年　代：2010年
尺　寸：长13厘米，宽12.5厘米，高17厘米
现藏地：大英博物馆

这是大英博物馆收藏的一台中国制造的太阳能灯具，以及与之配套的电池板。它已经成为大英博物馆的明星展品。在2014—2017年之间，这台灯具作为大英博物馆主办的“100件文物中的世界史”展览中非常重要的一件展品，曾在阿联酋阿布扎比的萨迪亚特岛灯塔艺术中心、日本东京都美术馆、澳大利亚国立博物馆、中国上海博物馆等机构巡展。

## 可再生清洁能源——太阳能

相较于本书介绍的其他文物，这盏灯具既不像远古时代人类遗物那样充满厚重的历史感，也不像来自世界不同地区的艺术品，能够折射出人类灿若繁星的灵感与审美追求。在本章介绍的各类现代科技藏品中，太阳能灯具的名头大概也逊于电脑、疫苗、克隆、宇宙飞船这些被冠以人类技术进步里程碑的物品。至此，一个问题浮现出来：究竟什么样的物品可以作为博物馆的藏品而得到妥善的收藏、展示与解读呢？

如果将博物馆的收藏对象限定为物质，那么无论是自然物还是人工制品，从它诞生那一刻起，即成为历史的产物与载体。如果博物馆从不同时期的物质遗存中挑

太阳能灯具和电池板

选那些珍贵、重要或具有代表性的藏品，是不是就能为观众献上一卷历史简笔画，从而使厚重得有些晦涩的历史华丽变身，成为文化“快餐店”通俗而又不失个性的明快背景呢？至此，又有一个问题浮现出来：是谁，依据怎样的标准决定，哪些物品“珍贵、重要或具代表性”，因而值得被博物馆收藏的呢？

长期以来，博物馆一直被定义为具有“教育职能”的机构。当代博物馆学讲求博物馆与观众的互动，颇有一些让人受“教育”的职能，将这种“互动”理解为增加观众提问的机会，然后由馆方给予耐心解答。似乎博物馆有不言自明的权利与义务来告诉观众，对于某件藏品，您应该这样去理解……

事情不应该是这样。观众进入博物馆，接触并理解展品。这种理解，可以是在馆方人员的协助和引导下进行，也可由观众自行选择方式、路径与角度。以本节这盏太阳能灯具为例，小巧的灯身、简约的电池板、绿色的外壳、雪白的嵌板，这一切都很容易让人联想到清洁、节约与环保。

我们在前面介绍“东方1号”宇宙飞船时曾经提到，能源危机意识促使人类不

中国太阳能发电光伏板

断向其他星球拓展生存空间。其实在地球上就有一种传统的可再生能源依然保持着不可小觑的开发空间，那就是太阳能。每年辐射到达地球表面的太阳能量高达 4×1015 兆瓦，相当于 3.6×105 亿吨标准煤当量，约为全球能耗的 2000 倍。中国具有丰富的太阳能资源，太阳能年辐照总量超过 5000 兆焦 / 平方米，仅陆地面积每年接收的太阳辐照能就约等于数万个三峡工程发电量的总和。若将全国太阳能年辐照总量的 1% 转化为可利用能源，就能满足中国全部的能源需求。太阳能还是一种清洁能源，上海虹桥火车站有一座曾经是亚洲最大的屋顶太阳能发电站。这座发电站利用屋面面积 6.1 万平方米铺设太阳能电池板，年均上网电量 631 万度。据测算，该发电项目每年可减排大量的二氧化碳、二氧化硫、氮氧化合物、烟尘。

## 对文明的一种思考

环保、可再生、低成本，太阳能似乎满足了我们对于未来能源所有美好的期冀。正因如此，尼尔·麦格雷戈先生在《大英博物馆世界简史》一书中向读者介绍这件灯具时，表现出积极乐观的态度：“太阳能电池板能使人更平等地享有生活中的机会，同时有可能让我们在享受生活的同时避免伤害地球。”而且，从灯具的属性出发，尼尔·麦格雷戈先生又联想到托马斯·爱迪生的名言：“我会把钱都投在太阳和太阳能上。这是多了不起的能源啊！但愿人类不会等到石油和煤炭都枯竭的那天才找到开发它的办法。”

以上就是这台太阳能灯具能告诉我们的全部故事吗？相信更具反思意识的人一定会有不同的意见。2018 年，科学家在南极洲——地球上最后一个几乎没有受到人类活动破坏影响的地区发现了微塑料的踪迹。2020 年 1 月 19 日，中华人民共和国国家发展和改革委员会、生态环境部联合出台了《关于进一步加强塑料污染治理的意见》，明确提出要加大塑料污染治理力度，制定了塑料制品替代、禁用的时间表和路线图。现在让我们回头再看一下这台灯具的外壳，其材质正是塑料。

至于太阳能电池板，就目前比较成熟的晶体硅电池而言，由于其生产过程中大量使用的化学物质，对水环境、大气环境均有可能造成污染。此外，在太阳能发电系统中还会用到铅蓄电池，这些蓄电池的使用寿命通常较短，更换频率较高，其中含有大量的铅、锑、硫酸等物质，具有很大毒性，倘若不能妥善处理，也会对环境造成威胁。

如何走出为了生产环保绿色产品而污染环境的怪圈，是所有光伏发电设备研究者与生产者都在考虑的问题。这个问题构成了本节介绍的这台太阳能灯具故事的另一面。

博物馆应该成为一种多层次的空间，其中包容着自我与他者、传承与批判，它鼓励观察与自省，也欢迎挑战和应战。

# 后记

本书的策划在2019年年初就已经开始了，由于涉及内容丰富，知识面广泛，整个过程充满了曲折。在选题策划之初，本书先后得到了东北师范大学世界文明史研究中心王晋新教授、上海师范大学历史系裔昭印教授的指导，为设计本书的结构框架打下了坚实的基础。

在组稿期间，本书又得到了南开大学历史系何孝荣、李宪堂、张聚国等专家学者的支持，在他们的大力支持下，本书的组稿工作得以顺利展开。与此同时，本书的组稿也得到了北京师范大学天津校友会相关老师的积极指导，最终由天津师范大学陈志杰教授牵线搭桥，与天津师范大学历史文化学院文博系达成合作出版事宜。在本书中，古埃及的三篇稿件由南开大学历史学院副教授埃及学研究专家徐诗薇撰写，早期中国史部分稿件由南开大学韩露撰写，个别篇章由河北师范大学张静彦、浙江大学历史学院王子华、南开大学郄昊谦等人撰写。剩余内容按照分章，全部由天津师范大学历史文化学院相关专家负责，第一章负责人为杨效雷，第二章负责人为白国红，第三章负责人为戴玥，第四章负责人为石洪波，第五章负责人为隋璐，第六章负责人为郝园林，第七章负责人为郝艳华，第八章负责人为贾艳红，第九章负责人为陈晨，第十章负责人为鲁鑫。此外，参与撰写的还有杜宪兵、刘英奇、姚草鲜、汪明杰、熊若岩、张奥博、刘雁冰、王玉娇、张建英、张翠、钟慧敏、高新珠、陈萍、张淑琴、樊啸风、徐艺欢、黎妍雨城、强晨等。

本书书稿撰写完成以后，由天津师范大学历史文化学院院长孙立田教授及文博系杨效雷、鲁鑫统稿，保障了全书风格的统一、观点的准确。

由于本书成于众手，时间仓促，书中舛误疏漏之处在所难免，恳请广大读者予以批评指正。

编 者

2023年2月

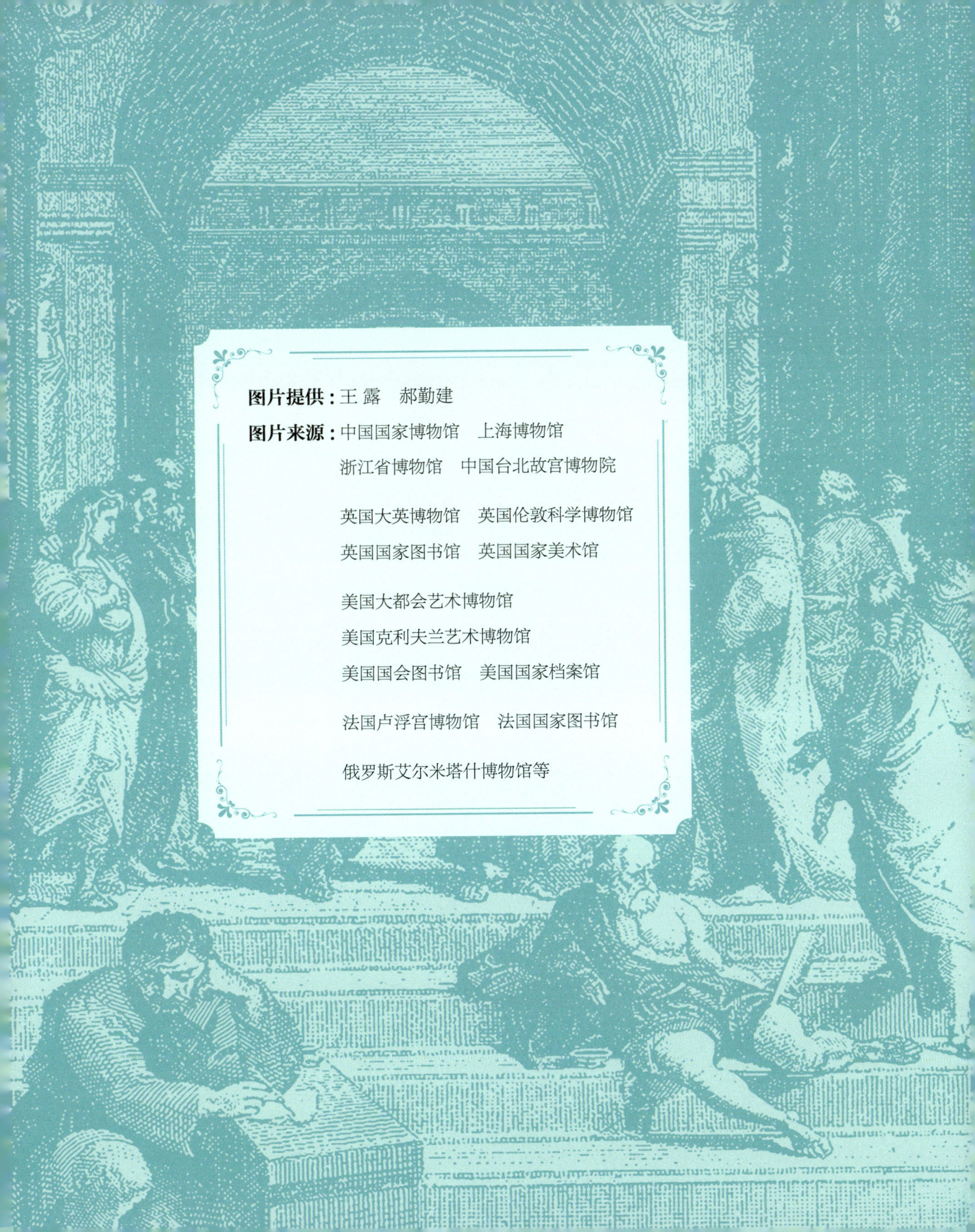

**图片提供：**王 露　郝勤建

**图片来源：**中国国家博物馆　上海博物馆

浙江省博物馆　中国台北故宫博物院

英国大英博物馆　英国伦敦科学博物馆

英国国家图书馆　英国国家美术馆

美国大都会艺术博物馆

美国克利夫兰艺术博物馆

美国国会图书馆　美国国家档案馆

法国卢浮宫博物馆　法国国家图书馆

俄罗斯艾尔米塔什博物馆等